国家治理研究丛书

# 公众安全感向政府信任的转化机制分析

## 基于社区居民的实证研究

郑姗姗 著

中国社会科学出版社

## 图书在版编目（CIP）数据

公众安全感向政府信任的转化机制分析：基于社区居民的实证研究 / 郑姗姗著 . —北京：中国社会科学出版社，2024.4
ISBN 978 – 7 – 5227 – 3029 – 5

Ⅰ. ①公… Ⅱ. ①郑… Ⅲ. ①国家行政机关—行政管理—研究—中国　Ⅳ. ①D630.1

中国国家版本馆 CIP 数据核字（2024）第 038084 号

| | | |
|---|---|---|
| 出 版 人 | 赵剑英 | |
| 责任编辑 | 许　琳 | |
| 责任校对 | 苏　颖 | |
| 责任印制 | 郝美娜 | |

| | | |
|---|---|---|
| 出　　版 | 中国社会科学出版社 |
| 社　　址 | 北京鼓楼西大街甲 158 号 |
| 邮　　编 | 100720 |
| 网　　址 | http://www.csspw.cn |
| 发 行 部 | 010 – 84083685 |
| 门 市 部 | 010 – 84029450 |
| 经　　销 | 新华书店及其他书店 |
| 印　　刷 | 北京君升印刷有限公司 |
| 装　　订 | 廊坊市广阳区广增装订厂 |
| 版　　次 | 2024 年 4 月第 1 版 |
| 印　　次 | 2024 年 4 月第 1 次印刷 |
| 开　　本 | 710×1000　1/16 |
| 印　　张 | 22.5 |
| 插　　页 | 2 |
| 字　　数 | 317 千字 |
| 定　　价 | 128.00 元 |

凡购买中国社会科学出版社图书，如有质量问题请与本社营销中心联系调换
电话：010 – 84083683
版权所有　侵权必究

# 总　　序

2013年，中共十八届三中全会通过的《中共中央关于全面深化改革若干重大问题的决定》庄严宣示，全面深化改革的总目标是"完善和发展中国特色社会主义制度，推进国家治理体系和治理能力现代化"，从而在全面深化改革的意义上，确定了国家治理现代化的目标。2019年，中共十九届四中全会通过的《中共中央关于坚持和完善中国特色社会主义制度、推进国家治理体系和治理能力现代化若干重大问题的决定》，把国家治理现代化提升到"五位一体"总体布局和"四个全面"战略布局层面，进一步明确中国的国家治理现代化，就是坚持和巩固中国特色社会主义根本制度、基本制度和重要制度，完善和发展中国国家治理的体制机制，并且提升运用国家制度科学、民主、依法和有效治理国家的能力，由此使得坚持和完善中国特色社会主义制度、推进国家治理体系和治理能力现代化成为国家建设、改革和发展战略的重要构成内容。

基于对于中华民族伟大复兴和中国人民幸福的伟大事业、中国特色社会主义建设、改革和发展历史进程和中国特色社会主义现代化宏伟工程的初心使命和责任担当，北京大学国家治理研究院协同兄弟院校、科研机构，紧紧围绕国家治理现代化的重大迫切需求，通过与国家机关、地方政府、企业事业、社会组织的合作，促成政治学、行政管理学、法学、经济学、财政学以及相关学科的协同创新，承担科学研究、人才培养、学科建设和社会服务的重要任务，建成"国家急需、世界一流、制度先进、贡献突出"的一流科研和教学机构，为推进国家治理现代化培养一流人才、贡献智力支持。

在新时代，根据坚持和完善中国特色社会主义、推进国家治理体系和治理能力现代化事业的本质内涵、实现目标、战略部署、实际内容、方略路径和方针政策，我们具有以下认知：

1. 坚持和完善中国特色社会主义、推进国家治理体系和治理能力现代化，是决定当代中国命运的关键抉择，是实现中华民族伟大复兴的必由之路，同样也是世界和中国现代化历史进程的重大命题。在人类社会现代化发展的历史长程中，在共产党执政规律、社会主义社会发展规律和人类社会发展规律的结合上，探索国家治理现代化的发展规律和中国国家治理现代化的基本特点，是坚持和完善中国特色社会主义、推进国家治理体系和治理能力现代化的理论视野和认识使命。

2. 坚持和完善中国特色社会主义、推进国家治理体系和治理能力现代化，必须坚持马克思列宁主义、毛泽东思想、邓小平理论、三个代表重要思想、科学发展观和习近平新时代中国特色社会主义思想为指导。马克思主义是科学的理论、人民的理论、实践的理论和不断发展的开放的理论，它创造性地揭示了人类社会发展规律，第一次创立了人民实现自身解放的思想体系，指引着人民改造世界的行动并且始终站在时代前沿。

中国共产党人坚持马克思列宁主义政治学基本原理，并把它与中国革命、建设、改革的具体实践紧密结合起来，在领导人民在长期的革命、建设和改革实践中，积极推进马克思主义中国化，实现了两次历史性飞跃，形成了毛泽东思想和中国特色社会主义理论体系。这些理论成果蕴含着丰富的政治思想，在中国的社会主义政治实践中丰富和发展了马克思主义政治学理论。

党的十八大以来，以习近平同志为核心的党中央运用辩证唯物主义和历史唯物主义方法，深刻分析了世情、国情、党情、民情及其发展变化，深入阐发了党在改革发展稳定、治党治国治军和内政外交国防等领域的新理念、新思想、新战略，从理论和实践结合上系统回答了新时代坚持和发展什么样的中国特色社会主义、怎样坚持和发展中国特色社会主义这一主题，促进了我国社会的根本性历史变化，创立了习近平新时代中国特色社会主义思想。习近平新时代中国特色社会主义思想，是对马克思列宁主义、毛泽东思想、邓小平理论、"三个代表"重要思想、科学发展观的继承和发展，是马克思主义中国化最新成果，是党和人民实践经验和集体智慧的结晶，是中国特色社会主义理论体系的重要组成部分，是全党全国人民为实现中华民族伟大复兴而奋斗的行动指南。

3. 坚持和完善中国特色社会主义、推进国家治理体系和治理能力现代化，必须坚持党的全面领导。中国共产党的领导是中国政治发展历史逻辑、理论逻辑和实践逻辑的必然，是中国特色社会主义最本质的特征，是中国特色社会主义制度的最大优势。

党是最高政治领导力量，必须坚持和加强党对一切工作的全面领导。必须坚持和完善党的领导制度体系，提高党科学执政、民主执政、依法执政水平。必须坚持党政军民学、东西南北中，党是领导一切的，坚决维护党中央权威，健全总揽全局、协调各方的党的领导制度体系，把党的领导落实到国家治理各领域各方面各环节。要建立不忘初心、牢记使命的制度，完善坚定维护党中央权威和集中统一领导的各项制度，健全党的全面领导制度，健全为人民执政、靠人民执政各项制度，健全提高党的执政能力和领导水平制度，完善全面从严治党制度。

4. 坚持和完善中国特色社会主义、推进国家治理体系和治理能力现代化，必须坚持中国特色社会主义现代化的根本方向。这就是说，国家治理现代化必须在中国共产党领导下，在坚持和完善中国特色社会主义制度的前提下推进。与此同时，国家治理现代化，必须在推进社会生产力发展、实现中华民族伟大复兴和人的全面解放的方向和轨道上展开。

这就是说，在新时代，推进国家治理现代化，必须在中国共产党领导下，以人民为中心，优化和创新国家治理的主体格局、体制机制和流程环节，提升治国理政的能力，把我国的根本制度、基本制度和重要制度内含的价值内容、巨大能量和潜在活力充分释放出来，使得这些制度显著优势转化为国家治理的效能。

5. 坚持和完善中国特色社会主义、推进国家治理体系和治理能力现代，必须清醒认识到，我国仍然并将长期处于社会主义初级阶段，社会主义初级阶段是我国的基本国情和最大实际。中国特色社会主义新时代与我国社会主义长期处于初级阶段，构成了我国社会发展的时代历史方位与社会主义发展历史阶段的有机统一。

关于我国社会所处历史阶段和历史时代的判断，为人们把握我国政治发展形态确定了历史背景和时代坐标，我们必须切实基于社会主义初级阶段政治的经济基础、本质特征、基本形态和发展规律，认识我国政治的社会基础、领导力量、依靠力量、拥护力量、根本属性和阶段性特性，按照国家治理现代化方向，统筹推进政治建设与经济建设、社会建设、文化建设、生态文明建设一体发展。

6. 坚持和完善中国特色社会主义、推进国家治理体系和治理能力现代化，必须立足于现实中国看中国。同时，也需要立足于历史和世界看中国，借鉴人类文化和文明的优秀成果，通晓其他国家和地区的积极经验和做法，在马克思主义指导下，在古往今来多种文明的相互交流、比较甄别和取舍借鉴中，进行创造性转换和创新性发展，不断开拓视野、验证选择、吸取经验教训并形成思路和举措。

7. 坚持和完善中国特色社会主义、推进国家治理体系和治理能力现代化，涉及经济、政治、社会、文化、生态五位一体的总体布局和四个全面的战略布局，涉及党的领导、人民当家作主和依法治国有机统一，涉及利益、权力、权利、制度、法律、组织、体制、机制和价值等多方面要素，涉及社会主义市场经济条件下政府与市场、政府与社会、中央与地方、治理体系与治理能力、效率效益与公平正义等多方面关系，需要研究和解决的问题具有复杂性、综合性和高难性，改革需要思维、制度、机制、政策和路径的系统性、整体性和协同性创新，因此，多主体、多学科、多层面、多角度和多方法的科学协同创新，是深化改革思想认知，形成科学合理、现实可行的理论和对策成果的重要方式。

8. 坚持和完善中国特色社会主义、推进国家治理体系和治理能力现代化，在现实性上，必然体现为重大问题及其解决导向，因此，"全面深化改革，关键要有新的谋划、新的举措。要有强烈的问题意识，以重大问题为导向，抓住重大问题、关键问题进一步研究思考，找出答案，着力推动解决我国发展面临的一系列突出矛盾和问题"，这就需要把顶层设计和基层实践、整体推进和重点突破有机结合起来，需要准确把握全面深化改革面临的突出问题和矛盾，把这些重大问题和矛盾转变为研究的议题和课题，围绕这些议题和课题，从理论与实践、规范与实证、体制与机制、战略与政策、规则与价值、体系与能力多方面有机结合出发展开专门研究，形成专项成果，从而不断积累跬步，以助力于国家治理现代化的长征。

基于这样的认知，北京大学国家治理研究院整理、征集和出版"国家治理研究丛书"，期望对于坚持和完善中国特色社会主义，推进国家治理体系和治理能力现代化有所助益，对于加快构建中国特色政治学科体系、学术体系和话语体系有所助益，对于形成中国特色、中国风格和中国气派的政治学研究成果有所助益，对于中华民族伟大复兴和人的全面发展有所助益。

丛书的编辑出版得到北京大学校领导、社会科学部领导的指导和支持，得到中国社会科学出版社领导和编辑的鼎力相助，特此表达衷心的谢忱！

北京大学国家治理研究院欢迎各位同仁积极投稿于丛书，具体可见北京大学国家治理研究院网（http：//www.isgs.pku.edu.cn）《"国家治理研究丛书"征稿启事》。同时，任何的批评指正都会受到挚诚的欢迎！

北京大学国家治理研究院<br>
2020年7月10日

# 目 录

**第一章 导论** ………………………………………………（1）

**第一节 问题的提出** ……………………………………（2）
    一 研究背景 ………………………………………………（2）
    二 研究的问题 ……………………………………………（13）

**第二节 既有研究评析** …………………………………（16）
    一 公众安全感研究 ………………………………………（16）
    二 政府信任研究 …………………………………………（26）
    三 公众安全感与政府信任相关性研究 …………………（45）

**第三节 研究意义** ………………………………………（48）
    一 理论意义 ………………………………………………（49）
    二 现实意义 ………………………………………………（50）

**第四节 研究方法与文章结构** …………………………（52）
    一 研究方法 ………………………………………………（52）
    二 结构安排 ………………………………………………（53）

**第二章 核心概念与基础理论** ……………………………（55）

**第一节 核心概念** ………………………………………（55）
    一 安全 ……………………………………………………（56）
    二 公众安全感 ……………………………………………（58）
    三 信任 ……………………………………………………（64）
    四 政府信任 ………………………………………………（66）

## 第二节 基础理论 …… (69)
    一 政治文化理论 …… (70)
    二 政治合法性理论 …… (77)
    三 政治系统理论 …… (83)
    四 小结 …… (92)

## 第三章 数据获取与样本概览 …… (94)
### 第一节 量表编制与变量界定 …… (94)
    一 研究量表编制 …… (95)
    二 核心变量建构及其测量 …… (96)
    三 相关变量建构及其测量 …… (101)
### 第二节 数据收集与样本描述性统计 …… (106)
    一 数据收集 …… (106)
    二 样本描述性统计 …… (107)
### 第三节 量表准确性检验与主要变量统计发现 …… (110)
    一 量表准确性检验 …… (111)
    二 主要变量统计发现 …… (116)

## 第四章 公众安全感与政府信任的结构相关性 …… (132)
### 第一节 变量界定与模型选择 …… (132)
    一 主要变量及其测量 …… (133)
    二 分析方法：OLS 回归与分位数回归 …… (134)
### 第二节 研究假设 …… (134)
    一 公众安全感与政府信任对象的相关关系 …… (135)
    二 公众安全感与政府信任品质的相关关系 …… (136)
    三 公众安全感与政府信任结构的相关关系 …… (137)
    四 公众安全感六维度与政府信任的结构性相关关系 …… (138)
### 第三节 相关系数 …… (139)

第四节 回归分析 ………………………………………… (141)
　　一 公众安全感与政府信任对象的回归结果 ……………… (141)
　　二 公众安全感与政府品质信任的回归结果 ……………… (151)
　　三 公众安全感与政府信任结构的回归结果 ……………… (161)
　　四 公众安全感六维度与政府信任各面向的
　　　　回归结果 ……………………………………………… (170)

## 第五章 公众安全感与政府信任的因果关系检验 ………… (187)
第一节 研究假设与模型选择 ……………………………… (187)
　　一 研究假设 ……………………………………………… (188)
　　二 广义倾向匹配模型及其适用性 ……………………… (188)
　　三 基于等级反应模型的变量设定 ……………………… (189)
第二节 假设检验与分析结果 ……………………………… (191)
　　一 广义倾向值匹配（GPS）的平衡性检验结果 ………… (191)
　　二 公众安全感与政府信任对象的因果关系检验结果 …… (193)
　　三 公众安全感与政府信任品质的因果关系检验结果 …… (196)
　　四 公众安全感与政府信任结构的因果关系检验结果 …… (200)

## 第六章 公众安全感向政府信任转化的中介效应分析 …… (207)
第一节 研究假设 …………………………………………… (207)
　　一 生活幸福感的中介作用假设 ………………………… (208)
　　二 公共服务满意度的中介作用假设 …………………… (211)
第二节 中介效应分析方法与步骤 ………………………… (213)
第三节 中介效应检验结果 ………………………………… (214)
　　一 以政府信任对象为因变量的中介效应分析 ………… (214)
　　二 以政府信任品质为因变量的中介效应分析 ………… (220)
　　三 以政府信任结构为因变量的中介效应分析 ………… (226)
　　四 分析结论 ……………………………………………… (232)

## 第七章 公众安全感影响政府信任的异质性分析 …… (235)
### 第一节 研究假设 …… (235)
一 社会公平感的调节作用假设 …… (236)
二 政治效能感的调节作用假设 …… (239)
### 第二节 调节效应分析方法与步骤 …… (242)
### 第三节 调节效应检验结果 …… (243)
一 社会公平感的调节效应检验 …… (243)
二 政治效能感的调节效应检验 …… (267)
三 分析与总结 …… (296)

## 第八章 公众安全感向政府信任的转化机制分析 …… (300)
### 第一节 公众安全感向政府信任的直接转化机制 …… (301)
一 公众安全感向政府对象信任的直接转化机制 …… (301)
二 公众安全感向政府品质信任的直接转化机制 …… (303)
三 公众安全感向政府信任结构的直接转化机制 …… (304)
### 第二节 公众安全感向政府信任的间接转化机制 …… (306)
一 公众安全感向政府对象信任的间接转化机制 …… (306)
二 公众安全感向政府品质信任的间接转化机制 …… (307)
三 公众安全感向政府信任结构的间接转化机制 …… (308)
### 第三节 公众安全感向政府信任的系统转化机制 …… (310)
一 公众安全感向政府对象信任的系统转化机制 …… (310)
二 公众安全感向政府品质信任的系统转化机制 …… (311)
三 公众安全感向政府信任结构的系统转化机制 …… (313)

## 第九章 结论与讨论 …… (315)
### 第一节 研究结论 …… (316)
一 研究发现 …… (316)
二 主要结论 …… (318)
三 理论贡献 …… (319)

## 第二节 实践建议 …… (320)

一 统筹物质和非物质安全力量，巩固并提高
  公众安全感 …… (320)

二 加强政府质量建设，塑造良好的政府形象 …… (323)

三 改善社会生活满意水平，塑造和谐的社会氛围 …… (325)

四 推动经济社会高质量发展，巩固并增进社会政治
  秩序稳定 …… (327)

## 第三节 小结 …… (329)

**参考文献** …… (330)

**附录 居民调查问卷** …… (339)

**后 记** …… (345)

**致 谢** …… (347)

# 第一章　导论

政府治理与公众安全的关系问题是政治学的重要研究议题，为了深化对这一问题的认识，政治学者们坚持不懈地努力进行基础性和创新性研究。作为系列研究积累的共识性结论，一般认为，政府治理与公众安全具有辩证统一性。这一辩证统一关系具体表现为：维护国家和国民安全是政府政治职能的核心构成，公众安全需求的满足与实现在相当程度上仰赖政府的治理水平和治理能力，更高的政府治理质量一般也意味着公众安全需求得到更好满足，因而，公众的安全评价和感知是衡量政府履职能力和测度政府履职成效的有效标尺。此外，政治生活的经验表明，在那些更富安全感的社会和国家中，政府进行社会管理和公共治理的成本相对较低且政府形象更佳，这一内在关系可被进一步演绎为公众安全感的巩固、改善和提升有助于优化政府形象、改善政府公共关系。

前述研究结论奠定了理解政府治理与公众安全内在关联关系的坚实基础，为进一步深化对政府治理和公众安全关联关系的分析提供了可能，同时也留下了继续深化政府治理与公众安全关联关系和关联机制研究的空间。譬如，在前述基于理论推导和逻辑推演的规范分析之外，是否能够在现实中寻找到更为直观且充分的经验证据支持？以及在前述概括性总结的基础上，能否构建理解两者关系的结构性分析框架，以深入细致地呈现两者的互动机理？进一步地，可否在前述问题的基础上进一步整合提炼理解两者关联关系的理论与方法，综合演绎推理与经验校验得出更为科学、可信的分析结论？

## 第一节 问题的提出

想要更加深刻地认识公众安全感知、评价与政府治理的关系问题，进一步探究并明晰公众安全感对政府治理的影响效应至为关键。其中，由于政府治理内涵的宽泛性和所指的模糊性，还需进一步选定其核心对象所指，考虑到政府信任在政府治理结果与过程中的重要功能，以及既有研究对公众安全感与政府信任研究的高度关切，将政府信任确定为研究的结果性目标变量。

而为了更加准确地界定、理解并分析这一问题，就必须考虑到研究的时空背景和现实所指，即是要对所研究问题中涉及的基本概念进行历时回溯和现实聚焦。具体来讲：一是在历时性回溯中把握政治社会变化塑造的整体发展格局在多大程度上改变了安全感知、政府信任的内涵与外延；二是根据研究的现实环境确定安全感知、政府信任的结构构成和具体所指；三是从规范和实证的双重路径检测并验证两者的关联关系。这三方面的准备是确定系统反映各核心概念基本架构、厘定研究问题进而获得研究结论的关键要素。

下文系统回顾了20世纪中期以后，国际国内社会发生的影响或重塑安全内涵与外延的整体和局部变化。其中，国际范围的回溯与梳理聚焦世界各主要政治行为体在安全方面的认识革新、举措创新和现实结果；国内层面的分析集中呈现了中国共产党和中国政府对公共安全建设、公众安全需求的安排与部署，介绍了中国公众安全需求的现状，并从价值偏好和文化传统方面详细阐释了其政治意蕴。

### 一 研究背景

第二次世界大战以后，世界政治经济格局持续发生转变，全球性军事对抗不复存在，再次爆发世界大战的可能性相对较低。在这一整体背景下，20世纪70年代前后，世界政治领域安全研究（Security Study）的关注焦点和分析重点为传统军事安全问题所垄断的格局逐渐松动。及至冷战结束，和平与发展成为时代主题，全球化的快速发展使得世界各主要国家和地区处于比以往任何时候都更加紧密的联系之中。全球范围内安全观念的整体性、事实性变迁，国家层面安全建设方略的演进和各国公民对安全的集体性认知，共同奠定了分析具体安全问题的时代背景。

国际安全环境的整体转向以及各国家和地区安全建设的发展转型，呼吁适应时代精神的新的安全观。其中，为了对安全研究中各类问题进行更好汇总与区分，传统和非传统的二分框架开始被分析者采用。"传统安全问题"是指，军事、外交、政治等方面的问题；而"非传统安全问题"则是指，在社会发展中出现的新型安全领域和安全问题。尽管这一分析框架也存在界限模糊，或有交叉的不足[1]，但较好地适应了安全问题的宏观发展方向和动态演进趋势，日渐得到认可和广泛使用。而在研究的侧重点上，各国家和地区立足现实需要和发展需求，推动安全建设的主导态势从传统安全问题转向非传统安全问题。

为了全面而又有针对性地了解安全的演进历程和历史性发展，下文从国际—国内双重视角、政策—公众两个层面详细展开，主要介绍全球化时代空间变革推动的安全理念创新，国家通过制度建设、政策革新完善安全建设的顶层设计，公众的价值偏好和心理需要三方面内容。具体包括"全球化时代与人的安全""总体国家安全观与建设更高水平的平安中国"和"公众的价值偏好及其政治意蕴"；分别聚焦"人的安全"的提出及其内涵，"平安中国"建设的时代要求和具体所指，中国公众对安全的价值取向和情感偏好。

---

[1] 俞晓秋、李伟、方金英、张运成、翟坤：《非传统安全论析》，《现代国际关系》2003年第5期。

## （一）全球化时代与"人的安全"

20世纪90年代后，国际格局发生巨大变化，和平与发展成为时代主题，全球化趋势进一步加强，世界范围内跨国家（地区）的经济、文化和政治交流日趋频繁。在此背景下，联合国等国际组织在世界舞台中承担的职责也相应增长，更加注重在全球视野下关注人类发展。

1994年，联合国《人类发展报告》首次提出"人的安全"概念；指出"人的安全"是人应当拥有免于物质匮乏和身心恐惧的自由，其具体内涵包括经济安全、粮食安全、健康安全、环境安全、人身安全、财产安全与政治安全七个领域。[1]"人的安全"自提出以来，因概念意涵相对宽泛笼统、与国家安全的关系较为复杂而受到一定质疑，但基本实现了将安全问题向前推进的总体目标。在世界范围内，"人的安全"传递的主旨精神适应了全球化加速发展的整体趋势；而各国家和地区也在其治理实践中，通过丰富国家安全的层次性和推动"人的安全"具体化，致力于达成国家安全与国民安全相统一。

随着全球化的进一步发展和"人的安全"在世界范围内获得广泛共识，各主权国家需在传统安全问题与非传统安全问题交织的复杂治理格局中，着力推动外部安全环境建构和内部安全生长机制，促成内、外安全有机循环、良性互动的发展格局，系统推进国家安全建设和社会安全发展。

具体来讲，外部安全环境建构是指，通过巩固国防以保护国家免遭侵略和战争破坏，发展外交关系以增进国家间团结合作、凝聚和平力量。内部安全生长机制则体现在两个方面：一是在个人生活层面，社会分配致力于增强公民个体规避、承受和应对社会风险的

---

[1] United Nations Development Program, *Human Development Report*, New York Oxford University Press, 1994, p. 23.

能力,"社会价值体系的核心关注从不平等转向不安全"①。二是在社会生产领域中,为满足资本集中、劳动分工、社会要素流通、网络化市场关系建立、运转与维护的现实发展需要,"以安全有序的公共秩序为主导性目标的公共安全体系建设,成为国家公共服务供给的重要构成"。②

值得注意的是,外部安全环境建构与内部生长机制并非完全独立、相互割裂,而是处于互为基础和条件的依存关系当中,荣损相依,两者共同构成国泰民安的现实基础。全球交往空间的建构,以及在此基础上出现并日益获得广泛影响的"人的安全",客观上使得安全空间由内外分野向内外融合、安全主体更加关注国民需要的方向发展。作为这一演进趋势的结构性后果,满足公众的安全期待并弥合安全发展水平与公众期待的差距,成为各国(地区)安全发展规划的重要建设内容和关键目标构成。③

### (二)总体国家安全观与建设更高水平的平安中国

改革开放以降,中国国家现代化建设步入快轨道,传统社会治理结构和治理制度面临根本性变革。国家现代化转型与社会改革进程中出现的社会利益高度分化、社会意识层次复杂化、社会结构断裂和治理制度滞后等发展问题为社会风险积聚提供了发生空间,国家建设和社会发展面临的显在和潜在风险明显增多。21世纪以来,中国经济体制改革的广泛成功与政治体制改革相对滞后的张力日渐显现,在经济稳定高速发展和物质生活显著改善的刺激下,社会各群体的政治变革诉求随之迅速发展,公众需求的多层次、多方面、多样化特点和各级政府回应并满足公众需求、提供公共服务的相对有限性成为社会不满情绪增长、社会矛盾激化的根本原因。

---

① 夏玉珍、郝建梅:《当代西方风险社会理论:解读与讨论》,《学习与实践》2007年第10期。
② 郝永梅等编著:《公共安全应急管理指南》,气象出版社2010年版,第3页。
③ 许文惠、张成福:《危机状态下的政府管理》,中国人民大学出版社1998年版,第92页。

◈◈ 公众安全感向政府信任的转化机制分析

综合全球发展态势和国内发展格局，当代中国实际面临全球社会风险联动性增强、现代性社会风险与社会转型风险叠加、各类挑战和威胁联动效应明显的复杂发展环境[①]，处于工业社会与风险社会交织的混合风险时代。[②] 面对严峻的现实，国家通过优化顶层设计，适时更新安全发展理念和安全建设方略，实现了从重国内轻国外、重国防轻社会、重军事轻民生向国内安全建设为本、国际国内双核并驱的战略转轨。为适应快速变动的国际国内社会新形势，在中国新安全观的基础上，新一届中央领导集体进一步革新并完善关于国家安全的战略思路，强调要坚持总体国家安全观。

2014 年 4 月 15 日，习近平总书记在中央国家安全委员会第一次会议上指出，当前我国国家安全内涵和外延比历史上任何时候都要丰富，时空领域比历史上任何时候都要宽广，内外因素比历史上任何时候都要复杂，必须坚持"总体国家安全观"。"总体国家安全观"具有丰富的内涵所指和结构构成；在首次提出时强调的"11 种安全"基础上，进一步增加海外利益安全、生物安全、太空安全、极地安全、深海安全，现共包括 16 种安全。

表 1-1　　　　　　　　总体国家安全观的具体内涵

| 2014 年中央国家安全委员会第一次全体会议 | 新时代总体国家安全观 |
| --- | --- |
| 政治安全、国土安全、军事安全、经济安全、文化安全、社会安全、科技安全、信息安全、生态安全、资源安全、核安全 | 政治安全、国土安全、军事安全、经济安全、文化安全、社会安全、科技安全、信息安全、生态安全、资源安全、核安全、海外利益安全、生物安全、太空安全、极地安全、深海安全 |

"总体国家安全观"具有人民性、总体性、实践性、时代性四个

---

① 习近平：《切实维护国家安全和社会安定　为实现奋斗目标营造良好环境》，《人民日报》2014 年 4 月 27 日第 1 版。
② 成伯清：《"风险社会"视角下的社会问题》，《南京大学学报》2007 年第 2 期。

基本特征。① 人民安全是国家安全的宗旨和基石，"总体国家安全观"以人民安全为最高价值取向，强调将人民的生命和财产安全放在首位，是中国共产党坚持以"为人民服务"为根本宗旨和"执政为民"治理理念在国家安全领域的集中体现。"总体国家安全观"明确提出要重视国民安全作为国家安全"原生要素"的基础功能，强调国家安全与"人的安全"相统一，基于人的安全与社会安全的内在一致性，着力推动"人的安全"与"社会安全"协调发展；国家安全、国民安全与社会安全的辩证统一。

"总体国家安全观"是实现、维护和塑造国家安全的根本遵循和行动指南。作为当前和今后较长时期内我国国家安全建设的战略指导思想，"总体国家安全观"立足整体、面向全局、着眼未来，基于国际社会安全建设的主导趋势和国家安全重心内移的现实需求，坚持以内部安全为根本，促进内部安全与外部安全协调发展，强调着力优化应对现实安全挑战和潜在安全风险的策略与措施，在国家安全与国民安全二元驱动机制下，团结凝聚方方面面的安全力量，构建适应社会结构复杂性的复合型安全体系，切实有效提升国家安全能力和安全水平。

就在实践中贯彻落实"总体国家安全观"，习近平总书记强调"既重视外部安全又重视内部安全、既重视国土安全又重视国民安全、既重视传统安全又重视非传统安全、既重视发展问题又重视安全问题、既重视自身安全又重视各国之间的共同安全"。"五个既重视又重视"在方法论意义上指明了系统推进国家安全的行动抓手。其中，发展与安全问题不仅是"总体国家安全观"的主旨内容，也是其动力支撑。以习近平同志为核心的党中央高度重视发展与安全的辩证关系，习近平总书记多次就妥善处理发展与安全的关系问题做出重要论述。

---

① 薛澜等：《全面坚持总体国家安全观　推进国家安全治理现代化》，《光明日报》2020年4月15日第4版。

2014年,在中央国家安全委员会第一次会议中,习近平总书记强调指出:"既重视发展问题,又重视安全问题,发展是安全的基础,安全是发展的条件,富国才能强兵,强兵才能卫国。"2015年12月,在《共同构建网络空间命运共同体》中,习近平总书记再次强调:"安全和发展是一体之两翼、驱动之双轮。安全是发展的保障,发展是安全的目的。"习近平总书记对发展和安全辩证统一关系的深刻认识和反复强调表明,妥善处理好发展和安全的关系问题在维护和塑造国家安全中具有重要影响。

2017年10月,党的十九大报告指出,"统筹发展和安全,增强忧患意识,做到居安思危"[①]。2018年4月17日,习近平总书记在《坚持党对国家安全工作的绝对领导》中指出,"全面贯彻落实总体国家安全观,必须坚持统筹发展和安全两件大事,既要善于运用发展成果夯实国家安全的实力基础,又要善于塑造有利于经济社会发展的安全环境"。

2020年10月29日,《中共中央关于制定国民经济和社会发展第十四个五年规划和二〇三五年远景目标的建议》专门强调,要"统筹发展和安全,建设更高水平的平安中国",坚持总体国家安全观,实施国家安全战略,维护和塑造国家安全,统筹传统安全和非传统安全,把安全发展贯穿国家发展各领域和全过程,防范和化解影响我国现代化进程的各种风险,筑牢国家安全屏障。[②]

2021年11月8日,十九届六中全会通过《中共中央关于党的百年奋斗重大成就和历史经验的决议》(以下简称《决议》),对习近平新时代中国特色社会主义思想的核心内容进行了系统概括,将

---

① 习近平:《决胜全面建成小康社会 夺取新时代中国特色社会主义伟大胜利——在中国共产党第十九次全国代表大会上的报告(2017年10月18日)》,人民出版社2017年版,第24页。
② 《中共中央关于制定国民经济和社会发展第十四个五年规划和二〇三五年远景目标的建议》,人民出版社2021年版,第154页。

其由原来的"八个明确"丰富发展为"十个明确"①。"十个明确"以更高的战略定位,强调坚持"统筹发展和安全"的重要性和必要性,凸显出这一理念在习近平总书记治国理政方略中的重要位置和分量。

发展和安全的辩证统一,是渗透在中华民族悠久历史和文化传统中的根基性理念,也是中国特色社会主义建设事业必须给予高度重视、妥善处理的重大历史任务。深刻把握发展与安全的辩证法是理解现代化发展内在逻辑的重要切入点。习近平新时代中国特色社会主义思想对统筹发展和安全的重视与强调,要求理论界和实务界从理论和实践上对为何统筹、如何统筹进行深入系统的探究和分析。即是说,要全面深化对统筹发展和安全何以及如何可能这一问题的理性认知;深刻揭示发展和安全的内在关联关系和实践互动机理,进而洞悉促成两者良性互动的内在规律。

### (三) 公众的价值偏好及其政治意蕴

社会各构成要素的变化都将直接或间接地影响社会发展进程,或缓慢或急剧地导向社会变革。研究者们不仅关心经济现代化、政治变革、文化变迁等要素的社会影响及其发生机制,也高度重视前述要素相互交织、以多重组合的方式塑造社会的内在机理。对此,罗纳德·英格尔哈特极富洞见地指出,"经济、文化和政治转型作为具有紧密内在关联的整体,以可被预见的方式改变世界"②。他认为,全球化、市场化和现代化不断扩张的现实基础上,世界各国家和地区的变化及其差异主要体现为以下三方面:一是社会生产方式,前工业社会、工业社会和后工业社会的分化;二是社会发展阶段,传统社会、现代社会和后现代社会的分殊;三是社会文化价值观,物质主义价值观和后物质主义价值观的分野。

---

① 《中国共产党第十九届中央委员会第六次全体会议文件汇编》,人民出版社2021年版,第83、102页。

② [美]罗纳德·英格尔哈特:《现代化与后现代化:43个国家的文化、经济与政治变迁》,严挺译,祁玲玲校,社会科学文献出版社2013年版,第4页。

◆◆ 公众安全感向政府信任的转化机制分析

英格尔哈特尤其关注社会发展进程中的文化变革,并高度重视文化作为一种重要力量影响和塑造社会的关键功能。文化价值观是英格尔哈特的重要研究发现,他在早期研究中就注意到,西方发达国家现代化进程中价值观念变化对政治生活的影响。其后,基于对43个国家和社会的考察,他分析发现,在那些现代性相对不足、仍然处于现代化阶段的国家(地区),公众的主要关切集中于经济发展和安全建设,是一种"生存价值观"(Survival Value);而在现代化程度较高的国家(地区),在物质财富得到极大满足的国家、地区和社会群体中,公众更重视生活质量和社会质量,是一种"自我表达价值观"(Self-expression Value)。

他将前述两种价值观认定为物质主义价值观和后物质主义价值观,并敏锐地觉察到,伴随着现代化的发展,从物质主义价值观转向后物质主义价值观的改变正在广泛发生。意识指导并支配行为,价值观变革及其必然导向的行为革命以平和或剧烈的方式要求政府和社会做出回应。有鉴于此,英格尔哈特在肯定价值观变迁本身是社会变化结果性现象的基础上,也高度重视文化价值观影响社会的作用机制,并将其作为揭示国家和地区政治变迁的主要切入点和分析工具。

借鉴这一研究理路和分析范式,下文依据第七次世界价值观调查(WVS)获取的各主要国家、地区的安全模块数据,进行基本的统计分析,力图在国际比较和现状描述的双重视角下,认识、评估中国大陆地区[1]公众的文化价值观。图1-1呈现了48个受访国家和地区公众的价值偏好。其中,安全与自由的选择中得分排名[2]前四的国家序次递减分别为:印度尼西亚(1.95802)、中国(1.933576)、约旦(1.902929)、伊朗(1.901432)。在自由与安全重要性排序问题上,认为安全比自由更重要的中国受访公众占93.36%,认为自由比安全

---

[1] 后文中未加特别说明时,"中国"均指中国大陆地区。
[2] 得分越高表示在安全和自由的选择中越倾向于选择安全。

更重要的中国受访公众占 6.64%；即是说，中国受访公众的绝大多数坚持认为，安全比自由更重要。

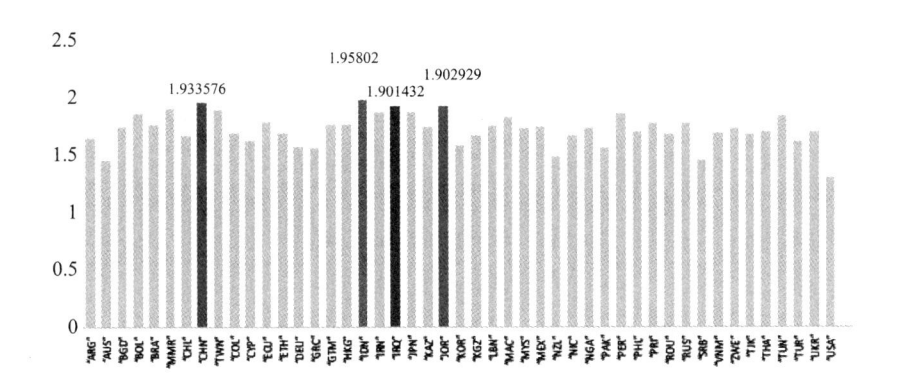

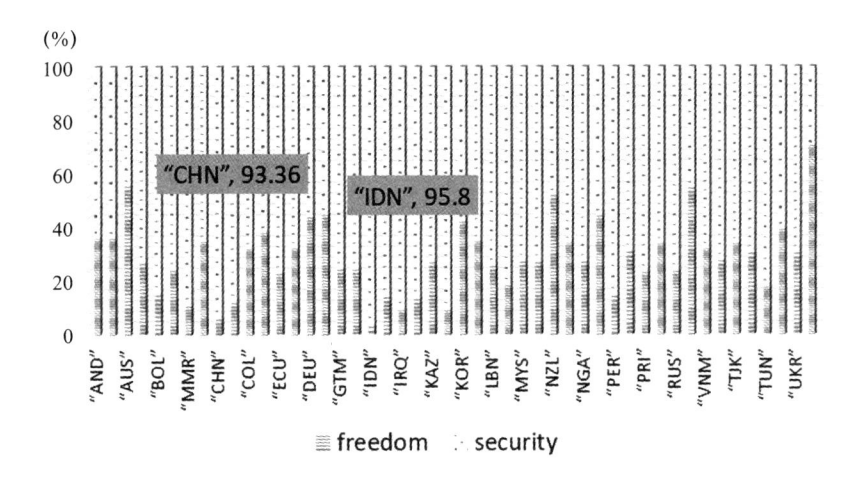

图 1-1　各主要国家（地区）安全与自由选择结构汇总

表 1-2 呈现了中国公众价值观的测评结果。据表可见，在所罗列的各项目标中，公众对将建立强大的国防力量以确保国家安全、追求经济高速发展以满足物质生活需求作为国家未来十年首要发展目标的认同度最高。同时，维持较好的社会秩序和稳定物价，实现经济稳定发展并严厉打击违法犯罪行为，共同构成公众对社会生活的主要期

待。这实际表明，当代中国公众具有较强的安全偏好，物质生活需要仍然占据重要地位，物质主义价值观特征显著，后物质主义价值观特征尚不突出。

表1－2　　　　中国公众后物质主义价值观测评结果

| 国家未来十年的首要发展目标 | 2018（%） | 国家未来十年的第二发展目标 | 2018（%） |
| --- | --- | --- | --- |
| 经济高速发展 | 31.4 | 经济高速发展 | 30.7 |
| 国防力量强大 | 37.6 | 国防力量强大 | 28.3 |
| 重视公众在工作和团体中的意见 | 6.1 | 重视公众在工作和团体中的意见 | 10.7 |
| 将城市和乡村建设得更美丽 | 22.9 | 将城市和乡村建设得更美丽 | 29.9 |
| No Answer | 1.9 | No Answer | 0.4 |
| 您认为下列哪一选项最为重要？ | 2018（%） | 您认为下列哪一选项第二重要？ | 2018（%） |
| 维持社会秩序 | 44.2 | 维持社会秩序 | 30.5 |
| 在政府决策中更多纳入公民意见 | 15.7 | 在政府决策中更多纳入公民意见 | 21.3 |
| 抑制物价飞涨 | 33.3 | 抑制物价飞涨 | 36.2 |
| 保护言论自由 | 4.8 | 保护言论自由 | 11.8 |
| 未作答 | 2.0 | 未作答 | 0.2 |
| 您认为下列哪一选项最为重要？ | 2018（%） | 您认为下列哪一选项第二重要？ | 2018（%） |
| 经济稳定 | 55.4 | 经济稳定 | 26.2 |
| 向更人道的社会发展 | 13.3 | 向更人道的社会发展 | 25.2 |
| 向精神重于物质的社会发展 | 7.0 | 向精神重于物质的社会发展 | 14.6 |
| 打击犯罪 | 22.1 | 打击犯罪 | 33.7 |
| 未作答 | 2.2 | 未作答 | 0.3 |

物质主义价值观占据主导地位，集中表达了公众对发展经济和改善物质生活水平的心理需求，也显示出公众对维护、改善和提升公共安全的强烈渴望。进一步地，从文化价值观对政治、社会生活的影响来看，公众的价值偏好直接或间接地反映在政治生活中，并要求执政党和政府积极给予有效回应和满足。

## 二 研究的问题

后发现代化国家如何实现现代化是战后国际学界重点关注的研究问题。基于对不同类型新兴国家现代化建设进程中遭遇的问题、困境的分析，亨廷顿指出，各国之间最显著的差别不在其政府组织形式，而在政府实行有效统治的程度；新兴国家经济上的进步并不必然导致政治进步，有些经济高速增长的政治行为体反而陷入政治动荡的危机中。在此基础上，他在经验意义上概括地指出，尽管现代性有助于培育稳定性，但由传统社会向现代社会演进的现代化却会引发不稳定。亨廷顿对社会变革与政治秩序之间微妙、复杂的互动机制和关联关系的深入探究，为理解政治稳定的实现机制提供了有益启迪。[①]

作为典型的后发现代化国家，中国自改革开放以来，实现了经济长期稳定增长，尽管当前仍然存在发展不平衡、不充分的问题，但持续保持着社会政治稳定和秩序。中国社会政治稳定不仅体现为有效规避了政局动荡、社会骚乱和政治衰败，而且表现为在世界上大多数国家政府信任低迷、政府信任持续流失的大环境下，中国公众的政府信任长期稳居高位。[②] 经济社会长期高速发展的"中国奇迹"和有效规避转型危机、维护政治稳定发展格局的"中国之谜"吸引了国内外学者的共同关注。显然，深入分析和持续

---

① [美]塞缪尔·亨廷顿：《变革社会中的政治秩序》，李盛平等译，华夏出版社1988年版，第41页。

② Margaret Levi, Stoker Laura, "Political Trust and Trustworthiness", *Annual Review Political Science*, Vol. 3, No. 1, June 2000.

探究我国经济社会增长与政治秩序稳定共生关系的实现机制，对于解析中国之治的实践逻辑、深刻理解中国特色社会主义的治理模式具有重要意义。

在揭示"中国之谜"的学术探索和研究分析中，海外和国内学者各自从其研究视角出发，构建不同的分析框架和解释路径，就中国经济高速增长、社会快速变革和政治秩序稳定的共生关系和关联机制展开分析和探讨，并取得了一定的研究成果。国际社会的发展经验和中国社会调查结果共同表明，当代中国公众的心态正在随社会环境的整体变迁渐进持续地发生转变。这就使得进一步拓展文化视角下政治社会稳定的分析框架具有重要现实意义和较大实现可能。在此基础上，我们择定文化主义的分析路径，着力从公众的文化价值偏好和社会心理需要出发，求证优化政府—公民关系和实现社会政治稳定的实践机制。

基于这一思路，结合前述国际国内客观环境的变迁与特征，观照物质主义价值观在中国公众中的主导性和中国公众对安全的群体偏好，本研究聚焦公众安全感与政府信任的关联机制。为了确认这一研究设计的可行性与可靠性，我们试图从宏观和具体两方面共同确认中国公众安全感与政府信任的坐标定位。具体是指，基于第七波世界价值观调查（WVS7）各国家和地区安全模块和信任模块的测评数据，将受访公众的居住地安全、就业安全、子代教育安全、战争和恐怖袭击风险进行加总代表其社会安全感知，将受访公众对警察、法院、中央政府、政党、行政机关和选举机关的信任加总代表其政府信任。在对信任和居住地安全进行逆序处理后，通过加总求和的方式获取各国家和地区的政府信任和社会安全评价得分，并据此绘制48个主要国家和地区社会安全感、政治信任分布（见图1-2）。当公众的社会安全感、政府信任得分高于2时，表明公众对社会安全和政府信任持肯定态度。

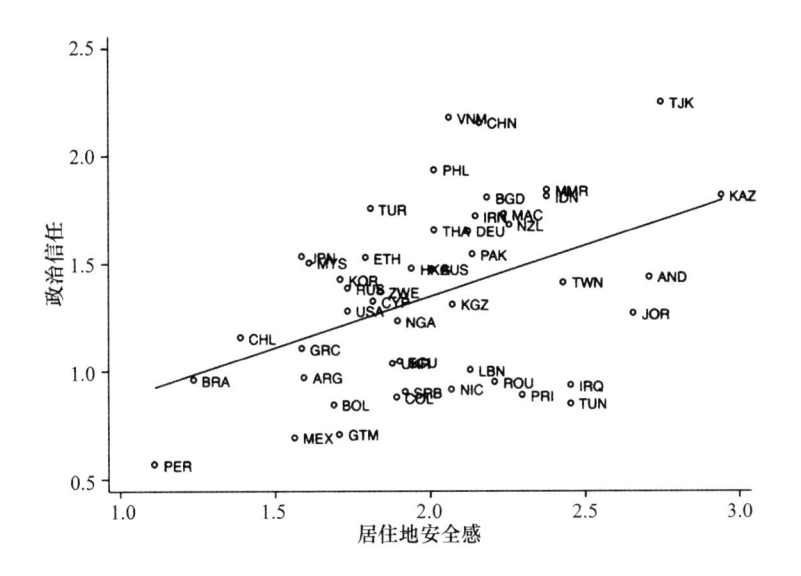

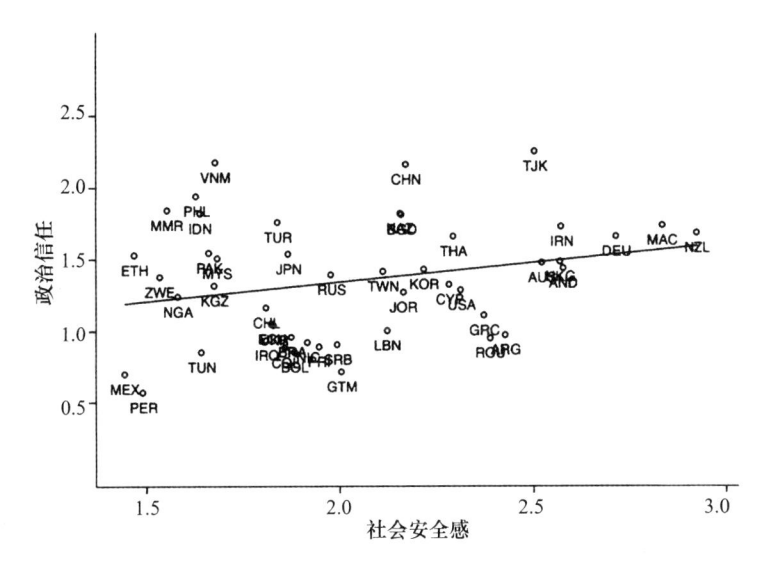

图1-2 世界主要国家和地区社会安全感与政治信任分布

由图可见，中国公众的居住地安全感、社会安全感和政府信任主观评价都处于较高水平。即是说中国公众呈现出安全偏好强烈、社会安全感较高和政府信任度高的特点。这表明，假如公众的安全感能够影响和转化为政府信任，中国则提供了检验其发生机制的契机与环境。因此，本研究在既有研究成果的基础上，构建新的逻辑框架，根据面向中国居民的抽样调查数据，以数理实证分析方法检测和验证公众安全感与政府信任的关联关系，探索其关联机制，为理解中国政府信任长期稳居高位提供新思路和新视角。展开来讲，本研究关切的核心问题即：在中国情境下，公众安全感与政府信任之间是否具有相关性？公众安全感与政府信任相关关系的具体表现是什么？这一相关关系是否可被确认为因果关系？公众安全感作用于政府信任的过程受到哪些因素的影响？这些因素如何发挥其作用功能？

## 第二节 既有研究评析

回顾国内外学术界既有研究成果，是把握研究问题既有进展、主要不足，进而确定后续研究方案的基本准备和前提要素。下文分别围绕公众安全感研究、政府信任研究和公众安全感与政府信任关联关系研究三部分展开。其中，公众安全感研究主要呈现中文语境下公众安全感的关联概念、意涵所指、现实功能和研究局限；政府信任研究主要梳理了政府信任的现状趋势、社会功能、影响要素，并在此基础上指出其主要不足；公众安全感与政府信任关联关系研究则概要回顾了国内外学界就两者关联关系研究取得的进展和存在的不足。

### 一 公众安全感研究

全球化及其发展使得各国家和地区间的联系更趋紧密，互动和交往日益频繁，跨国界、跨地区交流使得风险的联动性更强，安全的维系和改善以互相依赖、互相信任、互相帮助为基础。各国家和地区立足现实，及时调整并不断丰富其安全理念。国泰民安是中国共产党治国理政的核心目标，党领导人民建设社会主义国家的各个时期，都高度重视根据国际国内形势的变化调整、创新和完善国家安全理念。党的十八大以来，新一届中央领导集体结合国际国内社会的变化，适时提出总体国家安全观，强调要重视国民安全。公众是各类风险的最直接影响群体，就其根本而言，国家安全以人民的感受和评价为基准。[①]

公众安全感是直观反映国民安全程度和公共安全水平的重要观测维度和核心测量指标。下文在系统梳理公众安全感的概念、功能和影响要素基础上，试图厘清当前公众安全感的主要研究发现和尚存的不足之处，进而为后续研究的主要着力点提供方向性指南。具体从以下两方面展开：一是通过 Cite Space 对现有公开文献进行基础量化统计，根据关联关键词图示直观呈现当前研究的热点、重点问题；二是对既有文献的主题和内容进行结构化分类与归纳。

### （一）公众安全感及其关联概念

关键词共词分析是一种基于内容的文献计量学分析方法，这一方法依据能够代表文章主要观点和主要内容的关键词间的关系和结构，分析反映特定领域的重点议题和热点问题。下文通过 Cite Space 关键词共词分析，对中国知网（CNKI）中关于公共安全的研究进行概括性统计，通过直观呈现公众安全感及关联概念图谱，整体把握当前公众安全感的研究进路和研究进度。图1-3和图1-4为 Cite Space 关键词共词分析结果。

图1-3的具体操作过程为在中国知网中输入"安全"和"安全感"关键词，时间跨度为2001年1月1日至2021年12月31日，选定20年间的研究论文和研究综述，研究领域选定政治学、中国政治与国际政治、社会学与统计学、行政学及国家行政管理，经人工检查剔除与研究主题不相关的部分文献后，共计获取有效文献636篇。所选文献共生成538个节点、1077条连线；图谱中的节点规模代表研究热度，节点越大表示出现的频率越高；连线的粗细程度取决于关键词共线关系。从关键词的内容来看，公共安全、公众安全感、安全社区、食品安全、应急管理、总体国家安全观，是近20年间公共安全研究的重点和热点问题。

---

[①] 叶自成：《习近平总体安全观的中国意蕴》，《人民论坛》2014年第16期。

◇◆◇ 公众安全感向政府信任的转化机制分析

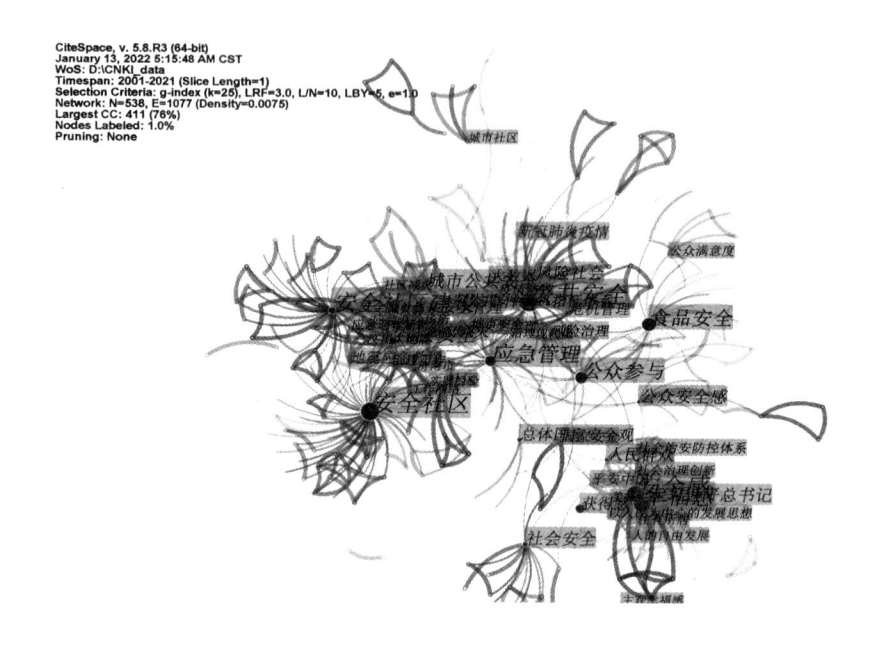

图 1-3 公共领域安全建设的 CNKI 关键词分析图示

进一步地，考虑到具体研究问题的时效性，同时，为了更加清楚地把握各时期公共安全领域研究的主要关注点，图 1-4 时间序列图示以年份为切分单元呈现了过去 20 年间公共安全领域的关键词。各年份的关键词有助于了解当时学术界和研究者的主要关切。据图可见，安全感和公众安全感在较长时期内都是热点研究议题。综合图1-3、图 1-4，公众安全感、公共安全感同时出现在关键词行列，这就要求对两者的具体所指进行详细梳理。厘清其表意差别并把握其内在关联，进而结合研究设定和研究需要择定匹配度最高的那一概念。

图 1-5 是以"公众安全感"和"公共安全感"为关键词的分析结果。具体操作步骤为，在公共安全领域既有文献的基础上，经人工检查剔除与"公众安全感""公共安全感"无关的部分文献共计 320 篇。对现有文献进行语义分析发现，研究者并未对公共安全感、公众安全感进

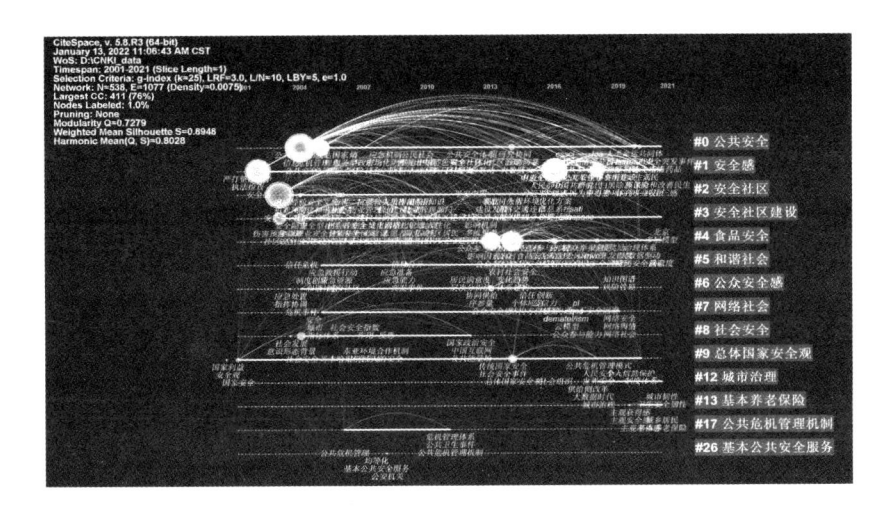

图 1-4　公共安全领域 CNKI 关键词的时间序列图示

行严格的概念辨析，存在两者混用的表达习惯。但在使用习惯上存在细微区别，使用公众安全感概念的研究侧重评价主体的心理感受和情感认同，而公共安全感则更多出现在测量空间、区域的安全水平，包括城市公共安全、特定区域公共安全等。

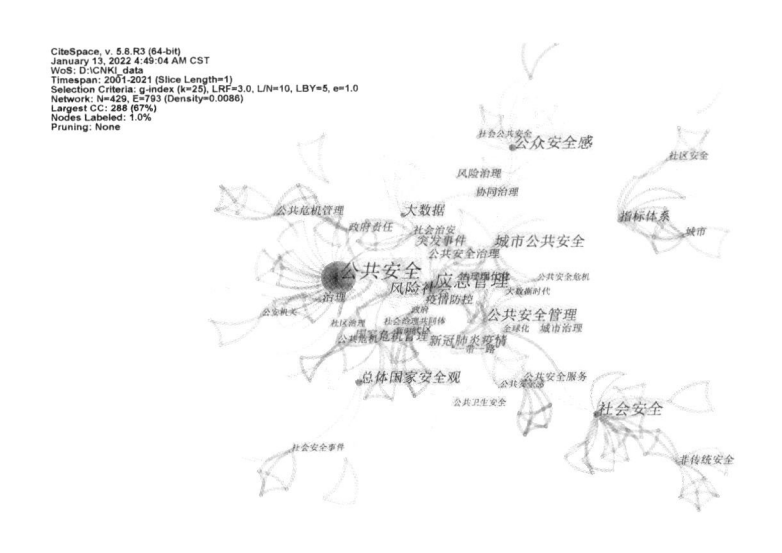

图 1-5　公众（共）安全感的 CNKI 关键词分析图示

19

在此基础上，考虑到在会议公报、中央和地方法规中，更多采用"人民安全感"的表述方式。我们进一步借助北大法宝进行补充性分析。在北大法宝中分别以"人民安全感""公众安全感""公共安全感"为关键词进行检索，搜索结果见表1-3。据表可见，人民安全感更多是作为"民生三感"的重要构成和幸福感、获得感共同使用，常见于党、政文件和各类报刊；学术研究中使用人民安全感的目前仅有姜晓萍等的"平安中国的社区表达：如何营造高质量的人民安全感"[①]一文。公众安全感和公共安全感则为实务界和学术界所共用。

表1-3　　　　　中国公众后物质主义价值观测评结果[②]

|  | 中央法规 | 地方法规规章 | 法律动态 | 法规解读 | 工作报告 |
|---|---|---|---|---|---|
| 人民安全感 | 2 | 19 | 3 |  | 3 |
| 公众安全感 | 1 | 294 | 8 | 2 | 18 |
| 公共安全感 |  | 18 | 3 |  | 1 |

由此可见，在人民安全感、公众安全感和公共安全感表意具有较大一致性的前提下，研究者可结合研究对象和当前的表达习惯择定具体采用的概念。在本研究中，我们择定公众安全感，以显示对研究主体及其感知评价的关切。

（二）公众安全感的功能

就其本质而言，公众安全感是一种综合性个体心理感知。这一心理感知是公众基于生活经验而产生的对生活前景确定性和可控感的判断与评价，是对所处社会防范、应对、化解风险能力的认可程度，集中反映了公众对暴力犯罪、破坏公共物品、扰乱社会秩序等社会性越

---

① 姜晓萍、董家鸣：《平安中国的社区表达：如何营造高质量的人民安全感》，《上海行政学院学报》2021年第1期。

② 此表根据在北大法宝网站分别搜索关键词"人民安全感""公众安全感""公共安全感"获取的结果整理生成，网络地址：http://www.pkulaw.cn/，搜索时间2021年12月8日。

轨行为和由自然灾害、系统性风险等不可控力引发的危机事件得以妥善解决的信心。就此而言，公众安全感既是测度特定时期公共安全建设的基本维度和观察特定时空下安全发展水平的"晴雨表"，也反映出当期安全建设对公众理想预期的满足程度，从而在事实上为进一步巩固和改善公众安全感指明了方向。

在国家治理层面，大国善治目标的实现以创新社会治理机制和提高基层社会治理能力为基础，最终体现为社会治理功能的完善与社会治理效能的优化。公众安全是现代政府履行社会治理职责、实现基层社会高效有序运行治理目标体系的核心构成；是弥合社会风险分配不公的关键点；是社会治理重心下沉和优化安全治理绩效的根本落脚点；是稳固公共安全基础、完善公共安全建设框架的发力点。并且，在物质生活水平得到显著改善和基本满足后，安全感就成为人民美好生活需要的核心构成和主要面向，使人民安全感更加充实、更可持续、更有保障是社会治理的重要目标。

**（三）公众安全感的影响要素**

第一，公众安全感受社会人口特征的显著影响。首先，社会人口特征是公众安全感的重要影响要素，包括年龄、性别、教育水平、职业、收入等因素都能够影响公众安全感，但其影响效应则随情境的变化存在显著差异。相同情境中，生理条件具有社会比较优势的群体往往具有更高的安全感。譬如，由于生理差别，女性比男性、幼儿比成年人更容易成为人为伤害的主要攻击对象；同时，对危机更敏感的群体更容易感到恐惧，这一群体的安全感水平也相对更低。

其次，在经验意义上，危机事件对个体安全感的影响是其客观破坏后果与个人心理创伤水平、心理承受能力叠加的总和性结果。这就意味着，由生理条件和生命体验共同塑造的风险容忍度，即公众对社会风险的化解能力，因人而异。风险容忍度更高的群体社会安全感相对更高。比如，年龄增长通常意味着更为丰富的社会阅历和风险经历，作为经验优势方的年长者比年幼者安全感更高。又如，接受优质高等教育的个体不但更容易在社会竞争中获得成功，而且拥有更多的社会资源和发展空间,因而能够更加从容地接受风险及其造成的损失,也更容易摆脱危机带来的损害,这一群体往往持有更高的安全感。[1]

第二,公众安全感受自然环境的显著影响。自然环境是指空气、水土、气候等自然要素塑造的天然环境,特定区域的自然环境特别是自然灾害的威胁往往具有不可抗拒性,是区域内公众安全感的直接影响要素。譬如,在地震、雷暴、海啸等自然灾害频繁发生的地区,公众对自然灾害及其破坏性后果更为敏感,同时,公众安全感维护和改善比自然灾害较少地区的难度系数更大、任务量更重。

但是,在经验意义上,人会通过改变生活习惯、积累灾害应对经验而增强其环境适应能力,这就使得时间效应会冲淡灾害存在及发生导致的不安全感,进而将安全感恢复至当地平均水平。从低自然灾害区迁移到高自然灾害区的居民是最好的佐证,在移居前期其安全感水平会快速下跌,但当居住时间足够长时,其安全感水平又会恢复并保持稳定。

第三,公众安全感受物理环境的显著影响。物理环境是指城市规划、社区建设等人为规划空间布局塑造的物质环境。CPTED理论(Crime Prevention Through Environmental Design)是物理环境影响公众安全感的代表性理论。其核心观点为,可通过优化社区物理环境、改进社区社会治安水平增进居民的财产安全感。美国俄亥俄州辛辛那提市实施围栏翻新、社区保洁等为核心内容的CPTED试点计划,在计划推进的三年时间内,犯罪率每年下降13%。[2] 这一试点实验的成功揭示了CPTED理论在营造财产安全感中具有积极的正向功能,从而为社区物理环境改善有益于增进财产安全感提供了有力的事实证据。

国内学者的研究进一步验证了物理环境在塑造公众安全感中的影

---

[1] 王菲菲:《邻里关系对社区居民安全感的影响——基于CGSS2015的实证分析》,《宜宾学院学报》2020年第4期。
[2] [美]芭芭拉·内德等:《建筑安全规划设计手册》,胡斌等译,中国电力出版社2009年版,第73页。

响力。建筑设计专家白德懋指出，居民的环境需求沿生理—安全—消闲—社交—美五层次递进发展，在设计水平更高、物理环境更符合人的生存与发展需求的社区，巩固和改善居民财产安全感相对容易。① 原野在其对城乡接合部社区的分析中指出，建筑物安全、黑开场所是威胁财产安全的主导性因素。② 黄邓楷等依据CPTED理论为广东大学城环境安全感改进机制提供了对策。③ 姬艳涛等分析发现，社区治理中现代技术的应用和智慧社会建设能够显著增进居民安全感。④

第四，公众安全感受社会环境的显著影响。首先，实证研究的分析结果显示，城市化水平与公众安全感显著负向相关。犯罪学最早关注城市化对安全的具体影响⑤，在城市化加剧竞争强度、过度竞争引发生活条件恶化进而增加犯罪率的假设得以初步证实后⑥，城市化与公众安全感的关系引起更多研究者的关注。Hale分析指出，与城市化发展相伴而生的流动性增强和个人主义流行加剧了个体孤独感，降低了社会关系网络的支持，从而削弱了个体安全感。⑦ 周俊山等则分析指出，城市化进程中社会信任水平下降和经济发展公平感弱化，是城市化水平与居民安全感间显著负向相关关系的发生路径。⑧ 现有国内外研究成果一致表明，社会发展和社会关系变动与公众安全感变化密切相关。

---

① 北京市建筑设计研究院、白德懋：《居住区规划与环境设计》，中国建筑工业出版社1993年版，第52页。
② 原野：《中国城乡结合部安全问题研究——以北京市昌平区"北四村"为视角》，中央民族大学，硕士学位论文，2014年。
③ 黄邓楷、王国光、陈芷筠：《基于公众参与地理信息系统的广州大学城环境安全感评价研究》，《风景园林》2019年第12期。
④ 姬艳涛、李宥成：《新时代"枫桥式"基层治安治理模式探究——基于序次Logistic回归模型的实证分析》，《河北法学》2020年第3期。
⑤ Ajaz Ahmad Malik, "Urbanization and Crime: A Relational analysis", *Journal of Humanities and Social Science*, Vol. 21, No. 1, 2016.
⑥ Shaw Clifford R. and Henry D. McKay, *Juvenile Delinquency in Urban Areas*, Chicago: University of Chicago Press, 1972, p. 116.
⑦ Hale C., "Fear of Crime: A Review of the Literature", *International Review of Victimology*, Vol. 4, No. 2, Jan 1996.
⑧ 周俊山、尹银：《城市化对居民安全感的影响》，《城市发展研究》2020年第4期。

其次，社会资本与公众安全感之间具有显著的正向相关关系。国内学者主要依据全国性或区域性社会调查数据，检测并验证了中国情境下社会资本与公众安全感的相关关系。袁振龙分析发现，社会资本具有建立群体规范、构建熟人关系网、催生互助组织和志愿服务组织的功能，这直接有助于增进财产安全水平。[①] 他进一步分析指出，社区社会资本发展水平更高的社区，居民公共参与度更高，居民的社区参与水平越高，其对社区治安的评价也越高。[②] 尉健文等强调，邻里交往及在此基础上形成的社区认同能够积极增进公众的居住地安全感。[③] 赵延东、尉建文对西部11个省份公众调查数据的实证研究结果显示，社会资本能够有效增进公众的社会安全感。[④] 王菲菲的研究表明，社区邻里熟识程度、交往频度越高，公众的居住地安全感越高。[⑤] 前述分析结果共同揭示了社会资本与公众安全感的内在一致性。

第五，公众安全感受社会信息网络的显著影响。高效丰富的信息供给网络和及时精准的信息供给机制有助于增强公众安全感。根据清华大学的一项社会调查，公众对危机应对培训的需求强烈，风险信息需求强烈和信息及时供给不足是当前风险培训领域的突出矛盾。[⑥] 唐斌在其研究中指出，政府危机治理能力、公共安全事件发生频率、信息不对称和公众认知偏差是公众安全感受损的主要原因。[⑦] 蒲新微以

---

[①] 袁振龙：《社会资本与社会安全——关于北京城乡结合部地区增进社会资本促进社会安全的研究》，《中国人民公安大学学报》（社会科学版）2007年第3期。

[②] 袁振龙：《社区参与和社会治安——从社会资本理论视角出发的实证研究》，《中国人民公安大学学报》2009年第4期。

[③] 尉建文、阮明阳：《中国城市居民安全感的实证研究：基于北京、郑州和昆明三城市的调查》，《北京工业大学学报》（社会科学版）2011年第6期。

[④] 赵延东、尉建文：《社会资本与中国西部公众社会安全感关系研究》，《信访与社会矛盾问题研究》2013年第3期。

[⑤] 王菲菲：《邻里关系对社区居民安全感的影响——基于CGSS2015的实证分析》，《宜宾学院学报》2020年第4期。

[⑥] 《中国城市居民危机意识网络调查报告》，《中国公共安全》（综合版）2006年第6期。

[⑦] 唐斌：《流失与重构：政府对公众心理安全感的满足——基于公共安全事件的思考》，《江淮论坛》2010年第3期。

吉林省为样本的分析表明，风险认知是公众安全感的重要影响因素。①

张岩等在其系列分析中指出，重大危机事件中，媒体传播通道、技术、频度、真实度是公众安全感的重要影响因素②；其中，主流媒体是政府及时详细地向公众传递安全信息、指导公众做好危机防范的关键传播媒介和信息载体。③ 马亮根据中国 38 个大城市的截面数据，证实了媒体披露和新闻报道的增多与公众食品不安全感显著正向相关，公众的媒体关注度越高，这一相关关系越强。④ 但在马亮的另一项研究中，其对 36 个大城市多元数据的实证分析结果显示，尽管公安微博的数量、发博量、开通时间、粉丝数等多项指标都与公众安全感正向相关，但却并不具有统计显著性，政务微博在增进公众安全感方面的效能仍有待进一步分析和检验。⑤

**（四）既有公众安全感研究的局限**

综合国内外既有研究可见，当前对公众安全感的研究，其内容或是集中探讨公众安全感的构成维度和影响要素，或是专就公众安全感的特定维度展开，对公众安全感治理实践效能的分析成果数量较少、系统性有待提升。而在研究方法上，围绕公众安全感功能和影响的研究多沿演绎推理的路径展开，通过数据调查和统计分析进行科学探究的研究相对不足。有鉴于此，深入细致地开展公众安全感研究，要兼顾公众安全感的要素构成和功能影响分析，着力探究改善公众安全感并进一步发挥其治理效能的内在机理。这也是我们深化和推动公众安全感研究的切入点和着力点。

---

① 蒲新微：《风险预期与社会安全——吉林省公众安全感及相关因素研究》，《中国社会学会 2010 年年会——"社会稳定与社会管理机制研究"论坛论文集》，2010 年 7 月。

② 张岩、魏玖长、戚巍：《突发事件社会心理影响模式与治理机制研究》，《中国应急管理》2011 年第 6 期。

③ 张岩、魏玖长：《风险态度、风险认知和政府信赖——基于前景理论的突发状态下政府信息供给机制分析框架》，《华中科技大学学报》（社会科学版）2011 年第 1 期。

④ 马亮：《新闻媒体披露与公众的食品安全感：中国大城市的实证研究》，《中国行政管理》2015 年第 9 期。

⑤ 马亮：《公安微博是否提升了公众的公众安全感？——以中国大城市为例》，《中国社会公共安全研究报告》2013 年第 2 期。

## 二 政府信任研究

为直观呈现国内外政府信任的既有研究结果，首先通过 Cite Space 关键词共词分析对中国知网既有文献进行量化分析。图 1-6 为 Cite Space 关键词共词分析结果。具体操作过程为，在中国知网中输入"政府信任"和"政治信任"关键词，时间选定在 2001 年 1 月 1 日至 2021 年 12 月 31 日，研究领域选定政治学、公安、中国政治与国际政治、社会学与统计学、行政学及国家行政管理，经人工检查剔除与研究主题不相关的部分文献后共计获取 930 篇。共生成 389 个节点、791 条连线。据图可见，地方政府、公共产品、风险感知、生活幸福感、社会公平、政治效能感是与政府信任关联度较高的高频词汇。

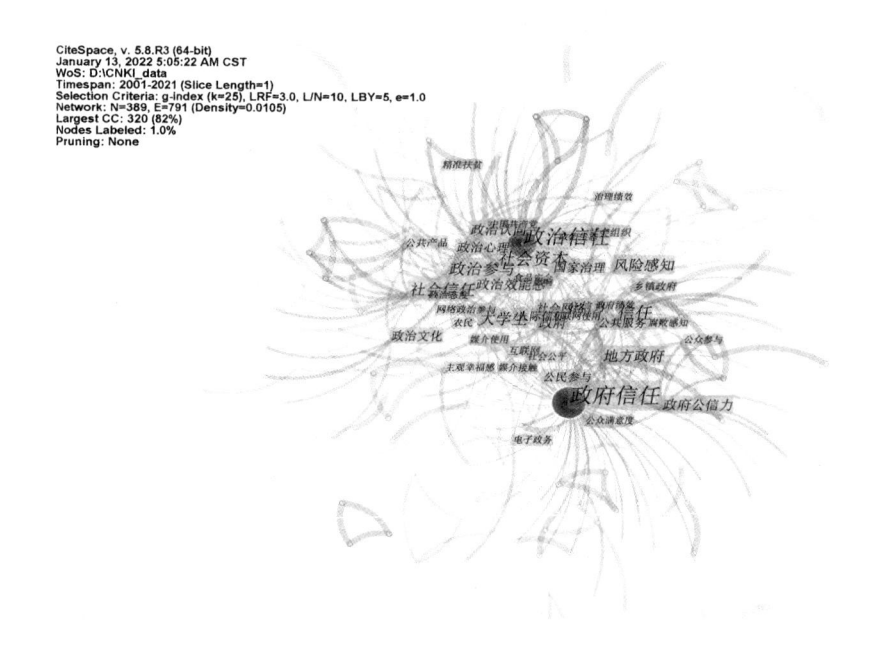

图 1-6 政府（治）信任的 CNKI 关键词共词分析图示

其后，对中英文文献的内容进行结构化归纳与总结，将之分为政府信任的结构与趋势、政府信任的功能、政府信任的影响要素三部分。在整体把握前述各部分内容的基础上，总结当前政府信任研究的现实进展和主要不足，并据此确定后续政府信任研究的主要努力面向。

## （一）政府信任的趋势与结构

政府信任的变动趋势是指，各国家或地区公众政府信任评价的历时性演变轨迹。既有经验研究显示，世界范围内政府信任低迷且衰退的现象广泛存在。约瑟夫·奈（Nye, J. S.）等通过对大量调查数据的统计分析发现，政府信任下降现象广泛存在于英国、美国、西班牙、比利时、意大利、荷兰、加拿大诸国，政府信任持续衰退是具有一定普遍性的政治现象。[①] 2002年，Moon, M. Jae依据对美国国家选举研究（American National Election Studies）调查数据的分析指出，美国公众的政府信任在过去数十年间处于持续衰退状态[②]，这进一步证实了约瑟夫·奈的分析发现。

但是，以世界价值观调查（WVS）和爱德曼全球信任度调查[③]为代表的超大规模抽样调查结果显示，中国公众的政府信任水平远高于英、美、日等发达国家，且公众的政府信任水平在20年间保持了相对稳定的发展态势。然而，对中国公众政府信任的历时性分析表明，政府信任的总体趋势经历了从"中央高、地方高"到"中央高、地方低"的变动过程，当前呈现整体水平较高且中央高于地方的信任分布格局，未来或将面临中央、地方政府信任下降，也存在出现"中央低、地方低"信任分布格局的可能。[④]

政府信任的结构是公众对各层级政府信任的分布及其特征。既有

---

[①] Nye, J. S., Zelikow, P. D. and King D. C.（eds.）, *Why People Don't Trust Government*, Cambridge, MA: Harvard University Press, 1997, p. 2.

[②] Moon, M. Jae, "Can IT Help Government to Restore Public Trust? — Declining Public Trust and Potential Prospects of IT in the Public Sector", Proceedings of the 36th Hawaii International conference on System Science（HICSS' 03）, Feb 2003.

[③] 《2020年爱德曼全球信任度调查报告》，《人民日报》2020年3月7日第3版。

[④] 帅满：《政府信任格局演化的结构和机制分析》，《武汉科技大学学报》（社会科学版）2021年第1期。

研究显示，各国家和地区政府信任结构存在显著差异，主要有"金字塔形""波浪式"和"倒金字塔形"三种结构。"金字塔形"结构是指，政府信任随政府层级的升高而下降，公众对下级政府的信任高于上级政府，对基层政府的信任高于中央政府。譬如，美国受访公众对政府组织、政府官员的信任度与接触距离反向相关，即公众对层级高、接触距离远的政府组织、政府官员的信任水平低于层级低、接触距离近的政府组织、政府官员。① 日本公众的政府信任也表现出这一特征，特别地，日本公众对高级政府官员表现出强烈的不信任，对高级官员的操守尤其缺乏信心。② "波浪式"是指，公众对中央政府和地方政府的信任度处于波动状态。譬如，韩国公众对中央和地方政府的信任水平高于法院和国会，但在中央、地方政府信任的比较中，更信任中央政府和更信任地方政府的情况交替存在。③ "倒金字塔形"结构是指，政府信任随政府层级的上升而增强，公众对地方政府的信任水平较低，对中央政府的信任水平更高。中国政府信任即呈"倒金字塔形"。李连江④、史天健⑤、胡荣⑥等对大陆地区公众的抽样调查数据显示，公众对中央政府的信任显著高于地方政府，政府信任水平随层级下降而下降，即中央政府信任＞省政府信任＞市政府信任＞县（区）政府信任＞乡（镇）政府信任。

**（二）政府信任的主要功能**

作为政治生活的经验事实，重视巩固和加强政府信任是古今中外

---

① ［美］乔治·弗雷德里克森：《公共行政的精神》，张成福等译，中国人民大学出版社2003年版，第163页。

② Pharr, S. J., "Public Trust and Democracy in Japan", In Nye, J. S, Zelikow, P. D. and King, D. C. (eds.), *Why People Don't Trust Government*, Cambridge, MA: Harvard University Press, 1997.

③ Bongoh Kye, Sun-Jae Hwang, "Social trust in the midst of pandemic crisis: Implications from COVID-19 of T South Korea", *Research in Social Stratification and Mobility*, Vol. 68, Aug 2020.

④ 李连江：《差序政府信任》，《二十一世纪》2012年第3期。

⑤ Shi, Tian jian, "Cultural Values and Political Trust: A Comparison of the People's Republic of China and Taiwan Region", *Comparative Politics*, Vol. 33, No. 4, Jul 2001.

⑥ 胡荣：《农民上访与政治信任的流失》，《社会学研究》2007年第3期。

各国政府的重要关切。《论语·颜渊》子贡问政中,子贡向孔子求教,粮食充裕、军备充足、人民的信任,必须舍弃一项,应当如何选择?孔子回答,舍弃军备。子贡追问,剩余两项中,择一而弃又当如何?孔子回答,去掉食物充足此项,自古而今,人皆有死,失去民众的信任便不能够立足。

西方政治思想深受契约论影响,其核心观点为,政府—公众关系实际是以社会契约为根本遵循的委托代理关系。委托—代理关系的建立和维系,以委托方对代理方一定水平的信任为基本前提;当信任严重受损或低于特定水平时,委托代理关系必然遭到破坏。也就是说,当公众对政府组织或部门的不信任积累超过特定限度时,就会陷入无论政府做好事还是说真话,公众都会在主观上认定其在做坏事、说假话的"塔西陀陷阱"。

古今中外,执政者都高度重视获取、维护公众对政府的信任。其原因在于,执政者对政府信任功能价值、政府信任流失的严峻社会后果有深刻且清醒的认识。治国者希望充分发挥政府信任的积极功能效用以实现和维护社会政治秩序,同时,也极力规避政府信任下滑和受损可能导致的政治风险和社会危机。展开来讲:

第一,政府信任侧面反映出公众对政府权威的服从和支持程度,是政府合法性的直观表征。政府的合法性是指,公众对政府系统及其行为合理性与正当性的认可。马克斯·韦伯认为,对合法性的信仰是维持统治秩序的必要支持要素。韦伯将权威分为传统型权威、个人魅力型权威和法理型权威三类。他并指出,尽管政治生活实践必然受到传统权威与个人魅力的混合影响,但法理型权威将日益成为现代社会权威的基础,科层制政府是法理型权威的主要实践形式。[①] 对各级政府而言,公众的政府信任与政府合法性具有内在统一性。公众的政府信任水平越高意味着政府的合法性越强,公众服从政府权威、与政府合

---

① R. 马丁、罗述勇:《论权威——兼论 M. 韦伯的"权威三类型说"》,《国外社会科学》1987 年第 2 期。

作的意愿越强；反之，政府信任水平越低则表明政府的合法性越弱，公众服从政府权威，与政府合作的意愿就更为稀薄。

第二，政府信任是重要的治理资源，在政府社会管理和公共治理实践中发挥重要作用，是政府权威再生产的重要基石。政府组织公信力是政府凝聚社会共识、发挥公共治理功能、实现社会发展目标的重要支持要素。[1] 政府信任是影响政府公共治理效能的重要因素，与政府治理的效率和成本直接相关，较高水平的政府信任和政府信任水平的增长有助于增进公共政策的执行效率[2]，降低政府的治理成本[3]，是优化政府治理绩效并增进公共治理绩效产出的关键要素。相比于政府信任向低位发展，政府信任向高位发展表明政府凝聚社会共识和公共治理的能力持续强化。相比于较低水平的政府信任，政府信任较高治理环境下的公众更愿意对公共政策的实施给予配合、合作、支持，更愿意相信政府公共政策服务公益的立意和实现善治的能力，公众对政府制度改革、政策创新和政策失败的容忍度更高。

第三，政府信任低于特定水平将直接威胁政府存在的合法性基础。"历史和现实都表明，一个政权也好，一个政党也好，其前途与命运最终取决于人心向背，不能赢得最广大群众的支持，就必然垮台"[4]。公众的信任与支持是政府建立和延续的基础，政府治理过程同时是巩固和增进公众政府信任的过程，当政府信任下降到政府无法通过非强制手段获得公众的服从与配合时，社会冲突便无从避免，而这往往是政府衰败的前兆。[5] 因为，公众对政府不信任的破坏性影响具有螺旋上升的特性，公众对政府的信任度越低，政府在公共治理和

---

[1] 张康之、张乾友：《后现代主义语境中的公共行政概念》，《北京行政学院学报》2013年第1期。
[2] 张志泽：《回应性、公信力与政府过程：政府舆情公关的理论图景》，《中共天津市委党校学报》2014年第5期。
[3] 张晓泉、林学飞：《论行政法治条件下政府责任的实现途径》，《中共浙江省委党校学报》2003年第2期。
[4] 江泽民：《论"三个代表"》，中央文献出版社2001年版，第72页。
[5] 李砚忠：《论政府信任的概念内涵、形成因素与政治功能》，《行政论坛》2007年第3期。

公共服务供给中的有效性和实践效率就越是难以得到有效提升,并不可避免地下滑;而政府越是无力赢得公众的信任,就愈加无力阻挡治理效能的下行趋势,进而陷入公众不信任与政府无效率的恶性循环中直至崩溃。[1] 由此可见,一定限度内的政府不信为公众监督政府提供了实践可能和空间,有利于增强政府行为的规范性,但政府不信任的肆意发展却意味着政府在公意代表和落实中的治理效能不足,这将从根本上瓦解政府存续的合法性基础。

第四,政府信任持续下降将增加公共政策的执行成本,削弱公共政策的实施效率。尽管长期存在并维持在较低水平的公众失望,通常不会对政府治理造成过于严重的消极影响,但政府不信任水平的连续增长将增加政府治理的运行成本并抑制治理效率的提升。理查德·E.诺伊施塔特指出,公众信任政府并不能够确保共同治理国家的各主体之间达成一致,但是,不信任却会使达成一致变得更加困难,甚至完全被排除出考虑范围。在政府不信任水平较高的治理环境中,公众更不愿意相信政府具有维护公共利益的自觉,与政府合作治理的意愿与动力也相应弱化,对政府政策失败和治理失效进行合理化的内在动力不足,这就使政府公共政策的试错成本、容错空间、改革潜力和发展动力受到更多约束,政府公共决策和政策创新的成本显著增加。公众对公共政策的治理目标与治理效果抱有高度怀疑,更加偏向于有所保留地配合政策执行甚至发生政策抵制。[2]

正是基于上述因素,政府信任及其所代表的政府—公众关系问题受到各国执政者的重视。然而,巩固和改善政府信任不等同于将追求超高水平的政府信任作为唯一目标。因为,尽管高水平政府信任能够为政府治理提供诸多便利,但政府信任水平过高也有其负面作用。譬

---

[1] Ruckelshaus, W., "Trust in government: a prescription for restoration", The Webb Lecture to the National Academy of Public Academy of Public Administration, 15 November, 1996, p. 2.

[2] 王涛、陈小华:《理解政府信任:内涵、影响因素与基本功能》,《浙江学刊》2012年第2期。

如，约瑟夫·奈等分析指出，过高水平的政府信任将会对公民自由造成严重威胁。① 马得勇也在其研究中指出，政府信任水平过高将增加官员滥用权力、贪污腐败行为发生的可能性。② 不过，正如 Aberbach 指出的那样，没有一个已经建立的政府能够得到全部公民的信任和忠诚。③ 而在世界范围内政府信任低迷的整体趋势下，提升政府信任以规避"塔西陀陷阱"仍是各国政府的重要目标追求。

**（三）政府信任的影响要素**

厘定政府信任的影响要素，才能有的放矢地巩固和改善政府信任。围绕政府信任主要受到哪些因素的影响，如何理解各国（地区）政府信任的分布结构特征，导致国家（地区）间政府信任水平分化的主要原因是什么等核心问题，既有研究主要在制度绩效、文化心理或两者混用三种视角下展开。制度绩效论者倾向于从政治体制安排、政府治理绩效等方面分析政府信任的生成及其变动，文化心理论者则注重分析文化传统、政治价值观对政府信任的重要影响。

1. 基于制度分析的解释路径

基于制度分析视角的政府信任研究，可粗略概括为治理绩效、政府质量和政府公共关系三部分。这一划分方式以各研究所强调和突出的核心概念为基准，各部分之间或存在一定的逻辑交叉性，但不影响整体表意的准确性。

（1）治理绩效

治理绩效是政府在公共治理实践中取得的成效，是政策执行成本与成效的综合反映。最优治理绩效即以最低治理成本获取最高治理产出，治理绩效符合公众期盼的程度即治理绩效合法性水平。旨在揭示治理绩效合法性对政府信任影响效应的既有研究，主要包括公共政策

---

① ［美］小约瑟夫·S. 奈等编：《人们为什么不信任政府》，朱芳芳译，商务印书馆 2015 年版，第 301 页。
② 马得勇：《政治信任及其起源——对亚洲 8 个国家和地区的比较研究》，《经济社会体制比较》2007 年第 5 期。
③ Joel D. Aberbach and Jack L. Walker, "Political Trust and Racial Ideology", *American Political Science Review*, Vol. 64, No. 4, Dec 1970.

绩效、腐败治理绩效和福利供给绩效三个方面。

首先，治理绩效中的公共政策绩效是公众政府信任的核心影响要素，公众的公共政策绩效满意度与政府信任正向相关，公众对政策治理绩效的不满对政府信任具有负向影响。Citrin 在其研究中发现，美国公众对总统形象、国会履职和经济发展的评价与政府信任显著正向相关。① Yankelovich 基于对政治事件的经验归纳指出，当政府陷入道德正当性危机、政府意识形态正确性遭到质疑和政府履职能力受到怀疑时，政府信任水平下降，而公共政策绩效是测度政府履职能力的主要依据。② 约瑟夫·奈等的研究显示，政府公共决策的正确性、治理成本收益比、治理效率与治理效能都能显著影响政府信任，正确的公共决策、较低的成本收益比、较高的治理效率和显著的治理效能是增进政府信任的有效途径。③

国内学者各自遵循其理论推演建构分析框架，证实了公共政策绩效与中国政府信任的关联关系，拓展并深化了对两者关系的理解。卢海阳等的研究发现，公共政策满意度与中央政府信任显著正向相关，公众的公共政策满意度越高，越倾向于通过规范化和制度化渠道实现政治参与。④ 李晓飞基于其对户籍制度改革政策的研究发现，持有所在地户籍的市民对地方政府的信任高而对中央政府的信任低，流动人口对中央政府信任水平高而对地方政府信任水平低，反差序政府信任和差序政府信任并存的现实表明，政策获得是各群体政府信任变化的主导性因素。⑤

---

① Jack Citrin, "Comment: The Political Relevance of Trust in government", *American Political Science Review*, Vol. 68, No. 3, Sep 1974.

② Daniel Yankelovich, *Coming to Public Judgement: Making a Democracy Work in a Complex World*, New York: Syracuse University Press, 1991.

③ Nye, J. S., Zelikow, P. D. and King, D. C. (eds.), *Why People Don't Trust Government*, Cambridge: Harvard University Press, 1997.

④ 卢海阳、郑逸芳、黄靖洋：《公共政策满意度与中央政府信任——基于中国16个城市的实证分析》，《中国行政管理》2016年第8期。

⑤ 李晓飞：《户籍、社会分割与城市居民的反差序政府信任》，《中国行政管理》2016年第12期。

◈ 公众安全感向政府信任的转化机制分析

蔡立辉基于对国家治理逻辑的演绎分析，在一般意义上揭示了绩效满意导向政府信任的演进理路。他分析指出，政府绩效评估通过约束政府部门的政策执行行为、增强对政府部门及其职员的正向激励、落实对违规及懒政的惩戒，切实有效地提高公共服务供给水平与供给质量，进而增强公众的政府信任。[①] 宁国良等则强调，通过优化顶层设计改善政策执行规范化水平并扩大公民参与是改善政府信任的有效策略。[②] 胡荣、池上新指出，政府绩效是增进农村居民政府信任的重要因素。[③]

其次，治理绩效中的腐败治理绩效是影响公众政府信任的重要因素。腐败是政府公共治理成本无序扩张的主要原因，是公共政策在执行过程中偏离政策设定目标的重要诱因，是政府自身建设和发展必须克服的关键梗阻，也是政府信任水平波动的主要影响因素。Viloria 等的研究表明，西班牙民众的腐败感知、反腐败满意度和其政府信任显著相关，公众腐败感知越高，政府信任水平越低，公众对反腐败的满意度越高，政府信任水平也越高。[④] Soonhee Kim 在其研究中发现，日韩两国公众的腐败感知和央地政府信任负向相关，公众的腐败感知越强烈，其对中央政府和地方政府的信任度越低。[⑤]

国内学者就腐败治理对政府信任的影响进行了系统分析。李连江的研究显示，公众对政府的清廉评价与政府信任显著正向相关，较高的清廉感意味着更高水平的政府信任。[⑥] 邓聿文基于对政治生活的经

---

[①] 蔡立辉：《西方国家政府绩效评估的理念及其启示》，《清华大学学报》（哲学社会科学版）2003 年第 2 期。

[②] 宁国良、罗立：《公共政策公信力：构建政府信任的重要维度》，《政治学研究》2012 年第 6 期。

[③] 胡荣、池上新：《社会资本、政府绩效与农村居民的政府信任》，《中共天津市委党校学报》2016 年第 2 期。

[④] Manuel Viloria, Gregg G. Van Ryzin, Cecilia F. Lavena, "Social and Political Consequences of Administrative Corruption: A Study of Public Perceptions in Spain", *Public Administration Review*, Vol. 73. No. 1, Jan 2013.

[⑤] Soonhee Kim, "Public Trust in Government in Japan and South Korea: Does the Rise of Critical Citizens Matter?" *Public Administration Review*, Vol. 70, No. 5, Aug 2010.

[⑥] Lianjiang Li, "Political Trust and Petitioning in the Chinese countryside", *Comparative Politics*, Vol. 40, No. 2, Jan 2008.

验观察概括地指出，地方政府特别基层政府及其工作人员奉行机构利益或个人利益至上的价值观念，导致政府行为严重偏离甚至损害民众利益的现象逐渐普遍化，是导致基层政府不信任、基层政府信任水平下降的重要原因。[1] 吴进进的研究发现，腐败认知和腐败治理不满对政府信任具有消极影响，其分析结果显示，公众认为腐败水平越高，其政府信任越低，公众对腐败治理绩效满意度越低，政府信任越低。[2]

最后，公共绩效中的福利供给绩效是影响公众政府信任的主要因素。近来，国内外学者不断拓展政府信任研究的分析视角，社会福利便是最具代表性的新分析视角之一。学者们围绕社会福利是否能够以及如何影响政府信任展开了广泛探讨和深入分析。Antonis 等的研究发现，在遭遇公共危机时，政府能够及时提供教育、医疗服务、心理安抚是增进政府信任的有益举措。[3] 李艳霞以世界经合组织 16 个国家及其公众为样本的实证研究表明，福利制度包容度和国家福利支出规模与政府信任显著正相关，这一研究结论增加了福利制度影响政府信任的稳定性和可靠性。[4]

国内学者也对福利绩效与政府信任的关联关系进行了探索性研究。王晓红等的研究显示，公众对居住地环境污染程度的主观感知与中央、地方政府信任均存在显著的负向相关性，公众感知环境污染度越高、环保治理绩效越低，央、地政府信任也越低。[5] 作为后发现代化国家，经济增长和经济绩效仍然是政府信任的重要来源和强力支持要素，但在物质生活水平得到显著改善、社会发展不均衡性日渐显现的现实下，公共服务供给和民生福利的重要性正在日渐增长。前述研

---

[1] 邓聿文：《地方政府公司化削弱社会信任感》，《领导科学》2009 年第 14 期。

[2] 吴进进：《腐败认知、公共服务满意度与政府信任》，《浙江社会科学》2017 年第 1 期。

[3] Antonis A. Ellinas and Iasonas Lamprianou, "Political Trust in Extremis", *Comparative Politics*, Vol. 46, No. 2, Jan 2014.

[4] 李艳霞：《福利制度模式与公众政府信任的跨国比较》，《武汉大学学报》（哲学社会科学版）2020 年第 2 期。

[5] 王晓红、胡士磊、张奔：《环境污染对居民的政府信任和政治参与行为的影响》，《北京理工大学学报》（社会科学版）2020 年第 2 期。

究在更具普遍性的意义上揭示了，随着现代化的深入发展，以进一步改善生活质量为中心的福利供给，正在政府信任建设中发挥更为关键的作用。但是，由于各国家和地区文化传统与政治制度的差异，具体福利制度以及特定福利政策与公众政府信任的关联机制仍有待更进一步的分析。

（2）政府质量

所谓政府质量，是指政府在公共治理过程中行使公权力的合法性状态。[1] 既有研究将公正性、回应性、代表性、廉洁性[2]和开放性[3]作为测度政府质量的核心指标。政府质量研究的兴起表明，政府监督的重心由要求政府"做正确的事"转向"正确地做事+做正确的事"；政府评价机制由结果导向转向过程、结果并重；好政府的标准从坚持治理有效转向治理过程规范、治理结果有效。提高政府质量，既是政府建设顺应和回应社会发展客观要求的直接结果，也是进一步发挥其在政府—公民关系中重要功能影响的必然要求。

既有研究对政府质量具体构成维度与政府信任的相关关系进行了探索性研究。这些具体构成维度主要包括政府透明性维度和政府的代表性、回应性维度。其中，政府透明性是指，公众获取政府信息以行使监督权利的便捷度，包括过程透明和信息透明两部分。[4] 政府回应性是指，政府对公众质疑、需求的响应、回答和满足水平。[5]

国内外学者通过实证分析初步揭示了政府透明性与政府信任的相

---

[1] Marcus Agnafors, "Quality of Government: Toward a more Complex Definition", *American Political Science Review*, Vol. 107, No. 3, Aug 2013.

[2] Bo Rothstein, Jan Teorell, "What is Quality of Government? A Theory of Impartial Government Institutions", *Governance: An International Policy, Administration and Institutions*, Vol. 21, No. 2, Apr 2008.

[3] John R. Hibbing and Elizabeth Theiss-Morse, "Too Much of a Good Thing: More Representative is not Necessarily Better", *Political Science & Politics*, Vol. 31, No. 1, Mar 1998.

[4] Meijer, A., "Understanding Modern Transparency", *International Review of Administration Science*, Vol. 75, No. 2, Jun 2009.

[5] Yang, K. & Pandey, S. K. "Public Responsiveness of Government Organizations: Testing a Preliminary Model", *Public Performance & Management Review*, 2007, 31 (2): 215-240.

关关系。金在勋在其研究中发现，韩国中央政府、地方政府清廉度的上升都能够有效增进公众的政府信任。① Soonhee Kim 和 Joohe Lee 等基于对韩国首尔地区居民抽样调查数据的统计分析发现，公众对网络参政的满意度与政府信任存在显著的正向相关关系，网络参政满意度越高，政府信任水平越高。② 但是，Grimmelikhuijsen 等对韩国、荷兰的一项比较研究却显示，两国政府的透明度都与政府信任显著负向相关。③ 对此，Licht 等认为理解这一现象的关键在于，适度而非完全透明的决策过程更有助于增强公众对政府的信心。④

国内学者进一步丰富并拓展了政府透明度与政府信任的相关性分析。芮国强等对在江苏苏州获取的实地调查数据的分析发现，政府公开信息内容易于理解、信息更新及时、信息发布渠道多元化都有助于增进政府信任。⑤ 吴进进等基于中国 36 城的样本数据，检验并证实了市政府财政透明度对市政府信任的影响效应及其发生条件，研究结果显示，市政府财政透明与市政府信任显著正相关，教育程度在其中发挥负向调节作用，随着教育水平的提高，财政透明度对政府信任的正面影响不断减弱⑥。赵金旭等的研究显示，数字政府应用在方便公众获取专业信息的同时，提升了公众对政府透明性的肯定评价，进而显著改善了政府能力信任。⑦ 徐向龙等基于对上海居民的抽样调查数据

---

① 김재훈，정부 신뢰 개념에 관한 비교연구：빅데이터를 이용한 접근，KOREA DEVELOPMENT INSTITUTE，2016－10，p. 5.

② Soonhee Kim, Joohe Lee, J. E-Participation, "Transparency, and Trust in Local Government", *Public Administration Review*, Vol. 72, No. 6. Nov 2012.

③ Stephan Grimmelikhuijsen, Eva Knies, "Validating a scale for Citizen Trust in Government Organizations", *International Review of Administration Sciences*, Vol. 12, No. 3, Sep 2015.

④ Licht Jenny, Naurin Daniel, Esaiasson Peter and Gilljam Mikael, "When Does Transparency Generate Legitimacy? Experimentingon a Context-Bound Relationship," Governance, Vol. 27, No. 1, 2014, pp. 111－134

⑤ 芮国强、宋典：《信息公开影响政府信任的实证研究》，《中国行政管理》2012 年第 11 期。

⑥ 吴进进、于文轩：《中国城市财政透明度与政府信任——基于多层线性模型的宏微观互动分析》，《公共行政评论》2017 年第 6 期。

⑦ 赵金旭、傅承哲、孟天光：《突发公共危机治理中的数字政府应用、信息获取与政府信任》，《西安交通大学学报》（社会科学版）2020 年第 4 期。

分析发现，政府信息公开满意度与政府信任正向相关。①

综合前述研究可见，政府透明度对政府信任的影响效应是真实存在的。但是，政府透明度与政府信任的关联关系不可简单以线性相关关系笼统概括。因此，深入理解政府透明度和政府信任的关联机制，要进一步丰富关于两者关系的理论建构，也要进一步拓展支撑逻辑推演的经验证据。

既有研究也对政府回应与政府信任的关联关系进行了探索性分析。West 在其研究中发现，政府回应与政府信任间存在显著的正向相关关系，政府回应度越高，公众的政府信任也越高，政府回应水平越低，公众的政府不信任也随之增长。② 王浦劬等的研究表明，政府回应的效率、效能直观反映出政府能力、政府服务建设和政府公共关系的状态，政府回应性的提升有助于抑制政府信任结构差序分化，增进政府信任结构的均衡协调性。③ 马亮的研究则显示，政府透明性和回应性在电子政务增进政府信任中发挥中介功能，即是说，电子政务的普及和广泛使用能够不同程度地增进公众对政府透明和政府回应的感知，进而巩固政府信任。④ 孟天广、李锋的研究结果，在经验意义上进一步验证了代表性、公正性和回应性对政府信任的重要影响功能。⑤

这些研究共同表明，政府对公众意见和建议的重视和回应，在政府—公民关系建设中发挥重要影响，是加强政民互动的有益之举。在此基础上，后续研究应进一步深化政府回应对政府信任影响效应的系统分析，为切实提高政府回应的效率和效能提供有益借鉴和启迪。

---

① 徐向龙、许鑫：《突发重大公共卫生事件初期公众信息关注与政府信任》，《图书馆杂志》2020 年第 12 期。

② West, D. M., *Digital Government: Technology and Public Sector Performance*, Princeton NJ: Princeton University Press, 2005.

③ 王浦劬、郑姗姗：《政府回应、公共服务与差序政府信任的相关性分析——基于江苏某县的实证分析》，《中国行政管理》2019 年第 5 期。

④ 马亮：《电子政务使用如何影响公民信任：政府透明与回应的中介效应》，《公共行政评论》2016 年第 6 期。

⑤ 孟天广、李锋：《政府质量与政治信任：绩效合法性与制度合法性的假说》，《江苏行政学院学报》2017 年第 6 期。

### (3) 政府公共关系

政府公共关系建设是指，政府以完善自身形象为主要途径，通过多种措施协调各社会主体间关系，以实现公众对政府工作支持最大化，进而持续增进政府公共治理效能。就此而言，政府公共关系与政府信任具有一致性，政府信任是政府公共关系建设的目标构成，也是政府公共关系发展质量的重要参考。特别地，政府信任修复是政府公共关系建设的重要构成。政府信任修复是指，政府通过多种方式努力恢复政府公信力的治理实践。① 政府信任修复的目标在于"最小化信任者的不信任"并"巩固被信任者的可信性"，具有修复难度随频次累加而递增的基本特征。②

既有研究沿规范和实证的双重进路，揭示了政府公共关系与政府信任的关联关系。程倩在其分析中指出，政府信任与政府公共关系具有交叉性，政府信任是透视政府公共关系的重要渠道，政府公共关系是改善政府信任的有效路径。③ 王晓成进一步指出，良好的政府公共关系有助于化解公共危机，树立良好的政府形象，这同时有助于增进政府信任。④ 杨旎立足融媒体时代的社会变化强调，政府信任不单是结果性的、静态的，它受到政府公共关系状态的现实影响，也处于动态发展变化中，政府公共关系是理解政府信任的第三条路径。⑤ 徐玉镇等的分析指出，公共卫生、公共安全等突发性公共危机事件是政府信任变动的重要原因，公共危机的破坏性与政府应对机制的具体效能共同决定政府信任是得以巩固并优化还是被削弱而衰落。⑥

---

① 徐彪：《公共危机事件后的政府信任修复》，《中国行政管理》2013年第2期。
② Nicole Gillespie, Graham Dietz, "Trust Repair After An Organization-Level Failure", *The Academy of Management Review*, Vol. 34, No. 1, Jan 2009.
③ 程倩：《政府信任关系：概念、现状与重构》，《探索》2004年第3期。
④ 王晓成：《论公共危机中的政府公共关系》，《上海师范大学学报》（哲学社会科学版）2003年第6期。
⑤ 杨旎：《融媒体时代的政府公共关系：分析政府信任的第三条路径》，《中国行政管理》2019年第12期。
⑥ 徐玉镇、孙超群：《公共危机事件后的社会信任修复研究——以突发公共卫生事件为例》，《上海行政学院学报》2019年第6期。

◇◆ 公众安全感向政府信任的转化机制分析

此外，既有研究也通过规范和实证分析，揭示了政府公共关系建设与政府信任修复的联动机制。当前，政府信任修复理论主要有以下三种。

一是 Tomlinson 等[1]、Kim 等[2]主张的"归因论"。其核心观点为，在公众对公共危机生成原因的认知中，政府责任占比决定了政府信任受损的程度，因此，政府信任修复受到政府应对策略、治理实效满足公众期待的程度。徐彪通过小范围情景实验揭示了中国情境下归因结构与政府回应策略对信任修复的影响机制，其研究结论为，公众对危机事件的非政府归因越强，政府信任受损水平越低，在常用回应策略中，否认和借口比道歉和解释缘由更有助于政府信任修复。[3]

二是 Nicole Gillespie 等共同提倡[4]的平衡理论，该理论认为信任受损是公众与政府互动关系平衡性被破坏而导致的结构性失衡的结果，因而信任修复的本质在于重申双方的合作原则、规范合作过程以重构这一平衡关系。

三是被更多学者认可的制度理论，Sitkin 和 Robert[5]主张从正面完善制度规范、增强制度监管力度和效能，通过增强政府行为规范性以有效提升政府信任；Nakayachi 和 Watabe[6]进一步强调，应当加强对

---

[1] Edward C. Tomlinson and Roger C. Mryer, "The Role of Causal Attribution Dimensions in Trust Repair", *Academy of Management Review*, Vol. 34, No. 1, Jan 2009.

[2] Peter H. Kim, Donald L. Ferrin, Cecily D. Cooper, Kurt T. Dirks, "Removing the Shadow of Suspicion: The Effects of Apology versus Denial for Repairing Competence – versus Integrity – Based Trust Violation", *Journal of Applied Psychology*, Vol. 89, No. 1, Feb 2004.

[3] 徐彪：《公共危机事件后政府信任受损及修复机理 基于归因理论的分析和情景实验》，《公共管理学报》2014 年第 2 期。

[4] Nicole Gillespie and Graham Dietz, "Trust Repair after An Organization-Level Failure", *Academy of Management Review*, Vol. 34, No. 1, Jan 2009.

[5] Sitkin, Sim B. and Bies, Robert J., "Social Accounts in Conflict Situations: Using Explanations to Manage Conflict", *Human Relations*, Vol. 46, No. 3, Mar 1993.

[6] "Restoring Trustworthiness after Adverse Events: the Signaling Effects of Voluntary 'Hostage Posting' on Trust", *Organizational Behavior and Human Decision Process*, Vol. 97, No. 1, May 2005.

损害政府信任行为的监管与惩戒,增加政府的违规成本。孙峰以网约车管理为案例分析指出,参与式议程设置中多元主体间广泛存在的信任流失现象严重削弱了政策实践的有效性,应当从议程设置的环境、规则与程序等方面综合施策以修复政府信任。[1]

总结来讲,政府公共关系的分析框架适应了政府信任研究发展的现实需要,拓展了理解政府信任及其变动趋势的分析视角和分析理路,在过程—结果框架下深化了对政府信任发展机理的把握,是政府信任研究进一步发展的重要切口。

2. 文化理论的解释路径

不同于在理解各国家(地区)政府信任变动中的出色表现,制度绩效在跨国家、跨地区的比较研究中所能提供的解释效力相对有限。譬如,中国并非世界上经济发展水平最高的国家,但其政府信任水平却长期稳居首位。在为政府信任寻求更多有效解释的探索中,文化价值观提供了理解政府信任的又一主要分析视角。

文化价值观视角的核心观点是,特定国家或地区公众的政府信任受到其所遵从的文化价值观念的指引[2];公众的政府信任通常是政治体制与文化传统相互融合的综合结果,文化从根本上影响着公众对政治现象、政治行为、政治人物的主观认知和主体评价。政治文化在其规范意义上表现为,由规范(norms)、价值观(values)构成的稳定的价值导向和规则约束,在实践中则体现为态度(attitudes)和观念(beliefs)等相对灵活的个体选择。当前,文化价值观视角下的政府信任研究主要沿下述三种分析路径展开。

第一,关注特定社会群体心理特质对政府信任的影响,揭示社会亚文化对社会成员政府信任的影响。譬如,Almond 和 Verba 的研究发

---

[1] 孙峰:《参与式议程设置中的信任:从流失到精准修复——基于网约车议程的实证研究》,《中国行政管理》2020 年第 1 期。

[2] William Mishler, Richard Rose, "What are the Origins of Political Trust? Testing Institutional and Cultural Theories in Post-communist Societies", *Comparative Political Studies*, Vol. 34, No. 1, Feb 2001.

现，相比于对他人信任度低的群体，对他人信任度更高的群体政治信任水平也更高。[1] Lane 等的研究显示，公众对当选官员的信任实际是一般信任的特殊形态，即是说，政府信任受个体信任能力和信任偏好的显著影响。[2] 其后，Schyns 和 Koop 在其研究中进一步指出，公民个体的政治信任与其对社会成员的信任显著正向相关，个体对他人的信任度越高，政治不信任水平越低。[3] 这就意味着，在一定程度上，部分公民较之其他公民拥有较高政治信任的原因在于他们本身就拥有更高的信任能力，或是其所处的群体间信任度较高，间接地有助于增强公民的政府信任表达。

第二，重视社会资本与政府信任的关联关系。社会资本即社会信任，社会信任内嵌于社会运行结构中，是社会成员有序参与社会生活的核心支持要素，是文化、历史、民族性格等要素的综合产物，具有稳定性、长期性且不易受到社会突发事件的影响。普特南在对意大利地方政府绩效差异原因的分析中发现，高水平的社会资本增进了辖区内公众对地方代表性政治机构的信任，是地方治理绩效水平较高的重要促成因素，从而揭示了社会资本对政府信任的正向激励功能。[4] 福山在更为宏观的研究视角下，将特定国家的社会信任水平作为国家兴盛与繁荣的重要解释机制，强调国家发展是政治制度与社会文化共同作用的结果。国内学者胡荣等分别以城市居民[5]、农村居民[6]为抽样调查对象，证实了社会资本在我国公众政府信任变化中的重要功能。

---

[1] Almond, Gabriel A. & Sidney Verba, *The Critic Culture*, Boston：Little, Brown & Company, 1963, p. 283.

[2] Robert E. Lane, Robert E., *Political Life*：*Why People Get Involved in Politics*, Glencoe：Free Press, 1969, p. 164.

[3] Schyns, Peggy, Koop, Christel, "Political Distrust and Social capital In Europe and the USA", *Social Indicators Research*, Vol. 96, No. 1, Mar 2010.

[4] Robert D. Putnam, *Bowling Alone*：*The Collapse and Review of American Community*, New York：Simon & Schuster, 2000.

[5] 胡荣、胡康、温莹莹：《社会资本、政府绩效与城市居民对政府的信任》，《社会学研究》2011 年第 1 期。

[6] 胡荣、池上新：《社会资本、政府绩效与农村居民的政府信任》，《中共天津市委党校学报》2016 年第 2 期。

第三，聚焦政治价值观对政府信任的影响效应。既有研究主要围绕威权主义价值观、自由民主价值观、物质主义价值观、后物质主义价值观对政府信任的影响展开。Warren[1]与Rainer等[2]认为，相比于威权主义价值观，民主政治文化提供了信任生长的土壤，因而，民主主义国家比权威主义国家的政治信任水平更高。但是，随着调查研究的深入发展，后续分析显示，东亚和东南亚等具有威权传统国家的政府信任水平也居高位，这引起研究者的高度重视。马得勇分析指出，在具有威权主义传统的国家，以政治权威为核心的威权主义价值观是其高水平政府信任的重要支持要素。[3] Wong等的研究显示，自由民主价值观的兴起是中国政府信任下降的重要诱因。[4] 而后，池上新对转型期中国公众政治价值观与政府信任关系的分析，再次验证了威权主义价值观能够正向增进政府信任，但民主主义价值观与政府信任负向相关，并且，市场化水平的提高显著地弱化了前者并强化了后者。[5]

英格尔哈特基于经济、文化和政治转型的内在关联，将文化作为一个独立变量，指出"后物质主义价值观"以及持有"后物质主义价值观"的批判性公民的出现，是西方政府信任持续低迷的重要原因。[6] 其后，王正绪等在"后物质主义"视角下，对中国政府信任流失的原因做出如下解释，公众成长在知识、技术快速更迭的时代，更具自我反思和质疑精神，更注重生活品质改善，对政府的态度更为严

---

[1] Mark Warren, *Democracy and Trust*, Cambridge: Cambridge University Press, 1999.

[2] Helmut Rainer, Thomas Siedler, "Does Democracy Foster Trust?", *Journal of comparative Economics*, Vol. 37, No. 2, June 2009.

[3] 马得勇：《政治信任及其起源——对亚洲8个国家和地区的比较研究》，《经济社会体制比较》2007年第5期。

[4] Timothy Ka ying Wong, Po san Wan, Hsin Huang Michael Hsiao, "The bases of Political Trust in Six Asian Societies: Institutional and Cultural Explanations Compared", *International Political Science Review*, Vol. 32, No. 3, Jun 2011.

[5] 池上新：《市场化、政治价值观与中国居民的政府信任》，《社会》2015年第2期。

[6] [美]罗纳德·英格尔哈特：《现代化与后现代化：43个国家的文化、经济与政治变迁》，严挺译、祁玲玲校，社会科学文献出版社2013年版，第342—344页。

苛且更具批判性；公民价值取向的快速转变和科层制政府的低效率之间存在显著张力，这一张力是政府信任水平降低的重要原因。①

### （四）中国政府信任研究的困境与突破

回顾中国政府信任研究可见，制度理论和文化理论在分析中国居高且稳定的政府信任时均表现出良好的解释力，但各自也存在显著的局限和不足。制度绩效论的局限性集中表现为，绩效合法性具有不稳定性。② 展开来讲，由于绩效合法性存在发展上限，且增进绩效合法性对改善公众政府信任的边际效应递减，持续改善政府信任无法仅凭增进绩效合法性实现。文化价值观将研究限定在政治价值观和社会资本的功能作用上，对其他文化要素和社会心态的深入分析尚不充分。

另外，制度绩效与文化价值的区分具有相对性。一方面，文化传统与文化特性本就受到具体制度安排的影响和塑造，同时，文化表达和文化延续常常也需要借助正式或非正式的制度安排得以实现；另一方面，制度的落实必须结合并符合社情民意才能取得预期效果。因此，理解社会现象及其发展规律往往需要综合考虑制度绩效和文化价值及其交互作用。并且，文化和制度都会随社会发展而变化，公众心态也在持续地、渐进地发生转变，这就在客观上使得，政府信任实际受到新旧制度、传统和新兴文化价值、制度与文化交织的综合影响。

而结合中国政府信任的发展现实，当前"稳居高位、央高地低、逐级递减"的政府信任分布格局使得进一步提升政府信任既要有效遏制"央地双降"的潜在趋势，也要着力增强政府信任结构的均衡性。地方政府信任流失和公众对地方政府的不信任情绪，日益成为困扰地方政府发展的重要问题。地方政府承担地方治理和服务群众的功能职责，也提供了化解和分担社会治理压力和公众不满情绪的缓冲空间，

---

① Zhengxu Wang, Yu You, "The Arrival of Critical Citizens: Decline of Political Trust and Shifting Public Priorities in China", *International Review of Sociology: Revue International de Sociology*, Vol. 26, No. 1, Feb 2016.

② 杨龙：《赵鼎新：超越绩效合法性》，《中国民商》2013 年第 6 期。

地方政府信任和中央政府信任实际具有一损俱损的内在关联关系。因此，巩固并提升地方政府信任在地方社会治理和中央政府信任改善中都具有重要意义。

总结来讲，丰富完善制度绩效、文化价值对政府信任的影响效应分析，要进一步拓展制度绩效、文化价值的要素构成，也要关注两者交互效应的实践机理。特别地，考虑到文化价值观在中国政府信任中的解释效用，应更加重视寻找新的预测变量，并在此基础上探究其与政府信任的关联关系，形成更具包容性的解释路径。同时，不仅要重视政府信任的整体状态，也要关注政府信任的结构分布，厘定分析中国政府信任的整体性结构框架，进而系统揭示各要素向政府信任转化的发生机制和发展机理，推动政府信任研究向纵深发展。

### 三 公众安全感与政府信任相关性研究

围绕公众安全感与政府信任的相关关系，国内外学者进行了诸多探索性研究，相关研究成果确认了经济质量、治安状况、环境安全、食品健康和公共卫生等具体领域安全感与政府信任的相关性。

就经济质量与政府信任的相关性。Andrew 基于对美国国家选举研究院调查数据的分析发现，公民对自身和家庭的经济安全感知与政府组织和政治家的信任显著相关。[①] Veronica 等综合欧洲社会调查、国际货币基金组织和世界银行的数据分析指出，在受到 2008 年国际金融危机重创的国家中，公众对政府组织的信任显著下降。[②] Erkel 等基于对欧洲晴雨表（1999—2011）的分析发现，在国家范围内，包括增长、赤字、失业和通货膨胀在内的宏观经济历时性波动能够显著影响公众的政府组织信任，经济危机时期的财政赤字则会削弱政府组

---

[①] Andrew Wroe, "Economic Insecurity and Political Trust in the United States", *American Politics Research*, Vol. 44, Issue1, January 2016.

[②] Veronica Fagerland Kroknes, Tor Georg Jakobsen, Lisa-Marie Grønning, "Economic Performance and Political Trust: The impact of the financial crisis on European citizens", *European Societies*, Vol. 17, Issue5, January 2016.

织信任。① 为检验前述研究结论在亚洲地区的适用性及其具体表征，Daewoo Lee 等对亚洲风向球调查（Asian Barometer Survey）第四波数据进行分析，结果显示，宏观经济运行态势和个体的主观经济状态感知与公众对政府组织和政治领袖的信任显著相关。②

就治安状况与政府信任的相关性。严洁等分析发现，公众的治安安全感通过直接作用于治安工作满意度间接影响警察信任。③ 杜恩等的研究显示，公众的治安安全感与乡镇党委和政府信任显著正向相关，公众感知治安状况越佳，其对基层政府的信任度就越高。④ 朱志玲基于九省九市调查数据分析指出，包括治安安全、食品、财产、信息等在内的社会安全感与基层政府满意度显著正相关。⑤

就环境安全与政府信任的相关性。Jaeyoung Lim 等对 2014 年韩国综合社会调查数据的分析发现，公众环境安全感与政府信任变动趋势的一致性是政府信任能够有效缓解公众环境风险感的心理机制。⑥ 王凯民等在对上海居民调查数据的分析中发现，居民对居住地和所在城市环境安全评价越高，对政府维护环境安全的信心越强，其通过非正式参与表达政府不信任的可能性越低。⑦ 孙伟力对 CGSS2010 数据分

---

① PFAV Erkel, TWGVD Meer, "Macro-economic performance, Political trust, and the Great Recession A multilevel analysis of the effects of within-country fluctuations in macro-economic performance on political trust in fifteen EU countries, 1999 – 2011", European Journal of Political Research, Vol. 55, Issue1, February 2016, pp. 177 – 197.

② Daewoo Lee, Chae Young Chang, Hyunkang Hur, "Economic performance, income inequality and political trust: new evidence from a cross-national study of 14 Asian countries", Asia Pacific Journal of Public Administration, Vol. 42, No. 2, 2020, pp. 66 – 88.

③ 卫莉莉、严洁：《社会治安评价对警察信任的影响》，《中国人民公安大学学报》（社会科学版）2017 年第 1 期。

④ 杜恩、李雨书：《基层政府的民众信任度影响因素分析——基于 CGSS 数据回归模型研究》，《当代经济》2017 年第 17 期。

⑤ 朱志玲：《矛盾遭遇对基层政府评价的影响——以社会公平感、社会安全感为中介变量》，《华东理工大学学报》（社会科学版）2018 年第 5 期。

⑥ Jaeyoung Lim, Kuk-Kyoung Moon, "Can Political Trust Weaken the Relationship between Perceived Environmental Threats and Perceived Nuclear Threats? Evidence from South Korea", International Journal of Environmental Research and Public Health, Sep 2021.

⑦ 王凯民、檀容基：《环境安全感、政府信任与风险治理——从"邻避效应"的角度分析》，《行政与法》2014 年第 2 期。

析发现，公众环境安全感越低，其对中央和地方政府的信任度越低。①刘朝林的研究显示，环境危机感知与政府信任显著负向相关，环境风险感知与地方政府信任显著负相关，与央地政府信任差正向相关，即环境风险感知越强，公众对地方政府信任水平越低，央地政府信任差值越大。②

而在食品安全领域，Heewon Cha 等对韩国网络匿名调查数据的分析显示，公众的食品不安全感与政府信任显著负相关，并且，愤怒情绪在食品不安全感削弱政府信任的过程中发挥调节作用，愤怒情绪越高，食品不安全感与政府信任的负相关性越强。③ 韩广华等对 4th AB-Ss 中国大陆地区调查数据的分析表明，公众的食品安全感与包括政府品格和施政信誉在内的政府能力信任显著正相关。④ 马琳对郑州居民抽样调查数据的分析表明，公众的食品安全评价与政府组织信任显著正相关。⑤

在公共卫生领域，Ben 等以 18 个调查组织提供的 2019 年 12 月至 2020 年 10 月间英国政府信任变动趋势统计数据为样本的分析显示，应对 COVID-19 的公共卫生政策显著影响公众对政治领袖和政府能力的信任。⑥ 此外，Bongoh 等根据 KAMOS（Korean Academic Multimode Open Survey）2016—2020 年的调查数据分析发现，因在 COVID-19 流

---

① 孙伟力：《公众环境危机感知、互联网使用与政府信任——基 CGSS2010 数据的分析》，《福建行政学院学报》2016 年第 3 期。

② 刘朝林：《环境风险感知对两级政府信任差异的影响研究》，《科技经济导刊》2017 年第 5 期。

③ Heewon Cha, Jungeun Yang, Soo Jin Kim, "The influence of chronic and temporary accessibility on trust and policy support," *Journal of Risk Research*, 2019 (1).

④ Guanghua Han, Simin Yan, "Does Food Safety Risk Perception Affect the Public's Trust in Their Government? An Empirical Study on a National Survey in China", *International Journal of Environmental Research and Public Health*, 2019 (11).

⑤ 马琳：《城市消费者的食品安全评价与其对政府信任度的相关性分析》，《贵州农业科学》2014 年第 9 期。

⑥ Ben Davies, Fanny Lalot, Linus Peitz, Maria S. Heering, Hilal Ozkececi, Jacinta Babaian, Kaya Davies Hayon, Jo Broadwood, Dominic Abrams, "Changes in political trust in Britain during the COVID-19 pandemic in 2020: integrated public opinion evidence and implications", *Humanities and Social Sciences Communications*, 2021 (6).

行中采取了较好防御措施，公众的卫生安全感得到有效改善，2020年韩国公众对中央和地方政府的信任水平显著提升。[①]

既有研究大多围绕公众对具体领域安全感的评价与政府组织、政治领袖或政府能力信任的相关性展开，初步验证了公众安全感与政府信任的相关关系，为理解特定领域安全治理与政府信任具体面向的关联关系和变动趋势一致性提供了不同程度的有效解释。但是并未建构起理解公众安全感与政府信任关联关系的一般框架，在研究的系统性、深刻性上仍然存在不足。

同时，这些研究在不同程度上为进一步揭示公众安全感与政府信任的关联关系提供了启发。首先，既有研究对多领域安全感和不同面向政府信任的定义与度量表明，公众安全感和政府信任都是内涵丰满、结构丰富的综合性概念。其次，为公众安全感各维度与政府信任各面向的结构性关联关系寻找更多经验证据支持，是更加深刻理解公众安全感与政府信任相关关系的必然要求。因此，要综合考虑政府关切、社会关注和公众关心，建构测量新时代公众安全感的指标体系并厘定政府信任的分析框架和结构面向，在此基础上，通过演绎推理和数理实证的双重建构揭示两者的关联机制。

## 第三节　研究意义

基于对公众安全感与政府信任关联关系现有研究的归纳与总结，本研究探索建构了测度公众安全感和评价政府信任的系统化指标体系，进而就两者之间的结构性关联关系进行了验证性分析。在此基础上，确认了公众安全感对政府信任的影响效应及其作用路径。研究结果拓展并深化了对该问题的理性认知，具有一定的理论和实践意义。

---

[①] Bongoh Kye, Sun-Jae Hwang, "Social trust in the midst of pandemic crisis: Implications from COVID-19 of South Korea", *Research in Social Stratification and Mobility*, 2020 (8).

## 一 理论意义

第一，本研究探索制定了系统测量公众安全感的指标体系，整理了把握中国政府信任的整体性分析框架，更为系统、直观地呈现了公众安全感和政府信任的意涵所指和现实发展。现代化进程中，社会风险的系统化使得安全的重要性日渐凸显，社会风险性提高同时意味着治理风险增加和安全需求增长[1]，安全感日益成为心理学、社会学、管理学等多学科及其交叉学科的热点研究问题。将公众安全感纳入政治学研究视野，进而建构系统性测量方案，是适应和应对现代社会风险性和不确定性日益增长这一发展现实的客观必然。本研究通过经验归纳和统计校验，为新时代公众安全感研究提供了可靠的测评方案。同时，既有研究并未就如何定义及测度政府信任形成统一定论，本研究尝试以对象、品质、结构三重维度整体把握中国政府信任的具体所指，更加全面地呈现了政府信任的内涵面向，增加了政府信任分析的系统性和深刻性。

第二，本研究提出并确认了公众安全感与政府信任的结构性关联关系。在物质生活需要得到基本满足后，安全感成为人民日益增长的美好生活需要的核心构成和主要面向。提高维护和塑造安全的能力与水平，使人民安全感更加充实、更有保障、更可持续，是政府治理的重要目标构成。安全感和政府信任是政府—公民关系的重要影响变量，并且，公众安全感和政府信任都是具有多重面向且意涵丰富的结构性概念，建立理解两者关联关系的系统性分析框架，确认其关联关系的现实表征，是深入理解两者关联关系的题中之义。本研究通过OLS和分位数回归的双重检验，初步确认了公众安全感及其各构成维度与政府信任各面向的相关关系。

第三，本研究致力于揭示公众安全感对政府信任的影响效应。本研究将公众安全感作为理解政治现象和解释政治行为的分析维度，建构了

---

[1] 彭勃、杨志军：《从"凝闭"走向"参与"：公共事件冲击下的政策体制转向》，《探索与争鸣》2013年第9期。

◈ 公众安全感向政府信任的转化机制分析

公众安全感影响政府信任的逻辑框架。我们预期公众安全感是中国公众政府信任的重要来源,进而以数理实证分析检测和验证其真实性与稳定性。研究结果确认了公众安全感在提升政府信任中的功能价值,为社会心理稳定与政治社会秩序的内在统一性提供了经验证据支持。这就进一步拓展了文化价值观的分析维度,提升了政府信任前因变量研究的系统性和层次性,并提供了理解中国政府信任生成和发展的新路径。

第四,本研究初步揭示了公众安全感影响政府信任的过程机制和发展机理。尽管既有研究通常将公众安全感与政府信任近似为线性相关关系,但是生活经验表明,公众安全感与政府信任之间还存在非线性相关关系。有鉴于此,本研究在逻辑演绎推理的基础上,对生活幸福感、公共服务满意度的联结功能和政治效能感、社会公平感的调节效应进行检测和验证。研究结果确认了两者间的非线性相关关系,深化了对公众安全感影响政府信任过程机制的理解和把握。

第五,本研究比较系统地呈现了公众安全感向政府信任转化的发生过程。安全感和政府信任的内在联动机制,是深刻理解社会治理和政治稳定辩证关系的枢纽。本研究在确认两者相关关系的基础上,进一步证实了因果效应的存在,其后,通过中介和调节效应分析揭示了其过程机制。在政治心理视角下,为理解新时代政府—公众关系的发展提供了更为系统的分析框架,增加了对公共安全与政府治理辩证统一关系的理性认知。

## 二 现实意义

第一,通过更具系统性、可靠性的评估方案和科学抽样方法,获取公众安全感的一手数据资料,真实反映受访群体的安全感状况,为准确了解当前公众安全感的结构分布特征提供了现实依据。在社会发展的不同阶段和各个阶段的不同时期,公众安全感的内涵和外延都处于发展变动中;这就使得,不评估、不测量公众安全,便无从知晓安全建设和公众安全感的真实发展状况,也无从把握公众安全感的结构特征和新增长点。问卷调查是了解公众安全感最为直观、简洁、高效的途径，本研究综合学术界、实务界的专家建议和专业意见制定量表，为直观呈现公众安全感整体概貌和具体情况提供了契机，为全领域、全方面提升人民群众的安全感和加大力度改善薄弱领域、关键环节的安全感提供了参照。

第二，为整体把握和具体提升政府信任提供了方向性参照。本研究认为，政府信任是包括政府机构、公职人员、政府动机、政府能力、中央—地方政府信任结构分布、政府信任层次分化和级别分化的系统性概念，具体包括对象、品质和结构三重面向。本研究强调不仅要着力提升地方政府的对象、品质信任，也要进一步优化政府信任结构，增强政府信任分布的层级均衡性。这就为有针对性且有效地改善政府信任提供了更为清晰的发展方向。

第三，为总体安全能力是安全的物质性力量、主体安全感知及两者关系功能函数的经验归纳提供了证据支持。鉴于公众安全感在增进政府对象、品质信任和优化政府信任结构中的积极影响，公共安全治理和安全建设不仅要重视安全的物质性力量，也要重视发挥人的因素的功能，着意促进安全物质性力量和主体感知的均衡发展、良性互动。既要稳步增加对安全物质性力量和安全文化建设的资源供给，也要系统增进公众的安全意识、安全认知、安全能力和安全信心，夯实社会政治秩序的心理基石。

第四，为有效提升政府信任提供了可行对策和行动方案。人民的信心是政府公共治理不可或缺的基础，没有人民的信心支撑，任何政府均无法长治久安。[①] 中国政府信任在保持高水平稳定发展的同时，也面临巩固政府信任、优化政府信任结构的建设目标。公众安全感对政府信任影响效应的确认，为切实有效增强政府对象、品质信任，增强政府信任结构的均衡性、化解政府信任危机，从而系统巩固和改善政府信任提供了新的切入视角和行动指南。

---

① ［美］麦迪逊：《辩论：美国制宪会议记录》，尹宣译，辽宁教育出版社2003年版，第28页。

第五，为把脉新时代政府—公民关系的发展、推动政府公共关系建设提供了实践启迪。现代国家不仅拥有强大的经济规制、政治整合和社会汲取能力，而且依赖健全和完善权利体系实现国家同社会基于权利纽带的良性互动。[①] 本研究对公众安全感向政府信任转化机制的分析，为优化政府—公民关系，实现政府作用更好发挥、国家行政体系更加完善的改革目标提供了实践启迪。

## 第四节 研究方法与文章结构

### 一 研究方法

本研究在系统梳理既有文献的前提下，以逻辑演绎的规范性分析为基础，通过问卷调查直接获取经验资料，通过定量分析确认各项研究假设，进而整理主要发现和研究结论。主要采用的研究方法包括：文献文本分析、问卷调查和定量分析。

（一）文献文本分析

依托文献资料开展研究是一种历史悠久且极富生命力的分析方法。需在搜集、梳理既有文献以整体了解研究问题的基础上，厘清文本表示及其特征。本研究系统整理了公众安全感、政府信任、公众安全感与政府信任关联关系分析的既有文献，在内容梳理的基础上，通过 Cite Space 关键词聚类分析直观把握当前研究的现实进展、主要不足，进而确定主要研究内容。

（二）问卷调查

问卷调查是通过科学化的指标设定、计算机辅助推广获取数理化研究资料的有效途径，基于抽样样本数据推论总体是系统检视研究问题的重要分析手段。问卷调查是调查者主观建构与客观世界的有机结合，调查者有意借助对经验世界的观察和分析完善其认知，客观世界

---

[①] 马雪松：《国家治理现代化视域下政治安全的内在机理与实现途径》，《探索》2015年第4期。

也借由调查实践实现自我呈现和自我表达。

本研究在已有问卷的基础上，借鉴成熟量表，并采用专家审阅、问卷预测等方法对问卷模块和问卷具体条目设置进行细化修改和调整，确保问题设置的准确性、结构安排的科学性和测量内容的全面性。根据系统抽样原则进行问卷发放，以研究团队严格遵循问卷发放程序、讲解填答要求和解答填答疑问确保样本选择和数据准确性。并且，问卷回收后由专业的录入公司以双录双检、返回抽检的形式降低错误率，确保数据质量。

（三）定量分析

定量分析是依据统计数据、建立数学模型分析数据特征、关系和变化的方法。在确保调查质量、精准选择分析方法的前提下，能够较好控制误差、推理科学结论[①]，具有更为科学、精准的相对优势。近年来，定量分析方法在政治学研究中逐渐普及，被广泛用以分析政治现象的生成与演变。政府信任的研究尤其如此。本研究厘定新时代公众安全感的构成维度和评估体系，在稳健相关性分析的基础上，发挥定量研究模型包括基础作用（foundational）、结构作用（structural）、衍生作用（generative）、解释作用（explicative）和预测作用（predictive）在内的复合研究功能，通过多种模型调试增进分析结果的准确性和科学性。

## 二 结构安排

第一章导论部分主要包括四节内容，第一节主要介绍研究背景和研究问题；第二节是既有研究评述；第三节是本研究可能的创新点、理论价值和现实意义；第四节总结概括了本研究展开的基本方法和行文结构安排。

第二章是基本概念和主要理论。在明晰安全感和信任的基本概念基础上，对公众安全感和政府信任的现有研究进行系统性回顾与梳理。

---

① 王天夫：《社会研究中的因果分析》，《社会学研究》2006年第4期。

第三章是数据获取、样本描述部分。主要从调查问卷制作、样本数据收集两方面介绍本研究所使用数据的获取过程。在对样本数据进行清理和整理后,通过信度、效度检验分析量表和数据的准确性。其后,对样本的人口统计学变量进行描述性分析,呈现样本数据的基本结构特征和代表性。

第四章是对公众安全感与政府信任结构性相关关系的检验和确认。通过线性回归和分位数回归的双重检视,确认了公众安全感与政府信任各面向的相关关系,初步证实了公众安全感各维度与政府信任各面向的相关关系。完善了理解公众安全感与政府信任相关关系的分析框架,增加了两者关联关系的经验证据。

第五章是公众安全感对政府信任影响效应的探究和分析。基于等级项目反应理论（IRT）和广义倾向值匹配（GPS）的分析方法,证实了公众安全感对政府对象信任、政府品质信任和政府信任结构的影响效应。

第六章和第七章呈现了公众安全感向政府信任转化的过程和路径。第六章确认了生活幸福感、公共服务满意度的联结功能。第七章完成了对社会公平感、政治效能感调节效应的验证性分析；研究结果表明,公众安全感增进政府信任的效率受社会发展质量和个体政治态度的综合影响。前述研究发现揭示了公众安全感影响政府信任的具体过程。

第八章是公众安全感向政府信任的转化机制分析。本部分综合演绎推理构建的逻辑框架和数理实证提供的经验证据支持,进一步分析了公众安全感向政府信任的转化过程。是对已被模型确认的理性结果的补充性分析,也是对已被证实的推理的延伸性分析。更是对第四章至第六章的总结、补充和回应。

第九章是研究结论和对策建议,是对研究发现的系统总结和其现实启迪的全面梳理。本部分系统归纳了前述研究发现的主要内容,整理并汇报了公众安全感与政府信任关联机制的最新研究发现。进而结合公共安全和政府治理的现实需要,为进一步巩固公众安全感、提升政府信任、推进政府—公众关系建设提供了可行建议。

# 第二章 核心概念与基础理论

概念是研究的基本要素，廓清概念意涵是分析的重要准备工作。理论是研究的基础资源，系统梳理与研究相关的既有理论，是进行理论创新和逻辑架构的必要前提。概念界定和理论推演是研究设计的重要组成部分，对研究方向和研究目标有重要影响。对于本研究的两个核心概念——公众安全感和政府信任——当前学界并未形成共识，这就使得明确两者的意涵所指和构成要素更具重要意义；而对于本研究的核心问题——公众安全感向政府信任的转化机制——既有研究主要将其近似为线性相关关系，并未系统地探究两者的关联关系和关联机制。因此，下文分别介绍本研究的核心概念和基础理论，并在此基础上整理本研究的基本分析框架。

## 第一节 核心概念

本部分聚焦研究涉及的核心概念，包括安全、公众安全感，信任和政府信任。我们首先介绍安全的概念、发展面向与价值功能。从理论演进和现实变革两方面揭示公众安全感的具体含义，在此基础上，确认本研究所指称的公众安全感的概念和结构构成。其后，回顾信任和政府信任的现有研究，概括介绍信任在心理学、社会学和政治学研究中的具体所指和功能效用，根据政府信任既有研究的主要发现和不足之处，确定本研究所指称的政府信任的构成要素。

◈ 公众安全感向政府信任的转化机制分析

## 一 安全

理论界尚未就安全的定义达成共识。国内外学者进行了多种探索性研究,阿诺德·沃尔弗斯认为,安全是综合考虑主客观因素后对人的生存状态的感知和判定,是指客观环境中不存在对个人已获价值的直接威胁,同时,个人主观上也无需对所持价值遭受攻击怀有恐惧和忧虑[1]。巴里·布赞等总结指出,安全具有主客观二元性,安全指向一种人既未遭受客观威胁也无需对此常怀担忧的稳定状态;是个体对自身及与之相关的人和事务可控性的感知,是环境安全和安全感知的统一。[2] 李少军则将安全定义为无实在性威胁、无忧惧心理、亦无需蒙受损失性结果。[3] 舒刚等进一步强调,安全建设有赖于通过对外部环境的改造、优化和升级巩固安全的物质基础,还需增进公众的心理安全感,营造有利于安全建设的社会心态。[4]

前述研究共同表明,安全实际是物质保障和安全感知的统一。物质安全是安全感知的客观基础,安全感知是测度和反映安全水平的重要维度,物质保障和安全感知实际处于互为基础、相互依存的辩证关系中。由此可见,安全建设包含物质巩固和主观建构两重面向,其中,物质巩固是指通过客观的资源投入和设备更新等举措,增强安全的硬实力;安全感知则是指改善和提升公众的安全信心以增强安全的软实力。在此基础上,还要着力促成硬实力和软实力良性互动、互相增益的发展格局。

同时,由于人天然具有追求安全、厌恶危机的本能和偏好,但自然灾害和社会风险却广泛存在、难以精准预测且破坏性强,因此,安

---

[1] Arnold Wolfers, *Discord and Collaboration*, Baltimore: Johns Hopkins University Press, 1962, p. 28.
[2] [英]巴瑞·布赞、[丹麦]琳娜·汉森:《国际安全研究的演化》,余潇枫译,浙江大学出版社2011年版,第37页。
[3] 李少军:《论安全理论的基本概念》,《欧洲研究》1997年第1期。
[4] 舒刚、虞崇胜:《政治安全:安全和国家安全研究议程的新拓展》,《探索》2015年第4期。

全建设应当坚持"平战结合"的基本原则。即是说,安全建设绝非一时之功,在思想上要做到居安思危,思则有备、有备无患;在行动上要关口前移、注重细节、持之以恒,尽最大努力将风险事件发生的概率、频率降至最低,将自然灾害和事故灾难的破坏性影响降至最低。

在厘定安全建设基本面向的基础上,下文进一步回答安全的重要性和必要性问题。就其根本而言,维护和实现安全的原因和动力在于其对个体和社会的重要功能价值。

首先,安全是生存需要的基本构成,是个体存在和发展的基础要素。需求层次理论是马斯洛在研究人的动机时提出的重要理论。该理论的核心观点为,当呼吸、食物、睡眠等生理需求得到基本满足后,包括人身安全、健康保障、财产所有、家庭安全等在内的安全需求成为继之而来人们主要关注的核心内容。卡伦·霍尼和哈里·斯塔克·沙利文进一步强调[1],以生理需求持续性满足为核心内容的物质安全和个体主观感知到的精神安全是人与生俱来的本能需求。对此,曾任美国国防部部长约瑟夫·奈讲道,安全就像氧气,当氧气充足时,人们不会对其施以关注,但当氧气不足时,人们却再无可能顺利地开展其他工作。[2] 这一生动的比喻传神地表达了安全的极端重要性。

其次,安全是一种社会理想。尽管现代性本身蕴含并且有助于维持稳定性,但是由传统社会向现代社会发展的现代化进程却往往充斥着引发不稳定的各种因素。[3] 现代化进程中,社会财富的系统性生产同时意味着风险的社会生产,风险与现代社会相伴而生,成为具有普

---

[1] 叶浩生:《西方心理学的历史与体系》,人民教育出版社1998年版,第385—386、393—394页。

[2] 孟祥青:《论中国的国际角色转换与对外安全战略的基本定位》,《世界经济与政治》2002年第7期。

[3] [美]塞缪尔·亨廷顿:《变革社会中的政治秩序》,李盛平等译,华夏出版社1988年版,第41页。

遍性的、广泛存在的社会事实。① 对此，乔治·瑞泽尔称"古典现代性阶段的理想是平等，而高级现代性阶段的理想则是安全"②。中国社会现代化建设与社会转型过程重叠，公众实际面临系统性社会危机和转型危机交织形成的多重"现实危机"中③，人民群众对安全的偏好和需要是一种社会事实。

新时代中国社会的主要矛盾是人民日益增长的美好生活需要同不充分不平等的发展之间的矛盾。人民美好生活的需要既表现为对物质生活水平稳步增长的要求，也体现为对法治、安全、公平、正义、环境等得以持续改善的期待。④ 使人民安全感更加充实、更有保障、更可持续是政府治理和社会发展的关键目标构成。

## 二 公众安全感

公众安全感自提出以来便得到学术界和实务界的共同关注。理论界和实务界各自遵循其需要，不断深化对公众安全感的理解和认识。理论界就如何定义、度量公众安全感做出了长期努力和持续探索，并取得了显著进步。而在政治生活实践中，中国共产党和中国政府始终高度重视保障和改善人民群众的安全感。下文综合理论演进和现实变革界定本研究所指称的公众安全感的概念意涵。

### （一）理论演进

在研究初期，国外学者一般将公众对犯罪的恐惧感（fear of crime）作为反映安全水平的核心测量指标，主要以社区犯罪率⑤和居

---

① [德] 乌尔里希·贝克：《风险社会》，何博闻译，译林出版社2004年版，第15页。
② [美] 乔治·瑞泽尔：《后现代社会理论》，谢立中等译，华夏出版社2003年版，第96页。
③ 郑杭生、黄家亮：《当前我国社会管理和社区治理的新趋势》，《甘肃社会科学》2012年第6期。
④ 郭声琨：《坚持和完善共建共治共享的社会治理制度》，《人民日报》（2019年11月28日06版）。
⑤ Stiles B., Halim S., Kaplan B., "Fear of Crime among Individuals with Physical Limitations", *Criminal Justice Review*, Vol. 28, No. 2, Sep 2003.

民对犯罪的恐惧①衡量公众安全感，将治安安全感作为测度和评价公众安全感的代表性指标。Keane将公众对潜在的日常风险和突发公共危机的恐惧，作为测度公众安全感的主要指标维度。② Mesch认为，公众安全感是公众对犯罪行为或现象的焦虑心理，是对潜在风险的认知与判断。③ 在中国，公众安全感最初由公安部提出，指公众对特定时期社会治安水平和治安状况的总体感知和主观评价，是对人身、财产等合法权益得到保护或免于损害的综合心理感知。

在后续研究中，国内外公众安全感研究进一步深化。国内外学者一致认同，公众安全感是公众基于客观实践作出的主观判断，受到公众自身特质、社会经历和主观预期的综合影响，具有主观性和客观性相统一的基本特征。国内学者持续深化中国公众安全感的研究。蒲新微认为，公众安全感是公众对社会运行稳定水平、社会秩序规范水平、社会生活安定水平的理性认知。④ 高星在其研究中指出，公众安全感是公众对环境安全、生命食品安全、安全需求满足的综合评价与心理感知。⑤ 刘晓君、杨菁则强调，公众安全感是指公众在特定公共活动环境中体验到的确定性、控制感、归属感和安全需要的满足程度。⑥

随着研究的持续深入，公众安全感研究发生了两点转变。第一，公众安全感研究的情境层次和样本群体的空间跨度更趋细致精准。展开来讲，研究空间既包括国家、跨区域等宏观分析单元，也包括区

---

① Mark Visser, Marijn Scholte, Peer Scheepers, "Fear of Crime and Feelings of Unsafety in European Countries: Macro and Micro Explanations in Cross-National Perspective", *Sociological Quarterly*, Vol. 54, No. 2, Mar 2013.

② Keane C., "Fear of crime in Canada: An examination of concrete and formless fear of victimization", *Canadian J Criminology*, Vol. 34, No. 2, Apr 1992.

③ Mesch G. S., "Women's fear of crime: The role of fear for the well-being of significant others", *Violence and victims*, Vol. 12, No. 3, Jan 2000.

④ 蒲新微：《风险预期与社会安全——吉林省公众安全感及相关因素研究》，《中国社会学会2010年会——"社会稳定与社会管理机制研究"论坛论文集》，2010年7月。

⑤ 高星：《安全社区中居民安全感测量方法研究》，《中国安全科学学报》2011年第9期。

⑥ 刘晓君、杨菁：《重大突发事件中公众安全感的影响因素研究——基于32起事件网络爬虫数据的QCA分析》，《风险灾害危机研究》2018年第1期。

域、城市等中观分析单元,还包括城镇、社区等微观分析单元。在研究目标上,以本国公民为分析对象的国民安全感和社会安全感,如在全国范围内展开的分层抽样调查①,通常致力于揭示国家现代化建设和社会现代化转型期公众的安全感水平及其变化,旨在更加及时地洞察公众需求的变化,精准把握其主导性需求。

以特定区域居民为分析对象的区域安全感研究,如对东部、西部地区②的公众调查和以具体省份居民为抽样对象的社会调查,旨在探究区域安全建设机理。以城市居民为分析对象的城市安全感,如中国应急管理学会、中国矿业大学、社会科学文献出版社联合发布的《公众安全感蓝皮书:中国城市公共安全感调查报告》,目标即在把脉城市安全。以社区居民为分析对象的安全社区建设和财产安全感研究,如在单一区域多社区和跨区域多社区中开展的社会调查,旨在综合考虑居民群体特征、社区自然环境和社区社会环境的基础上制定系统的安全防御策略,提高社区应对自然灾害、社会风险并从危机中恢复的韧性与安全能力。③

第二,公众安全感的量化研究从专注治安安全感转向探索建构多维度的安全指标体系。首先,治安安全感的测量方案更加精细。譬如,高峰等在一项聚焦上海市居民财产安全感的调查问卷中,通过居住地治安、治安水平历时性比较、犯罪率、夜间独行、陌生人来访、在家是否锁门多个题项测量治安安全感。④ 邵建民等设计的城市公众安全感测量方案,囊括了生活环境、治安管理、犯罪传闻、受害风险评估和综合安全感知多个方面。⑤ 费洁华、杨轶将居住地治安安全、公共场所治安安全、单位学校安全、警风评价作为公众安全感的核心

---

① 王大为、张潘仕、王俊秀:《中国居民社会安全感调查》,《统计研究》2020年第9期。
② 如中国科学技术发展战略研究院负责的"中国西部省份社会与经济发展监测研究"。
③ 吴晓林:《建设"韧性社区"补齐社会治理短板》,《光明日报》2020年3月25日第2版。
④ 高峰、朱于国:《迈向安全福利:上海市民的社区安全感研究》,《社会福利》2005年第6期。
⑤ 邵建民、王明书、赵桂林、王守琪:《北京市公众安全感指数研究》,《北京市第十三次统计科学讨论会论文选编》,2006年5月。

测量维度。① 吴克昌、王珂建构的城市公众安全感测量方案，主要包括居住地安全感、公共场所安全感和工作场所安全感。② 吴红霞设计的公众安全感测量方案，包括工作学习场所、生活居住场所、消费场所和交通出行四方面，共22个评估问题。③

其次，公众安全感的构成维度更加丰富。王俊秀在其研究中指出，公众安全感应当包括食品安全感、人身安全感、交通安全感、医疗安全感、食品安全感、劳动安全感、信息安全感。④ 姚本先等从社会稳定、家庭安全、公共安全、财产安全、职业安全和身体安全六个方面界定城市公众安全感。⑤ 郭少华强调公众安全感包括经济安全、生活安全、公共安全、心理安全和环境安全五个方面。⑥ 俞国良、王浩共同指出，公众安全感包括家庭食品安全、人身安全、交通安全、医疗安全、食品安全、就业安全、隐私安全和环境安全八个维度。⑦ 高星面向社区居民开发的公众安全感量表，由交通、居家、治安等十一个主要维度构成。⑧

（二）现实发展

党的十八大以来，习近平总书记多次就维护和实现公共安全作出重要指示。2013年12月23日，习近平总书记在中央农村经济工作会议上谈到食品安全问题时说，食品安全社会关注度高，舆论燃点低，一旦出问题，很容易引起公众恐慌，甚至酿成群体性事件。能不能在食品安全上给老百姓一个满意的交代，是对我们执政能力的重大考

---

① 费洁华、杨轶:《城市公众安全感研究的基本思路》,《"构建和谐社会与深化行政管理体制改革"研讨会暨中国行政管理学会2007年年会论文集》,2007年11月。
② 吴克昌、王珂:《城市公众安全感的影响因素研究——以海口市M区为例》,《广州大学学报》(社会科学版) 2016年第8期。
③ 吴红霞:《广义公众安全感指标体系的构建研究》,《统计理论与实践》2020年第3期。
④ 王俊秀:《面对风险:公众安全感研究》,《社会》2008年第4期。
⑤ 汪海彬、姚本先:《城市居民安全感问卷的编制》,《人类工效学》2012年第4期。
⑥ 郭少华:《风险社会背景下城市居民安全感提升研究》,《国家行政学院学报》2013年第5期。
⑦ 俞国良、王浩:《社会转型:国民安全感的社会心理学分析》,《社会学评论》2016年第3期。
⑧ 高星:《安全社区中居民安全感测量方法研究》,《中国安全科学学报》2011年第9期。

验。食品安全问题必须引起高度关注,下最大气力抓好。

2015年5月29日,习近平总书记在主持中共十八届中央政治局第二十三次集体学习的讲话中指出,"食品药品安全关系每个人身体健康和生命安全,要用最严谨的标准、最严格的监管、最严厉的处罚、最严肃的问责,确保人民群众'舌尖上的安全',要加快相关安全标准制定,加快建立科学完善的食品药品安全品治理体系,努力实现食品药品质量安全稳定可控、保障水平明显提升。"[①]

2018年7月,习近平总书记对吉林长春长生生物疫苗案件作出重要指示,"确保药品安全是各级党委和政府义不容辞之责,要始终把人民群众的身体健康放在首位,以猛药去疴、刮骨疗毒的决心,完善我国疫苗管理体制,坚决守住安全底线,全力保障群众切身利益和社会安全稳定大局。"[②]

2019年1月21日,习近平总书记在省部级主要领导干部坚持底线思维着力防范化解重大风险专题研讨班开班式上发表重要讲话,强调"维护社会大局稳定,要切实落实保安全、护稳定各项措施,下大气力解决好人民群众切身利益问题,全面做好就业、教育、社会保障、医药卫生、食品安全、安全生产、社会治安、住房市场调控等各方面工作,不断增加人民群众获得感、幸福感、安全感"[③]。

特别地,在党的十九大报告将"获得感、幸福感、安全感"并列提出之后,在习近平总书记系列重要讲话中,"安全感"的概念已被提及40余次。这表明,人民群众的"安全感"在习近平新时代中国特色社会主义思想中具有重要位置和分量。习近平总书记提出并在实践中不断丰富和发展的"安全感"思想范畴,具有丰富且鲜明的时代意蕴和价值意涵。

首先,安全感在新时代人民美好生活需要的层次结构中具有基础

---

① 中共中央文献研究室编:《习近平关于全面建成小康社会论述摘编》(上),中央文献出版社2016年版,第151页。
② 《习近平谈治国理政》(第三卷),外文出版社2020年版,第343页。
③ 《习近平谈治国理政》(第三卷),外文出版社2020年版,第221—222页。

地位。2020年9月，习近平总书记在基层座谈会上强调，"把坚持顶层设计和坚持问计于民统一起来，更加聚焦人民群众普遍关心关注的民生问题，让人民群众安全感更加充实、更有保障、更可持续"。其后，习近平总书记在党的十九届五中全会上再次强调，要"改善人民生活品质，提高社会建设水平，扎实推动共同富裕，不断增强人民群众安全感，促进人的全面发展和社会全面进步"。在中国的治理实践中，党和政府重点强调的内容与公众重点关心的内容历来高度一致。习近平总书记的前述讲话，进一步凸显了安全感在民生建设中的关键地位。

其次，安全感是全面深化改革的目标指引和行动指南。2019年3月，习近平总书记在中央全面深化改革委员会第七次会议上指出，要"继续把增强人民群众安全感放到突出位置来抓，坚定不移推动落实重大改革举措"。2021年1月，习近平总书记在省部级主要领导干部学习贯彻党的十九届五中全会精神专题研讨班开班式上发表重要讲话，强调"要统筹考虑需要和可能，按照经济社会发展规律循序渐进，自觉主动解决地区差距、城乡差距、收入差距等问题，不断增强人民群众获得感、幸福感、安全感"。习近平总书记的讲话以更高站位的战略性部署，突出了安全感在改革和发展中的引领地位。

第三，安全感是衡量改革结果和测度治理成效的重要标尺。2018年11月，习近平总书记在上海考察时强调，"坚持重心下移、力量下沉，着力解决好人民群众关心的就业、教育、医疗、养老等突出问题，不断提高基本公共服务水平和质量，让群众有更多安全感"。2019年9月，习近平总书记在中央全面深化改革委员会第十次会议上指出，"我们注重从经济社会发展需要出发，从老百姓身边事改起，适时推出一批切口小、见效快的政策性创新，解决了民生领域许多操心事烦心事，增强了人民群众获得感、幸福感、安全感"。习近平总书记的前述讲话，确认了安全感在衡量改革成效和发展质量中的功能。

## （三）小结

以前述公众安全感理论演进和现实发展分析为基础，我们厘定"公众安全感"的概念意涵和具体所指。本研究所指称的公众安全感，是公众对特定时期社会各领域综合性安全治理绩效的主体感知，是当期安全能力和安全水平满足公众安全需要和安全预期的发展性评价；是个体与整体、事实与认知、主观与客观辩证作用的综合反映。进一步地，立足当前公众安全感研究日益呈现出空间层次精细化、测量内容丰富化、测量维度精密化的趋势，结合社会发展进程中政府和公众共同关注的公共安全问题，我们确定公众安全感的结构性构成，具体包括治安安全、食品安全、医疗卫生安全、环境安全、财产安全和安全建设六个维度。

## 三 信任

信任最初是作为一种心理机制和社会现象，引起心理学和社会学研究者的广泛关注。在心理学研究中，信任是一种社会互动的调节机制，有人际信任和群际信任之分。人际信任是指两个或多个个体间的信任，由个体特征和人际关系决定，不受群体身份的影响。群际信任则是指两个或多个群体间互动所形成的信任，受群体成员社会身份的显著影响。[1] 人际交往中的信任受到情绪[2]、环境、媒介[3]、安全依恋[4]、惩罚机制[5]等多重因素的综合影响，是解释人际互动发生机制和发展规律的关键维度。群体交往受到社

---

[1] 辛素飞、明朗、辛自强：《群际信任的增进：社会认同与群际接触的方法》，《心理科学进展》2013年第2期。
[2] 何晓丽、王振宏、王克静：《积极情绪对人际信任影响的线索效应》，《心理学报》2011年第12期。
[3] 赵竞、孙晓军、周宗奎、魏华、牛更枫：《网络交往中的人际信任》，《心理科学进展》2013年第8期。
[4] 李彩娜、孙颖、拓瑞、刘佳：《安全依恋对人际信任的影响：依恋焦虑的调节效应》，《心理学报》2016年第8期。
[5] 王沛、陈莉：《惩罚和社会价值取向对公共物品两难中人际信任与合作行为的影响》，《心理学报》2011年第1期。

会认同[1]和群际接触的共同影响，是探究社会交往内在规则和变动规律的重要视角。

在社会学范畴内，信任是人类社会关系系统的基础构成要素，是解释人的特定行为和人类社会现象一般规律的重要分析视角。卢曼认为，信任是个体对特定对象能够满足某种期待所给予的信心，是一种基本的生活现象和社会事实。在他看来，信任本质上是社会成员适应环境复杂性的一种简化机制。[2] 在吸收借鉴卢曼观点的基础上，吉登斯将信任定义为，对具体的人或物的品质以及对某一陈述真实性的信心[3]，是社会有机团结的核心要素。[4]

而在福山看来，信任是指在一个共享行为准则、需要相互合作的共同体内部，特定成员对其他成员遵循规则来进行选择和安排行动的期待；高水平的社会信任是促进一国经济增长的社会资本。[5] 普特南认为，社会信任是社会成员在公共参与中相互依赖，互助合作的共同结果，是解决集体行动困境的重要支持因素。[6]

总结来讲，有关信任的研究主要在两种分析框架下展开，一是将信任作为一种社会互动关系的直接结果，探究信任的生成和发展规律；二是将信任作为一种分析视角解释社会现象和社会变迁的内在机制。作为结果的信任和作为解释要素的信任并非相互隔绝的。信任所扮演的角色及其承担的具体功能，一般需要结合研究情景和研究目标共同确定。

---

[1] Michael J. Platow, Margaret Foddy, Toshio Yamagishi, Li Lim, Aurore Chow, "Two experimental tests of trust in in-group strangers: The moderating role of common knowledge of group membership", *European Journal of Social Psychology*, Vol. 42, No. 1, Oct 2011.

[2] ［德］卢曼：《信任：一个社会复杂性的简化机制》，瞿铁鹏等译，上海人民出版社2005年版，第1—2页。

[3] ［英］吉登斯：《现代性的后果》，田禾译，译林出版社2000年版，第26页。

[4] ［德］贝克、［英］吉登斯、［英］拉什：《自反性现代化——现代社会秩序中的政治、传统与美学》，赵文书译，商务印书馆2001年版，第237页。

[5] ［美］弗兰西斯·福山：《信任：社会美德与创造经济繁荣》，彭志华译，海南出版社2001年版，第28页。

[6] Robert D. Putnam, "Turning In, Turning Out: The Strange Disappearance of Social Capital in America", *Political Science and Politics*, Vol. 28, No. 4, Dec 1995.

### 四　政府信任

20世纪中后期以后，信任研究逐渐超出心理学和社会学范畴延伸至政治领域，政府信任引起政治学者的广泛关注，成为描述政治心理、解释政治现象、分析政治行为和政治发展的关键视角。就如何理解政府信任，国内外学者进行了深入探究并取得了丰富的研究成果。

首先，国内外学者一致认为政府信任本质上是一种政治心理现象，是以人的心理感知为基础的理性化政治态度，受公众主观感知与政府公共治理实践的综合影响，具有主客观相结合、感性与理性相互交织的基本特征。Miller和Listhaug认为，政府信任是对权威当局及政治机构在何种程度上遵循民众规范性期望展开治理实践的反映。[①]李砚忠认为，政府信任度是公众政府认知与其主观期望的比值，比值越大表明公众政府信任水平越高，反之信任水平越低。[②]管仕廷则认为，政府信任是政府实际行动对公众合理期待的满足程度的反映，他将公众期待限定为合理期待，着意区分公众的合理期待和公众期待，摒弃公众期待中过于理想化、个性化的内容，增加了政府信任具体所指的客观性和准确性。[③]

其次，国内外学者依据多元化的分类标准定义政府信任的具体对象。有学者在政治体制和政治组织框架下定义政府信任。伊斯顿将政府信任分为特定性信任和弥散性信任，特定性信任是指信任对象明确可知，包括政府部门、司法部门、执法部门等；弥散性信任的对象较为抽象，如政体信任、制度信任等。罗纳德·英格尔哈特则将警察、法院、中央政府、政党、行政机关、选举机构作为政府信任的构成维度。也有学者在政府组织信任和组织人信任框架下定义并度量政府信

---

[①] Arthur H. Miller and Ola Listhaug, "Political. Parties and Confidence in Government: A Comparison of Norway, Sweden and the United States", *British Journal of Political Science*, Vol. 20, No. 3, Jul 1990.

[②] 李砚忠：《论政府信任的产生与效果及其模型构建》，《学术探索》2007年第1期。

[③] 管仕廷：《论转型时期我国政府信任流失与重塑》，《理论观察》2011年第5期。

任。譬如，杰克·西特林的研究发现，美国受访公众中广泛存在将现任总统形象等同于当期政府形象的倾向。①

特别就组织机构信任和组织人信任关系的问题。马亮的分析深刻、准确地道出了认识两者关系的要点：即是要辩证地看待组织信任和组织人信任的关系。既要充分认识到组织信任和组织人信任在塑造公众对政府业务能力、工作态度和廉洁状况时表现出的紧密关联和一致性②；也要高度重视政府组织信任与组织人信任间的显著区别。一般来讲，高级官员和政府部门基层雇员最能直接影响公众的政府信任评价，但政治生活的经验表明，公众对高级政府官员、基层政府部门雇员、高层级政府组织、基层政府组织的信任并非完全一致。

还有学者在更广泛的意义上定义和度量政府信任。姜晓秋等认为，政府信任即公众对权威当局、政府机构、公务人员和政府供给的公共物品的满意度。③ 刘米娜等在分析中指出，公众对政府经济、文化、环保等领域的政策评价即政府信任。④ 王浦劬、孙响则在其研究中指出，政府信任由体制信任、机构信任、政策满意、人员信任共同构成。⑤

再次，国内外学者都在工具性信任和伦理性信任的二分框架下定义并分析政府信任的品质。政府信任的品质是指，公众综合考虑政府应当承担的职能、政府实际承担的职能和履职实践能力所做出的评判。换言之，政府信任的品质同时反映出那些能够有效影响公众政府

---

① [美]杰克·西特林：《政府信任的政治重要性》，周郎生译，《国外理论动态》2012年第10期。
② 马亮：《电子政务使用如何影响公民信任：政府透明与回应的中介效应》，《公共行政评论》2016年第6期。
③ 姜晓秋、陈德权：《公共管理视角下政府信任及其理论探究》，《社会科学辑刊》2006年第4期。
④ 刘米娜、杜俊荣：《转型期中国城市居民政府信任研究——基于社会资本视角的实证分析》，《公共管理学报》2013年第10期。
⑤ 王浦劬、孙响：《公众的政府满意向政府信任的转化分析》，《政治学研究》2020年第3期。

◇◆ 公众安全感向政府信任的转化机制分析

信任的具体因素。在现有的二分框架下，工具性信任指向政府能力和公众对政府能力的认知；伦理性信任则承载了公众的预期和对政府形象的认可。

罗素·哈丁[①]和斯蒂凡·格雷姆里克怀森等认为，政府信任的品质包括政府能力、执政善意和治理公正三个维度。[②] 杨建宇在其研究中指出，政府信任是公民对政府始终坚持"做正确的事"的意愿和"正确地做事"的能力所持有的肯定态度，政府信任的品质集中体现为政府治理的动机和能力。[③] 肖唐镖等的研究则认为，政府信任的品质包括政府的知情、动机、决心和能力四方面。[④]

总结来讲，当前的政府信任研究，在政府信任具体所指上仍未形成统一的分析和认识框架。它或是指向公职人员、高层级官员甚至政治领袖等政府成员，或是指向政府的政策、能力和绩效等政府行为及其结果，或是指向中央政府、地方高层级政府及基层政府等政府机构，又或是指向一国政治体系运转的基本遵循等政府原则。由此可见，政府信任实际是一个包含多重面向、层次丰满的结构型、复合型概念。

此外，政治生活的经验表明，公众对各层级政府机构的信任水平存在显著区别，对政府机构和公共政策的信任程度存在明显差异。这实际意味着，公众对政府信任各维度的主观判断存在显著分化，公众对政府信任各维度的子项目的评价存在差别。有鉴于此，有关政府信任的研究应当明晰其在何种框架下、何种意义上定义并使用政府信任。具体到本研究来讲，我们认为狭义的政府信任专指政府信任的对

---

① ［美］马克、E. 沃伦主编：《民主与信任》，吴辉译，华夏出版社2004年版，第24、37页。

② Stephan G. Grimmelikhuijsen and Albert J. Meijer, "Effects of Transparency on the Perceived Trustworthiness of a Government Organization: Evidence from an online Experiment", *Journal of Public Administration Research and Theory*, Vol. 24, No. 1, Jan 2014.

③ 杨建宇：《当代中国政府信任层级差异研究》，博士学位论文，山东大学，2016年。

④ 肖唐镖、赵宏月：《政治信任的品质对象究竟是什么？——我国民众政治信任的内在结构分析》，《政治学研究》2019年第2期。

象，而完整的政府信任则包括政府信任的对象、政府信任的品质和政府信任的结构。

政府信任的对象，即公众对政府机构和公职人员的信任。公民、企业、非营利组织等自然人和法人共同构成政府信任的主体；以政府机构为主的公共部门或组织及其雇员是政府信任的客体；政府信任是在主客体互动基础上产生的主体对客体合法性的态度。尽管公共部门雇员是公共机构和组织运转的基本要素，但由于公共权力公有和私掌的结构性张力，加之不同部门雇员职业技能、道德修养的现实差异，公众对公共部门及其雇员的信任存在显著区别，两者共同构成狭义的政府信任。

政府信任的品质，即公众对政府质量和素质的感知。政府信任的品质在政府信任对象的基础上，进一步回答了研究者在分析政府信任时对"公众信任政府的什么"这一核心问题的关切。本研究认为政府信任的品质包括政府动机信任和政府能力信任两维度。其中，政府动机是指政府在制定政策或治理实践中的预期目标，是政府治理与公共利益的一致性水平；政府能力是指政府在社会治理中实现预期目标或确保治理举措不偏离预期目标的有效性程度；政府的动机和能力共同决定公共政策能够在何种程度上得到有效落实。

政府信任的结构，即公众对各级政府组织信任的分布格局。现代国家政权机构主要通过科层制官僚体系实施公共治理，严密的上下级组织关系和精密的职能分工使得公众对科层制系统中不同层级政府的信任水平存在显著区别。立足中国政府信任的既有研究，本研究重点关注中国政府信任结构的两个方面：一是中央—地方政府信任的分布格局，二是各级政府信任水平分化格局。具体观照的主要目标变量为：差序政府信任、政府信任层差、政府信任级差。

## 第二节 基础理论

在廓清基本概念的具体含义后，本部分主要介绍与研究相关的基础理论。具体包括：政治文化理论、政治合法性理论和政治系统理论。下文先分别介绍前述理论的核心观点，进而分析其对本研究核心问题的启示，在此基础上，厘定本研究的理论基础和分析框架。

## 一 政治文化理论

文化是群体性活动的结果性产物，同时也发挥塑造和影响人们行动的功能。进入21世纪后，文化在稳定社会秩序和群体关系中的重要功能被重新认识和评估。人们对社会政治生活的认知、情感和评价，不仅决定了他们对政治生活的态度，而且决定了他们的行动方向和行为方式。[①] 政治文化是文化的具体表现形态之一，特定社会中人们所持有的政治心态，即人们对社会政治的心理取向，提供了理解和解释政治生活的重要分析视角。

尽管政治学家们从政治文化视角解读政治生活的历史由来已久，但政治文化概念的提出始自阿尔蒙德。1956年，阿尔蒙德在其发表于美国《政治学研究》上的《比较政治体系》一文中，首次提出"政治文化"的概念。其后，政治学家从不同角度出发定义政治文化，对政治文化的结构、层次和类别进行了系统性划分。

就如何定义政治文化，理论界尚未形成统一意见。在阿尔蒙德看来，政治文化是某一民族的历史与现实、经济和政治活动共同塑造的在特定时期占据主流地位的政治态度、政治信任和政治情感。[②] 艾伦和盖伊认为，政治文化是政治社会的精神范畴，是一个社会关于政治体系和政治问题的态度、信念、情绪和价值的总体倾向。[③] 阿罗诺夫认为，政治文化是政治过程和公众对政治体系的态度、信念和行为的

---

[①] 燕继荣：《政治学十五讲》，北京大学出版社2004年版，第239页。

[②] [美]阿尔蒙德·维巴：《公民文化——五国的政治态度和民主》，马殿君等译，浙江人民出版社1989年版。

[③] Alan R. Ball and B. Guy Peters, *Modern Politics & Government*, London: Bloomsbury Publishing PLC, 2005, p. 68.

总和。这些研究表明，政治文化是对信仰、价值、态度、情绪等的综合表达，并且，它与政治组织、政治制度等政治主体呼应，能够直接影响政治体系的运作，对政治体系的稳定发挥重要影响。

就如何开展政治文化研究，政治学家们根据各自的研究兴趣和研究需要确定其研究单元和技术路线。他们或聚焦特定国家、地区、社群政治文化的整体特征、发展历程与变迁过程，致力于深刻把握其发展变化规律。或通过跨地区、跨国别研究比较不同地区、国家间政治文化的差异，并试图揭示其发生机制。或是在系统把握政治文化整体框架的基础上，重点关注体系文化、过程文化和政策文化三个主体部分。[1] 又或是从政治文化的实践特点出发，在地域型政治文化、顺从型政治文化、参与型政治文化的三分框架下具体推进其研究。据此可见，政治文化是具有鲜明层次的结构性概念，也是极具包容性的分析框架。

在前述分析的基础上，我们的研究主要引入政治文化中的预期理论、政治价值观、社会心态理论和归因理论。在系统介绍前述理论核心内容的基础上，我们试图沿着各理论所提供的逻辑演绎路径，理性分析公众安全感与政府信任的逻辑关联关系。

### （一）预期理论

预期就其本质而言是一种心理活动，是人们对未来事件可能结果的主观判断和主体认知。心理学中的预期效应是指动物和人类的行为受到他们预期结果的直接影响；当实际结果吻合主观预期时，人们的行动和情绪会更加积极，而当实际结果脱离主观预期时，人们的行动和情绪会变得消极；并且，预期行为的作用力和可信度受实际结果符合主观期待水平的调节。

预期理论由凯恩斯提出，用以分析未来不确定性对人们经济行为的影响。凯恩斯在其分析中指出，人们虽然持有相同的获利动机，但

---

[1] [美] 阿尔蒙德、鲍威尔：《比较政治学：体系、过程和政策》，曹沛霖等译，上海译文出版社1987年版。

是个人对未来预期的判断存在显著区别，这是导致宏观经济波动的重要诱因。其后，约翰·弗雷泽·穆斯（John Fraser Muth）进一步提出合理预期理论。这一理论的核心观点为，经济主体会对现有信息进行充分加工，进而预测相关经济变量并据此做出决策，在合理预期下，对经济变量的预期等于实际平均值。

综合前述分析可见，预期作为一种心理活动能够直接影响乃至决定人们的行为。政治学家历来重视从公众的社会心理出发理解政治生活运行的基本逻辑，预期理论也被用以分析特定政治现象、政治行为的发生机制和发展机理。托克维尔在《旧制度与大革命》中指出，法国大革命爆发的原因在于革命并未带来预期结果，从而导致执政者与民众的矛盾公开化。而在现当代政治学研究中，社会心理学研究的兴起直接得益于古尔（T. Gurr）教授。他提出"相对剥夺感"概念，并将其用以分析集体性暴乱现象，指出人们是否参与叛乱主要取决于心理预期和实践能力的张力，当现实供给低于心理期待的底线时，人们就会选择参与叛乱。

此后，预期理论在政治学研究中的应用范围不断拓宽、使用频率逐渐增长。具体到政府信任分析来讲，加里·奥伦分析指出，公民预期是政府信任下降的重要诱因之一。他从两个层面定义公众预期的内涵：其一是在需要意义上的预期，表现为人们渴望政府采取行动，带有比较浓烈的刚性色彩；其二是期望意义上的预期，是公众对政府应然行动寄予的希望和给予的信心，在比较意义上具有一定的灵活性。

特别地，预期具有两个基本特征，一是预期具有发展性，即预期并非一成不变的、会随环境的变化而变动；二是预期具有增长性，即预期满足水平与公众容忍度反向一致，预期满足程度越高，公众对预期失败的接受度越低。据此，造成世界范围内政府信任水平低迷且持续下降的重要原因就在于，公众需要政府在更多领域承担更大的责任，但是对于政府能够实现的成就却给予更少的信心，两相综合，公众难以乐观地保持其政府信任。

总起来看，基于理论分析的逻辑演绎共同表明，公众预期是政府信任的重要影响因素，公众预期或是积极地或是消极地影响政府信任。正是在这一意义上，预期理论为公众安全感与政府信任的相关机制分析提供了理论支持。为了进一步优化这一判断，使其表意更加清晰准确，仍然需要在经验意义上。与之同时，确认前述核心命题究竟在何种程度上可被证实或证伪。公众安全感与政府信任的相关关系检验结果，也可为预期理论的完善提供必要的经验证据支撑。

（二）政治价值观

价值观是文化的直接结果和具体表征，价值观是人们判定事物价值的依据。一般来讲持有不同价值观的人对同一事物的价值判断不同，分享相同价值观的人在判定事物重要性和优先排序时呈现出共同的群体性偏好。可以说，价值观是支配人们行动的主导性动力源，是文化力量的核心。"政治价值观"是"价值观"的一种具体形态，是社会成员对政治世界持有的基本态度和普遍看法。具体包括，社会成员认识、评价特定政治系统及其支配下政治活动的标准，以及在此基础上形成的政治主体的价值观念和行为模式的选择标准。

经验地看，"政治价值观"受政治文化的直接影响。具体体现为，共享政治文化的社会成员总体上持有基本一致的政治价值观念，其价值观念直接影响着政治行为主体的政治信念、信仰和态度；而不同的政治文化传统将塑造不同的"政治价值观"。同时，"政治价值观"具有发展性，即"政治价值观"会随社会发展水平的变动而发生改变，尽管有时"政治价值观"的变动与社会发展水平的变动并不完全同步。根据研究需要，此处主要介绍物质主义价值观、后物质主义价值观和威权主义价值观、自由民主价值观四种代表性社会和政治价值观。

物质主义价值观和后物质主义价值观由罗纳德·英格尔哈特提出。英格尔哈特总结指出，工业社会时代经济和知识的空前繁荣推动了社会价值观的代际转换，现代社会向后现代社会的发展进程中出现了两种典型的价值观——高度关注经济增长和人身安全的物质主义价值观和着意强调自主意志和自我表现的后物质主义价值观。①他在研究中发现，世界范围内广泛存在的政府信任和传统制度型政治参与水平下降往往与后物质主义价值观成为社会主导性价值观具有同步性。

在分析后物质主义价值观影响政府信任的发生机制时，英格尔哈特指出，处于较高水平生存安全的公众，服从权威的主动性显著降低，并会更加严苛地审视政治领袖和政府行为，进而导致政府信任下滑。这一研究结论概括呈现了政治价值观对政府信任的影响效应及其生成机制。具体到中国来讲，由于区域发展存在显著差异，尽管在比较发达的城市和地区，后物质主义价值观确实存在，但总体上物质主义价值观仍然占据主导地位，公众对安全和经济增长的需求仍然突出。

除此之外，威权主义价值观和自由民主价值观也是用以分析中国政府信任的重要因素。区分威权主义价值观和自由民主价值观的主要依据是个体对权威的态度，持有威权主义价值观的人往往具有威权人格，表现出对权威的崇拜、依赖和服从，具有我族中心主义取向，对政治事务持保守和传统态度；自由民主价值观则重点关注个体的公民意识、权利意识和民主意识。②

历史地看，中国长期的中央集权传统塑造了民众对中央政府的权威依赖，这在相当程度上影响并塑造着公众对中央政府情感支持。从当前的政府制度安排和政府权力结构来看，上级政府集权的整体性制度安排，使得中央政府的社会动员和公共服务供给能力显著优于地方政府。这是中国政府信任"央高地低"格局的重要成因。

根据对物质主义价值观、威权主义价值观的阐述和分析，当前中国公众具有较为强烈的安全偏好和安全需要，并且仍然呈现出权威依

---

① ［美］罗纳德·英格尔哈特：《中国尚未进入后物质主义价值观阶段》，《人民论坛》2013年第18期。
② 季程远、王衡、顾昕：《中国网民的政治价值观与网络抗争行为的限度》，《社会》2016年第5期。

赖的特点。因此，从逻辑上讲，安全感可能对政府信任的对象、品质及其结构产生实质性影响。

（三）社会心态理论

社会心态指向特定社会环境中人们的心理状态，是社会成员对社会生活心理感知和情绪反应的外化，集中反映出人们的利益诉求和现实需要，是对社会生活产生广泛影响的思想趋势或心理倾向的直观表征。通常来讲，社会心态与特定社会运行状况或重大社会变迁过程相联系，是一定时期内广泛存在于各类社会群体的情绪、情感、认知等的总和。就其生成过程而言，社会心态是社会成员集体建构的结果；就其表现形态来讲，社会心态集中呈现了特定时期人们的精神气质、集体情绪和价值偏好；就其社会功能来看，社会心态塑造了个体行动的整体环境，或直接或间接地影响个体的行动选择与行为实践。

社会心态研究聚焦社会发展变迁和转型过程中个体的群体性特征以及由个体构成的社会群体共有的心理现象。它既关注宏观层面的社会事实和社会特征，也关注微观个体的心理呈现和变动趋势，同时致力于探究群体与个体的互动过程及其演进机理。[1] 同时，社会心态是内嵌于社会系统并对社会系统运行发挥重要影响的关键要素，社会心态的变动是社会发展、变迁的结果，也是社会发展与变迁的重要影响因素。社会心态塑造了特定时期公共生活的情绪和氛围，当某种社会心态在社会范围内流行开来后，就会生成一种整体性力量，能够深刻影响个体和群体的心态。

简·曼斯布里奇指出，社会和文化转变可以影响政府绩效导致政府满意度下降，也可以影响公共态度导致政府满意度下降。当一个社会总体上变得更加充满愤世心态时，它会在一定程度上迁怒于政府。聚焦中国的社会发展与变迁，在经历改革开放初期的快速增长与迅速转型后，当前已经进入改革深水期。在新的发展基础上、新的发展时

---

[1] 李宇环、梁晓琼：《社会心态理论视阈下中国邻避冲突的发生机理与调适对策》，《中国行政管理》2018 年第 12 期。

期内，国家治理和社会发展必须在新环境下重新认识公平与效率问题、分配与增长问题、速度与质量问题、权力与权利问题、发展与安全问题。要妥善处理这些问题，就要综合评估、充分尊重公众的需求和偏好，就要充分洞悉社会发展的主导性趋势和主要缺口。社会心态既是把握前述发展要求的窗口，也是寻求有效对策的着力点。

### （四）归因理论

归因是人们对社会行为有意或无意的解释行为，是人们适应性行为的具体表现，是根据已经发生的行为或已经显露的特征推论未知的行动与特征并据此建立因果关系、建构因果机制的行动实践。归因理论（Attribution Theory）是阐释他人或自己行为原因的社会认知理论。归因理论由海德提出，海德朴素归因理论的核心观点为，出于理解和控制环境的需要，人们对特定行为进行分析并据此推论行为的发生原因，面对归因过程中的不确定性问题，人们通常或是采取"共变原则"或是采取"排除原则"予以解决。

韦纳（B. Weiner）在海德归因理论和阿特金森（J. W. Atkinson）成就动机理论的基础上进一步完善了归因理论。韦纳基本赞同将行为的原因分为内因和外因两种，他强调要关注原因的时效性，要着意区分暂时性原因和稳定性原因，从而丰富了归因理论的认知框架。H. 凯利在海德共变原则的基础上提出"三度归因理论"。"三度归因理论"认为，人们通常是在不确定条件下、从多种事件积累中进行归因，"共变原则"是解决不确定问题的重要依据。"三度归因理论"总结出人们在解释他人行为时可能出现的三种归因形式，即归因于行为者，归因于客观刺激物（行为者对之作出反应的事件或他人），归因于行为者所处情境或关系。

归因理论家们在观察和分析中发现了归因方式对后续行动的调节和影响，并致力于揭示归因过程与后续行动间的关联关系。海德在经验意义上指出，人们在解释他人行动时偏好内部归因，而在解释自身行为时，更倾向于情景归因。韦纳强调指出，归因通过刺激人们的动机改变人们的行为。当人们长期将失败的原因向内归因时就容易形成自我否定，而当人们长期将成功的原因向内归因时就容易形成自我肯定。同时，对他人的行为进行外部归因时，如果归因向外指向不可控因素，那么归因主体对归因对象的评价变动幅度相对较小；如果归因向内指向归因对象自身，那么归因主体对归因对象的评价变动幅度相对更大。

就归因理论在政治生活实践中的经验表现来看，公众不会均等地将绩效归于各级政府，也不会均等地判定各级政府应当承担的责任。在具体治理情景中，公众对能够直接影响所在地区发展的地方政府持有更高的主观期待，但却往往对地方政府施政满意度评价较低。尽管各级政府治理资源、治理能力和治理绩效的确在事实上存在显著差别，但是公众对各级政府满意度的主观认知，显然进一步抬高了各级地方政府特别是基层政府改变印象的门槛与难度。这一归因倾向或将加剧绩效归因和责任归因中公众对各级政府评价的不均衡格局，即公众在对政府绩效评价时更倾向于将功绩归于上级政府的决策与指挥，而在归责时则更加倾向于判定下级政府的具体执行。

## 二 政治合法性理论

社会科学中的合法性（The Theory of Legality）是指特定社会现象或社会行为符合既定社会秩序或规范系统。作为一个社会科学概念，合法性具有广义、狭义之分。在理论研究中，合法性广泛地出现在政治学和法哲学分析领域，其中，政治合法性（Legitimacy）的使用频率最高，围绕政治合法性定义的分歧也最大。[①] 在此前提下，要深刻理解政治合法性的意涵，既要厘清政治合法性的具体所指，也要辨别政治合法性与相近概念的区别和联系。

### （一）政治合法性概念辨析

首先，政治合法性是指，某一政治制度或政治统治秩序下的人们对该统治或制度的认可程度和接受水平。是公众对政府施政理念、施

---

[①] 苏长和：《正确认识和使用合法性概念》，《领导科学》2017年第5期。

政原则和统治实践正当性的综合感知与主体评价,是特定政治制度和政府统治得以持续并稳定发挥作用的重要支撑,是公众政治忠诚的直观表征。政治合法性水平越高,政权的稳固程度和稳定性水平越高,政府运行的容错率和公众对政府政策过失和失误的容忍度也更高,政治秩序更具稳定性。反之,政府合法性水平越低,公众对政府不当行动及其后果的容忍度也越低,政府微小的政策失误都有可能导致政府垮台或将政治系统置于全面危机之中。

其次,我们通过辨析权力与权威、合法性与政治合法性两对概念进一步把握政治合法性的内涵与外延。权力和权威是政治学研究中的两个关键核心概念。[①] 在政治学语境下,权力和权威既紧密相关又存在显著区别。两者的区别具体体现为:权力是掌权者基于政治强制力实现对非掌权者的支配和指挥,权威则指向非掌权者自觉自愿服从掌权者的意志与行动;行使权力必须遵守规范与安排,权力的实践路径受到制度的约束,权威的实现路径相对更具自主性和灵活性;权力的影响范围、作用空间、持续时长相对有限,权威发挥其影响与功能的作用空间、实践效力和稳定程度相对更高。两者的联系则体现在,权威能够发挥权力的事实功能,反之则不然;权威可以有效改善权力的使用成本和使用效果,权力的发展要求权力向权威转变。在这一意义上,拥有政治合法性等同于拥有政治权威,但是这并不意味着政治合法性等同于政治权威,因为合法性通常指向政权和制度等政治系统,而权威则指向机构和个人等政治系统的要素。

此外,合法性即合法律性,是指特定现象或行为符合法理契约或现有法律规定;政治合法性强调的是人们对特定政治秩序下规则、程序和法律合理性的认可度和接受度,政治合法性与正统性、正当性和正义性的界限相对模糊。特别地,考虑到法律或滞后于现实的发展事实,那些不能在既有法律中找到对应规定,但却符合公众期待和社会发展主导趋势的特定政治现象或行为也具有合法性。由此可见,相比

---

① 燕继荣:《论政治合法性的意义和实现途径》,《学海》2004年第4期。

于合法性，政治合法性不仅内涵和外延更加广泛，而且更具灵活性。在社会发展的时间谱系中，合法性代表当前行为符合前一时间单位中的社会共同意志，政治合法性则指向当期公众的政治认同和政治服从水平，这也意味着，政治合法性受到历史和现实的双重约束。

**（二）政治合法性的基础与来源**

根据其定义可见，特定国家或地区政府的合法性主要体现为公众对政权的认可和拥护程度。那么，政治合法性受到哪些因素的影响呢？换言之，使得被治者自觉自愿服从统治者及其统治的因素有哪些？为寻找这一问题的可能答案，学者们在长期探索中形成了多种代表性观点，包括马克斯·韦伯的三分模型、帕森斯的政治角色说、本特利的公共利益说、亨廷顿的政治中立说、阿尔蒙德的政治文化说以及利普赛特和林茨等的政府绩效说等。下文将简述前述代表性观点的主要内容，并在此基础上提炼政治合法性基础与来源的分析框架。

马克斯·韦伯的三分模型对政治合法性的类型进行了归纳与汇总。韦伯将政治体系划分为世袭君主制、革命型政权与领袖、现代官僚制三类，进而归纳了各政治体系中被治者服从的生成机制，他将基于既有习俗、习惯的服从归为传统权威，将政治精英特别是政治领袖人格魅力和感召力激发的服从归为个人魅力型，将建立在合理程序与规则基础上的服从归为法理型权威。尽管在现实政治生活中，特定国家或地区政治制度和统治体系的合法性往往是三类权威的混合，但韦伯对政治合法性的类型学划分有效降低了理解政治生活的难度，构建了理解和认识政治合法性的有益框架结构。然而，韦伯的三分模型不涉及合法性的生成过程，不关注政治合法性消减的发生机制，也未触及权力转化为权威的具体路径，为这些问题寻求有效解释是后续研究的主要关切。

政治学者在不同视角下深入分析了政治合法性问题，提出政治合法性生成的各种可能路径，深化了对政治合法性生成与演进的理解。现有研究成果主要包括，基于功利视角的绩效论、基于文化视角的价值论和基于制度视角的程序论。

绩效论是指公众对政治制度和统治体系的服从源自理性计算和期望

效用，即公众出于自身利益最大化的考虑选择服从。譬如，帕森斯认为，现代社会中公民服从官员是因为官员的政治角色，政府官员是公权力代理人的实际实践者，是公民所要求权利得以实现的主要执行者，公民对官员的服从建立在这一权利义务关系基础之上。[1] 李普塞特主张政府绩效说，认为政治合法性来源于政府的有效性，政府绩效是一个包含经济绩效但并不局限于此的多维概念，政府绩效是政治合法性和政治权威的主要来源。[2] 林茨补充道，尽管绩效变动性强、时效性强，政府绩效对政治合法性的贡献存在较大局限，但政府绩效仍是威权政治体制合法性的重要来源之一。[3] 总体来讲，绩效论认为，政治合法性来源于公众对服从所带来的收益与不服从付出成本的比较，公众之所以服从，是出于自身利益最大化或损失最小化的理性逻辑。

价值论是指，公众对政治制度的服从源自共同的文化认同与理想信念。以政治文化和政治价值分析政治合法性的代表人物当属阿尔蒙德。阿尔蒙德在一般意义上分析指出，政治文化是政治合法性的关键影响要素，持有不同政治亚文化的群体对政治合法性的认知与判断标准各异。他在双重结构框架下深化政治文化分析，一是按照政治系统各要素的结构性关联关系将政治文化分为体系文化、过程文化和政策文化；二是聚焦过程文化，依据社会成员所持政治态度将政治文化分为村民型、臣民型和参与型三类，分别对应习惯性服从、被动性服从和自愿性服从。阿尔蒙德等指出，政治文化往往是多种政治亚文化的混合，一个政权能够代表、主导或塑造为公众共同持有的价值理念或理想信念，该政权就具有合法性；即是说，一个国家政治文化的凝聚力水平越高，该统治体系的政治合法性越强。[4]

---

[1] Talcott Parsons, *The Social System-Major Languages*, New York: Routledge, 1991.

[2] ［美］西摩·马丁·李普塞特：《政治人：政治的社会基础》，张绍宗译，上海人民出版社1997年版。

[3] Linz, Juan J., Stepan, Alfred, *The Breakdown of Democratic Regimes: Crisis, Break-down, and Reequilibration*, Baltimore: Johns Hopkins University Press, 1978.

[4] ［美］阿尔蒙德、维伯：《公民文化——五个国家的政治态度和民主制》，徐湘林等译，华夏出版社1989年版。

制度论从制度安排的过程和结果的正义性、公平性来判断政治合法性。强调政治合法性源自公众对政治制度运作过程、运行机制和运行结果的认可程度。本特利等分析指出，公共利益实际是多元利益主体间冲突、博弈和妥协的结果，政府行为与公共利益的一致性水平是政治合法性的判断依据。① 亨廷顿认为，政治制度越是代表自身利益或越不代表某一特定集团或阶层的特殊利益，其合法性水平越高。换言之，政治制度对社会全体成员利益的无偏性或中立性即政治合法性。这实际表明，制度论者将政治合法性的生成归因于政治制度或统治体系在社会均衡与稳定中的积极作用，特定政治制度或统治体系越是有助于增进社会均衡、越是有助于维护社会稳定，其政治合法性越强。

根据前述分析可见，影响公众对政权认可程度和拥护水平的因素丰富且多元。公众对政治制度和统治体系的认可与拥护可源于政治制度安排，也可源于意识形态偏好，还可能来自政治领袖的个人魅力，又或是源于特定政策获得的民意支持，等等。此外，影响政治合法性的诸要素在赢得公众认可和拥护中的影响效力存在显著差异。经验地看，政治制度和政治价值观等系统性要素，在塑造和影响政治合法性中的效力更强、影响更加深远。包括政治领袖、政策措施在内的功能性要素，在巩固和改善政治合法性中的影响力、持续性相对较弱。因此，想要更加直观深刻地把握政治合法性，可以通过民意调查获取公民对政治体系和政权的认同水平，并结合公民对政权认同和支持的原因来综合判断。

（三）政治合法性危机

政治合法性在不同历史时期、在同一历史时期的不同发展阶段都处于变化发展中。胡安·林茨指出，没有一个政权的合法性是固定的，而彻头彻尾的非法和完全基于强制的政权可能也很少见。② 合法性的波动式发展符合各国家和地区的发展现实，当社会成员不愿服从政治系统的命令，不认同、不配合政治系统的理念和行为并导致社会

---

① Arthur F. Bentley, Thelma Z. Lavine, *The Process of Government-A Study of Social Pressures*, Evanston, New York: Routledge, 1995.

② Juan J. Linz, *Comparing Pluralist Democracies*, New York: Routledge, 1988, p.66.

处于冲突、动荡状态时，即说政权陷入合法性危机。在这一意义上，合法性危机即政府信任危机和权威危机。

根据全球政府信任度调查结果，各主要资本主义国家政府信任正在持续衰退。以美国为例，1958—1996年间认为"华盛顿政府一直或绝大多数时间都在做正确事情"的美国公众占比不断降低，虽然在里根总统的第一届任期内（1980—1984）有短暂回升，但随后又持续下降。更值得关注的是，这一现象并非美国独有，加拿大、英国、意大利、西班牙、瑞典等发达资本国家都面临相当程度的政府信任下降。[1] 政治不信任的增长加剧了公共治理的难度，使达成一致、实现团结的进程更趋缓慢，在这一意义上，政府不信任的增长实际可被视作政治合法性衰退的预警与信号。因此，围绕公众为什么信任政府以及公众为什么不信任政府的研究与政治合法性研究具有内在一致性。

既有研究对发达国家、共产主义国家和威权主义国家的合法性危机进行了总结。就发达国家而言，哈贝马斯（Habermas）分析指出，资本主义追求私人利益最大化的天性与公众要求健全社会保障、扩大社会福利的张力将严重冲击基于"同意"的自由民主制度，资本追求价值增值和民主政治追求公共利益之间张力的扩张将在不同程度上加剧政治合法性危机。[2] 20世纪80年代末90年代初，东欧和苏联等共产主义国家剧变的根源在于，前述各国在社会主义和共产主义建设进程中各项策略的不完善导致了共产主义信仰危机。而对于第二次世界大战后出现的威权主义国家，亨廷顿分析指出，威权体制下的政治合法性主要来自政府绩效，并且，以制度绩效为主要支撑的制度合法性与统治者合法性紧密关联，这就使得当政府政绩不能满足公众期望时，统治者的合法性和制度合法性会同时消解。[3]

---

[1] Everett Carl Ladd and Karlyn H. Bowman, *Public Opinion in American and Japan-How We See Each Other and Ourselves*, Washington, D. C.: American Enterprise Institute, 1996.

[2] Juergen Habermas, *Legitimation Crisis*, Boston: Beacon Press, 1975.

[3] ［美］塞缪尔·亨廷顿：《第三波：20世纪后期民主化浪潮》，中国人民大学出版社2013年版。

根据前述政治合法性来源与基础的分析可见,政治合法性的巩固有助于政治制度的延续和统治体系的稳固,而政治合法性危机则会在不同程度上瓦解现有统治体系的基础,甚至破坏现有政治秩序。这就使得,稳固和提高政治合法性成为政权建设和政治发展的重要议题。各国家和地区政治合法性的基础与来源不同,面临的合法性危机程度和化解合法性危机的路径也存在显著差异。政治合法性来源的多样性使得巩固和增进政治合法性的手段和途径也一定是多元化的。在一般意义上,要巩固和增进特定政权的政治合法性,可以从政治合法性的基础与来源着手。具体可从以下三方面展开。

一是通过增进政府绩效巩固和改善政治合法性。稳步有序改善政府公共服务和社会福利供给能力,是政权建设和执政能力建设的重要面向,也是政府权威的重要来源。二是不偏离、不背离社会共识是保持政府合法性的重要原则和主要路径。政府引领和主导社会共识是提高其合法性的重要原则和途径。如果统治阶层的执政理念、施政方针和社会公众共同持有的广泛的社会共识一致性水平较高,那么,社会就具有较高的凝聚力和团结水平。三是确保政府的正义性、公正性和中立性。政府应当遵从合理的制度与程序,成为社会各阶层、各群体利益的代表并推动各利益团体以多种渠道广泛参与政府决策。

### 三 政治系统理论

政治系统理论由戴维·伊斯顿提出。政治系统理论的核心观点为,政治系统是一个受环境影响的开放性系统。社会成员的期望和需求是政治系统环境要素的重要构成,政治系统的环境要素内嵌并渗透在政治系统中,既作为政治系统的核心构成要素而存在,也作为政治系统运转动力的重要来源发挥影响。环境输入、国家和政府输出的闭环发展是政治系统运作的具体过程,输入、调节、决策、执行和反馈共同构成了输入与输出交互关系的核心环节。客观来看,政治系统理论对政治生活要素、过程、要素间关系的分析为整体把握政治生活运行的一般规律提供了可能和便利。政治系统理论提供了透视政治生活运行规律的窗口，但这一理论对输入与输出的整体化处理实际是对复杂政治生活的简化，这一简化处理在一定程度上降低了其解释效力。

戴维·伊斯顿的一般政治系统理论缺乏对政治系统内部输入输出结构性辩证关系的论述。[①] 我们试图进一步丰富该分析框架，在两个层面上定义和使用政治输入。具体地，输入在其第一层面，指公众向政治系统表达利益需求和自身诉求的政治行为；输入在其第二层面，指政治系统内部各级政府通过正式和非正式途径表达组织意志和组织需求的政治行动。并且，我们尝试纳入结构功能主义理论，揭示输入与输出周期性互动的结构性关联关系，详细呈现政治输入与政治输出的过程。

（一）政治输入

政治输入既体现为公众向政府表达自身需要与诉求的民主政治过程，也包括政府组织层级间信息沟通和决策传递的组织输入过程，政治输入实际是公众利益表达和政府信息系统交织的共同结果。公众的主要需求和共同诉求是动态的，受社会发展水平和个体生命历程的共同影响。而政府组织层级间的信息沟通，既包括以科层制等级权威为基础的纵向信息传递，也包括组织间互动博弈的信息交互，因此，特定国家或地区的政府间信息流动由建立在政治制度基础上的信息传递和不同文化、博弈策略下的信息交流共同塑造。

由此可见，政治输入是基于民主政治的公众诉求表达，基于政治体制和文化的政府组织信息沟通以及两者交互的共同结果。接下来，我们将结合现代社会的基本特征，具体把握当代政治输入的基本特点、主要变化和主导趋势。

尽管现代性意味着稳定性，但现代化却会带来不稳定。全球化增加了世界各国家和地区的交往频度和密度，提升了全球范围内各政治行为体的凝聚力，各国家和地区都可以在现代化的谱系中找到自己的位置。处于现代化不同阶段的国家或地区面临的现实困境和挑战存在

---

① 王浦劬：《一般政治系统理论基本特点刍议》，《科学决策》2010 年第 8 期。

显著差别,但风险社会提供了理解各国(地区)发展环境的统一框架。

"风险社会"由乌尔里希·贝克(U. Beck)提出,贝克试图跳出传统的理性与非理性二分框架,尝试构建新的揭示现代社会本质的理论视角和分析框架,"风险社会"的概念就此面世。贝克认为,以工业化、市场化、城市化为主导目标的现代化建设,使物质财富进一步增长、生活便捷度大幅提高、科学技术持续升级,但亦将人们直接置于贫富差距扩大、环境污染、核危机、恐怖主义等传统危机和新兴结构性危机交织的复杂格局中。并且,由于市场在社会资源分配中占据支配地位,理性计算成为社会普遍心态,个人生命历程中的大小事件均由个体自主选择并承担相应后果。这使得现代社会本质是一种风险社会。[1]

"风险社会理论"提出后引起学术界的广泛关注和讨论,社会风险的发展现实和"风险社会理论"理论交互印证,增强了理论的生命力和解释力,理论的发展也为洞察社会变动规律和趋势提供了有力支持。下文概括介绍"风险社会理论"的代表性观点,风险社会中的公众行为及风险社会的政治后果三部分内容,期望在事实和认知双重维度下呈现现代社会政治输入的主要特点。

就如何理解"风险社会",当前主要存在三种代表性观点:一是制度主义论,以贝克和吉登斯为代表。他们将风险视为特定社会结构下的制度性后果,认为风险社会是以效率为核心诉求的组织责任分工及其导致的有组织的不负责任间结构性张力的必然结果。[2] 二是劳(Lau)的新风险理论,新风险理论带有强烈的现实主义关怀,将现代社会面临的整体性风险挑战归咎于辐射范围更广、危害性更强的新型社会风险。[3] 三是文化论,以道格拉斯和威尔德韦斯[4]为代表。他

---

[1] 郑永年、黄彦杰:《风险时代的中国社会》,《文化纵横》2012年第5期。
[2] [德]乌尔里希·贝克:《风险社会》,何博闻译,译林出版社2004年版。
[3] 杨雪东:《风险社会理论评述》,《国家行政学院学报》2005年第1期。
[4] [英]斯科特·拉什:《风险社会与风险文化》,王武龙编译,《马克思主义与现实》2002年第4期。

们在文化和心理视角下分析风险社会的生成，认为风险社会是一种基于文化的心理认知结果。展开来讲，社会进步使公众的风险认知和风险意识显著提高，人们的风险感知更为敏锐；同时，用以解决危机的手段不可避免地潜藏着新风险，并且，受群体文化影响，不同文化群体应对同类危机的策略存在较大差异，致命风险的衍生性和破坏性升级。

现代风险社会中，包括利益表达、政治参与在内的公众政治行为在内容和形式上发生了明显改变；公众评价政府的参照和依据也发生了显著变化。首先，信息技术的发展和新闻媒体的繁荣增加了公众利益诉求表达渠道的数量，在相当程度上降低了公众表达现实需要的困难程度。其次，在政治参与中，公众参与政治生活的形式和渠道更加多元，在以投票和选举为主的传统政治参与方式之外，更加积极、更富灵活性、更具独立性的以解决特定问题为导向的公众参与日渐增长。直观地看，公众的政治技能稳步提升，削弱了政治精英的支配权优势，从而引出第三个问题——公众不但更少地完全听从安排和命令行事，而且开始更加熟练地表达对政府行动的希冀。

现代风险社会的政治后果主要表现为，政治系统在安全建设和风险防范中的功能与地位日渐凸显，公众对政府巩固安全建设、提升安全能力、改善安全水平的依赖性持续增长。"风险社会"时代的社会风险，具有复杂多元、动态多变、不可预知、扩散迅速、破坏性强的一般特征，在发生空间、发展速度和关联规模升级的基础上，成为内嵌于社会运行系统的结构性、伴生性要素[1]，表现为难以描述且不易监督的危险的变态。[2]

此外，全球化显著增强了国家间、群体间、个体间交往与互动的频度和相互依赖度，使社会风险往往超越个人、组织的基本范

---

[1] 胡杨：《危机管理的理论困境与范式转换——兼论我国政府应急管理制度创新的路径选择》，《郑州大学学报》（哲学社会科学版）2007 年第 2 期。
[2] ［美］乌尔里希·贝克：《"9·11"事件后的全球风险社会》，王武龙编译，《马克思主义与现实》2004 年第 2 期。

畴，以公共危机的形式进入公共视野。风险呈现出规模更大、传播更快、破坏更强的特征，成为民族性、国家性、全球性的普遍现象。在此背景下，全部安全事务都属于政治范畴，社会、环境、军事和经济安全的规范表达应为"政治社会安全""政治经济安全"[1]，防范化解社会风险和保障公共安全对现代国家和政府组织提出了更为严苛的要求。

概括来讲，现代风险社会对政治系统新增要求的形成，主要在于以下五点事实的变化。第一，在政治制度改革、经济体制变革和社会秩序转型交叉重叠的综合作用下，世界范围内各国家和地区现代化进程中的社会稳定性面临更多挑战。第二，在全球范围内，鉴于风险本身的破坏性以及风险造成的社会恐慌等衍生性后果，定义社会风险的重大决策权属于政府及其官僚机构，这在根本上决定了风险的预防、识别、应对高度依赖政府治理能力。第三，重大社会风险信息的发布和社会预警机制、社会防御体系的运转往往需在政府主导下，通过政府与媒体、政府与公众合作实现，政府等公共部门是应对公共危机的主导机构。第四，风险发源和风险披露机制的系统性分离导致风险应对机制相对滞后，为同时满足遏制风险扩张和及时开展救援的需求，政府成为第一优先选择。第五，对任何公共危机根源的深入调查均将在不同程度上揭示特定领域的制度失范[2]，为切实提高治理效力和效率，政策革新和制度完善具有必要性。

这就使得，无论当前正处于现代化的哪一具体发展阶段，各国家和地区的公众共同希望并要求政府根据实际情况适时调整其职责重心和履职方案。对于后物质主义价值观占主导地位的国家来讲，增进社会福利和弥合社会分裂是政府的主要职责。对此，简·曼斯布里奇根据其对美国社会和公众的观察指出，公众认为政府在经济状况、医疗

---

[1] [英]巴瑞·布赞、奥利·维夫、迪·怀尔德主编：《新安全论》，朱宁译，浙江人民出版社2003年版，第191—192页。
[2] [德]乌尔里希·贝克：《"9·11"事件后的全球风险社会》，王武龙编译，《马克思主义与现实》2004年第2期。

照顾和养老金中应当承担的责任持续增长，共同抵御外敌的传统职责变得不再迫切，公众的物质安全和公共安全需要更加突出。对物质主义价值观占据主流的国家而言，确保经济增长和维护国家安全仍是其核心目标。当代中国业已步入风险社会的现实与公众对安全的集体偏好（collective preferences）间的张力愈加凸显。在此基础上，习近平总书记指出，平安是老百姓解决温饱后的第一需求，是极重要的民生，也是最基本的发展环境。①

当公众将现实需求和利益诉求传递至政府时，政府自身的决策结构和信息沟通就成为影响输出的关键环节。现代政府是系统严密的科层制组织，中央政府和地方各级政府的权力结构安排直接影响治理效率和治理水平。同时，由政治文化和政治精英风格塑造的非正式制度也在治理实践中发挥关键作用。因此，政府决策往往是在统合正式政治制度安排和非正式制度影响的基础上实现的。具体到中国来讲，考虑到中央政府在权力结构中的突出优势和长期以来的威权主义政治传统，公众的中央政府信任长期稳固且高位运行，地方政府信任则逐级递减，政府信任结构的纵向失衡是地方政府面临的现实困境，也是改善各层级政府信息交流环境的主要限制因素。

**（二）政治输出**

政治输出是政治系统通过制度创新、公共政策、福利供给等有效途径满足社会成员需求和希冀行为的统称。与政治输入相呼应，对政治输出的分析也在政府组织系统和政府公共关系两个层面展开。政府组织系统层面的政治输出，主要指通过政府组织改革创新提高信息沟通和政府治理的效率和效力；政府公共关系层面的政治输出，主要指有效回应因时空和情境变动而变化的社会需要。前述政治输出的两个层面与长期以来理论家、政治家和公众共同关心的政府建设和政府改革问题具有一致性。

---

① 习近平：《坚持总体国家安全观　走中国特色国家安全道路》，《人民日报》2014年4月16日第1版。

政府建设和政府改革必须回答以下两个问题，一是怎样的政府是好政府，二是如何建设一个好政府。就好政府的标准问题，当前主要集中在对政府规模和政府质量的探讨上。对于政府规模，在传统的大政府、小政府之外，灵巧政府逐渐成为第三种代表性观点。围绕政府质量，当前主要面临衡量政府质量各维度的价值张力逐渐凸显的问题。譬如，公众希望政府在公共治理中承担更多的责任，但对政府履职的能力却持怀疑态度；公众希望政府改善公共品供给质量和供给效率，但要求进一步限制政府开支、控制成本，要求政府以更低成本、更高效率运行。

如何建设好政府主要围绕政府施政原则展开，经历了从传统公共行政、新公共管理到新公共服务再到治理理论的演进历程。在概括回顾前述政府改革理论的基础上，下文也尝试归纳政府建设在多大程度上解决了哪些传统问题，又面临着哪些新的问题和困境。

首先，在较长时期内，公共行政以管理主义为基本行动原则。传统公共行政理念下科层制政府组织臃肿、行政低效的平庸表现遭到激烈批判。管理主义主导下的政府行为主要面临三重问题：一是庞大的官僚管理体系限制了政府感知公众公共服务需求的灵敏性，公共产品的供给效率与质量不理想[①]；二是政府同时是公共服务的供给者、服务质量和服务水平的管理者，改革的内生动力不足；三是忽视了公众在公共治理过程中的多重身份属性，公众是公共产品的使用者和生产者，是公共服务的接收者和监督者，新旧管理主义不同程度上忽视了公众的使用者和监督者身份[②]。

其后，经济理性主义、公共选择理论[③]出现；全球化加速发展，国家和地区间的交往频度、交流密度和竞争烈度发生根本改变[④]；社会变迁和理论发展推动新公共管理理论兴起。新公共管理主张以市场

---

① ［美］文森特·奥斯特罗姆：《美国公共行政的思想危机》，毛寿龙译，上海三联书店1999年版，第71页。
② 张成福：《公共行政的管理主义：反思与批判》，《中国人民大学学报》2001年第1期。
③ 周志忍：《当代西方行政改革与管理模式转换》，《北京大学学报》（哲学社会科学版）1995年第4期。
④ 顾建光：《从公共行政走向公共管理》，《中国行政管理》2002年第1期。

化改革超越传统公共行政的弊病，强调提高公共服务的效率，改善政府满足公众需求的有效性和回应性水平；试图打破政治精英与公务员分离的制度结构安排，建议高级公务员参与决策以增强决策与执行的一致性。但是，新公共管理理论也存在过分推崇效率、偏离公共性导致政治合法性和正当性衰退的问题。① 就其本质而言，传统公共行政和新公共管理，都在公共行政中坚持管理主义的价值取向。②

在这之后，学术界在肯定新公共管理基本精神的基础上，针对新公共管理理论的固有缺陷进行了持久的理论探索，形成后新公共管理理论丛林。③ 新公共服务理论是其中具有广泛影响力的代表性理论，其核心观点为，政府是社会公共服务的主要供给者，应对政府与公民之间的信任与合作关系给予充分重视；政府是组织公共部门、私人部门和非营利组织合作的主导力量，政府的主要功能在于维护公共利益、提供公共服务④，满足公共利益是政府公共服务的主要目标。新公共服务理论立足政府与公民关系的多重性，将公共利益的表达和满足作为政府与公民交互的根本原则，提供了公共治理的新视角和新路径。

20世纪90年代后，社会自组织的力量日趋壮大，在公共生活中的功能和影响日渐凸显，学术界开始重新思考政府和市场的关系问题，治理理论成为公共治理和政府改革的主流，并日渐成为具有全球影响力的观点。不过，尽管治理理论顺应了社会的发展现实和演进趋势，提供了理解国家—市场、政府—社会关系的新解释框架，但它也面临着解释力有限和系统性有待提升的问题。

政府改革和公共治理理论的发展，在思想层面呈现了通过政府建设改善政治输出的努力。而在实践中，政府又当如何面对社会变迁中

---

① 卢爱国：《使社区和谐起来：社区公共事务分类治理》，华中师范大学，博士学位论文，2008年。
② [美] H. 乔治·弗里德里克森：《重塑政府运动与新公共行政学之比较》，陆玉林、李秀峰译，《国家行政学院学报》2001年第6期。
③ 丁煌：《政府的职责："服务"而非"掌舵"——〈新公共服务：服务，而不是掌舵〉评介》，《中国人民大学学报》2004年第6期。
④ 侯玉兰：《新公共服务理论与建设服务型政府》，《国家行政学院学报》2005年第4期。

出现的新要求？应当如何在输入输出的整体循环中，不断优化输出系统的自循环？下文结合公共安全治理实践，归纳政府为适应公共安全领域发展作出的调整和回应，前述举措的社会反响对政府提出的新要求，进而呈现公共安全建设与政府公共安全治理的互动过程。

公共安全是生产生活在稳定秩序中平稳推进的平衡状态。公共安全管理是公共组织为维护公共安全秩序，对公共安全事件采取的包括预测、检测、避免和化解在内的系列措施的总和。[1] 公共安全管理理论是关于有效实现公共安全管理的机理和方法。公共安全管理研究主要包括治理对象和治理过程。治理对象包括致灾因子、承灾体和脆弱性，致灾因子是可能导致灾害产生的诱发因素；承灾体是灾害作用的具体对象，包括灾害发生的具体场所和人员；脆弱性分析是承灾体薄弱部分的筛查与分析。治理过程遵循生命周期理论，包括减除—准备—应对—恢复四个环节，其主要功能在于缓解风险的破坏性。在公共安全实践中，治理主体和治理过程具有相互交叉、互相影响的关系，治理主体分析明确了治理的着力点，治理过程则为应对和化解脆弱性提供对策。

公共安全管理理论的基本设定是有限责任政府，公共安全供给是政府责任的核心构成，各类公共安全事故在深层次上都反映出政府公共安全建设能力的不足。然而，政府并非唯一的公共安全保障组织，公共安全的实现有赖于政府的主导、组织、动员，也以各类社会组织、社区和公众共同参与、良性互动为基础。[2] 由此可见，公共安全管理成效实际是自上而下的公共安全管理体系、自下而上的安全举措落实及两者交互关系的共同结果。

综上可见，通过制度改革和政策革新提高公共安全管理能力和水平，主要应做到以下两点：一是由于风险发生的在地性、风险破坏的流动性和风险决策的程序性之间存在效率张力，国家风险应对体系建

---

[1] 战俊红、张晓辉编著：《中国公共安全管理概论》，当代中国出版社2007年版。
[2] 郑振宇：《从应急管理走向公共安全管理——应急管理发展的必然趋势》，《福建行政学院学报》2008年第6期。

设必须着力提升治理效率以有效弥合风险应对必需的高效性和科层制效率不足的矛盾。二是由于风险是尚未发生且不可预知何时发生的危机，风险不确定性、偶发性和破坏性的直接后果是不安全感，这使得采取预防措施时不仅要着力应对和减少可能发生的破坏性后果，降低风险导致的损失和伤害，还要努力增强社会安全能力和公众安全信心。

尽管前述两方面所指各有侧重，但两者也存在紧密的内在关联。也就是说，政治输出受输出主体和输出主客体互动关系的共同影响。具体是指，政府既可以通过公共政策实现其在公共安全建设中的治理目标，也可以改善政府公共关系以增强公众的合作意愿，还可以通过优化社会需求和社会偏好的表达环境为政策实践提供更为坚实的社会基础。就此而言，政治系统实际是包括公众输入、政府系统内输入、政府系统输出、政府与公众互动在内的双循环过程。对政治输入和政治输出进行过程分析，既要重视输入内容，也要关注输入对政府系统、政府与公众互动关系的影响效应。

## 四　小结

前述理论基础部分介绍了政治文化理论、政治合法性理论和政府系统理论的核心主张，以演绎分析的方式阐释了其与本研究的关联关系，为研究框架的建构和完善提供了有益启发。

首先，政治文化对政府信任的影响既可以体现在预期判断、群体偏好等心理活动和心理倾向方面，也可以体现在政治价值观、政治效能感等认知层面，还可以体现在对特定政府对象或政府行为的归因判断方面。即是说，政治文化可以直接或间接地影响政府信任，并且，政治文化对政府信任的影响贯穿包括心理活动、认知活动、行为选择和结果研判在内的全过程。系统揭示政治文化对政治信任的影响，就必须回答政治文化的哪一要素在何种程度上，以及如何能够影响政府信任。换言之，政治文化对政府信任的影响效应，以及这一影响效应的发展逻辑共同构成完整的政治文化作用机制。具体到本研究来讲，把握安全感与政府信任的关联机制，就是要回答公众安全感是否能够以及如何影响政府信任的问题。

其次，政治合法性理论表明政治合法性与政府信任具有内在一致性。政府信任是政治合法性的具体表征和测度政治合法性的重要参考。在一定意义上，公众的政府信任评价越高，特定政权或政治系统的政治合法性水平也越高，政府信任过低往往意味着政治合法性危机。也可以说，政治合法性的来源和基础，政治合法性危机的生成及化解，都与政府信任直接相关。有助于巩固和增进政治合法性的要素与路径，也直接或间接地有助于增进公众的政府信任。结合我们的主要研究关切，要厘清公众安全感如何转化为政府信任，首先要确认因果关系确实存在，而后着力揭示其发生过程。

最后，政治系统理论聚焦政府—公众的互动路径和交流机制，揭示了公众需求和环境变迁构成的政治输入通过政府决策实现政治输出的循环过程。政治系统理论表明，分析政治现象或政治生活，要综合考虑公众与社会的结构性变迁、政府及其治理方略的新发展以及两者互动的衍生结果。因此，深入理解公共安全和政府治理的关系，就要以系统思维研究并回答下列问题：在现代风险社会的整体环境下，公众安全需求和利益表达出现了哪些引人注目的新变化；长期以来的政府改革和公共治理实践在当代公共治理中要求政府决策和政治输出做出何种改变，政府公共服务供给的前述变动又对政治系统及其循环发展造成了何种影响。

总结来讲，前述分析既是认识公众安全感与政府信任关联关系的理论和逻辑基础，也是分析公众安全感与政府信任关联机制的经验资料，同时为研究公众安全感向政府信任的转化机制提供了思路启迪。以对前述理性认知的逻辑推演为基础，结合对社会生活的经验观察，我们初步厘定了研究的主体架构、基本框架和主要任务。这既是研究计划的主体构成和关键环节，也为推进和落实研究计划提供了努力方向和行动依据。

# 第三章 数据获取与样本概览

> 测量就是按照一定的法则，用数据方法对事物的属性进行数量化描述的过程。这是对一切事物差异进行区分的测量定义。
>
> ——史蒂文斯

对政治现象认识的深化同时有赖于理论和方法的发展。对于具体政治现象而言，方法论为拓展认识的深度、广度和准确度提供了工具和标尺。事实上，撇开针锋相对的优劣之争，在更为实用的视角下看待规范分析和实证分析可见，基于逻辑的演绎推理和基于经验的实证校验各有所长、互为补充。对于一般推论，实证分析可以在一定程度上增加结论的具体性、准确性。

因此，在上一章基于理论的逻辑关系分析基础上，我们试图在经验意义上深化对研究问题的理性认识。数据资料通过分层抽样调查获取。下文从量表制定、样本数据和主要变量描述性分析三方面具体展开。

## 第一节 量表编制与变量界定

好的推断以研究对象的概念化和科学测量为基础。格尔茨指出，首先要思考嵌入概念的理论，同时也要思考综合概念中各项指标的可行方法。也就是说，要完成对概念的系统测量，我们首先要探索制定科学可靠的问卷，确定用以测试的具体题项和设问方式，进行问卷预测和调整，而后开展分层抽样调查。在此基础上，对数据进行准确录入、整理和清理，并对量表进行信度、效度检验。

**一　研究量表编制**

量表是获取数据的重要途径，量表质量对样本数据有重要影响。纳入问卷的题项，应当符合表意清晰、便于理解的要求，答案应当选择恰当的设计形式。我们通过以下步骤完成问卷设计。

首先，问卷编制以既有文献和成熟量表为基础。尽可能全面、广泛地搜集与本研究主题相关的既有量表，在反复斟酌后筛选其中被多次采用、经实践检验信度和效度良好的成熟量表，作为问题设置和问卷设计的基础性支撑材料。同时，由于发起调查的时间和调查开展的地区差异，新的研究必须适应并反映其发生的具体情境和整体背景，因而，必须对既有资料进行适当调整、更新和补充，以最大限度贴近新的研究对象并服务于新的研究主题。

为此，我们根据研究需要对问卷进行补充与修正。出于研究思路系统性和研究设计可靠性的考量，我们采取小组工作的方法。依托北京大学国家治理研究院政府质量调查课题组和社区治理现代化课题组，由2名资深专家、2名助理教授、4名博士后、5名博士研究生和3名硕士研究生对问卷进行多轮讨论，最大限度实现问卷结构安排合理、问题表述准确无误、答案设置规范。

其次，综合专家建议和基层干部意见对量表进行补充完善。在问卷设计之初，以头脑风暴和开放式访谈的方式收集专家观点和干部意见。其后，向专家和干部征求对问卷初稿的修改建议，在专家意见的基础上对问卷的结构安排、设问题项、答案设定进行规范调整；邀请2名社区居委会书记、1名社区居委会主任、3名社区居委会站长和3名街道办事处干部依据其工作经验对问卷的内容、结构和问题表述提出调整建议。在整理归纳后生成问卷修订稿，为稳妥起见，将调整后的问卷交与4名政治学及公共管理专业的博士研究生，以专题讨论的方式完成问卷定稿，并对排版安排进行最终确认。

最后，以问卷预测为保障。为保证量表的可靠性，防止在问卷发放过程中出现问题影响资料质量,需要对问卷进行预测试。预测试的主要目的有三,一是检验问卷设问及其表述是否清晰,问卷设计是否准确表达了设计者的意图,问题表述是否符合受访者的一般理解,是否存在容易引起误会或是语义模糊的表达;二是通过预测试检验问卷的信度、效度和区分度,确保调查问卷准确、科学、可靠;三是检验调查计划的可行性,为有效落实研究设计提供参考。

具体地,在确定问卷定稿后,课题组在 B 市 X 区的三个城市社区分别发放问卷 40 份,共计发放问卷 120 份,回收问卷 118 份,回收问卷中的有效问卷为 96 份。随后,根据调查问卷发放过程中,调查团队的观察和受访人反馈的信息,结合对预测问卷提供的数据资料的初步分析,综合无效问卷集中暴露出的典型问题,对调查问卷个别问题的具体表述,答案设定和整体结构的安排与布局进行了调整优化。调整后的问卷在问题表述上更为简单明了,在答案设定上更便于受访者根据自身实际情况填写,在结构安排和排版布局上更方便受访者作答。

## 二 核心变量建构及其测量

实现对概念的系统科学测量是问卷的核心功能,建构测量概念的指标体系是问卷的主体内容。下文展开介绍本研究核心概念的变量建构及其测量。

首先是预测变量公众安全感。以既有公众安全感调查问卷为基础,考虑调查的准确性和操作的便捷性,本研究建构包括治安安全、食品安全、医疗卫生安全、环境安全、财产安全和安全建设六个维度、共计 20 项问题的公众安全感测量方案。表 3 – 1 提供了公众安全感概念的一级指标、二级指标和具体问题,详情见下:

治安安全感旨在反映社会治安秩序和治安水平,通过询问受访者对生活秩序良好、遵守交通规则、非法宗教活动、盗窃案和小偷小摸、聚众斗殴和群体性暴力事件五个问题的感知与评价实现。食品安全感旨在反映食品安全水平,既有食品安全感的测量通过两种方式实现,一是建构系统性强、比较复杂的指标体系,如 Heewon Cha 等采

表 3-1　　　　　　　　　公众安全感的指标体系

| 概念 | 一级指标 | 二级指标 | 测量目标 |
| --- | --- | --- | --- |
| 公众安全感 | 安全管理 | 治安安全 | 生活秩序良好 |
| | | | 遵守交通规则 |
| | | | 非法宗教活动 |
| | | | 盗窃案和小偷小摸 |
| | | | 聚众斗殴和群体暴力事件 |
| | | 食品安全 | 食物的质量担忧 |
| | | | 自来水水质 |
| | | 医疗卫生安全 | 综合医疗保障 |
| | | | 个人健康状态 |
| | 安全服务 | 环境安全 | 常住地空气质量 |
| | | | 常住地绿化水平 |
| | | | 常住地道路整洁平整 |
| | | | 常住地噪声污染状况 |
| | | 财产安全 | 实际与预期收入之比 |
| | | | 财富增长前景 |
| | | | 投资渠道 |
| | | 安全建设 | 普法安全教育活动 |
| | | | 安全文化宣讲 |
| | | | 公共设备维护管理 |
| | | | 安全建设活动参与 |

用的包括外出就餐、进口和国产食品安全水平在内共计 11 项问题的测评方案[1]；二是通过直接询问受访者的感知评价，如马亮在其研究中通过 "您对平时所吃食物的质量感到担心吗"[2] 这一题项获取公众

---

[1] Heewon Cha, Jungeun Yang and Soo Jin Kim, "The influence of chronic and temporary accessibility on trust and policy support", *Journal of Risk Research*, Vol. 23, No. 1, Jan 2019.

[2] 马亮：《新闻媒体披露与公众的食品安全感：中国大城市的实证研究》，《中国行政管理》2015 年第 9 期。

的食品安全感。本研究通过自陈量表的方式，通过直接询问受访者，如何评价食物、自来水质量两个问题获取公众的食品安全感。

医疗卫生安全感意在反映公众对医疗服务安全状况的主观感受。基于既有研究采用的直接询问受访者"您认为当前社会生活中医疗方面的安全程度如何"这一经验做法；本研究也以自陈量表的方式，直接询问受访者对"所在地医疗点覆盖情况、医生道德状况、医疗卫生水平"和"您目前的身体状况怎么样"两个问题的评价。环境安全感是个体对外在空间安全程度的主观感知。现有环境安全感的测量方式并不统一，譬如，王凯民等以"全市环境安全感"和"居住地环境污染程度"两个题项代表环境安全感[1]；黄邓楷等将学生对校园生活中交通、事故和财产的安全感知定义为校园环境安全感。[2] 本研究以受访者对"常住地空气质量、绿化环境、道路整洁程度和噪声污染"四方面的评价代表环境安全感。

财产安全感旨在反映公众对个人财富安全水平的主观感知。既有研究集中在获取个体的收入评价，对家庭或个人经济状况前景的评价两方面。前者如中国综合社会调查（CGSS）2015年D部分D12题[3]，请受访者以5分里克特量表回答对其收入水平的肯定性评价；后者以CGSS2013中请受访者对家庭和自身社会经济地位的变动情况自评为代表。[4] 本研究从预期、前景和信心三方面综合反映公众的财产安全感，通过受访者对"我当前的工资收入水平与我期望的收入相比""对我而言，现在可靠的投资赚钱渠道"和"未来，我的事业和财富状况会比现在"三个问题的主观评价获取。

安全建设维度旨在反映公众对当前安全科普教育活动及参与状况

---

[1] 王凯民、檀榕基：《环境安全感、政府信任与风险治理——从"邻避效应"的角度分析》，《行政与法》2014年第2期。

[2] 黄邓楷、王国光、陈芷筠：《基于公众参与地理信息系统的广州大学城环境安全感评价研究》，《风景园林》2019年第12期。

[3] 中国综合社会调查（2015），中国国家调查数据库，http://www.cnsda.org/index.php?r=projects/view&id=62072446。

[4] 周俊山、尹银：《城市化对居民安全感的影响》，《城市发展研究》2020年第4期。

的评价。通过公众对"进行违法违章普法教育、政府对安全文化宣讲的重视程度、文体娱乐设施维护水平、积极参与政府组织的安全演练活动"四题项的评价获取。

本研究的响应变量是政府信任。国外学界率先通过问卷调查直接获取公众的政府信任评价，而后，国内学界或直接采用国外调查问卷，或对国外调查问卷进行本土化调整开展中国政府信任实证研究。在此背景下，我们整理了国内外使用频率较高、覆盖范围较广、问卷可靠度较高的政府信任测量方案。汇总结果见表3-2。

表3-2　　　　　　　当前政府信任测量量表汇总

| 研究者（机构） | 分析对象 | 题项设置 |
| --- | --- | --- |
| 英格尔哈特 | "World Value Survey"① | 请问您对下列机构的信任程度如何？<br>警察；中央政府；法院；行政机关；选举机构；政党 |
| American National Election Studies | NES问卷② | 您认为在多长时间内可以信任政府？<br>您认为政府由少数利益集团掌握还是为了所有人的利益？<br>您认为政府浪费了纳税人的钱吗？<br>您认为政府人员有不正当行为吗？ |
| Citrin & Elkins | 犬儒主义与政策不满的关联分析③ | 政策、政府、官员、政治系统 |
| 诺里斯 | 政府信任光谱④ | 当权者、政治机构、政体绩效、政治原则、政治共同体 |
| 李连江、管玥、吕书鹏等 | 地方调查问卷<br>亚洲民主动态调查 | 中央政府信任和各级地方政府信任 |

① 本处根据WVS2010-2012调查问卷整理，2012年6月，http://www.worldvaluessurvey.org/WVSDocumentationWV6.jsp。

② 问卷网络地址：https://electionstudies.org/wp-content/uploads/2018/11/anes_time-series_2016_qnaire_post.pdf。

③ Jack Citrin, "Comment: The Political Relevance of Trust in Government", *The American Political Science Review*, Vol. 68, No. 3, Sep 1974.

④ Ronald Inglehart, *Post-modernization Erodes Respect for Authority, but Increases Support for Democracy*, Oxford: Oxford University Press, pp. 236-256.

◆◆ 公众安全感向政府信任的转化机制分析

续表

| 研究者（机构） | 分析对象 | 题项设置 |
| --- | --- | --- |
| 游宇、王正绪等 | 亚洲民主动态调查 | 特定政府信任——机构信任：<br>法院、中央政府、地方政府、政党、人大、警察<br>弥散政府信任——体制信任：<br>政治制度有效性、政治制度支持 |
| 刘米娜、杜俊荣 | 中国综合社会调查 | 公众的政府评价：<br>公众对政府在行政管理、经济建设、文化教育和环境保护等方面治理绩效的满意度 |
| 肖唐镖等 | 政府信任的品质 | 下列各级政府对公众实际困难的了解程度？<br>下列各级政府为公众主持公道的能力如何？<br>下列各级政府是否真心实意关心百姓？<br>下列各级政府是否有为公众主持公道的决心？ |

如表3-2所示，国内外学者各自遵循其研究需要确定政府信任的测量方案，提供了认识政府信任的多重路径。展开来讲，英格尔哈特在世界价值观调查（World Value Survey）中，通过直接询问受访者对警察、中央政府、法院、行政机关、选举机构、政党的态度和评价获取公众的政府信任。NES问卷、Citrin和诺里斯等主要关注公众对政府组织、公职人员、政府行为和政治体系的信任。国内学者就如何定义及度量中国政府信任进行了多重探索。在一般意义上，政府信任指政府机构信任。随着研究的深入，政府信任的概念意涵和测量方案进一步系统化。譬如，肖唐镖等关注政府信任的品质对象，指出政府品质信任包括知情、动机、决心、能力四重维度。刘米娜等将公众对政府在行政管理、经济建设、文化教育、环境保护等治理实践中的满意度等同于政府信任。[①]

这些研究提供了了解公众政府信任基本分布格局的可靠路径，同时表明，政府信任是具有多重面向且内涵丰富的结构性概念。在既有研究基础上，本研究认为，中国政府信任包括政府对象信任、政府品

---

① 刘米娜、杜俊荣：《转型期中国城市居民政府信任研究——基于社会资本视角的实证分析》，《公共管理学报》2013年第2期。

质信任和政府信任的结构三重面向。

表 3-3    政府信任的内涵维度及其测量

| 概念 | 一级指标 | 二级指标 | 测量目标 |
|---|---|---|---|
| 政府信任 | 政府信任的对象 | 政府组织信任 | 中央政府信任 |
| | | | 省政府信任 |
| | | | 市政府信任 |
| | | | 县政府信任 |
| | | | 乡（镇）政府信任 |
| | | 公职人员信任 | 警察信任 |
| | | | 法官信任 |
| | | | 党政干部信任 |
| | 政府信任的品质 | 伦理性信任 | 服务公共利益和群众需求的意志 |
| | | 工具性信任 | 有决心、有能力为群众主持公道 |
| | 政府信任的结构 | 差序政府信任 | 中央—地方政府信任结构分化 |
| | | 政府信任的层次 | 中央、地方、基层政府信任结构分化 |

其中，政府对象信任是公众对政府组织和公职人员的信任。政府组织信任即公众对中央、省、市、县、乡五级政府的信任，公职人员信任主要关注公众对警察、法官和党政干部的信任程度。政府品质信任包含伦理性信任和工具性信任两个维度，前者反映公众对政府是否关心、了解群众实际困难的情感性认知，后者侧重公众对政府在何种程度上服务于公众的理性判断。政府信任的结构包括差序政府信任、政府信任层差、政府信任级差，分别代表央地政府信任的结构分化、政府信任的分层、各级政府信任的结构分化。

## 三 相关变量建构及其测量

本研究的其他主要变量包括生活幸福感、公共服务满意度、政治效能感和社会公平感。下文就前述各变量的概念意涵和测量方式详细展开。

### (1) 生活幸福感

生活幸福感（Subjective Wellbeing）是在主观感知和理性认知相结合的基础上，个体对自身生活满意和心态愉悦的综合评价。[1] 在物质生活基本得到满足后，非物质需求，特别是幸福感，成为国民福利的主要供给面向。

就如何测量生活幸福感，国内外学者进行了系列探索性研究。当前，幸福感的实证测量主要通过两种方式实现：一是编制系统的幸福感测量量表，譬如，刑占军及其课题组编制的包含40个题项（也有仅包括20个问题的简化版）的"中国城市居民主观幸福感量表"[2]。二是通过单项总体陈述式幸福感测量题器，即直接询问受访者"考虑所有的因素，您觉得自己的幸福程度属于下列哪一水平？"获取公众的幸福感自评数据。[3] 此外，也有部分学者结合实际需要对公众安全感的测量指标进行了更改和调整。譬如，周绍杰等认为，公众的生活满意度与生活幸福感可以相互代替。[4]

本研究采取基于自陈量表的单题项测量生活幸福感，具体问题为"总的来说，和五年前相比，您的生活幸福感有什么变化？"

### (2) 公共服务满意度

公共服务是由政府组织、国企事业单位等公共部门或公共组织供给，为增进社会公共利益而提供的非排他性服务。[5] 公共服务满意度，是公众基于接受公共服务经历形成的、对服务效果符合预想和期待的主观判断的量化评价。[6] 公众授权与政府服务供给是政府—公众委托

---

[1] ［葡］佩德罗·孔塞桑、罗米娜·班德罗：《主观幸福感研究文献综述》，卢艳华译，《国外理论动态》2013年第7期。

[2] 邢占军：《我国居民收入与幸福感关系的研究》，《社会学研究》2011年第1期。

[3] Alan B. Kruegera and David A. Schkadeb, "The Reliability of subjective Well-Being Measures", *Journal of Public Economics*, Vol. 92, Issues 8-9, Aug 2008.

[4] 周绍杰、王洪川、苏杨：《中国人如何能有更高水平的幸福感——基于中国民生指数调查》《管理世界》2015年第6期。

[5] 柏良泽：《"公共服务"界说》，《中国行政管理》2008年第2期。

[6] 宋学增：《公共服务满意度调查实证研究——以济南市市政公用行业的调查为例》，《中国行政管理》2009年第6期。

代理关系的内在交互机制，公共服务满意度是从服务客体主观感知的角度衡量政府公共服务质量的关键指标和重要参考。①

既有研究就如何测量公共服务满意度进行了翔实的分析和讨论。当前，使用频率较高的测量方案包括以下两种：第一，通过比较系统的复合指标体系测量公众对各项公共服务的认可程度。2013年至今每年发布的《公共服务蓝皮书：中国城市基本公共服务力评价》，从基础教育、公立医院配置、房价稳定发展、公共交通建设等九个方面测量公众的城市公共服务满意度。于洋航在其博士学位论文中对社区公共服务指标体系的七要素进行了探索性研究。

第二，通过直接询问受访者对当前公共服务整体水平的感知，请其自陈对当前公共服务的评价，以多题评分均值或单题项整体评估的方式获取公共服务满意度数据。吴进进在其研究中，以公众对经济事务、失业、犯罪等8个问题评分的均值代表公共服务满意度。② 张青等将医疗卫生满意度作为考察公共服务满意度的核心指标。③

在前述研究的基础上，本研究采取请受访者自陈方式获取其对公共服务的满意评价，具体问题为"您对当前公共服务的整体评价属于下列哪一选项"。

（3）政治效能感

政治效能感是效能感的从属概念。效能感原是指个体对自身是否以及在何种程度上具备参与某事或实施某项行动并发挥有效影响的自我感知和自我判断。④ 政治效能感一词由安格斯·坎贝尔（Angus Campbell）提出，坎贝尔及其团队率先使用这一概念分析美国选举中的参与行为。坎贝尔等认为，政治效能感是公民对自身在政治生活中

---

① 吕维霞：《公众感知政府服务质量影响因素实证研究》，《国家行政学院学报》2010年第5期。
② 吴进进：《腐败认知、公共服务满意度与政府信任》，《浙江社会科学》2017年第1期。
③ 张青、周振：《公众诉求、均衡性感知与公共服务满意度——基于相对剥夺理论的分析》，《江海学刊》2019年第6期。
④ Albert Bandura, *Self-Efficacy in Changing Societies*, Cambridge University Press, 1995.

能够有效发挥影响的主观认知，个体政治效能感的差异是政治参与行为多元化的重要原因[1]。

其后，政治效能感得到更多学者的关注和研究，内涵进一步丰富。阿尔蒙德等认为，政治效能感是公众在何种程度上确信自己拥有能够有效影响政治活动的能力[2]，是公众对自身政治影响力的感知和评判。戴维·伊斯顿等重点关注政治效能感的动态变化，在他看来，政治效能感是政治社会化过程中形成的内在信念与个体感知，其存在形态包括感觉效能、实践效能和规范效能三类。[3] 国内学者李蓉蓉等在西方既有研究的基础上总结道，政治效能感是公众根据其政治生活经验，综合自身对政治系统的影响力和政治系统回应性形成的稳定评价。[4]

就如何测量政治效能感，既有研究主要通过以下两种方式实现。第一，通过对多组问题进行因子分析，提炼内在政治效能感因子和外在政治效能感因子。胡荣对CGSS2010的五个问题进行主成分因子分析，获取公众的内在政治效能感和外在政治效能感。[5] 李蓉蓉[6]、徐延辉等[7]通过意见重视、回应，规则、情况熟悉和决策影响五个问题测量居民在社区政治生活中的效能感。第二，通过直接询问获取受访者的内在、外在政治效能感。王丽萍等将"像我这样的人，无权评价政府"作为内部政治效能感的测量题器，将"政府官员不在乎我这样的人的想法"作为外部政治效能感的测量题器。[8]

---

[1] Angus Campbell, Gerald Gurin and Warren E. Miller, *The Voter Decides*, New York: Cambridge University Press, 2013, p. 187.
[2] ［美］阿尔蒙德、维巴：《公民文化——五个国家的政治态度和民主制度》，徐湘林等译，东方出版社2008年版，第170页。
[3] David Easton and Jack Dennis, "The Child's Acquisition of Regime Norms: Political Efficacy", *The American Political Science Review*, Vol. 61, No. 3, Mar 1967.
[4] 李蓉蓉、王东鑫、翟阳明：《论政治效能感》，《国外理论动态》2015年第5期。
[5] 胡荣：《中国人的政治效能感、政治参与和警察信任》，《社会学研究》2015年第1期。
[6] 李蓉蓉：《城市居民社区政治效能感与社区自治》，《中国行政管理》2013年第3期。
[7] 徐延辉、兰林火：《社区能力、社区效能感与城市居民的幸福感——社区社会工作介入的可能路径研究》，《吉林大学社会科学学报》2014年第6期。
[8] 王丽萍、方然：《参与还是不参与：中国公民政治参与的社会心理分析——基于一项调查的考察与分析》，《政治学研究》2010年第2期。

本研究采取自陈量表的方式获取目标资料。通过直接询问受访者，"您认为您的意见对政府开展工作的重要程度符合下列哪一选项"获取内在政治效能感，通过受访者对"您觉得政府部门及其组织能够在何种程度上听取您的建议或主张"的评价获取外在政治效能感，内在政治效能感和外在政治效能感共同构成公众的政治效能感。

（4）社会公平感

社会公平感是指公众在生活实践中对获取社会资源的竞争机制和自身实际获得社会资源公正程度的感知。社会公平感是多重属性的辩证统一，它兼具主观性和客观性，是个体对客观分配规则和事实分配结果的综合感知，同时受到个体心理预期和性格特质的影响；它集中了绝对性和相对性，是在特定时空情境下特定群体面对分配结果的心理感受，会随参照群体、参考标准的变化而变化；它是宏观与微观的有机结合，既可以是对社会结构和社会分层的宏观认识，也可以是对自身社会资源占有的微观感知。

就如何测量社会公平感，当前主要有计算法和自评法两种方案。以分配公平感的计算法为例，杰索（Guillermina Jasso）教授提出杰索指数计算法，以受访者实际获得的收入与其主观认为自身应得收入的比值代表分配公平感。

怀默霆采用自评法，通过问题量表直接询问受访者对分配公平的态度。王甫勤的博士学位论文和中国社会调查（CGSS2005）都通过直接询问受访者"基于您本人的实际状况，您认为您目前的实际收入与应得收入是否吻合"获取收入分配公平感。马磊、刘欣的研究，从公众对社会经济地位分层及其局部比较的感受两方面界定分配公平感。[1] 孟天广在其研究中，以工作报酬实际获得与期望获得的相符程度代表结果公平感，以对改善生活机会空间的评价代表机会公平感。[2]

---

[1] 马磊、刘欣：《中国城市居民的分配公平感研究》，《社会学研究》2010 年第 5 期。
[2] 孟天广：《转型期中国公众的分配公平感：结果公平与机会公平》，《社会》2012 年第 6 期。

毕文芬、初奇鸿的研究则将权利公平和分配公平作为社会公平感的测量指标。[1]

本研究采用自评法的测评方案，直接询问受访者对"在我们这个社会，农民的孩子与其他人的孩子一样，将来都能成为有钱有地位的人""法院的判决结果是公平公正的"两问题的主观评价。

## 第二节 数据收集与样本描述性统计

在完成问卷设计之后，距离获得可靠的数据资料还有两个关键步骤：问卷发放和数据录入。前述各环节的完成质量，都对数据资料的可靠性和准确性有重要影响。因此，下文在详细介绍问卷发放、数据录入实施步骤和具体经过的基础上，对本研究样本数据的结构和特征进行详细介绍。

### 一 数据收集

本研究所使用的数据源自笔者所在研究团队于 2019 年 7—10 月和 2020 年 9—11 月在 B 市 XC 区、Z 市 JS 区、L 市 HZ、DH 两区和 H 市 CA、FX 两区下辖的 23 个城乡社区展开的政府质量和社会治理调查。按照《城市排名 2020》发布的统计数据，四个城市分别属于一线城市、二线城市、三线城市，B 市为直辖市、Z 市为省会城市、L 和 H 市为地级市，在综合考虑样本代表性、结构多元性、地域分布格局的基础上，结合研究可行性和成本核算，在各市择定两区开展分层抽样调查。

选取在目标社区居住、居住时长在六个月及以上的成年居民进行纸质问卷填答。问卷累计发放 1800 份，总计回收 1477 份，总回收率 82.1%，有效回收 1396 份，有效回收率 77.6%。将原始问卷交由专业的数据处理公司，以两次录入、两次检查、返回抽检的方式完成数

---

[1] 毕文芬、初奇鸿：《收入如何影响社会信心？——社会公平感的中介作用》，《西安交通大学学报》（社会科学版）2017 年第 3 期。

据录入。考虑样本详情并结合实际研究需要，本研究使用其中的1326份。

## 二 样本描述性统计

样本描述是展示研究者所使用样本数据的可靠性和代表性的关键步骤，是数理统计分析的基本前提。围绕社会现象展开的定量研究，以人为基本主体，社会人口特征是数据的基本构成。通常来讲，统计收集的人口信息包括：年龄、性别、文化、教育、收入、婚姻、民族、职业等多项基础指标。

社会人口特征是重要的控制变量。以社会人口特征对政府信任的影响为例，根据 Agger 等[1]、Mc Dill[2] 等的分析，性别、年龄等生理特征，收入、职业、教育水平、政治面貌等社会经济要素与政府信任显著相关。不过，各研究中各具体条目的作用不完全一致。譬如，高学德等的研究显示，收入和年龄对中国公众政府机构信任的影响效应呈 U 形，收入最低和收入最高群体的政府机构信任水平高于中等收入群体，高龄人群和年轻群体比中年群体的政府机构信任水平更高。[3] 但是，在李艳霞的分析中，年龄与以国家权力机关为主体的政治信任间不存在具有统计意义的相关关系。[4] 这些分析都关注到社会人口特征在分析中的重要影响，研究结论的差别或许是受到了抽样对象间自然差别、样本分布特征、抽样方法等因素的影响。

在课题组既有数据库基础上，本研究选定年龄在 18—80 岁之间的样本共计 1326 份，样本数据特征统计见表 3-4。样本数据的性别

---

[1] Robert E. Agger, Marshall N. Goldstein and Stanley A. Pearl, "Political Cynicism: Measurement and Meaning", *Journal of Politics*, Vol. 23, No. 3, Aug 1961.
[2] Edward L. Mc Dill, and Jeanne Clare Ridley, "Political Alienation and Political Participation", *American Journal of Sociology*, Vol. 68, No. 2, Sep 1962.
[3] 高学德、翟学伟：《政府信任的城乡比较》，《社会学研究》2013 年第 2 期。
[4] 李艳霞：《何种信任与为何信任？——当代中国公众政治信任现状与来源的实证分析》，《公共管理学报》2014 年第 2 期。

项中，女性572人（43.14%），男性754人（56.86%），男性群体所占比例略微高于女性群体。我国第六次人口普查中人口性别统计指标显示，男性人口占51.27%，女性人口占48.73%，样本数据的性别比例分布接近我国人口统计中的男女比例。

样本数据的年龄项中，18—29岁区间的样本群体286人（21.57%），30—39岁区间的样本群体364人（27.45%），40—49岁区间的样本群体363人（27.38%），50岁及以上的样本群体313人（23.6%）。

样本数据的民族项中，民族为汉族的样本群体1296人（97.74%），民族为少数民族的样本群体30人（2.26%）。样本数据的学历项中，教育水平为初中及以下的样本群体564人（42.53%），教育水平为高中（含职高、中专）的样本群体347人（26.17%），教育水平为大学（含本科、大专）的样本群体312人（23.53%），教育水平为研究生（含硕士、博士）的样本群体103人（7.77%）。

样本群体的职业项中，办事人员为186人（14.04%），服务人员为53人（4%），从事个体生意的为107人（8.08%），流动小贩和体力工人28人（2.11%），企业员工、技术工人、手艺工人101人（7.62%），企业中高层管理人员93人（7.02%），文化、艺术、教师、体育从业者214人（16.15%），养殖户和农民为215人（16.23%），科研、技术和工程人员37人（2.79%），医生及律师44人（3.32%），其他（含学生、社工、家庭主妇、自由职业者、失业、待业等）为247人（18.64%）。

样本数据的户籍项中，持有本地户口的共计1040人（78.43%），持有外地户口的共计286人（21.57%）。

样本群体的个人年总收入项最大值为300万元、最小值为0.5万元，结构分布详情为，30000元及以下359人（27.07%），30001—50000元的349人（26.32%），50001—100000元的400人（30.17%），100001—150000元的116人（8.75%），个人年总收入超过15万元的共计102人（7.69%）。

样本群体所在社区类型项中①，商品住宅小区社区居民589人（44.42%），单位制社区（含单位家属院）居民70人（5.28%），村改居社区居民165人（12.44%），老旧社区居民449人（33.86%），其他（城中村社区、公租房社区等）社区居民53人（4%）。

表3-4　　　　　　　　　　样本数据统计表

|   | 分类 | 频次 | 百分比（%） | 累计百分比（%） |
| --- | --- | --- | --- | --- |
| 性别 | 女性 | 572 | 43.14 | 43.14 |
|  | 男性 | 754 | 56.86 | 100.00 |
| 年龄 | 18—29岁 | 286 | 21.57 | 21.57 |
|  | 30—39岁 | 364 | 27.45 | 49.02 |
|  | 40—49岁 | 363 | 27.38 | 76.4 |
|  | 50岁及以上 | 313 | 23.6 | 100 |
| 民族 | 汉族 | 1296 | 97.74 | 97.74 |
|  | 少数民族 | 30 | 2.26 | 100.00 |
| 学历 | 小学及以下 | 78 | 5.88 | 5.88 |
|  | 初中 | 486 | 36.65 | 42.53 |
|  | 高中（含职高、中专） | 347 | 26.17 | 68.70 |
|  | 大学（含本科、大专） | 312 | 23.53 | 92.23 |
|  | 研究生（含硕士、博士） | 103 | 7.77 | 100 |
| 政治面貌 | 中共党员 | 274 | 20.66 | 20.66 |
|  | 民主党派、无党派民主人士 | 17 | 1.28 | 21.95 |
|  | 共青团员 | 127 | 9.58 | 31.52 |
|  | 群众 | 908 | 68.48 | 100.00 |

---

① 改革开放和住房市场化改革以后，从传统单位制和街居制向社区制转型的过程中，基层社区类型逐渐分化。沈千帆在其著作《北京市社区公共服务研究》中将社区分为商品房小区社区、单位制社区、城中村社区、老旧社区、公租房社区和其他六类；清华大学社会学系李强教授则注意到，除商品房小区、房改房小区外，基层治理中的社区还包括城市化和城市发展过程中的回迁房小区，新农村建设进程中出现的新型农村社区等；其后，原珂也在六分结构下分析社区冲突化解与社区类型的相关机制。本研究将既有社区类型分为五类，并据此进行后续分析。

续表

|  | 分类 | 频次 | 百分比（%） | 累计百分比（%） |
| --- | --- | --- | --- | --- |
| 职业① | 办事人员（职员、业务员） | 186 | 14.04 | 14.04 |
|  | 服务人员（营业员、保安等） | 53 | 4 | 18.04 |
|  | 个体生意（果蔬、餐馆） | 107 | 8.08 | 26.11 |
|  | 流动小贩、体力工人 | 28 | 2.11 | 28.23 |
|  | 企业员工、技术工人、手艺工人 | 101 | 7.62 | 35.85 |
|  | 企业管理人员（中层、领导） | 93 | 7.02 | 42.87 |
|  | 教师、文化、艺术、体育从业者 | 214 | 16.15 | 59.02 |
|  | 农民、养殖户 | 215 | 16.23 | 75.25 |
|  | 科研、技术、工程人员 | 37 | 2.79 | 78.04 |
|  | 医生、律师 | 44 | 3.32 | 81.36 |
|  | 其他（下岗、自由职业等） | 247 | 18.64 | 100 |
| 户籍 | 本地 | 1040 | 78.43 | 78.43 |
|  | 外地 | 286 | 21.57 | 100 |
| 个人年收入 | 30000元及以下 | 359 | 27.07 | 27.07 |
|  | 30001—50000元 | 349 | 26.32 | 53.39 |
|  | 50001—100000元 | 400 | 30.17 | 83.56 |
|  | 100001—150000元 | 116 | 8.75 | 92.31 |
|  | 150001元及以上 | 102 | 7.69 | 100 |
| 社区类型 | 老旧社区 | 449 | 33.86 | 33.86 |
|  | 村改居社区 | 165 | 12.44 | 46.3 |
|  | 商品房社区 | 589 | 44.42 | 90.72 |
|  | 单位制社区（含单位家属院） | 70 | 5.28 | 96 |
|  | 其他（城中村社区、公租房社区等） | 53 | 4 | 100 |

## 第三节 量表准确性检验与主要变量统计发现

量表准确性检验，是对量表结构安排合理性和量表各题目间凝聚力的检验，是研究设计、调查问卷和研究数据可信度和可靠性的直观

---

① 样本中职业项总人数为1325，有1个缺失值。

体现。下文对数据整体质量、核心概念测量问题的一致性和有效性进行检验。在此基础上，对本研究的核心概念和主要概念进行描述性统计分析。

### 一 量表准确性检验

量表准确性检验分为整体数据质量检验和概念测量方案检验两部分。其中，数据质量检验通过同源偏差检验完成；测量方案检验由信度、效度检验实现。由于社会科学领域调查对象和研究现象的特殊性，共同方法偏差广泛存在于心理学和行为科学的分析中。共同方法偏差是指，由于同样的数据来源、同样的测量环境、同样的项目语境或项目本身特征导致的，预测变量与标准变量（也称效标变量）之间的人为共变，是一种系统误差。共同方法偏差可能导致研究结论出现严重偏差，将共同方法偏差控制在特定水平以下是研究准确性的前提和要求。

社会科学研究的复杂性体现为，特定社会现象、事件、政策往往受多重因素、多维机制的交互影响。社会科学调查中特定指标往往是多个问题组合形成的高维数据库，问卷调查中设置的各问题一般反映某一维度或揭示某一维度的某一特征，各特征之间、各维度之间的关系需要在分析中确定。因此，特定样本提供的数值及各数值间的关系共同构成探究和理解各维度之间关系的基础元素。因子分析是揭示数值间关系进而把握各维度间关系的分析工具。换言之，因子分析可对高维数据库进行降维简化并清晰呈现数据结构，有助于更加准确地把握数据分布特征。本研究的数据检验过程和结果详情见下文。

#### （一）同源偏差检验及其结果

共同偏差的控制方法分为调查程序控制和统计技术控制两种。调查程序控制是指研究者在问卷设计、问卷发放和问卷填答过程中，根据可能导致同源偏差的实践情景采取特定举措予以有效规避的统称。包括改进问卷设计的结构、时长、项目设置，确保调查数据的不同来源，确保受访者清楚理解题意并真实作答等。统计技术控制是通过统计检验调整优化数据结构。以 Harman 单因素检验为例，Harman 的基本假设是，如果样本数据存在同源偏差，那么在进行因素分析时，分析结果或为一个因子，或为一个公因子能够解释绝大多数变量的变异。此种情况下，要对问卷或数据进行结构性调整。

同源偏差检验的基本操作方法是，对所有研究变量进行探索性因子分析，根据未旋转的因子分析结果，在解释变量变异最少因子数既定的设置下，若分析结果为一个因子或某一因子的解释力极高（尽管也有研究规定必须控制在30%以内，但通常采取的临界标准为40%），即可认为该样本数据存在严重的同源偏差。不过，由于社会科学研究环境和人类行为实践的复杂性，只能通过研究设计、调查过程和统计技术的改进控制同源偏差、减少其对研究结果准确性的影响，而不太可能完全杜绝。

我们采用Harman单因素检验对样本数据进行同源偏差分析。利用Stata14对与研究相关的各主要变量的观测数据统一进行探索性因子分析。分析结果显示，特征值大于1的公因子共计9个，首个公因子的解释率为37.35%，低于40%，有效特征值的总和方差贡献率为87.88%，高于50%。据此可知，本研究所使用的样本数据，不存在严重的共同方法偏差。

### （二）量表信度、效度检验及其结果

因子分析主要包括探索性因子分析（Exploratory Factor Analysis）和验证性因子分析（Confirmatory Factor Analysis）两类。探索性因子分析的核心功能是寻找因子间的共变项，通过因子载荷实现数据筛选与重组，在实现数据降维的同时找出影响观测变量的因子数，进而揭示数据的内在结构。验证性因子分析，是根据现有理论或已被既有研究证实的因子模型，通过检验实际数据与预设模型的吻合度检验数据效度。

我们通过探索性因子分析检验公众安全感、政府信任的信度。信度是指测量所得样本数据各变量的内在一致性程度；换言之，信度反映出调查表或调查问卷中一组问题是否以及在何种程度上指向同一概念。信度分析即样本可靠性分析，信度越高表示样本数据越真实可靠。克朗巴哈系数

(Cronbach's α 系数) 是信度测量中使用频率最高的基本方法。[①]

本研究所使用数据的信度分析结果见表 3-5。展开来讲，公众安全感量表的克朗巴哈系数为 0.914，α 值大于 0.8；治安安全感、食品安全感、医疗安全感、环境安全感、财产安全感和安全建设安全感的克朗巴哈系数依次为 0.842、0.734、0.739、0.806、0.747、0.858，

表 3-5　　　　公众安全感与政府信任量表信度检验

| 变量 | 维度 | Cronbach's α | |
|---|---|---|---|
| 公众安全感 | 生活秩序良好 | 0.842 | 0.914 |
| | 遵守交通规则 | | |
| | 非法宗教活动 | | |
| | 盗窃案及食品安全 | | |
| | 聚众斗殴和群体性暴力事件 | | |
| | 食物的质量担忧 | 0.734 | |
| | 自来水水质 | | |
| | 综合医疗保障 | 0.739 | |
| | 个人健康状态 | | |
| | 常住地空气质量 | 0.806 | |
| | 常住地绿化水平 | | |
| | 常住地道路整洁平整 | | |
| | 常住地噪声污染状况 | | |
| | 实际与期望收入比 | 0.747 | |
| | 财富增长前景 | | |
| | 投资渠道变动 | | |
| | 普法安全教育活动 | 0.858 | |
| | 安全文化宣讲 | | |
| | 安全设施维护管理 | | |
| | 安全建设活动参与 | | |

---

① Cronbach α 信度系数的取值在 0—1 之间，Cronbach α 系数越大表示问卷各题目间相关度较好，各题目内部一致性较高。通常情况下，α 值超过 0.8 表示量表数据内部一致性非常好，α 值在 0.6—0.8 之间表示量表数据内部一致性比较好，α 值低于 0.6 则表示量表数据内部一致性不够好。根据学术惯例，在实际研究中，Cronbach α 的值至少应当超过 0.5，最好能够大于 0.7 (Nunnally, 1978)。

续表

| 变量 | 维度 | Cronbach's α | |
|---|---|---|---|
| 政府信任的品质 | 中央政府动机信任 | 0.832 | 0.871 |
| | 地方政府动机信任 | | |
| | 公职人员胜任工作 | | |
| | 政府有能力主持公道 | | |
| 政府信任的对象 | 中央政府 | 0.933 | |
| | 省政府 | | |
| | 市政府 | | |
| | 县（区）政府 | | |
| | 乡（镇）政府 | | |
| | 警察信任 | 0.678 | |
| | 法官信任 | | |
| | 党政干部信任 | | |

都高于0.7。政府信任量表的克朗巴哈系数为0.871。其中，政府信任对象量表中的政府组织信任和公职人员信任的信度系数分别为0.933、0.678，政府信任品质量表的克朗巴哈系数为0.832。整体来讲，本研究核心变量的克朗巴哈系数值较高，测量量表各问题间具有较高的内在一致性，样本数据稳定良好可靠。

效度即有效性，是测量工具和测量实践在测度研究对象时精准性程度的反映，效度越高代表样本数据与研究目标对象的匹配度越高，效度低则表示样本数据偏离研究的目标对象。效度的测量分为内部效度和外部效度两种。外部效度指研究样本的代表性，以及研究情境调整后研究结果的稳健性；内部效度指预测变量与响应变量相关关系的明晰程度，内部效度建立在科学开展研究设计、数据获取、目标变量选择等环节的基础上。

效度分析首先要通过获取量表数据的KMO值和进行Bartlett球形检验实现。KMO是介于0—1之间的统计量，KMO值越接近1表示各测量变量间的相关性越强，利用各测量变量进行因子分析的适宜性水平也越高，KMO值越接近0表示各测量变量间的相关性水平越低，低于临界值时则不适合进行因子分析①。Bartlett 球形检验的原理是，假设测量的目标数据均独立分布，那么在空间建构中这些彼此独立的数据会形成数个相互垂直的直线，数据的空间模型即多条直线交织形成的球形，当 Bartlett 球形检验的显著性水平即 Sig 值低于 0.05 时，不拒绝原假设即原假设成立，适宜对数据进行因子分析。

下表 3-6 汇总了本研究核心变量的效度检验结果。据表可见，公众安全感量表的 KMO 值为 0.924，政府信任量表的 KMO 值为 0.839，KMO 值都高于 0.7；巴特利特球形检验的显著性水平均为 0.000，低于 0.05，这意味着，样本数据间互相独立的原假设成立。综合前述分析可见，本研究使用的样本数据结构效度良好。

表 3-6　　　　　核心变量测量量表的效度分析结果

| 目标变量 | KMO 值 | Bartlett's 球形检验 |||
|---|---|---|---|---|
| ^ | ^ | 近似卡方（x2） | 自由度（df） | 显著（Sig.） |
| 公众安全感 | 0.924 | 13174.714 | 190 | 0.000 |
| 政府信任 | 0.839 | 111182.152 | 66 | 0.000 |
| 政府信任的品质 | 0.695 | 2487.261 | 6 | 0.000 |
| 政府信任的对象 | 0.825 | 7277.953 | 10 | 0.000 |

在 KMO 值分析和 Bartlett 球形检验结果的基础上，此处继续分析公众安全感的结构效度。利用 Stata14 进行主成分分析，通过最大方差法进行因子旋转，共提取出六个主因子。根据因子载荷提供的各具体问题与主因子的映射系数，整理各项指标及其测量内容及主因子的对应关系，六个主因子分别对应于六个主要测量指标，即治安安全维度、食品安全维度、医疗卫生安全维度、环境安全维度、财产安全维度和安全建设维度，具体结果见表 3-7。

---

① 根据 Kaiser 对 KMO 度量标准的界定，KMO 值在 0.9 及以上表示各变量非常适合进行因子分析，KMO 值介于 0.8—0.9 之间意味着各变量适宜进行因子分析，KMO 值在 0.7—0.8 之间时，各变量可以进行因子分析，KMO 值低于 0.6 时不宜进行因子分析。

表 3-7　　　　　　　　公众安全感量表的效度检验

| 指标 | 具体维度 | Factor1 | Factor2 | Factor3 | Factor4 | Factor5 | Factor6 |
|---|---|---|---|---|---|---|---|
| 治安安全 | 生活秩序良好 | 0.565 | | | | | |
| | 遵守交通规则 | 0.745 | | | | | |
| | 非法宗教活动 | 0.745 | | | | | |
| | 盗窃案发生减少 | 0.591 | | | | | |
| | 聚众斗殴和群体性暴力事件 | 0.612 | | | | | |
| 食品安全 | 食物的质量担忧 | | 0.843 | | | | |
| | 自来水水质 | | 0.789 | | | | |
| 医疗卫生安全 | 综合医疗保障 | | | 0.809 | | | |
| | 个人健康状态 | | | 0.696 | | | |
| 环境安全 | 常住地空气质量 | | | | 0.706 | | |
| | 常住地绿化水平 | | | | 0.800 | | |
| | 常住地道路整洁平整 | | | | 0.810 | | |
| | 常住地噪声污染状况 | | | | 0.722 | | |
| 财产安全 | 实际与期望收入比 | | | | | 0.652 | |
| | 财富增长前景 | | | | | 0.687 | |
| | 投资渠道变动 | | | | | 0.560 | |
| 安全建设 | 普法安全教育 | | | | | | 0.739 |
| | 安全文化宣讲 | | | | | | 0.721 |
| | 安全设施维护 | | | | | | 0.810 |
| | 安全活动参与 | | | | | | 0.829 |

## 二　主要变量统计发现

在前述数据质量和量表信度、效度分析的基础上，下文继续从描述性统计分析和数据分布两方面介绍主要变量的统计发现。分析结果如下。

### （一）变量描述性统计

描述性统计是通过表格、图表、简报等方式，概括呈现数据总体特征的分析活动。描述性统计分析是对样本数据的初步认识，主要呈现数据的内容维度、结构分布、集中趋势、离散程度，是帮助研究者和读者直观、准确把握样本数据特征的分析步骤，也是进行更为复杂统计分析的基础。本研究中各主要观测变量的描述性统计结果见表3-8。据表可见，依据5分制的计分标准，主要观测变量平均值最大的是中央政府信任（4.52±0.768），平均值最小的为分配公平感（2.54±1.072）。从整体上看，全部观测变量的偏度和峰度未出现异常值，这意味着不拒绝样本数据呈正态分布的原假设，可以对样本数据继续进行后续统计分析。

表3-8 各题项描述性统计汇总

| | 最小值 | 最大值 | 平均数 | 标准差 | 偏斜度 统计量 | 偏斜度 标准误 | 峰度 统计量 | 峰度 标准误 |
|---|---|---|---|---|---|---|---|---|
| 空气质量 | 1 | 5 | 3.11 | 1.308 | -0.159 | 0.067 | -1.148 | 0.134 |
| 绿化水平 | 1 | 5 | 3.77 | 1.011 | -0.759 | 0.067 | 0.2 | 0.134 |
| 道路整洁 | 1 | 5 | 3.75 | 1.096 | -0.891 | 0.067 | 0.249 | 0.134 |
| 噪声污染 | 1 | 5 | 4.03 | 0.957 | -1.112 | 0.067 | 1.234 | 0.134 |
| 生活秩序良好 | 1 | 5 | 3.84 | 1.142 | -0.919 | 0.067 | 0.084 | 0.134 |
| 遵守交通规则 | 1 | 5 | 3.47 | 1.147 | -0.395 | 0.067 | -0.56 | 0.134 |
| 非法宗教活动 | 1 | 5 | 3.61 | 1.14 | -0.567 | 0.067 | -0.377 | 0.134 |
| 盗窃案管理 | 1 | 5 | 3.91 | 1.013 | -0.678 | 0.067 | -0.092 | 0.134 |
| 群体性暴力事件 | 1 | 5 | 3.65 | 1.069 | -0.536 | 0.067 | -0.239 | 0.134 |
| 食品质量安全 | 1 | 5 | 3.85 | 1.004 | -0.845 | 0.067 | 0.333 | 0.134 |
| 自来水质量安全 | 1 | 5 | 3.97 | 0.904 | -0.968 | 0.067 | 1.216 | 0.134 |
| 实际与期望收入比 | 1 | 5 | 3.88 | 1.018 | -0.822 | 0.067 | 0.292 | 0.134 |
| 财富增长前景 | 1 | 5 | 3.76 | 1.095 | -0.697 | 0.067 | -0.133 | 0.134 |
| 投资渠道变动 | 1 | 5 | 3.89 | 0.951 | -0.758 | 0.067 | 0.375 | 0.134 |

续表

|  | 最小值 | 最大值 | 平均数 | 标准差 | 偏斜度 统计量 | 偏斜度 标准误 | 峰度 统计量 | 峰度 标准误 |
|---|---|---|---|---|---|---|---|---|
| 普法教育 | 1 | 5 | 3.79 | 1.1 | -0.57 | 0.067 | -0.484 | 0.134 |
| 安全宣传 | 1 | 5 | 3.65 | 1.203 | -0.539 | 0.067 | -0.693 | 0.134 |
| 设施维护 | 1 | 5 | 4.04 | 0.99 | -0.913 | 0.067 | 0.416 | 0.134 |
| 安全参与 | 1 | 5 | 3.9 | 1.113 | -0.865 | 0.067 | -0.015 | 0.134 |
| 综合医疗保障 | 1 | 5 | 3.61 | 1.224 | -0.555 | 0.067 | -0.710 | 0.134 |
| 个人健康状态 | 1 | 5 | 3.70 | 1.171 | -0.629 | 0.067 | -0.482 | 0.134 |
| 中央政府动机信任 | 1 | 5 | 3.71 | 1.113 | -0.622 | 0.067 | -0.254 | 0.134 |
| 地方政府动机信任 | 1 | 5 | 3.59 | 1.101 | -0.508 | 0.067 | -0.323 | 0.134 |
| 公职人员胜任工作 | 1 | 5 | 3.31 | 1.081 | -0.324 | 0.067 | -0.451 | 0.134 |
| 政府有能力主持公道 | 1 | 5 | 3.3 | 1.03 | -0.274 | 0.067 | -0.277 | 0.134 |
| 警察信任 | 1 | 5 | 3.69 | 1.138 | -0.566 | 0.067 | -0.471 | 0.134 |
| 法官信任 | 1 | 5 | 3.6 | 0.961 | -0.275 | 0.067 | -0.102 | 0.134 |
| 党政干部信任 | 1 | 5 | 3.66 | 0.943 | -0.446 | 0.067 | -0.044 | 0.134 |
| 中央政府信任 | 1 | 5 | 4.52 | 0.768 | -1.888 | 0.067 | 4.152 | 0.134 |
| 省政府信任 | 1 | 5 | 4.4 | 0.805 | -1.44 | 0.067 | 2.339 | 0.134 |
| 市政府信任 | 1 | 5 | 4.29 | 0.871 | -1.215 | 0.067 | 1.336 | 0.134 |
| 县政府信任 | 1 | 5 | 4.14 | 0.963 | -1.037 | 0.067 | 0.668 | 0.134 |
| 乡政府信任 | 1 | 5 | 4.02 | 1.036 | -0.902 | 0.067 | 0.215 | 0.134 |
| 内在政治效能感 | 1 | 5 | 3.12 | 1.085 | -0.103 | 0.067 | -0.436 | 0.134 |
| 外在政治效能感 | 1 | 5 | 3.17 | 1.138 | -0.119 | 0.067 | -0.589 | 0.134 |
| 机会公平感 | 1 | 5 | 3.22 | 1.110 | -0.197 | 0.067 | -0.528 | 0.134 |
| 程序公平感 | 1 | 5 | 3.38 | 1.096 | -0.409 | 0.067 | -0.365 | 0.134 |
| 公共服务满意度 | 1 | 5 | 3.35 | 1.102 | -0.299 | 0.067 | -0.486 | 0.134 |
| 生活幸福感 | 0 | 10 | 7.26 | 2.001 | -0.661 | 0.067 | 0.36 | 0.134 |

## （二）核心变量统计发现

本研究的核心变量为公众安全感和政府信任，下文分别介绍公众安全感各维度和政府信任主要面向的数据分布情况。

首先是公众安全感。公众安全感六维度依次为治安安全感、食品安全感、医疗卫生安全感、环境安全感、财产安全感和安全建设安全感。图3-1提供了公众的治安安全感评价分布详情。其中，治安安全感包括五个题项。从数据的整体走势看，除群体性暴力事件的众数出现在最为肯定的评价5之外，其余四题的众数都落在较为肯定的评分4选项上。

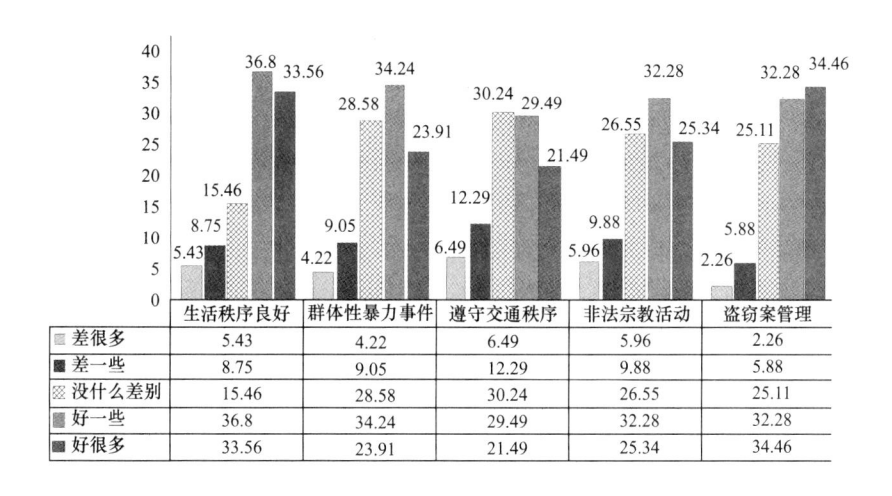

|  | 生活秩序良好 | 群体性暴力事件 | 遵守交通秩序 | 非法宗教活动 | 盗窃案管理 |
|---|---|---|---|---|---|
| 差很多 | 5.43 | 4.22 | 6.49 | 5.96 | 2.26 |
| 差一些 | 8.75 | 9.05 | 12.29 | 9.88 | 5.88 |
| 没什么差别 | 15.46 | 28.58 | 30.24 | 26.55 | 25.11 |
| 好一些 | 36.8 | 34.24 | 29.49 | 32.28 | 32.28 |
| 好很多 | 33.56 | 23.91 | 21.49 | 25.34 | 34.46 |

图3-1 治安安全感分布（%）

从分布结构来看，认为常住地盗窃案和小偷小摸事件非常多和比较多的频数分别为30（2.26%）、78（5.88%），认为发生频率一般的频数为333（25.11%），认为常住地盗窃案和小偷小摸事件比较少和几乎没有的频数分别为428（32.28%）、457（34.46%）。对常住地交通规则遵守情况持明确否定态度的频数为249（18.78%），态度模糊的频数为401（30.24%），持明确肯定态度的频数为676（50.98%）。对生活秩序良好、群体性暴力事件、非法宗教活动持明确否定态度的频数分别为188（14.18%）、176（13.27%）、210（15.84%），对前述问题持模糊态度的频数分别为205（15.46%）、

379（28.58%）、352（26.55%），对前述各问题持明确肯定态度的频数分别为933（70.36%）、771（58.15%）、764（57.62%）。

图3-2提供了公众的食品安全评价分布详情。食品安全感包括两个问题，评分众数都落在表示比较肯定的4分这一选项上。从受访居民的评分频数及占比分布来看，食品安全评分总体处于比较安全状态。具体来讲，认为食品质量变差很多和变差一些的频数分别为37（2.79%）和106（7.99%），对食品质量变化持模糊态度的频数为238（17.95%），认为食品质量好一些和好很多的频数分别为577（43.51%）和368（27.75）。对自来水质量的评价中，认为自来水质量变差很多和差一些的频数分别为31（2.34%）和42（3.17%），对自来水质量变化持模糊态度的频数为247（18.63%），认为自来水质量变好一些和好很多的频数分别为617（46.53%）和389（29.34%）。

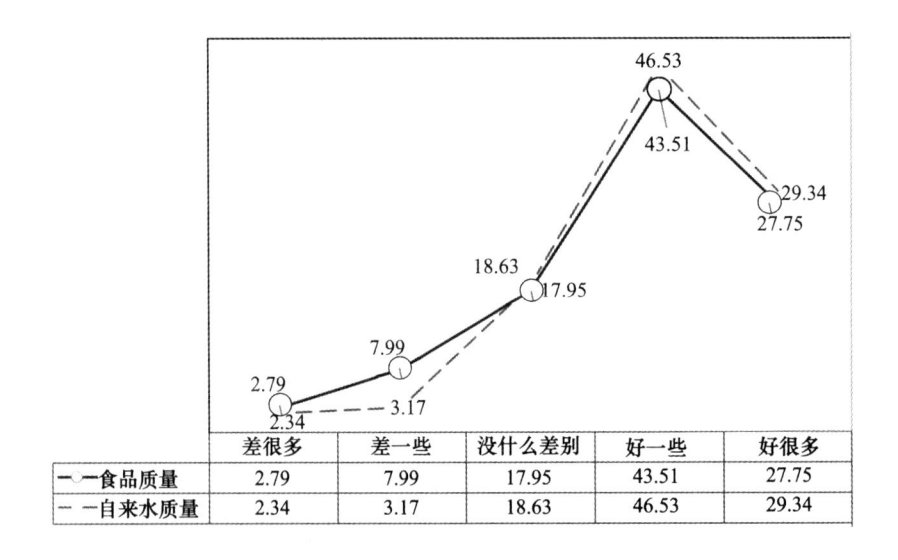

|  | 差很多 | 差一些 | 没什么差别 | 好一些 | 好很多 |
| --- | --- | --- | --- | --- | --- |
| ——食品质量 | 2.79 | 7.99 | 17.95 | 43.51 | 27.75 |
| - - 自来水质量 | 2.34 | 3.17 | 18.63 | 46.53 | 29.34 |

图3-2 食品安全评价分布（%）

图3-3提供了公众的医疗卫生安全评价分布详情。医疗卫生安全感包含两个问题。对综合医疗保障的评价中，认为比过去五年差很多、差一些的频数分别为87（6.56%）、189（14.25%），认为与过

去五年没什么差别的频数为261（19.68%），认为比过去五年好一些、好很多的频数分别为404（30.47%）和385（29.03%）。而对个人健康状态的评价中，认为自己非常不健康、比较不健康的居民占比16.74%（频数为122），对此持模糊态度的居民占比21.72%（频数为288），认为自己比较健康和非常健康的居民占比61.54%（频数为816）。

同时，根据医疗卫生安全评价分布图表，两问题的众数都在4分位置，这表明，公众对医疗卫生安全的认可度比较高。

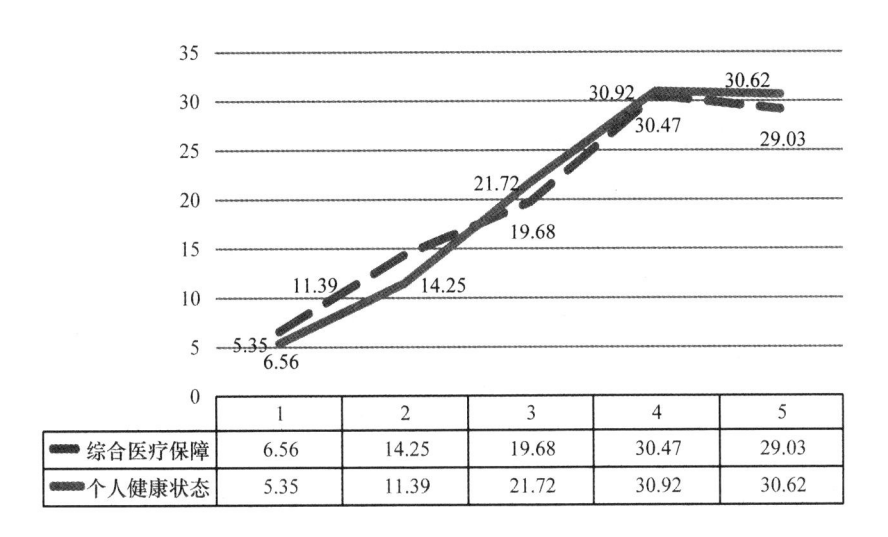

|  | 1 | 2 | 3 | 4 | 5 |
|---|---|---|---|---|---|
| 综合医疗保障 | 6.56 | 14.25 | 19.68 | 30.47 | 29.03 |
| 个人健康状态 | 5.35 | 11.39 | 21.72 | 30.92 | 30.62 |

图3-3  医疗卫生安全分布（%）

图3-4提供了公众的环境安全评价分布详情。环境安全感包括四个测量题项。一是空气质量评价，认为常住地空气质量较好和非常好的居民累计占比45.1%，持模糊态度的居民占比19.23%，对此持否定态度的居民累计占比35.67%。二是绿化水平评价，认为常住地绿化水平非常好和比较好的居民累计占比67.57%，持模糊态度的居民占比20.97%，对绿化建设不满意的居民累计占比11.46%。三是道路整洁评价，认为所在地区道路建设非常完善和比较完善的居民累计占比

68.55%，对此持模糊态度的居民占比 17.95%，认为道路建设不太完善和很不完善的居民累计占比 13.5%。四是噪声污染评价，认为常住地无噪声污染和噪声不显著的居民累计占比 78.05%，对此持模糊态度的居民占比 14.86%，认为噪声污染严重和异常严重的居民累计占比 7.09%。

从数据分布走势图可见，空气质量、绿化水平、道路整洁、噪声污染的众数都落在 4 分的位置上，表明公众对前述各项目持有比较肯定的态度。但是，空气质量众数的占比低于其他三项目，这表明，公众仍然期望进一步改善空气质量。

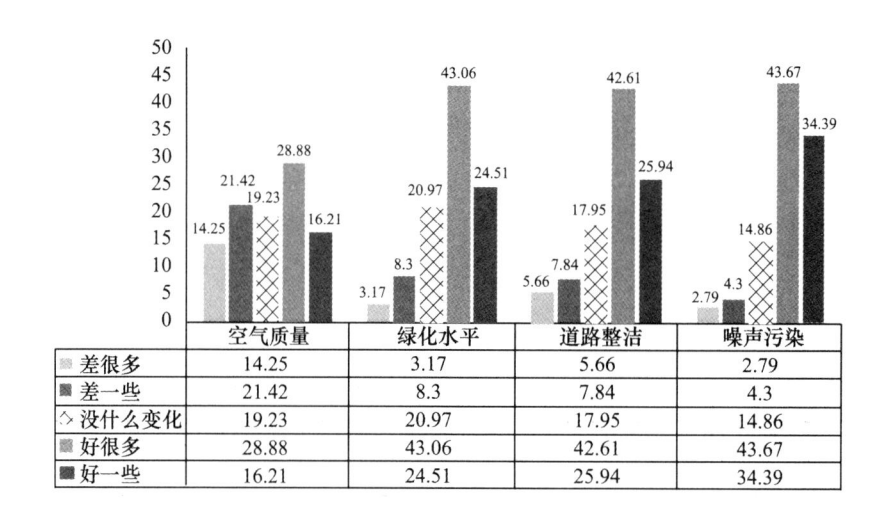

| | 空气质量 | 绿化水平 | 道路整洁 | 噪声污染 |
|---|---|---|---|---|
| 差很多 | 14.25 | 3.17 | 5.66 | 2.79 |
| 差一些 | 21.42 | 8.3 | 7.84 | 4.3 |
| 没什么变化 | 19.23 | 20.97 | 17.95 | 14.86 |
| 好很多 | 28.88 | 43.06 | 42.61 | 43.67 |
| 好一些 | 16.21 | 24.51 | 25.94 | 34.39 |

图 3-4 环境安全感评价分布（%）

图 3-5 提供了公众的财产安全评价分布详情。财产安全感包括三个测量题项，依次为实际收入与预期收入之比、财富增长和事业发展前景、可靠投资渠道变动趋势。基于图表可见，三个测试题的众数都出现在比较肯定的 4 分位置上，这意味着，公众的财产安全感得到了一定的满足和保障。

展开来讲，认为实际收入与期望收入相比差很多的频数为 41（3.09%），认为差一点的频数为 83（6.26%），认为一样的频数为

280（21.12%），认为好一点和好很多的频数分别为510（38.46%）和412（31.07%）。对于财富增长和事业发展前景题项，认为差很多、差一点、一般、好一点、好很多的频数依次为58（4.37%）、110（8.3%）、313（23.6%）、455（34.31%）和390（29.41%）。对于可靠投资渠道变动趋势题项，认为会变差（包括差很多和差一点）的频数为103（7.77%），认为一般的频数为290（21.87%），认为会变好（包括好一点和好很多）的频数为933（70.36%）。

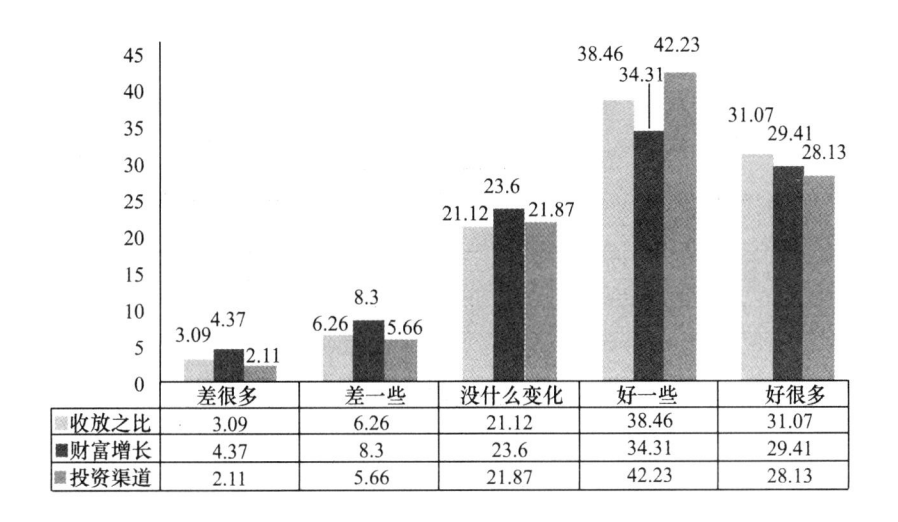

| | 差很多 | 差一些 | 没什么变化 | 好一点 | 好很多 |
|---|---|---|---|---|---|
| 收放之比 | 3.09 | 6.26 | 21.12 | 38.46 | 31.07 |
| 财富增长 | 4.37 | 8.3 | 23.6 | 34.31 | 29.41 |
| 投资渠道 | 2.11 | 5.66 | 21.87 | 42.23 | 28.13 |

图3-5 财产安全感分布（%）

图3-6提供了安全建设评价分布详情。安全建设评价包括四个测量题项。一是普法教育工作题项，认为当前安全领域普法教育效果不理想和不太理想的居民累计占比12.74%，对此持模糊态度的居民占比25.72%，认为教育效果比较理想和很理想的居民累计占比61.54%。二是安全文化宣传与宣讲题项，认为常住地安全宣传很不完善和不太完善的居民累计占比19.08%，对此持模糊态度的居民占比22.1%，认为安全宣讲工作比较完善和非常完善的居民占比

58.82%。三是设施维护题项,对此持积极肯定态度的居民累计占比73.08%,持模糊态度的居民占比20.21%,持有否定态度和意见的居民累计占比6.71%。四是活动参与题项,认为安全活动参与情况非常理想和比较理想的居民累计占比69.53%,持模糊态度的居民占比17.95%,对此持否定态度的居民累计占比12.52%。

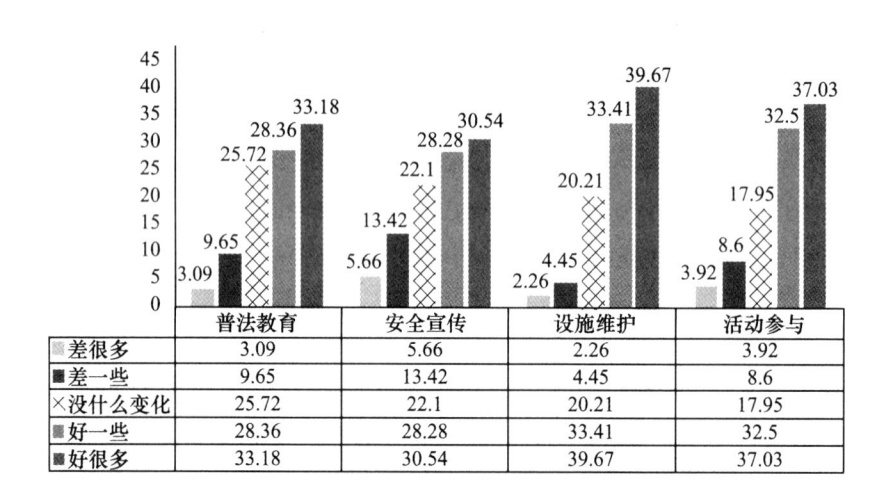

|  | 普法教育 | 安全宣传 | 设施维护 | 活动参与 |
| --- | --- | --- | --- | --- |
| 差很多 | 3.09 | 5.66 | 2.26 | 3.92 |
| 差一些 | 9.65 | 13.42 | 4.45 | 8.6 |
| 没什么变化 | 25.72 | 22.1 | 20.21 | 17.95 |
| 好一些 | 28.36 | 28.28 | 33.41 | 32.5 |
| 好很多 | 33.18 | 30.54 | 39.67 | 37.03 |

图 3-6 安全建设安全感分布(%)

从评价给分分布图提供的数据走势看,普法教育、安全宣传、设施维护和活动参与的峰值都出现在代表高度肯定的 5 分位置上,据此可知,公众的安全建设安全感整体较高。

2. 政府信任

如前所述,政府信任是包括对象、品质和结构在内的复合型概念。其中,政府信任的对象包括政府组织信任和公职人员信任,政府品质信任包括政府动机信任和政府能力信任。由于政府信任结构是政府组织信任结构要素的算数运算结果,此处不再专门呈现其分布情况。

政府组织信任是公众对中央、省、市、县、乡(镇)政府的信任程度。下图 3-7 提供了受访居民对五级政府的信任评价分布情况。

综合图表可见，五级政府信任呈单调递增的发展趋势，众数都在代表最高信任程度的 5 分位置上。并且，对中央政府持有最高信任的公众占比最高。

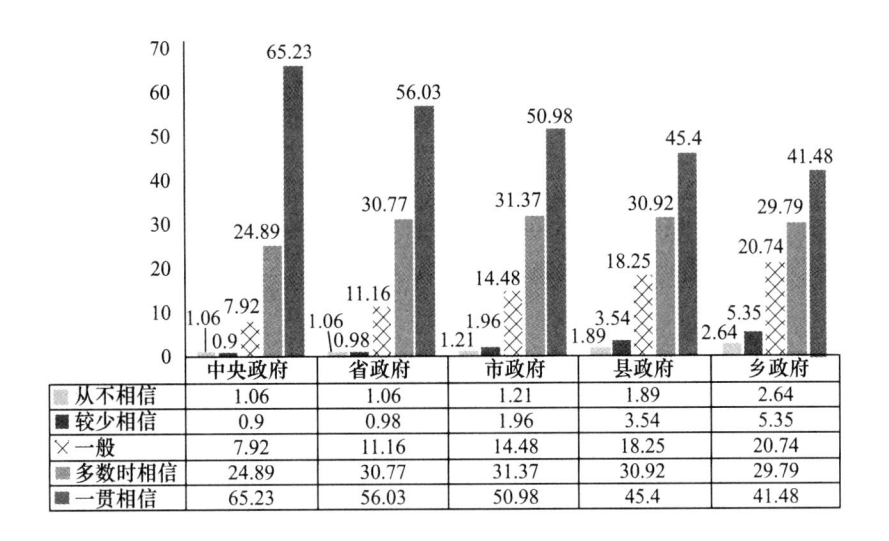

| | 中央政府 | 省政府 | 市政府 | 县政府 | 乡政府 |
|---|---|---|---|---|---|
| 从不相信 | 1.06 | 1.06 | 1.21 | 1.89 | 2.64 |
| 较少相信 | 0.9 | 0.98 | 1.96 | 3.54 | 5.35 |
| 一般 | 7.92 | 11.16 | 14.48 | 18.25 | 20.74 |
| 多数时相信 | 24.89 | 30.77 | 31.37 | 30.92 | 29.79 |
| 一贯相信 | 65.23 | 56.03 | 50.98 | 45.4 | 41.48 |

图 3-7 政府机构信任分布（%）

展开来讲，对中央政府持信任态度（多数时候信任和一贯相信）的居民累计占比 90.12%（频数为 1195），持模糊态度的居民占比 7.92%（频数为 105），持不信任态度（较少相信和从不相信）的居民累计占比 1.96%（频数为 26）。对省政府表示信任的居民累计占比 86.8%（频数为 1151），持模糊态度的居民占比 11.16%（频数为 148），持不信任态度的居民累计占比 2.04%（频数为 27）。对市政府表示信任的居民累计占比 82.35%（频数为 1092），持模糊态度的居民占比 14.48%（频数为 192），持不信任态度的居民累计占比 3.17%（频数为 42）。对县政府持信任态度的居民累计占比 76.32%（频数为 1012），持模糊态度的居民占比 18.25%（频数为 242），持不信任态度的居民累计占比 5.43%（频数为 72）。对乡政府持信任态度的居民累计占比 71.27%（频数为 106），持模糊态度的居民占比 20.74%（频数为 275），持不信任态度的居民占比 7.99%（频数为 945）。

公职人员信任是公众对警察、法官、党政干部的信任程度。下图 3-8 提供了受访居民对公职人员信任评价的分布情况。根据公职人员信任频数分布图示走向来看，警察信任、党政干部信任的众数都在表示比较信任的 4 分位置上，法官信任的众数则在代表一般信任的 3 分位置上；公众对警察、党政干部、法官的信任分布格局存在显著区别。

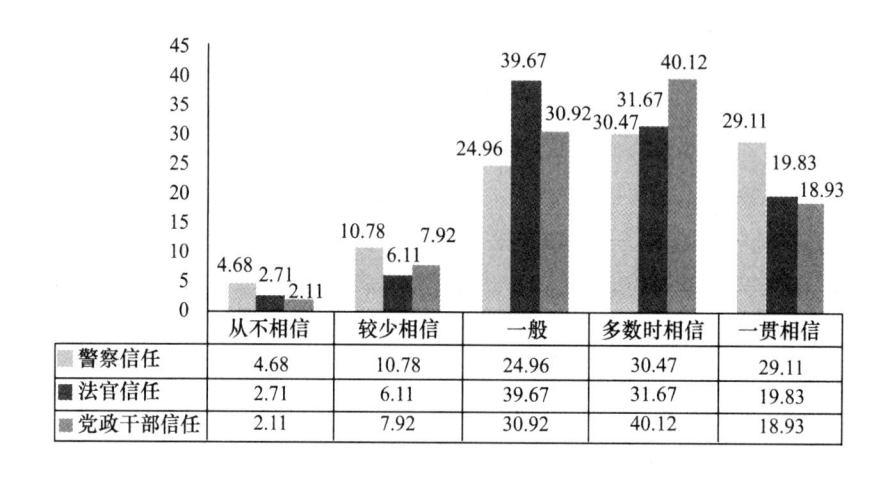

|  | 从不相信 | 较少相信 | 一般 | 多数时相信 | 一贯相信 |
|---|---|---|---|---|---|
| 警察信任 | 4.68 | 10.78 | 24.96 | 30.47 | 29.11 |
| 法官信任 | 2.71 | 6.11 | 39.67 | 31.67 | 19.83 |
| 党政干部信任 | 2.11 | 7.92 | 30.92 | 40.12 | 18.93 |

图 3-8 公职人员信任分布（%）

展开来讲，受访居民中，非常不信任和不太信任警察的频数为 205、累计占比 15.46%，对警察信任程度一般的频次为 331、占比 24.96%，表示比较信任和非常信任警察的频次为 790、累计占比 59.58%。偏向不信任法官的频数为 117、累计占比 8.82%，对法官信任程度一般的频数为 526、占比 39.67%，表示比较信任和非常信任的居民共计 683、累计占比 51.51%。对党政干部信任持否定态度的频数为 133、累计占比 10.03%，对党政干部信任程度一般的频次为 410、占比 30.92%，对党政干部比较信任和非常信任的频数为 783、累计占比 59.05%。

政府品质信任包含两个维度、共计四个测量题项。下图 3-9 提供了受访居民政府品质信任评价的分布情况。就政府信任的动机维度，对中央政府、地方政府的政策都是为了公共利益持肯定意见，认为这一说法非常符合和比较符合实际的频数分别为 800（60.33%）、739（55.73%），持模糊意见的频数分别为 350（26.4%）、391（29.49%），认为这一说法不太符合和不符合实际的频数分别为 176（13.27%）、196（14.78%）。

就政府信任的能力维度，对公职人员能够胜任其工作、各级政府有能力为公众主持公道持肯定意见的频数分别为 606（45.7%）、565（42.61%），持模糊意见的频数分别为 440（33.18%）、507（38.24%），持否定意见的频数分别为 280（21.12%）、254（19.15%）。

进一步地，结合政府信任品质分布图的走势来看，公职人员胜任力和政府有能力主持公道的众数都在代表一般信任的 3 分上，中央、地方政府动机信任的众数则都在代表比较信任的 4 分上。据此可初步推断，公众的政府动机信任高于政府能力信任。

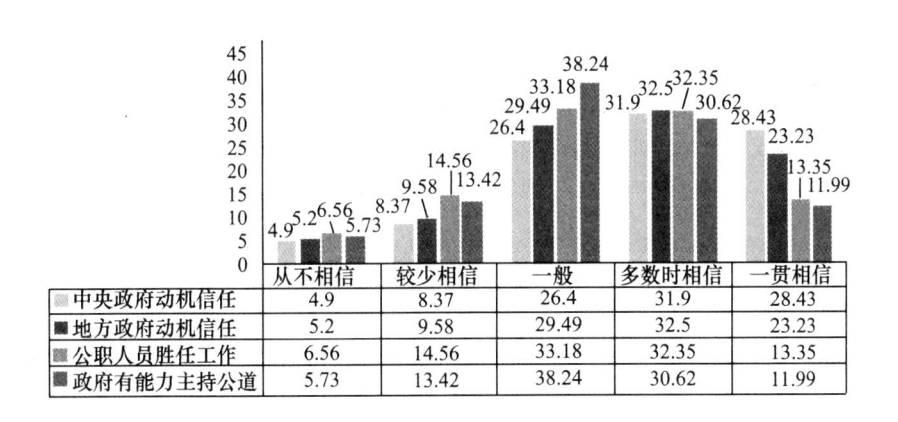

| | 从不相信 | 较少相信 | 一般 | 多数时相信 | 一贯相信 |
|---|---|---|---|---|---|
| 中央政府动机信任 | 4.9 | 8.37 | 26.4 | 31.9 | 28.43 |
| 地方政府动机信任 | 5.2 | 9.58 | 29.49 | 32.5 | 23.23 |
| 公职人员胜任工作 | 6.56 | 14.56 | 33.18 | 32.35 | 13.35 |
| 政府有能力主持公道 | 5.73 | 13.42 | 38.24 | 30.62 | 11.99 |

图 3-9 政府信任品质分布（%）

### （三）相关变量统计发现

生活幸福感、公共服务满意度、政治效能感和社会公平感也是本

◆◆ 公众安全感向政府信任的转化机制分析

研究的重要观测变量。下文分别介绍前述各变量的分布详情。

图 3-10 呈现了公众生活幸福感的分布情况。对生活幸福感的评分中，认为当前个人生活很不幸福和不幸福的频数为 64（4.83%），幸福感评价处于模糊幸福水平的频数为 366（27.59%），幸福感评价处于比较幸福状态的频数为 543（40.95%），幸福感评价处于非常幸福阶段的频数为 353（26.62%）。从分布结构来看，平均数介于模糊幸福和比较幸福之间，中位数、众数出现在比较幸福区间。

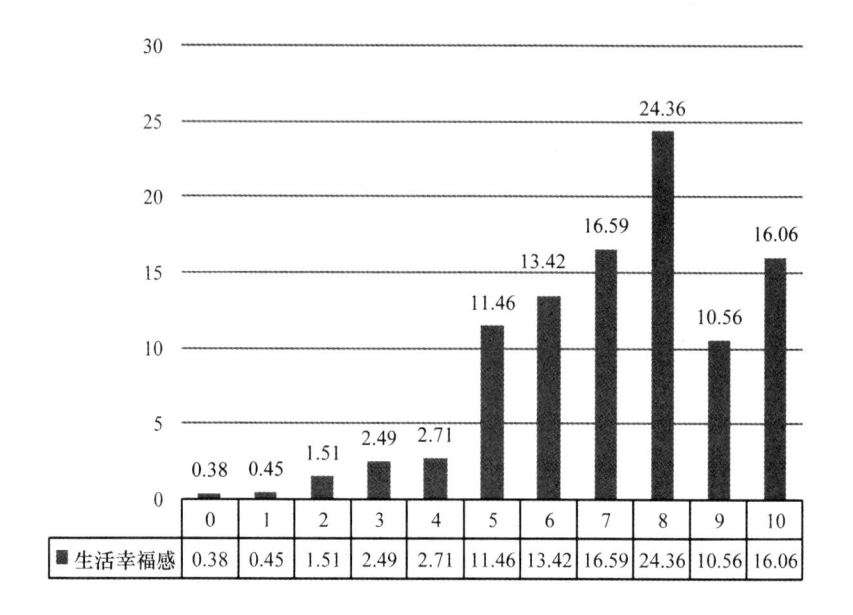

| | 0 | 1 | 2 | 3 | 4 | 5 | 6 | 7 | 8 | 9 | 10 |
|---|---|---|---|---|---|---|---|---|---|---|---|
| 生活幸福感 | 0.38 | 0.45 | 1.51 | 2.49 | 2.71 | 11.46 | 13.42 | 16.59 | 24.36 | 10.56 | 16.06 |

图 3-10 生活幸福感分布（%）

图 3-11 呈现了公众公共服务满意评价的分布情况。公共服务满意度的评分中，对当前公共服务水平很不满意和不太满意的频数为 267（20.14%），公共服务满意度处于模糊满意水平的频数为 453（34.16%），公共服务满意度评价处于比较满意状态的频数为 393（29.64%），公共服务满意度评价处于非常满意水平的频数为 213（16.06%）。从分布结构来看，平均数介于模糊满意和比较满意之间，中位数、众数出现在模糊满意水平上。

第三章 数据获取与样本概览

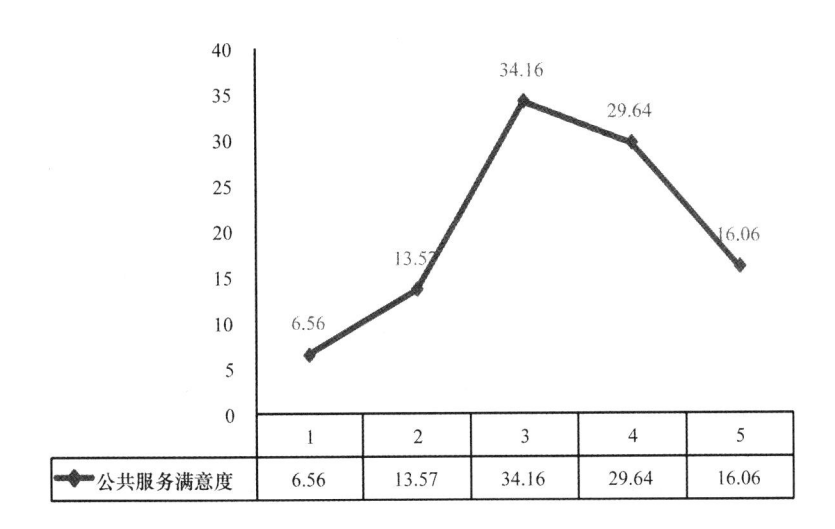

| | 1 | 2 | 3 | 4 | 5 |
|---|---|---|---|---|---|
| 公共服务满意度 | 6.56 | 13.57 | 34.16 | 29.64 | 16.06 |

图3-11 公共服务满意度分布(%)

图3-12呈现了公众内外政治效能感的分布情况。政治效能感包括内在政治效能感和外在政治效能感。内外政治效能感的中位数、众数和平均数都落在模糊意见区间。具体地，认为自己的意见对政府开展工作根本不重要和不重要的频数分别为135（10.18%）、430（32.43%），认为自己的意见对政府开展工作重要性评价为一般的频数为437（32.96%），认为自己的意见对政府开展工作具有比较重要和非常重要影响的频数分别为219（16.52%）、105（7.92%）。

就外在政治效能感题项，认为政府部门从不听取和较少听取自己意见的频数为186（14.03%）、269（20.29%），认为政府部门对自己意见态度一般的频数为424（31.98%），认为政府部门多数情况下能听取和任何时候都能听取自己意见的居民频次分别为270（20.36%）、177（13.35%）。

图3-13呈现了公众社会公平感的分布情况。社会公平感包含两道测试题目，分别代表机会公平感和程序公平感。展开来讲，认为当前我国社会机会很不公平和比较不公平的频数分别为105（7.92%）、204（15.38%），对此持模糊态度的频数为487（36.73%），认为我

◆◈◆ 公众安全感向政府信任的转化机制分析

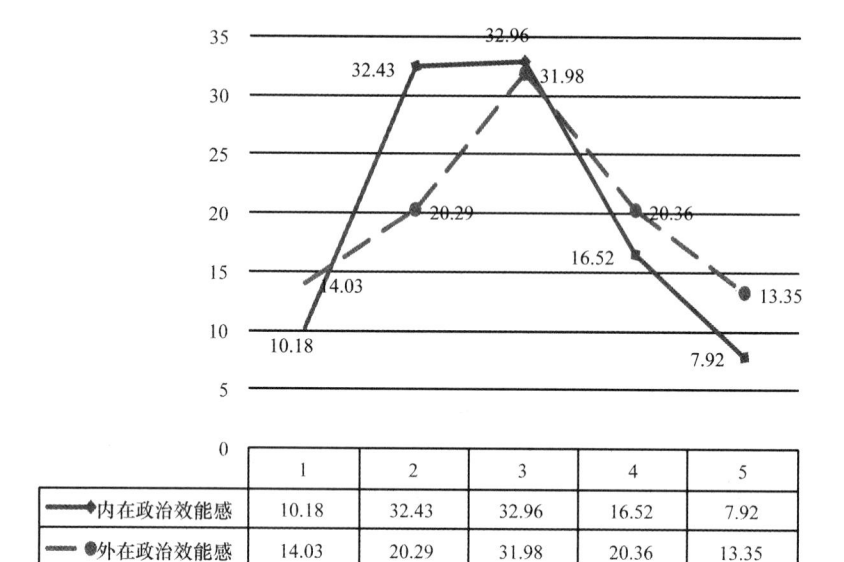

|  | 1 | 2 | 3 | 4 | 5 |
|---|---|---|---|---|---|
| ◆── 内在政治效能感 | 10.18 | 32.43 | 32.96 | 16.52 | 7.92 |
| ●── 外在政治效能感 | 14.03 | 20.29 | 31.98 | 20.36 | 13.35 |

图 3-12 政治效能感评价分布（%）

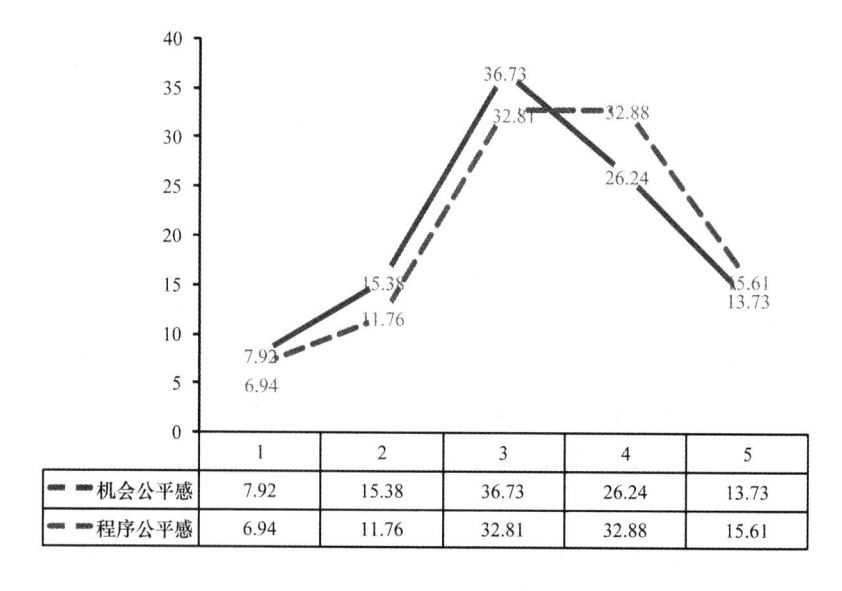

|  | 1 | 2 | 3 | 4 | 5 |
|---|---|---|---|---|---|
| ── 机会公平感 | 7.92 | 15.38 | 36.73 | 26.24 | 13.73 |
| ── 程序公平感 | 6.94 | 11.76 | 32.81 | 32.88 | 15.61 |

图 3-13 社会公平感分布（%）

130

国社会机会比较公平和非常公平的频数分别为348（26.24%）、182（13.73%）。就其分布结构而言，机会公平感的中位数、众数和平均数都在模糊意见区间。

同时，对程序公平的评价中，认为很不公平和比较不公平的频数分别为92（6.94%）、156（11.76%），持有模糊态度的频数为435（32.81%），认为司法程序比较公平和非常公平的频数分别为436（32.88%）、207（15.61%）。程序公平感的众数落在比较公平区间，中位数和平均数则处于模糊意见区间。

# 第四章 公众安全感与政府信任的结构相关性

一般认为,"相关"是指从感觉和直觉上觉察到事物或现象间的关联性,是一个所指较为模糊的概念。相关性分析是在概念定量化基础上,对样本数据进行统计分析以确认目标变量间是否存在依存关系的研究方法。相关性分析结果为把握变量及其所反映的社会现象间的关联关系提供了经验证据支持。基于前述理论推演所建构的分析框架,结合经验数据资料,本章聚焦公众安全感与政府信任的结构相关性,通过线性回归和分位数回归的双重校检,检测并验证公众安全感与政府信任的关联关系。

回归分析是包括变量取值说明、明确研究假设、确定回归模型、进行回归分析和分析结果稳健性检验在内的系统分析过程。为了更清楚地呈现本部分的研究思路和分析结果,下文就变量界定与模型选择、研究假设和研究结论具体展开。

## 第一节 变量界定与模型选择

此部分主要回答研究变量如何取值、研究方法如何选择两个问题。首先,变量值或即某一变量的具体取值,应对各变量的计算方法加以说明,明确取值过程。回归分析包括多种模型,各有其适用标准;模型选择直接影响分析结果,分析结果的稳健性可通过更换模型加以确认。

第四章 公众安全感与政府信任的结构相关性

**一 主要变量及其测量**

本研究的预测变量为公众安全感，具体包括治安安全、食品安全、卫生安全、环境安全、财产安全和安全建设六个维度，各维度又由数量不等的测试题目共同构成。在此基础上，预测变量的取值通过以下方式实现，在将数据方向进行一致性调整后，将各维度测量题目的得分加总求平均值代表该维度的具体取值，进一步地，将六维度数据加总求均值以代表公众安全感的取值。

本研究的响应变量为政府信任，包括政府信任的对象、品质和结构三重面向。其中，政府对象信任是政府组织信任和公职人员信任之和的均值，政府组织信任由五级政府组织信任得分之和的均值代表，公职人员信任是警察、法官、党政干部信任得分之和的均值。政府品质信任是政府动机信任和政府能力信任之和的均值，政府动机信任是中央政府动机信任和地方政府动机信任评分之和的均值，政府能力信任是政府有能力主持公道和公职人员胜任工作得分之和的均值。

政府信任的结构包括中央—地方政府信任差、政府信任层差、政府信任级差。其中，中央—地方政府信任差是中央政府信任与四级地方政府信任均值的差值，政府信任层差的取值为五级政府信任主因子分析提取的两个公因子（分别代表高层级政府和低层级政府）的差值，政府信任级差为各级政府信任差值的均值。

此外，根据既有研究的经验做法，本研究将性别、年龄、民族、户籍、教育水平、收入、政治面貌、信息媒介作为控制变量。其中，性别为两分变量，1代表女性；民族为二分变量，1代表汉族；户籍为二分变量，1代表外地户籍。年龄、收入原为连续变量，对其进行分组并递增赋值；政治面貌为分类变量，1为党员，2为民主党派、无党派民主人士，3为共青团员，4为群众；信息媒介为分类变量，1为与他人聊天，2为电视、广播，3为手机新闻客户端、微博，4为QQ、微信群和朋友圈。

## 二 分析方法：OLS 回归与分位数回归

本研究采用 OLS 回归和分位数回归两种回归模型。OLS 回归是对预测变量 X 如何影响响应变量 Y 的均值的分析，是运用最为广泛的揭示变量间相关关系的分析模型。就其方法本质而言，OLS 回归只有一个斜率（回归系数），是一种均值回归。但是，均值有时并不能很好地反映条件分布的全貌。Roger Koenker 和 Gilbert Bassett 在 1978 年提出的分位数回归可在一定程度上解决这一问题。不同分位的回归系数反映了解释变量对不同水平响应变量的影响，能够更加精准地观察自变量 X 对因变量 Y 条件分布的影响，更加全面地反映数据信息。[1]

我们通过 OLS 回归，初步分析预测变量公众安全感如何影响作为响应变量的政府信任；进一步地，结合分位数回归结果，更为细致地揭示两者关联关系及其变动趋势。并且，通过对照和比较线性回归分析结果与分位数回归结果，确认分析结果的有效性和可靠性，增加研究结论的严谨性和精准性。

## 第二节 研究假设

公众安全感和政府信任都是政府与公众关系的重要影响变量。准确把握公众安全感与政府信任的关联关系，是深刻理解政治稳定和社会治理辩证关系的枢纽，也是提升政府治理效能、节约治理成本的关键环节。既有研究在分析公众安全感与政府信任的相关关系时，通常集中在公众安全感特定维度与政府信任具体面向的关联关系上，这种"点对点"的分析路径忽略了公众安全感、政府信任的内在结构，在深入性和系统性上存在不足。

---

[1] Roger Koenker, Gilbert Bassett, Jr, "Regression quantiles", *Econometrica*, Vol. 46, No. 1, Jan 1978.

第四章　公众安全感与政府信任的结构相关性

在此基础上，我们聚焦公众安全感与政府信任对象、品质和结构的关联关系，公众安全感各维度与政府信任各面向的关联关系，假设公众安全感及其各维度与政府信任各面向之间存在具有统计意义的相关关系。

**一　公众安全感与政府信任对象的相关关系**

根据霍布斯的观点，人们在自然状态下面临更多不稳定和不安全因素，为保护自己而不得不时时处于防御、警戒状态，公众需要能够有效抵御外来侵略、制止群体生活中互相伤害的公共权力，这是由政府的政治生活出现的根本动力。① 威廉·葛德文明确地指出，政权是以维护个人安全为核心要务的国家机器。② 由此可见，满足公众的安全需要是政府组织存在必要性的直观体现。从逻辑上讲，公众的安全需要满足程度和安全感评价越高，政府组织存续和发展的社会基础也越坚实。

同时，政府运转是政府组织及其制度结构与公职人员履职行为共同驱动的结果，这就意味着，政府—公众关系受到政府体制和机构代表性、公职人员业务素养和职业操守的共同影响。其中，公职人员履职能力是包括安全在内的公众需要满足程度的重要影响变量，因而，在其结果意义上，公众安全感评价越高，公众对公职人员工作行为的包容性也越强，公职人员获得公众认可的社会心理基础也越稳固。

既有实证研究初步确认了特定领域安全感与政府对象信任构成要素的相关性，如严洁等对治安安全与警察信任的分析③，马琳对食品安全与政府组织信任的研究④等。综合前述分析可见，公众安全感的

---

① ［英］霍布斯：《利维坦》，黎思复、黎廷弼译，商务印书馆1985年版，第131页。
② ［英］威廉·葛德文：《政治正义论》，何慕李译，商务印书馆1997年版，第145页。
③ 卫莉莉、严洁：《社会治安评价对警察信任的影响》，《中国人民公安大学学报》（社会科学版）2017年第1期。
④ 马琳：《城市消费者的食品安全评价与其对政府信任度的相关性分析》，《贵州农业科学》2014年第9期。

◈ 公众安全感向政府信任的转化机制分析

变动或能显著地影响政府组织信任和公职人员信任。换言之，我们预期公众安全感与政府组织信任、公职人员信任的变动趋势具有一致性，并作出以下假设：

假设4-1：公众安全感与政府信任对象显著正相关；

假设4-1a：公众安全感与政府组织信任显著正相关；

假设4-1b：公众安全感与公职人员信任显著正相关。

## 二 公众安全感与政府信任品质的相关关系

张文显等认为，建立、维持和改造社会秩序，不断增强满足公众安全需要的能力是现代政府的主要功能和治理目标。[①] 程倩进一步阐释了公众安全、社会秩序和政府能力信任的内在统一性，她分析指出，社会政治秩序是公众安全的基础要素，是公众感知政府能力的有效路径；同时，公众安全感和政府能力也是维护和改善社会政治秩序的重要影响因素。[②] 前述分析实际表明，公众安全感、政府能力及其交互关系在塑造良好的政社关系和政民关系中发挥重要作用。

一般来讲，政府能力往往通过政府行为得以体现，而政府行为则是由政府动机、政府能力和行动结果共同组成的连续性过程。政府动机规定了政府能力的作用方向，并间接地影响政府治理结果，公众对政府动机的认可程度侧面反映出政府形象和政权合法性水平。在政治生活的经验意义上，政治社会秩序的稳定性增强了社会安全能力，弱化了引致政府质疑的环境因素。因此，我们预期，安全感更高的居民群体对政府为促进公共利益制定并落实公共政策的认同度更高。

总结来讲，前述理论推演建构起理解公众安全感与政府品质信任两维度——政府动机信任和政府能力信任——相关关系的逻辑基础，为在

---

[①] 张文显等：《法理学》，高等教育出版社1999年版，第227页。

[②] 程倩：《政府信任关系的研究路径与缘起》，《社会科学研究》2005年第4期。

经验意义上确认这一理性分析的可靠性，准确把握公众安全感与政府品质信任及其构成要素的关联关系，我们提出以下假设：

假设4-2：公众安全感与政府信任品质显著正向相关；

假设4-2a：公众安全感与政府动机信任显著正向相关；

假设4-2b：公众安全感与政府能力信任显著正向相关。

### 三 公众安全感与政府信任结构的相关关系

中国政府信任结构具有"整体较高、央地分化、层级递减、基层薄弱"的基本特征，具体体现为中央高、地方低的"差序政府信任"和上级高、下级低的"层次性差异"。中国政府信任差序分化结构的形成受到制度与文化因素的综合影响。权力向上集中的制度安排和威权主义传统的影响使公众对中央政府、高层级政府的信任显著高于地方政府、低层级政府。政府信任向上集中固然具有中央政府信任度高、稳定性强的优势，但不同层级政府信任分布不均衡和地方政府信任较低也可能间接导向对政府信任的系统侵蚀。因此，政府信任研究应当关注提升地方政府特别是基层政府信任，重视增进政府信任的结构均衡。

基于政府信任结构"央地分化"和"层级分化"的两个特征，我们以差序政府信任、政府信任层差和政府信任级差代表政府信任结构。考虑到社会安全治理事件中，地方政府特别是基层政府与居民互动的机会更多、频率更高，对日常生活和安全建设效果的影响更为直接。我们预期公众安全感的改善能够提升中央和地方政府信任，同时更有助于提升地方政府信任。即是说，提升公众安全感能够抑制差序政府信任，改善政府信任层差和政府信任级差。具体假设如下：

假设4-3：公众安全感与政府信任结构显著负相关；

假设4-3a：公众安全感与差序政府信任显著负相关；

假设4-3b：公众安全感与政府信任层差显著负相关；

假设4-3c：公众安全感与政府信任级差显著负相关；

## 四 公众安全感六维度与政府信任的结构性相关关系

全球范围内非传统安全重要性的增长，使包括食品安全①、药品安全、水源安全等在内的区域性或系统性安全问题日渐引起关注。而工业化进程中，环境问题的不断凸显使环境危机和环境保护成为重要的政治议题。正是基于前述社会发展进程中出现的新变化和新问题，公众安全感的内涵不断丰富。考虑到各领域安全治理实际都离不开其政府的支持和努力，根据本研究所厘定的公众安全感构成维度和政府信任分析框架，结合前述研究中公众安全感与政府信任各面向的相关关系分析，我们预期公众安全感与政府信任具有结构性相关关系。

首先，我们假设公众安全感六维度与政府信任对象及其两维度显著正相关。

假设4-4：治安安全、食品安全、医疗安全、环境安全、财产安全、安全建设安全感与政府对象信任显著正相关；

假设4-4a：治安安全、食品安全、医疗安全、环境安全、财产安全、安全建设安全感与政府组织信任显著正相关；

假设4-4b：治安安全、食品安全、医疗安全、环境安全、财产安全、安全建设安全感与公职人员信任显著正相关。

其次，我们假设公众安全感六维度与政府品质信任及其两维度显著正相关。

假设4-5：治安安全、食品安全、医疗安全、环境安全、财产安全、安全建设安全感六维度与政府品质信任显著正相关；

假设4-5a：治安安全、食品安全、医疗安全、环境安全、财产安全、安全建设安全感与政府动机信任显著正相关；

假设4-5b：治安安全、食品安全、医疗安全、环境安全、财产安全、安全建设安全感六维度与政府能力信任显著正相关。

---

① 赵学刚：《食品安全信息供给的政府义务及其实现路径》，《中国行政管理》2011年第7期。

第四章 公众安全感与政府信任的结构相关性

第三，我们假设公众安全感六维度与政府信任结构及其三维度显著负相关。

假设4-6：治安安全、食品安全、医疗安全、环境安全、财产安全、安全建设六维度与政府信任结构显著负相关；

假设4-6a：治安安全、食品安全、医疗安全、环境安全、财产安全、安全建设安全感与差序政府信任显著负相关；

假设4-6b：治安安全、食品安全、医疗安全、环境安全、财产安全、安全建设安全感六维度与政府信任层差显著负相关；

假设4-6c：治安安全、食品安全、医疗安全、环境安全、财产安全、安全建设安全感与政府信任级差显著负相关。

## 第三节 相关系数

相关性分析是回归分析的前奏，在通过回归分析验证前述研究假设之前，本节对主要变量进行相关性分析。相关性分析可以测验出各主要变量是否以及在何种程度上具有依存关系。相关性分析结果即相关系数，最常见的相关系数即皮尔逊相关系数，通常以字母r表示。r的取值范围介于-1和1之间，r为负值表示变量变动方向相反，r值为正表示变量变动方向一致，相关系数能够反映出具体变量相关关系及其密切程度。通常，｜r｜低于0.4为低度线性相关，｜r｜大于等于0.4但小于0.7为显著线性相关，｜r｜大于等于0.7则为高度线性相关。

本研究的主要变量包括公众安全感，政府信任的对象、品质和结构，生活幸福感，公共服务满意度，政治效能感和分配公平感。表4-1呈现了主要观测变量的Pearson相关系数。据表可见，各主要变量的相关系数绝对值介于[0,1]区间，都具有统计显著性。特别地，差序政府信任、政府信任层差、政府信任级差的相关系数大于0.7。尽管在经验意义上，强相关的特征值并不会提供更多维的信息量，但为深入把握公众安全感与政府信任结构的关联关系，我们仍然保留三者并分别对其进行回归分析。

◈◈ 公众安全感向政府信任的转化机制分析

表4-1  主要观测变量间的相关性分析表

| | 1 | 2 | 3 | 4 | 5 | 6 | 7 | 8 | 9 |
|---|---|---|---|---|---|---|---|---|---|
| 公众安全感 | 1 | | | | | | | | |
| 政府信任对象 | 0.551*** | 1 | | | | | | | |
| 政府品质信任 | 0.541*** | 0.457*** | 1 | | | | | | |
| 差序政府信任 | -0.259*** | -0.353*** | -0.212*** | 1 | | | | | |
| 政府信任层差 | -0.253*** | -0.282*** | -0.217*** | 0.879*** | 1 | | | | |
| 政府信任级差 | -0.265*** | -0.320*** | -0.219*** | 0.904*** | 0.957*** | 1 | | | |
| 政治效能感 | 0.109*** | 0.215*** | -0.0691*** | -0.118*** | -0.105*** | -0.109*** | 1 | | |
| 社会公平感 | 0.282*** | 0.408*** | 0.294*** | -0.209*** | -0.205*** | -0.205*** | 0.372*** | 1 | |
| 生活幸福感 | 0.471*** | 0.447*** | 0.357*** | -0.153*** | -0.132*** | -0.141*** | 0.082*** | 0.169*** | 1 |
| 公共服务满意度 | 0.283*** | 0.333*** | 0.311*** | -0.145*** | -0.123*** | -0.125*** | 0.326*** | 0.667*** | 0.176*** |

注：*** 表示 P<0.01。

140

第四章 公众安全感与政府信任的结构相关性

## 第四节 回归分析

本部分通过 OLS 回归和分位数回归检测并验证公众安全感与政府信任对象、品质和结构的相关关系,确认公众安全感各维度与政府信任对象、品质和结构的结构性关联关系。前述各项假设的分析结果如下。

### 一 公众安全感与政府信任对象的回归结果

本部分以 OLS 回归和分位数回归共同检验公众安全感与政府信任对象及其构成维度的相关关系。分析结果包括,公众安全感与政府组织信任、公职人员信任、政府对象信任的 OLS 回归结果表,公众安全感与政府组织信任的分位数回归结果表和分位数回归系数的动态变化趋势图;公众安全感与公职人员信任的分位数回归结果表和分位数回归系数的动态变化趋势图;公众安全感与政府信任对象的分位数回归结果表和分位数回归系数的动态变化趋势图。

(一) OLS 回归分析结果

表 4-2 是公众安全感与政府信任对象及其两维度的 OLS 回归结果。模型一是公众安全感与政府组织信任的 OLS 回归结果,回归结果显示,公众安全感与政府组织信任存在显著的正相关关系,回归系数 0.431($P<0.01$),$R^2$ 为 0.176,调整后的 $R^2$ 为 0.171。模型二是公众安全感与公职人员信任的 OLS 回归结果,分析结果表明,公众安全感与公职人员信任显著正向相关,回归系数为 0.587($P<0.01$),$R^2$ 为 0.335,调整后的 $R^2$ 为 0.330。模型三是公众安全感与政府信任对象的 OLS 回归结果,根据分析结果,公众安全感与政府信任对象间存在具有统计意义的正相关关系,回归系数为 0.509($P<0.01$),$R^2$ 为 0.329,调整后的 $R^2$ 为 0.325。

就控制变量来讲,年龄与政府组织信任正相关,与公职人员信任负相关,与政府对象信任正相关,但年龄与政府组织、公职人员、政府对象信任的相关性未通过显著性检验,不具有统计意义。性别与政府组织信任负相关,与公职人员信任正相关,与政府信任对象负相关。其中,性别与政府组织的负向相关性具有统计学意义(系数为 -0.0974,P<0.05),这意味着,男性比女性更信任政府组织;同时,性别与公职人员和政府信任对象的相关性未通过显著性检验,不具有统计学意义,这表明,性别差异并非公职人员信任的主要影响因素。教育水平与政府组织信任显著正向相关,回归系数为 0.0511(P<0.05),与公职人员信任显著负向相关,回归系数为 -0.0960(P<0.01),与政府信任对象具有负相关性,但这一负向相关性未通过显著性检验,不具有统计学意义。

同时,收入、信息媒介与政府组织信任、公职人员信任、政府信任对象显著负相关,即收入较低的居民群体比收入更高的居民群体对政府组织、公职人员和政府信任对象的信任度更高;与依赖新媒体获取信息的居民群体相比,以传统媒体为主要信息来源的居民群体对政府组织、公职人员和政府信任对象的信任度更高。这呼应了既有研究所揭示的,物质生活水平的显著改善会削弱公众对权威的认同水平,现代信息传播载体和媒体变迁加剧了政府与公众间的信息分层,从而对政府信任产生消极影响的分析结论。

此外,政治面貌与政府组织信任、公职人员信任、政府信任对象负向相关。其中,政治面貌与政府组织信任、政府信任对象显著负向相关,相关系数分别为 -0.0553(P<0.01)、-0.0348(P<0.01)。这表明,党员同志比非党员同志对政府组织和政府信任对象的信任度更高;但是,政治面貌与公职人员信任的相关关系未通过显著性检验,不具有统计学意义,这意味着党员身份不是公职人员信任的主要影响因素。

特别地,户籍与政府组织信任显著正向相关,相关系数为 0.0635(P<0.05),即是说,外地户籍居民比本地户籍居民更信任政府组织;与公职人员信任显著负向相关,相关系数为 -0.0468(P<0.1),这意味着,本地户籍居民比外地户籍居民对公职人员的信任水

平高；与政府信任对象正向相关，但这一相关性未通过显著性检验，不具有统计学意义。

综合社会生活经验和回归分析结果，首先，户籍差异对政府组织信任、公职人员信任影响的发生逻辑或在于，相比于本地居民，外地户籍居民基于融入和适应的需要对政府组织更为依赖，这侧面反映出公众对政府组织信赖水平的基本盘稳固。同时，由于户籍制度是居民在特定区域生活所能享有公共资源和公共服务的重要影响要素，外地户籍居民在与公职人员接触与互动中需要做出更多努力，从而在相对意义上削弱了其对公职人员的信任。最后，户籍对政府信任对象不具有显著性的正向影响表明，户籍差异对政府组织信任的正向影响能够有效弥合其对公职人员信任的负向影响，但缺乏稳定性。

表4-2　　公众安全感与政府信任对象的OLS分析结果

| 变量名称 | 模型一<br>政府组织信任 | 模型二<br>公职人员信任 | 模型三<br>政府信任对象 |
| --- | --- | --- | --- |
| 公众安全感 | 0.431*** | 0.587*** | 0.509*** |
|  | (0.0318) | (0.0285) | (0.0242) |
| 年龄 | 0.0217 | -0.00434 | 0.00865 |
|  | (0.0227) | (0.0204) | (0.0173) |
| 性别 | -0.0974** | 0.0451 | -0.0261 |
|  | (0.0421) | (0.0378) | (0.0321) |
| 教育水平 | 0.0511** | -0.0960*** | -0.0225 |
|  | (0.0241) | (0.0217) | (0.0184) |
| 民族 | 0.0589 | -0.00441 | 0.0273 |
|  | (0.0587) | (0.0527) | (0.0447) |
| 政治面貌 | -0.0553*** | -0.0143 | -0.0348*** |
|  | (0.0155) | (0.0140) | (0.0118) |
| 收入 | -0.0692*** | -0.0283* | -0.0488*** |
|  | (0.0182) | (0.0163) | (0.0138) |

续表

|  | 模型一 | 模型二 | 模型三 |
|---|---|---|---|
| 户籍 | 0.0635** | -0.0468* | 0.00839 |
|  | (0.0304) | (0.0273) | (0.0232) |
| 信息媒介 | -0.0395** | -0.0493*** | -0.0444*** |
|  | (0.0165) | (0.0148) | (0.0125) |
| $R^2$ | 0.176 | 0.335 | 0.329 |
| 调整后的 $R^2$ | 0.171 | 0.330 | 0.325 |
| 常数项 | 2.876*** | 2.006*** | 2.441*** |
|  | (0.215) | (0.193) | (0.164) |
| 观察值 | 1326 | 1326 | 1326 |

注：括号内为标准差，*** 表示 $P<0.01$，** 表示 $P<0.05$，* 表示 $P<0.1$，VIF 为 1.22，不存在多重共线性。

### （二）分位数回归分析结果

在分位数回归中，我们设置五个分位点（0.1，0.25，0.5，0.75，0.9）以对应政府组织信任、公职人员信任和政府信任对象的内在分层。分位数回归结果呈现了公众安全感与政府组织信任、公职人员信任和政府信任对象相关性的变动趋势，加深了对公众安全感与政府组织信任、公职人员信任以及政府信任对象相关关系的认识。

1. 公众安全感与政府组织信任的分位数回归结果

表 4-3 和图 4-1 是公众安全感与政府组织信任的分位数回归结果汇总表和回归系数趋势图，回归结果表和系数趋势图直观呈现了不同水平政府组织信任受到公众安全感和其他观测变量影响的具体情况。

根据表 4-3，在 0.1 分位、0.25 分位和 0.5 分位，公众安全感与政府组织信任显著正相关，公众安全感对政府组织信任的影响在 0.25 分位（系数 0.647，$P<0.01$）时最为强烈，降序递减依次

为0.1分位（系数0.608，P<0.01）、0.5分位（系数0.502，P<0.01）。根据图4-1，倒U形曲线的峰值在0.25分位，并由此向两侧下沉。由此可见，安全感的提升能够显著地增进政府组织信任。

表4-3　　公众安全感与政府组织信任的分位数回归结果表

| 变量名称 | 分位点及回归结果 ||||| 
|---|---|---|---|---|---|
| | （1）<br>q=0.1 | （2）<br>q=0.25 | （3）<br>q=0.5 | （4）<br>q=0.75 | （5）<br>q=0.9 |
| 公众安全感 | 0.608*** | 0.647*** | 0.502*** | -0 | 0 |
| | (0.0876) | (0.0498) | (0.0363) | (0.0831) | (0) |
| 年龄 | -0.0600 | -0.0556** | -0.0502** | -0 | -0 |
| | (0.0392) | (0.0232) | (0.0235) | (0.0112) | (0) |
| 性别 | 0.0159 | 0.0140 | 0.0162 | -0 | 0 |
| | (0.0546) | (0.0318) | (0.0291) | (0.00967) | (0) |
| 教育水平 | -0.182* | -0.105 | -0.108** | 0 | 0 |
| | (0.0954) | (0.0840) | (0.0501) | (0.0193) | (0) |
| 民族 | -0.0164 | -0.0140 | 0.0762** | 0 | -0 |
| | (0.0624) | (0.0278) | (0.0335) | (0.0139) | (0) |
| 政治面貌 | 0.0901 | 0.0141 | 0.0723 | 0 | -0*** |
| | (0.201) | (0.127) | (0.0717) | (0.0239) | (0) |
| 收入 | -0.101*** | -0.0728*** | -0.0389** | -0 | -0 |
| | (0.0342) | (0.0233) | (0.0174) | (0.00897) | (0) |
| 户籍 | 5.66e-05 | 0.132*** | 0.0707* | -0 | 0*** |
| | (0.0969) | (0.0466) | (0.0404) | (0.0198) | (0) |
| 信息媒介 | -0.0235 | -0.0396** | -0.0430** | -0 | 0** |
| | (0.0394) | (0.0180) | (0.0169) | (0.00893) | (0) |

续表

| 变量名称 | 分位点及回归结果 ||||| 
|---|---|---|---|---|---|
| | (1) | (2) | (3) | (4) | (5) |
| | q = 0.1 | q = 0.25 | q = 0.5 | q = 0.75 | q = 0.9 |
| 伪 $R^2$ | 0.115 | 0.146 | 0.163 | 0 | 0 |
| 常数项 | 1.812*** | 1.879*** | 2.563*** | 5*** | 5*** |
| | (0.495) | (0.289) | (0.245) | (0.377) | (0) |
| 观察值 | 1326 | 1326 | 1326 | 1326 | 1326 |

注：括号内为标准差，*** 表示 $P<0.01$，** 表示 $P<0.05$，* 表示 $P<0.1$。

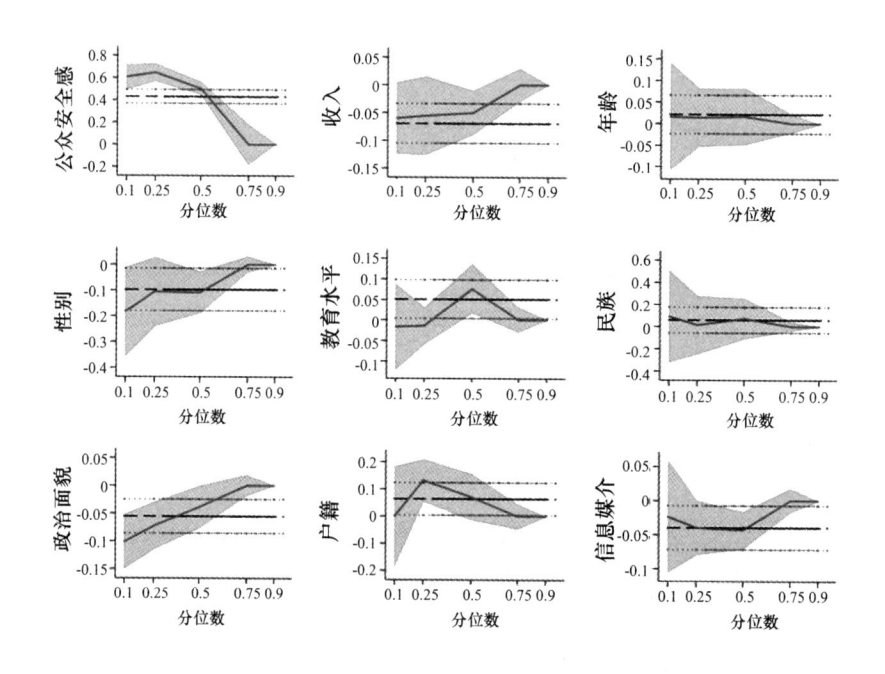

图 4-1 各因素影响政府组织信任的分位数回归系数趋势

综合分位数回归表和对应图示，在 0.25 分位与 0.5 分位区间靠近 0.5 分位处，分位数回归系数与 OLS 回归系数的 95% 置信区间重合。由此可见，公众安全感能够比较稳定地增进政府组织信任。

## 2. 公众安全感与公职人员信任的分位数回归结果

公众安全感与公职人员信任的分位数回归结果解释与政府组织信任分位数回归相似。表4-4和图4-2是公众安全感与公职人员信任的分位数回归结果汇总表和回归系数趋势图。

表4-4 　　公众安全感与公职人员信任的分位数回归结果

| 变量名称 | (1) q=0.1 | (2) q=0.25 | (3) q=0.5 | (4) q=0.75 | (5) q=0.9 |
|---|---|---|---|---|---|
| 公众安全感 | 0.598*** | 0.603*** | 0.665*** | 0.622*** | 0.494*** |
|  | (0.0490) | (0.0439) | (0.0446) | (0.0421) | (0.0470) |
| 年龄 | -0.0494* | -0.0745*** | -0.0433*** | 0.0205 | 0.000516 |
|  | (0.0291) | (0.0190) | (0.0141) | (0.0179) | (0.0173) |
| 性别 | -0.0731* | 0.000261 | 0.0225 | -0.00336 | -0.0518 |
|  | (0.0373) | (0.0304) | (0.0202) | (0.0245) | (0.0355) |
| 教育水平 | 0.139* | 0.0393 | 0.0295 | 0.0599 | -0.0170 |
|  | (0.0735) | (0.0498) | (0.0399) | (0.0549) | (0.0598) |
| 民族 | -0.0567 | -0.0309 | -0.125*** | -0.133*** | -0.177*** |
|  | (0.0439) | (0.0304) | (0.0248) | (0.0295) | (0.0314) |
| 政治面貌 | 0.0315 | -0.0126 | -0.0530 | -0.0735 | -0.0508 |
|  | (0.113) | (0.0923) | (0.116) | (0.150) | (0.0818) |
| 收入 | -0.0483* | -0.00463 | -0.00212 | 0.000379 | -0.0166 |
|  | (0.0265) | (0.0199) | (0.0170) | (0.0161) | (0.0214) |
| 户籍 | -0.0247 | -0.00707 | -0.0286 | -0.0887*** | -0.129*** |
|  | (0.0349) | (0.0400) | (0.0265) | (0.0313) | (0.0330) |
| 信息媒介 | -0.0897*** | -0.0539*** | -0.0456*** | -0.0244 | -0.0103 |
|  | (0.0324) | (0.0195) | (0.0175) | (0.0209) | (0.0163) |

续表

| 变量名称 | 分位点及回归结果 ||||||
|---|---|---|---|---|---|
| | （1） | （2） | （3） | （4） | （5） |
| | q = 0.1 | q = 0.25 | q = 0.5 | q = 0.75 | q = 0.9 |
| 伪 $R^2$ | 0.133 | 0.148 | 0.206 | 0.259 | 0.239 |
| 常数项 | 1.302*** | 1.389*** | 1.815*** | 2.308*** | 3.579*** |
| | (0.244) | (0.254) | (0.270) | (0.296) | (0.342) |
| 观察值 | 1326 | 1326 | 1326 | 1326 | 1326 |

注：括号内为标准差，*** 表示 P < 0.01，* 表示 P < 0.1。

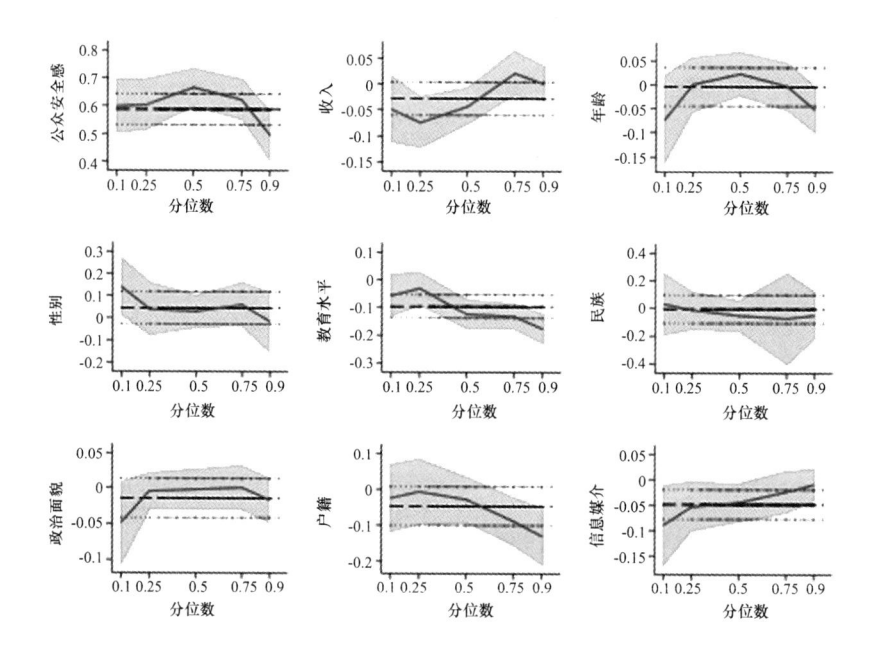

图 4-2 各因素影响公职人员信任的分位数回归系数趋势

根据表 4-4，公众安全感与公职人员信任在 0.1 分位（系数 0.598，P < 0.01）、0.25 分位（系数 0.603，P < 0.01）、0.5 分位（系数 0.665，P < 0.01）、0.75 分位（系数 0.622，P < 0.01）和 0.9 分位（系数 0.494，P < 0.01）都显著正相关。结合图 4-2 来看，倒

U形曲线的峰值在0.5分位，并由此向两侧下沉。即是说，随着分位点增加，公众安全感对公职人员信任的影响力度先上升后下降。

根据分位数回归系数变动趋势可见，对公职人员信任较低的群体对安全的需要性和敏感性更强，安全感的改善能够显著地增进公职人员信任。而当公职人员信任较高时，安全在增进公职人员信任中的边际效应递减，表现为回归系数的降低和减少。综合图表可得，分位数回归系数与OLS回归系数的95%置信区间高度重合，这表明，公众安全感与公职人员信任具有稳定的正向相关关系。

3. 公众安全感与政府信任对象的分位数回归结果

表4-5和图4-3是公众安全感与政府信任对象分位数回归结果汇总表和回归系数趋势图。根据表4-5公众安全感与政府信任对象在0.1分位（系数0.519，P<0.01）、0.25分位（系数0.625，P<0.01）、0.5分位（系数0.560，P<0.01）、0.75分位（系数0.449，P<0.01）和0.9分位（系数0.366，P<0.01）都显著正相关。结合图4-3，公众安全感与政府信任对象的相关系数走势呈倒U形；倒U形曲线的峰值在0.25分位，由此向两侧下沉。换言之，随着分位的增长，公众安全感对政府信任对象的影响先短暂上升后持续下降。

表4-5 公众安全感与政府信任对象的分位数回归结果

| 变量名称 | 分位点及回归结果 | | | | |
|---|---|---|---|---|---|
| | (1) q=0.1 | (2) q=0.25 | (3) q=0.5 | (4) q=0.75 | (5) q=0.9 |
| 公众安全感 | 0.519*** | 0.625*** | 0.560*** | 0.449*** | 0.366*** |
| | (0.0625) | (0.0397) | (0.0347) | (0.0228) | (0.0331) |
| 年龄 | -0.0499 | 0.00902 | -0.00325 | 0.0129 | -0.0188 |
| | (0.0334) | (0.0272) | (0.0184) | (0.0147) | (0.0263) |
| 性别 | -0.00766 | -0.00461 | -0.0546 | -0.0182 | -0.0220 |
| | (0.0633) | (0.0559) | (0.0394) | (0.0335) | (0.0346) |

续表

| 变量名称 | 分位点及回归结果 ||||| 
|---|---|---|---|---|---|
| | (1) | (2) | (3) | (4) | (5) |
| | q=0.1 | q=0.25 | q=0.5 | q=0.75 | q=0.9 |
| 教育水平 | -0.0504 | -0.00625 | -0.0435** | -0.0482** | -0.0979*** |
| | (0.0401) | (0.0271) | (0.0213) | (0.0193) | (0.0239) |
| 民族 | 0.0811 | 0.0121 | 0.00352 | 0.0345 | -0.0128 |
| | (0.0738) | (0.0646) | (0.0537) | (0.0791) | (0.0997) |
| 政治面貌 | -0.0904*** | -0.0519*** | -0.0321** | -0.00208 | 0.00202 |
| | (0.0242) | (0.0169) | (0.0128) | (0.00987) | (0.0166) |
| 收入 | -0.0647** | -0.0791*** | -0.0396** | -0.0312** | 0.00129 |
| | (0.0263) | (0.0253) | (0.0182) | (0.0128) | (0.0187) |
| 户籍 | 0.0436 | 0.0422 | 0.0233 | -0.0195 | -0.0601** |
| | (0.0587) | (0.0350) | (0.0316) | (0.0211) | (0.0264) |
| 信息媒介 | -0.0947*** | -0.0509** | -0.0471*** | -0.0241* | -0.0263* |
| | (0.0203) | (0.0239) | (0.0133) | (0.0131) | (0.0136) |
| 伪 $R^2$ | 0.1637 | 0.187 | 0.2114 | 0.2571 | 0.2288 |
| 常数项 | 2.180*** | 1.720*** | 2.441*** | 2.929*** | 3.753*** |
| | (0.342) | (0.250) | (0.207) | (0.181) | (0.279) |
| 观察值 | 1326 | 1326 | 1326 | 1326 | 1326 |

注：括号内为标准差，*** 表示 P<0.01，** 表示 P<0.05，* 表示 P<0.1。

根据回归系数趋势图可见，分位数回归系数峰值左侧 0.1 分位至 0.15 分位和峰值右侧 0.5 分位至 0.75 分位的系数与 OLS 回归系数的 95% 置信区间重合。这表明，分位数回归分析结果与 OLS 分析结果具有较高程度的一致性，分析结果稳健可靠。

综合前述 OLS 回归和分位数回归结果可见，公众安全感与政府对象信任显著正相关，假设 4-1 得以证实；公众安全感与政府组织信任显著正相关，假设 4-1a 得以证实；公众安全感与公职人员信任显著正相关，假设 4-1b 得以证实。公众安全感与政府信任对象及其构成维度的相关关系得以确认。

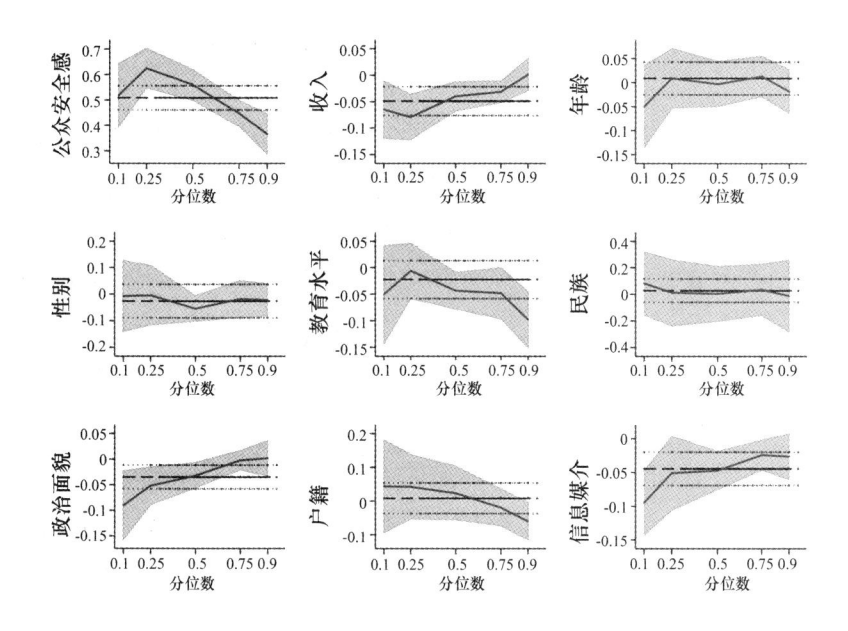

图4-3 公众安全感与政府信任对象的分位数回归系数趋势

## 二 公众安全感与政府品质信任的回归结果

本部分以线性回归和分位数回归共同检验公众安全感与政府信任品质及其两构成维度的相关关系。具体包括公众安全感与政府动机信任、政府能力信任和政府信任品质的OLS回归结果表，分位数回归结果表和分位数回归系数趋势图。

### （一）OLS回归分析结果

表4-6是公众安全感与政府信任品质的OLS回归结果。模型一是公众安全感与政府动机信任的OLS回归结果，分析结果显示，公众安全感与政府动机信任间存在具有统计意义的正相关关系，回归系数0.655（P<0.01），$R^2$为0.266，调整后的$R^2$为0.261。模型二是公众安全感与政府能力信任的OLS回归结果，分析结果表明，公众安全感与政府能力信任显著正向相关，回归系数为0.665（P<0.01），$R^2$

为 0.227，调整后的 $R^2$ 为 0.222。模型三是公众安全感与政府信任品质的回归结果，根据分析结果，公众安全感与政府信任品质间存在具有统计意义的正相关关系，回归系数为 0.660（P<0.01），$R^2$ 为 0.312，调整后的 $R^2$ 为 0.307。

在控制变量中，年龄、性别、民族、政治面貌与政府动机信任、政府能力信任、政府信任品质间都不存在具有统计意义的相关关系。受教育程度与政府动机信任、政府能力信任和政府信任品质间负向相关，且受教育程度与政府动机信任和政府信任品质的负向相关性具有统计意义，相关系数分别为 -0.112（P<0.01）和 -0.0696（P<0.01），教育水平与政府能力信任的负相关系数未通过统计显著性检验。这一回归结果表明，相比于受教育程度较低的群体，受教育水平更高的群体对政府动机和政府品质的信任水平更低，其背后的社会心理机制或在于，受教育水平的提升增强了公民的批判性意识，同时也提高了其对政府行为的要求和预期，使其对政府动机和行为的质疑倾向加剧，对政府行为的评判标准更为严苛，进而影响其对政府动机、能力和品质的评价。

收入与政府动机信任、政府能力信任、政府品质信任正向相关，且收入与政府动机信任、政府信任品质的相关关系具有统计显著性，相关系数分别为 0.0433（P<0.1）、0.0362（P<0.05），但是，收入与政府能力信任的相关性未通过显著性检验，不具有统计意义。这一回归结果表明，与收入较低的群体相比，收入水平更高的居民群体对政府动机和政府品质的信任程度更高。其社会心理机制或在于，收入更高群体在社会生活中具有比较竞争优势，这一竞争优势有助于塑造其对政府动机、政府品质的肯定态度和信心。

户籍与政府动机信任、政府能力信任、政府信任品质负向相关，且户籍与政府动机信任和政府品质信任的负相关性具有统计学意义，相关系数分别为 -0.140（P<0.01）、-0.0819（P<0.01），户籍与政府能力信任的相关性未通过显著性检验，不具有统计意义。前述回归结果表明，相比于本地户籍居民，外地户籍居民对政府动机和政府

品质的信任水平更低。这一现象的社会心理机制或在于，相比于本地居民，外地居民办事门槛和耗费成本相对较高，从而在比较意义上削弱了其对政府动机和政府品质的信任水平。

信息媒介与政府动机信任、政府能力信任、政府品质信任负向相关，其中，信息媒介与政府能力信任、政府信任品质显著负向相关，相关系数分别为 -0.0382（P<0.05）、 -0.0340（P<0.05），信息媒介与政府动机信任的相关性不具有统计意义。这一回归结果意味着，相比于更多使用传统信息媒介，偏好使用新媒体的居民群体对政府能力和政府品质的信任程度更低。这一现象的社会心理机制或在于，在比较意义上，传统媒体的传播速度相对较慢，内容一致性程度较高，但新媒体传播更为便捷，内容更为多元，信息更新速度更快，两类传播方式和传播内容的差别使偏好使用新媒体获取信息的居民群体更具批判性，这一思维延续至政治生活的结果是削弱了公众对政府能力和政府品质的信任。

表4-6　　公众安全感与政府信任品质的OLS回归结果

| 变量名称 | 模型一<br>政府动机信任 | 模型二<br>政府能力信任 | 模型三<br>政府信任品质 |
| --- | --- | --- | --- |
| 公众安全感 | 0.655*** | 0.665*** | 0.660*** |
|  | (0.0393) | (0.0375) | (0.0323) |
| 年龄 | 0.0429 | -0.00376 | 0.0196 |
|  | (0.0281) | (0.0268) | (0.0231) |
| 性别 | -0.0572 | 0.0280 | -0.0146 |
|  | (0.0521) | (0.0496) | (0.0427) |
| 教育水平 | -0.112*** | -0.0268 | -0.0696*** |
|  | (0.0298) | (0.0284) | (0.0245) |
| 民族 | 0.0897 | 0.0297 | 0.0597 |
|  | (0.0726) | (0.0692) | (0.0596) |
| 收入 | 0.0433* | 0.0291 | 0.0362** |
|  | (0.0225) | (0.0214) | (0.0184) |

续表

| 变量名称 | 模型一<br>政府动机信任 | 模型二<br>政府能力信任 | 模型三<br>政府信任品质 |
|---|---|---|---|
| 政治面貌 | -0.0206<br>(0.0192) | -0.00738<br>(0.0183) | -0.0140<br>(0.0158) |
| 户籍 | -0.140***<br>(0.0376) | -0.0235<br>(0.0358) | -0.0819***<br>(0.0308) |
| 信息媒介 | -0.0297<br>(0.0204) | -0.0382**<br>(0.0194) | -0.0340**<br>(0.0167) |
| $R^2$ | 0.266 | 0.227 | 0.312 |
| 调整后的 $R^2$ | 0.261 | 0.222 | 0.307 |
| 常数项 | 1.643***<br>(0.265) | 0.914***<br>(0.253) | 1.278***<br>(0.218) |
| 观察值 | 1326 | 1326 | 1326 |

注：括号内为标准差，*** 表示 $P<0.01$，** 表示 $P<0.05$，* 表示 $P<0.1$，VIF 为 1.22，不存在多重共线性。

### （二）分位数回归结果

在公众安全感与政府动机信任、政府能力信任、政府品质信任OLS回归分析的基础上。分位数回归进一步探究在政府动机信任、政府能力信任、政府品质信任的不同分位上，公众安全感对前述各响应变量的影响。进一步地，通过OLS回归和分位数回归的双重校验确认研究结果的可靠性和稳健性。分位数回归分析结果详情见下文。

#### 1. 公众安全感与政府信任动机的分位数回归结果

表4-7和图4-4是公众安全感与政府动机信任的分位数回归结果汇总表和回归系数趋势图。据表可见，在政府动机信任的全部分位上，公众安全感与政府动机信任显著正相关。结合图4-4，回归系数趋势图的峰值在0.25分位（系数0.803，$P<0.01$），其次是0.1分位（系数0.796，$P<0.01$），其后降序递减依次为0.5分位（系数0.738，$P<0.01$）、0.75分位（系数0.687，$P<0.01$）、0.9分位（系数0.394，

P<0.01)。公众安全感与政府信任的相关系数先短暂上升后持续下降，公众安全感增进政府动机信任的能力随政府动机信任水平的提高而降低，公众安全感增进政府动机信任的边际效应递减。

表4-7　公众安全感与政府动机信任的分位数回归结果

| 变量名称 | （1）q=0.1 | （2）q=0.25 | （3）q=0.5 | （4）q=0.75 | （5）q=0.9 |
|---|---|---|---|---|---|
| 公众安全感 | 0.796*** | 0.803*** | 0.738*** | 0.687*** | 0.394*** |
|  | (0.126) | (0.0523) | (0.0441) | (0.0423) | (0.122) |
| 年龄 | 0.0688 | 0.0318 | 0.0586** | 0.0619** | 0.0329 |
|  | (0.0511) | (0.0310) | (0.0245) | (0.0286) | (0.0375) |
| 性别 | 0.0564 | 0.0783** | 0.0613** | 0.0229 | 0.0388 |
|  | (0.0672) | (0.0349) | (0.0263) | (0.0342) | (0.0364) |
| 教育水平 | 0.147 | -0.107 | -0.0814 | -0.0745 | -0.144* |
|  | (0.130) | (0.0683) | (0.0589) | (0.0585) | (0.0795) |
| 民族 | -0.0596 | -0.0983** | -0.125*** | -0.132*** | -0.0851* |
|  | (0.0759) | (0.0471) | (0.0316) | (0.0333) | (0.0449) |
| 政治面貌 | 0.194 | 0.0839 | 0.0505 | -0.00979 | 0.0238 |
|  | (0.315) | (0.0958) | (0.122) | (0.201) | (0.246) |
| 收入 | -0.0403 | -0.0252 | -0.0230 | -0.0185 | 0.0369 |
|  | (0.0501) | (0.0282) | (0.0195) | (0.0205) | (0.0245) |
| 户籍 | -0.138* | -0.155*** | -0.135*** | -0.146*** | -0.133 |
|  | (0.0724) | (0.0503) | (0.0428) | (0.0494) | (0.0875) |
| 信息媒介 | -0.0491 | -0.00728 | -0.0537** | -0.0207 | 0.00199 |
|  | (0.0637) | (0.0269) | (0.0212) | (0.0224) | (0.0222) |
| 伪$R^2$ | 0.099 | 0.135 | 0.226 | 0.231 | 0.03 |
| 常数项 | -0.512 | 0.611* | 1.536*** | 2.244*** | 3.578*** |
|  | (0.830) | (0.342) | (0.311) | (0.351) | (0.582) |
| 观察值 | 1326 | 1326 | 1326 | 1326 | 1326 |

注：括号内为标准差，*** 表示 P<0.01，** 表示 P<0.05，* 表示 P<0.1。

◈ 公众安全感向政府信任的转化机制分析

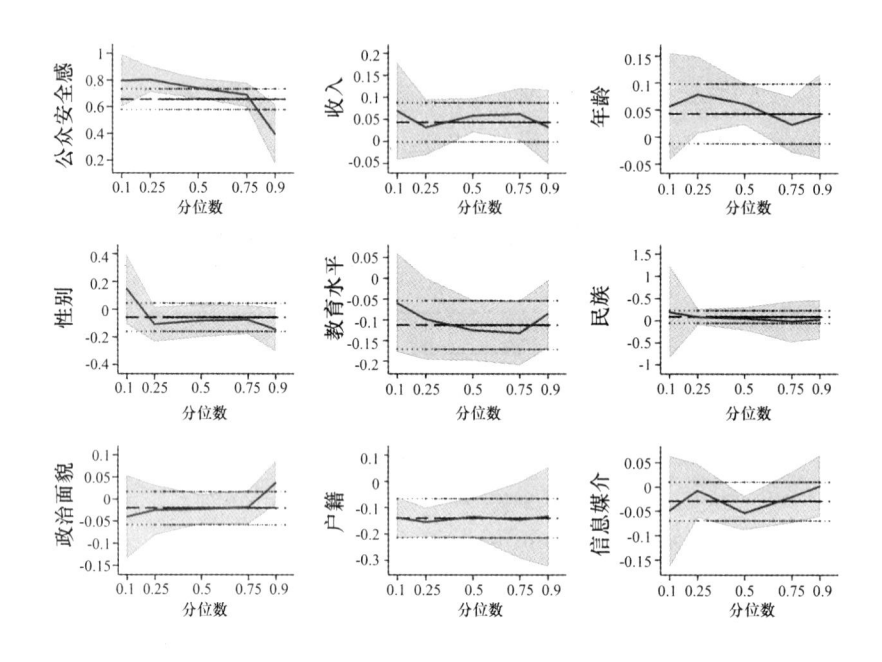

**图 4-4　公众安全感与政府动机信任分位数回归系数趋势**

综合分位数回归表和系数趋势图可见，在 0.5 分位与 0.75 分位区间内，分位数回归系数与 OLS 回归系数的 95% 置信区间重合，这表明，公众安全感确实能够正向增进政府动机信任，公众安全感与政府动机信任的变动趋势具有一致性，公众安全感与政府动机信任的正相关关系稳定可靠。

2. 公众安全感与政府能力信任的分位数回归结果

表 4-8 和图 4-5 是公众安全感与政府能力信任的分位数回归结果汇总表和回归系数趋势图。据表 4-8 可见，在 0.1 分位、0.25 分位、0.5 分位、0.75 分位和 0.9 分位，公众安全感都与政府能力信任显著正相关。结合图 4-5 可见，公众安全感与政府能力信任相关系数趋势图呈 M 形，相关系数峰值在 0.75 分位（系数 0.869，$P<0.01$），其次是 0.25 分位（系数 0.861，$P<0.01$），再然后，降序递减依次为 0.5 分位（系数 0.794，$P<0.01$），0.1 分位（系数 0.718，$P<0.01$）、0.9 分位（系数 0.691，$P<0.01$）。

## 第四章 公众安全感与政府信任的结构相关性

表4-8 公众安全感与政府能力信任的分位数回归结果

| 变量名称 | 分位点及回归结果 ||||| 
|---|---|---|---|---|---|
| | （1） | （2） | （3） | （4） | （5） |
| | q=0.1 | q=0.25 | q=0.5 | q=0.75 | q=0.9 |
| 公众安全感 | 0.718*** | 0.861*** | 0.794*** | 0.869*** | 0.691*** |
| | (0.0815) | (0.0563) | (0.0479) | (0.0559) | (0.0792) |
| 年龄 | 0.0526 | 0.0747** | 0.00369 | 0.0222 | -0.000998 |
| | (0.0434) | (0.0316) | (0.0247) | (0.0261) | (0.0326) |
| 性别 | -0.0183 | 0.0203 | 0.0323 | -0.0360 | -0.0371 |
| | (0.0615) | (0.0448) | (0.0235) | (0.0335) | (0.0468) |
| 教育水平 | 0.00806 | 0.0347 | -0.0126 | 0.0180 | 0.0785 |
| | (0.110) | (0.0633) | (0.0572) | (0.0627) | (0.0674) |
| 民族 | 0.00433 | 0.0442 | 0.0228 | -0.0312 | -0.0766** |
| | (0.0536) | (0.0467) | (0.0281) | (0.0372) | (0.0361) |
| 政治面貌 | 0.125 | 0.0196 | 0.0117 | -0.0502 | -0.0894 |
| | (0.115) | (0.0879) | (0.105) | (0.131) | (0.113) |
| 收入 | -0.0610 | 0.0133 | 0.0229 | 0.000165 | -0.0186 |
| | (0.0402) | (0.0257) | (0.0207) | (0.0249) | (0.0277) |
| 户籍 | 0.0775 | 0.0369 | -0.0126 | -0.0682* | -0.0474 |
| | (0.0545) | (0.0568) | (0.0314) | (0.0371) | (0.0466) |
| 信息媒介 | -0.0223 | -0.0327 | -0.0239 | -0.0403 | 0.00318 |
| | (0.0499) | (0.0294) | (0.0177) | (0.0267) | (0.0274) |
| 伪$R^2$ | 0.08 | 0.117 | 0.179 | 0.146 | 0.175 |
| 常数项 | -0.581 | -0.821* | 0.242 | 0.944*** | 2.094*** |
| | (0.547) | (0.456) | (0.311) | (0.364) | (0.431) |
| 观察值 | 1326 | 1326 | 1326 | 1326 | 1326 |

注：括号内为标准差，*** 表示 $P<0.01$，** 表示 $P<0.05$，* 表示 $P<0.1$。

◈◈ 公众安全感向政府信任的转化机制分析

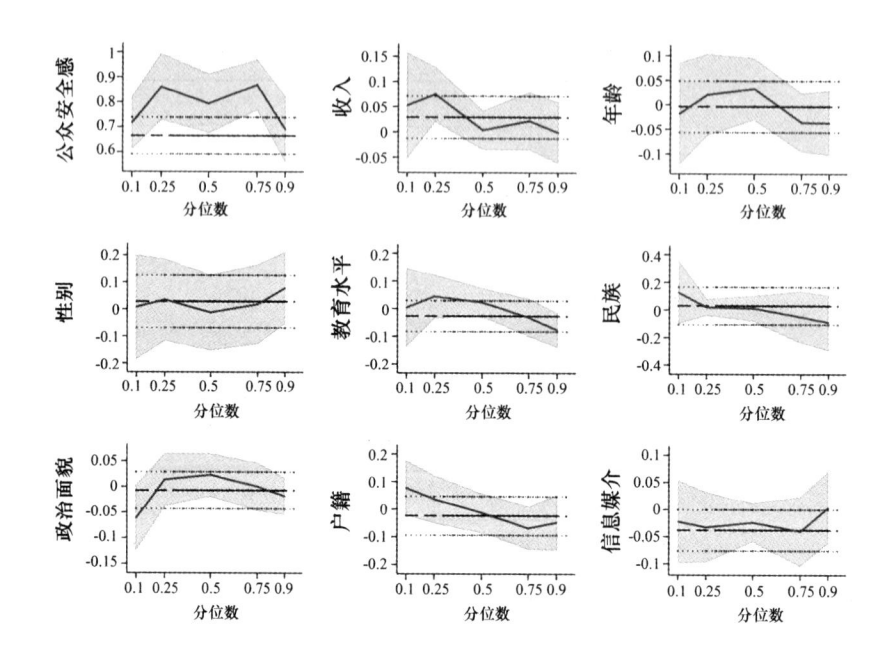

**图 4-5　公众安全感与政府能力信任分位数回归系数趋势**

综合图表可见，随着政府能力信任的增加，公众安全感对政府能力信任的影响经历了先上升后下降再上升又下降的曲折变动。此外，仅在靠近 0.1 分位和 0.9 分位的区间内，分位数回归系数与 OLS 回归系数的 95% 置信区间重合。这表明，公众安全感确实能够显著地增进政府能力信任，但 OLS 回归在预测两者关系时的准确度稍有不足。

3. 公众安全感与政府信任品质的分位数回归结果

表 4-9 和图 4-6 是公众安全感与政府信任品质的分位数回归结果汇总表和回归系数趋势图。根据表 4-9 可见，在政府信任品质的全部分位上，公众安全感都和政府品质信任显著正相关。结合图 4-6 可见，公众安全感与政府品质信任相关系数趋势图从 0.1 分位（系数 0.769，P<0.01）到 0.75 分位（系数 0.724，P<0.01）波动幅度非常小，在 0.9 分位时急剧下降。这意味着，公众安全感增进政府品质信任的能力基本保持稳定。

综合图表可见，分位数回归系数和 OLS 回归系数的 95% 置信区间有较大部分重合；尽管在一定程度上，OLS 回归系数仍然偏低，但并未出现较大程度的偏离。综合 OLS 回归和分位数回归结果可见，公众安全感能够显著且持续地增进政府品质信任，公众安全感水平越高，其政府品质信任水平也越高。

表 4-9　　公众安全感与政府信任品质的分位数回归结果

| 变量名称 | 分位点及回归结果 ||||| 
|---|---|---|---|---|---|
|  | （1）<br>q=0.1 | （2）<br>q=0.25 | （3）<br>q=0.5 | （4）<br>q=0.75 | （5）<br>q=0.9 |
| 公众安全感 | 0.769*** | 0.756*** | 0.765*** | 0.724*** | 0.579*** |
|  | (0.0846) | (0.0562) | (0.0414) | (0.0388) | (0.0508) |
| 收入 | 0.0578* | 0.0679** | 0.0509*** | 0.000353 | 0.00525 |
|  | (0.0348) | (0.0287) | (0.0189) | (0.0252) | (0.0262) |
| 年龄 | -0.00218 | 0.0490 | 0.0236 | 0.0351 | -0.0112 |
|  | (0.0406) | (0.0348) | (0.0276) | (0.0285) | (0.0317) |
| 性别 | -0.0231 | -0.0192 | -0.0330 | -0.0387 | -0.0285 |
|  | (0.0780) | (0.0532) | (0.0499) | (0.0489) | (0.0550) |
| 教育水平 | 0.0254 | -0.0488 | -0.0861*** | -0.0509* | -0.125*** |
|  | (0.0427) | (0.0360) | (0.0287) | (0.0306) | (0.0336) |
| 民族 | 0.136** | 0.0601 | 0.0336 | -0.00880 | -0.0170 |
|  | (0.0666) | (0.0760) | (0.0577) | (0.145) | (0.153) |
| 政治面貌 | -0.0469 | 0.0127 | -0.0118 | -0.0165 | -0.0161 |
|  | (0.0316) | (0.0203) | (0.0168) | (0.0176) | (0.0199) |
| 户籍 | -0.0286 | -0.0676 | -0.0922*** | -0.0921*** | -0.0434 |
|  | (0.0483) | (0.0419) | (0.0307) | (0.0336) | (0.0312) |
| 信息媒介 | -0.0193 | 0.000112 | -0.0450** | -0.0389 | -0.0165 |
|  | (0.0395) | (0.0276) | (0.0176) | (0.0247) | (0.0206) |

◈ 公众安全感向政府信任的转化机制分析

续表

| 变量名称 | 分位点及回归结果 ||||| 
|---|---|---|---|---|---|
| | (1) | (2) | (3) | (4) | (5) |
| | q=0.1 | q=0.25 | q=0.5 | q=0.75 | q=0.9 |
| 伪 $R^2$ | 0.1494 | 0.1677 | 0.2202 | 0.2226 | 0.2127 |
| 常数项 | -0.416 | 0.117 | 1.041*** | 1.637*** | 2.772*** |
| | (0.499) | (0.337) | (0.227) | (0.317) | (0.352) |
| 观察值 | 1326 | 1326 | 1326 | 1326 | 1326 |

注：括号内为标准差，*** 表示 $P<0.01$，** 表示 $P<0.05$，* 表示 $P<0.1$。

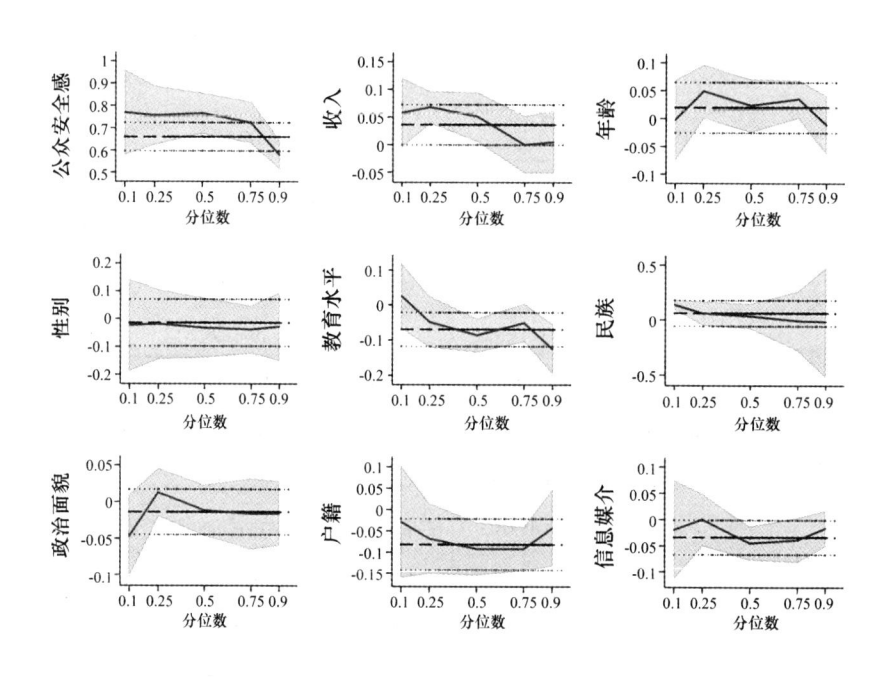

图 4-6 公众安全感与政府信任品质的分位数回归系数趋势

根据 OLS 回归结果和分位数回归结果，公众安全感与政府动机信任显著正相关，假设 4-2a 得以证实；公众安全感与政府能力信任显著正相关，假设 4-2b 得以证实；公众安全感与政府品质信任显著正

160

相关，假设 4-2 得以确认。公众安全感与政府品质信任及其构成维度的相关关系假设成立。

### 三 公众安全感与政府信任结构的回归结果

就公众安全感与政府信任结构（差序政府信任、政府信任层差、政府信任级差）是否及如何相关问题，本部分以 OLS 回归和分位数回归共同进行验证性分析。下文呈现了公众安全感与政府信任结构的回归分析结果，具体包括：公众安全感与政府信任结构的 OLS 回归结果，公众安全感与政府信任结构的分位数回归结果表和分位数回归系数趋势图。

#### （一）公众安全感与政府信任结构的 OLS 回归结果

表 4-10 是公众安全感与政府信任结构（差序政府信任、政府信任层差、政府信任级差）的 OLS 回归结果。模型一是公众安全感与差序政府信任的 OLS 回归结果，结果表明，公众安全感与差序政府信任显著负相关关系，回归系数 -0.217（$P<0.01$），$R^2$ 为 0.087，调整后的 $R^2$ 为 0.081。这表明，公众安全感与差序政府信任逆向相关，公众安全感的提升意味着差序政府信任的下降。

模型二是公众安全感与政府信任层差的 OLS 回归结果，回归结果显示，公众安全感与政府信任层差显著负向相关，回归系数为 -0.273（$P<0.01$），$R^2$ 为 0.089，调整后的 $R^2$ 为 0.083。这意味着，公众安全感及其变动趋势与政府信任层差及其变动趋势逆向相关，提高公众安全感能够降低政府信任层差，更高的公众安全感意味着更低的政府信任层差。

模型三是公众安全感与政府信任级差的 OLS 回归结果，根据回归结果，公众安全感与政府信任级差间存在具有统计意义的负向相关关系，回归系数为 -0.0878（$P<0.01$），$R^2$ 为 0.097，调整后的 $R^2$ 为 0.091。这表明，提高公众安全感与弥合政府信任级差具有内在一致性，更高的公众安全感意味着更低的政府信任级差。

控制变量中，收入、年龄、受教育水平、民族、户籍与政府信任

◈ 公众安全感向政府信任的转化机制分析

结构（差序政府信任、政府信任层差、政府信任级差）不存在具有统计意义的相关关系。性别与差序政府信任、政府信任层差和政府信任级差显著负相关；相关系数依次为 -0.121（P<0.01）、-0.198（P<0.01）、-0.0593（P<0.01）。这意味着，相比于女性，男性群体的央地政府信任分化水平和政府层级信任分化水平更高，男性持有更高水平的差序政府信任、政府信任层差和政府信任级差。这一现象背后的社会心理机制或在于女性群体相对温和，在表达对各级政府的信任偏好中相对克制。

政治面貌与差序政府信任、政府信任层差、政府信任级差正向相关，但是，只有政治面貌与差序政府信任的相关关系通过了统计显著性检验，相关系数为 0.0272（P<0.05）。这一回归结果表明，非党员同志比党员同志持有更高水平的差序政府信任。这一现象的社会心理机制可能在于，非党员同志对中央政府的信任水平相对更高，从而加剧了这一群体对中央和地方政府信任水平的分化，又或者，非党员同志对地方政府的期待与要求更高，从而使得其地方政府信任水平相对偏低。

表4-10　　　　公众安全感与政府信任结构的 OLS 回归结果

| 变量名称 | 模型一<br>差序政府信任 | 模型二<br>政府信任层差 | 模型三<br>政府信任级差 |
| --- | --- | --- | --- |
| 公众安全感 | -0.217*** | -0.273*** | -0.0878*** |
|  | (0.0246) | (0.0308) | (0.0095) |
| 收入 | -0.00272 | 0.000360 | 0.00235 |
|  | (0.0140) | (0.0176) | (0.0054) |
| 年龄 | 0.0246 | 0.0292 | 0.00726 |
|  | (0.0176) | (0.0220) | (0.0068) |
| 性别 | -0.121*** | -0.198*** | -0.0593*** |
|  | (0.0326) | (0.0408) | (0.0126) |
| 文化水平 | 0.0124 | 0.00444 | -0.00064 |
|  | (0.0187) | (0.0234) | (0.0072) |

续表

| 变量名称 | 模型一<br>差序政府信任 | 模型二<br>政府信任层差 | 模型三<br>政府信任级差 |
|---|---|---|---|
| 民族 | -0.0534 | -0.0543 | -0.0173 |
|  | (0.0454) | (0.0568) | (0.0176) |
| 政治面貌 | 0.0272** | 0.0141 | 0.0074 |
|  | (0.0120) | (0.0151) | (0.0047) |
| 户籍 | 0.00299 | 0.00279 | -0.00047 |
|  | (0.0235) | (0.0294) | (0.0091) |
| 信息媒介 | 0.0431*** | 0.0572*** | 0.0196*** |
|  | (0.0127) | (0.0159) | (0.0049) |
| $R^2$ | 0.087 | 0.089 | 0.097 |
| 调整后的 $R^2$ | 0.081 | 0.083 | 0.091 |
| 常数项 | 1.055*** | 1.661*** | 0.459*** |
|  | (0.166) | (0.208) | (0.0643) |
| 观察值 | 1326 | 1326 | 1326 |

注：括号内为标准差，*** 表示 $P<0.01$，** 表示 $P<0.05$，VIF 为 1.22，不存在多重共线性。

信息媒介与差序政府信任、政府信任层差、政府信任级差存在具有统计意义的正向相关关系，相关系数分别为 0.0431（$P<0.01$）、0.0572（$P<0.01$）、0.0196（$P<0.01$）。即是说，相比于主要以传统媒介获取信息的群体，偏好通过新媒体获取信息的公众持有更高水平的差序政府信任、政府信任层差和政府信任级差，政府信任的结构不均衡性更强。这表明，主要通过新媒体获取信息的居民群体的央地政府信任分化水平和政府信任层级分化水平，显著高于依赖传统媒体获取信息的居民群体。

### （二）公众安全感与政府信任结构的分位数回归结果

在公众安全感与政府信任结构（差序政府信任、政府信任层差、政府信任级差）OLS 回归分析的基础上，分位数回归更加细致地呈现了公众安全感对政府信任结构的影响，公众安全感对政府信任结构的影响。为深刻认识公众安全感与政府信任结构的关联关系提供了更加丰富的经验证据支持，具体分析结果如下。

1. 差序政府信任

根据差序政府信任的数据结构，在删除差序政府信任值为0的变量后，对551个样本值进行分位数回归。表4-11和图4-7是公众安全感与差序政府信任的分位数回归结果汇总表与回归系数趋势图。

表4-11　　公众安全感与差序政府信任的分位数回归结果

| 变量名称 | (1) q=0.1 | (2) q=0.25 | (3) q=0.5 | (4) q=0.75 | (5) q=0.9 |
|---|---|---|---|---|---|
| 公众安全感 | -0.109 | -0.166*** | -0.273*** | -0.324*** | -0.408*** |
|  | (0.100) | (0.0575) | (0.0740) | (0.0900) | (0.0955) |
| 收入 | -0.000275 | 0.00811 | 0.0105 | -0.0288 | 0.00637 |
|  | (0.0697) | (0.0249) | (0.0275) | (0.0449) | (0.0585) |
| 年龄 | 0.00707 | 0.0317 | 0.0257 | 0.00777 | 0.0712 |
|  | (0.0779) | (0.0294) | (0.0432) | (0.0482) | (0.0678) |
| 性别 | -0.258 | -0.0251 | -0.0130 | -0.00521 | -0.161 |
|  | (0.169) | (0.0612) | (0.0943) | (0.0922) | (0.123) |
| 教育水平 | 0.0714 | 0.00197 | -0.0512 | -0.0445 | 0.0341 |
|  | (0.118) | (0.0339) | (0.0438) | (0.0599) | (0.0576) |
| 民族 | -0.529 | -0.488 | -0.397 | -0.0995 | 0.269 |
|  | (0.546) | (0.500) | (0.562) | (0.634) | (0.554) |
| 政治面貌 | -0.0427 | -0.00280 | 0.0192 | 0.0825** | 0.128*** |
|  | (0.0556) | (0.0204) | (0.0284) | (0.0328) | (0.0426) |
| 户籍 | 0.00357 | 0.0162 | 0.0168 | -0.0327 | 0.0902 |
|  | (0.0583) | (0.0347) | (0.0526) | (0.0665) | (0.115) |
| 信息媒介 | 0.141** | 0.0417** | 0.0650*** | 0.0378 | 0.0748 |
|  | (0.0701) | (0.0207) | (0.0250) | (0.0366) | (0.0587) |

续表

| 变量名称 | 分位点及回归结果 ||||| 
|---|---|---|---|---|---|
| | （1） | （2） | （3） | （4） | （5） |
| | q = 0.1 | q = 0.25 | q = 0.5 | q = 0.75 | q = 0.9 |
| 常数项 | 0.663 | 1.231** | 1.883*** | 2.268*** | 1.945** |
| | (0.869) | (0.573) | (0.713) | (0.777) | (0.790) |
| 伪 $R^2$ | 0.0452 | 0.0275 | 0.0392 | 0.052 | 0.0564 |
| 观察值 | 551 | 551 | 551 | 551 | 551 |

注：括号内为标准差，*** 表示 $P<0.01$，** 表示 $P<0.05$。

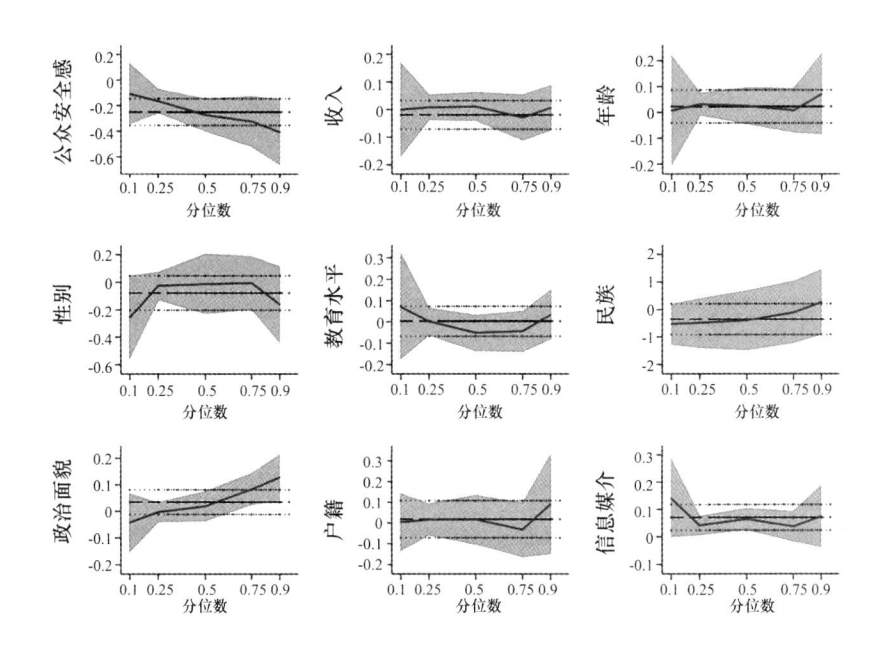

图 4-7 公众安全感与差序政府信任的分位数回归系数趋势

根据表 4-11，在 0.25 分位至 0.9 分位上，公众安全感与差序政府信任显著负相关。展开来讲，公众安全感与差序政府信任在 0.25 分位的相关系数为 -0.166（$P<0.01$），在 0.5 分位的相关系数为 -0.273（$P<0.01$），在 0.75 分位的相关系数为 -0.324（$P<0.01$），

在 0.9 分位的相关系数为 -0.408（P＜0.01）。结合图 4-7 可见，公众安全感与各分位差序政府信任的相关系数曲线走势向右下，在 0.9 分位上，相关系数的绝对值最大，也就是说，在这一分位上，公众安全感弥合差序政府信任的效力最强。

综合图表可见，分位数回归系数与 OLS 回归系数的 95% 置信区间在较大范围内重合。这表明，公众安全感优化差序政府信任、增进中央—地方政府信任结构均衡的作用比较稳定。

2. 政府信任层差的分位数回归结果

表 4-12 和图 4-8 是公众安全感与政府信任层差的分位数回归结果汇总表与回归系数趋势图。根据表 4-12，在 0.1 分位、0.75 分位、0.9 分位上，公众安全感与政府信任层差显著相关。

表 4-12　　公众安全感与政府信任级差的分位数回归结果

| 变量名称 | 分位点及回归结果 ||||| 
| --- | --- | --- | --- | --- | --- |
| | （1） | （2） | （3） | （4） | （5） |
| | q=0.1 | q=0.25 | q=0.5 | q=0.75 | q=0.9 |
| 公众安全感 | 0.0204** | -0 | -0 | -0.496*** | -0.740*** |
| | (0.00838) | (0.00410) | (0.0192) | (0.0388) | (0.0940) |
| 收入 | -0.00781 | 0 | 0 | -0.00154 | -0.00784 |
| | (0.00499) | (0.00186) | (0.000638) | (0.0236) | (0.0404) |
| 年龄 | 0.0113** | 0 | -0 | 0.00929 | 0.0210 |
| | (0.00566) | (0.00179) | (0.00277) | (0.0312) | (0.0506) |
| 性别 | -0.0195** | -0.0462*** | -0 | -0.167*** | -0.339*** |
| | (0.00839) | (0.00804) | (0.0177) | (0.0587) | (0.120) |
| 教育水平 | 0.00562 | -0 | -0 | 0.0134 | 0.00296 |
| | (0.00632) | (0.00170) | (0.00159) | (0.0242) | (0.0579) |
| 民族 | 0.00277 | 0 | 0 | -0.00627 | -0.0581 |
| | (0.0845) | (0.00939) | (0.00323) | (0.0794) | (0.230) |
| 政治面貌 | -0.00892** | -0 | 0 | 0.00755 | 0.0633* |
| | (0.00421) | (0.00109) | (0.000801) | (0.0181) | (0.0340) |

续表

| 变量名称 | 分位点及回归结果 ||||| 
|---|---|---|---|---|---|
| | （1） | （2） | （3） | （4） | （5） |
| | q = 0.1 | q = 0.25 | q = 0.5 | q = 0.75 | q = 0.9 |
| 户籍 | 0.00916 | - 0 | - 0 | - 0.0302 | - 0.0190 |
| | （0.00757） | （0.00217） | （0.00173） | （0.0453） | （0.0734） |
| 信息媒介 | 0.00453 | - 0 | 0 | 0.0576** | 0.108*** |
| | （0.00307） | （0.000474） | （0.00250） | （0.0243） | （0.0389） |
| 伪 $R^2$ | 0.0096 | 0.012 | 0 | 0.1219 | 0.1349 |
| 常数项 | 0.0835 | 0.277*** | 0.231** | 2.785*** | 4.282*** |
| | （0.0955） | （0.0366） | （0.103） | （0.279） | （0.685） |
| 观察值 | 1326 | 1326 | 1326 | 1326 | 1326 |

注：括号内为标准差，*** 表示 $P<0.01$，** 表示 $P<0.05$，* 表示 $P<0.1$。

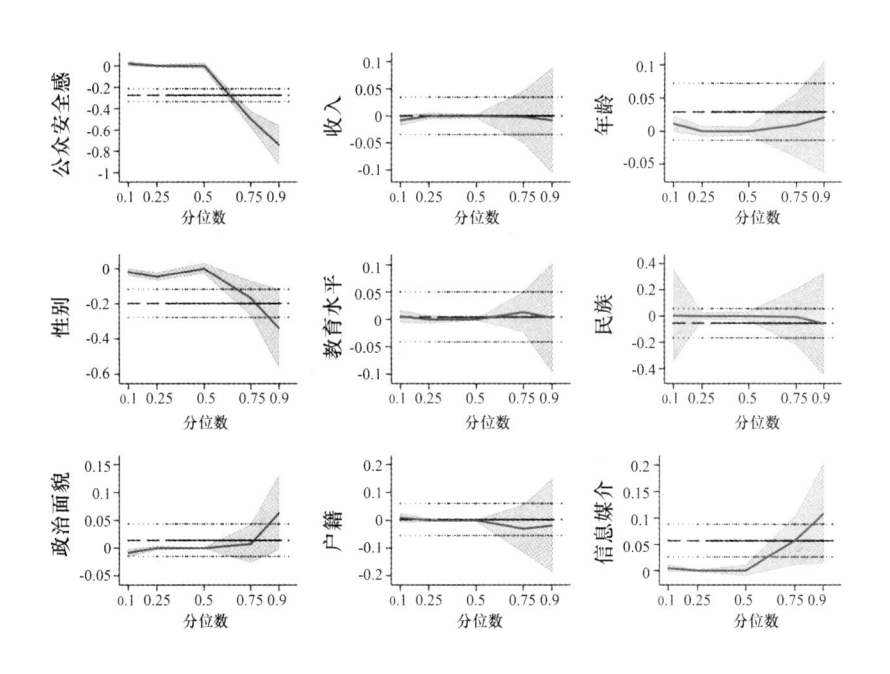

图 4-8　公众安全感与政府信任层差的分位数回归系数趋势

其中，在 0.1 分位上，公众安全感与政府信任层差正向相关（相关系数为 0.0204，P<0.05），提升公众安全感将加剧政府信任层差。其背后的社会心理机制或在于，公众安全感的改善将在不同程度上助益高层级政府信任和低层级政府信任，在那些政府信任层次分化水平较低的群体中，公众安全感对高层级政府信任的积极影响超越其对低层级政府信任的影响，使政府信任层差加剧。

不过，在 0.75 分位和 0.9 分位上，公众安全感与政府信任层差负向相关，相关系数分别为 -0.496（P<0.01）、-0.740（P<0.01）。这表明，政府信任层差较高时，公众安全感的改善有助于弥合政府信任层差。展开来讲，当公众对高层级政府和低层级政府的信任高度分化时，公众安全感的改善有助于弥合两者之间的差距。总体来看，公众安全感越高，政府信任层差越低。

综合图表可见，在 0.5 分位和 0.75 分位区间内，分位数回归系数与 OLS 回归系数的 95% 置信区间部分重合。这表明，在政府信任层差处于高分位时，改善公众安全感能够有效抑制政府信任层差，降低政府信任结构分层幅度，增强政府信任层次的均衡性。不过，由于 OLS 回归结果并未反映出较低分位时，公众安全感与政府信任层差的正向相关关系，其分析结果没有全面地反映两变量间的关系。

3. 政府信任级差的分位数回归结果

根据政府信任级差的数据结构，在删除政府信任级差值为 0 的变量后，对 499 个样本值进行分位数回归。表 4-13 和图 4-9 是公众安全感与政府信任级差的分位数回归结果汇总表与回归系数趋势图。

根据表 4-13，0.1 分位和 0.9 分位上，公众安全感与政府信任级差显著负相关。展开来讲，公众安全感与政府信任级差在 0.1 分位的相关系数为 -0.135（P<0.1），在 0.9 分位的相关系数为 -0.191（P<0.01）。0.9 分位的相关系数绝对值大于 0.1 分位，这表明，在政府信任级差的更高分位，公众安全感抑制政府信任级差的效力更强。

综合图表可见，在 0.1 分位和 0.9 分位上，分位数回归系数与 OLS 回归系数的 95% 置信区间重合。参照 OLS 回归系数可见，OLS

的回归系数绝对值偏小。由此可见，公众安全感优化政府信任级差OLS回归结果的准确度有待提升。

表4-13　公众安全感政府信任级差的分位数回归结果

| 变量名称 | 分位点及回归结果 ||||| 
|---|---|---|---|---|---|
| | （1） | （2） | （3） | （4） | （5） |
| | q=0.1 | q=0.25 | q=0.5 | q=0.75 | q=0.9 |
| 公众安全感 | -0.135* | 0 | 0 | -0 | -0.191*** |
| | (0.0742) | (0) | (0.0367) | (0.0608) | (0.0505) |
| 收入 | -0.0298 | 0 | -0 | 0 | -0.00374 |
| | (0.0333) | (0) | (0.00500) | (0.0171) | (0.0256) |
| 年龄 | -0.0128 | 0 | -0 | 0 | -0.00708 |
| | (0.0377) | (0) | (0.00518) | (0.0164) | (0.0322) |
| 性别 | -0.139 | 0 | 0 | -0 | -0.103 |
| | (0.169) | (0) | (0.0283) | (0.0558) | (0.0631) |
| 教育水平 | 0.000361 | 0 | -0 | -0 | -0.0380 |
| | (0.0416) | (0) | (0.00650) | (0.0253) | (0.0322) |
| 民族 | 0.146 | 0 | 0.250** | 0.250* | 0.119 |
| | (0.266) | (0.125) | (0.125) | (0.127) | (0.130) |
| 政治面貌 | -0.0370 | 0 | -0 | -0 | 0.0247 |
| | (0.0263) | (0) | (0.00752) | (0.0176) | (0.0189) |
| 户籍 | 0.0413 | 0 | -0 | 0 | -0.0290 |
| | (0.0344) | (0) | (0.0102) | (0.0227) | (0.0462) |
| 信息媒介 | 0.0705* | 0 | -0 | 0 | 0.0243 |
| | (0.0375) | (0) | (0.00890) | (0.0182) | (0.0208) |
| 常数项 | 0.508 | 0.250** | 0 | 0.250 | 1.396*** |
| | (0.439) | (0.125) | (0.224) | (0.265) | (0.332) |
| 伪R2 | 0.022 | 0 | 0.003 | 0.0016 | 0.0832 |
| 观察值 | 499 | 499 | 499 | 499 | 499 |

注：括号内为标准差，*** 表示 $P<0.01$，** 表示 $P<0.05$，* 表示 $P<0.1$。

◈ 公众安全感向政府信任的转化机制分析

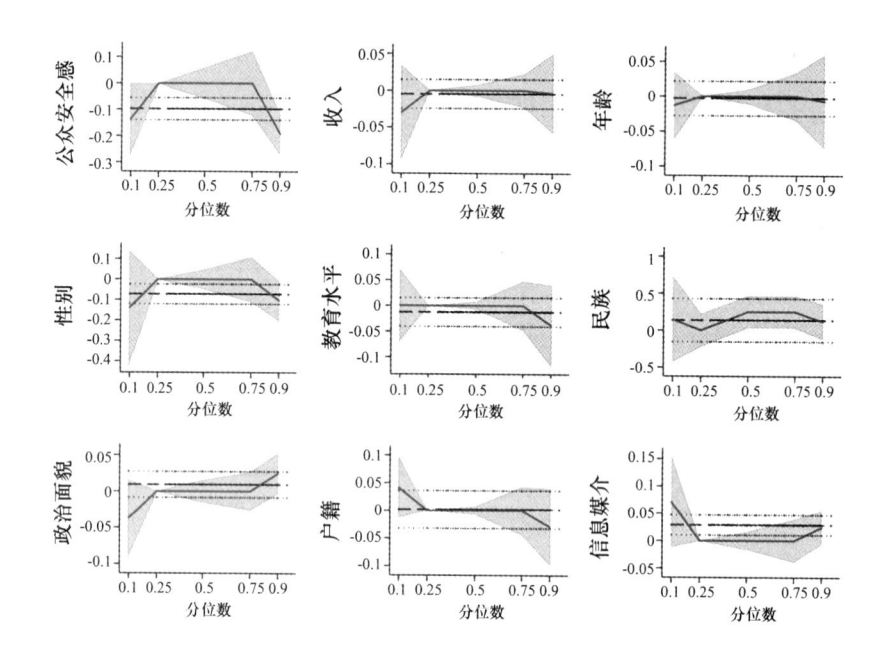

**图4-9 公众安全感与政府信任级差的分位数回归系数趋势**

综合前述OLS回归结果和分位数回归结果可见，公众安全感与差序政府信任显著负相关，假设4-3a得以证实；公众安全感与政府信任层差显著负相关，假设4-3b基本得以证实；公众安全感与政府信任级差显著负相关，假设4-3c得以确认。因此，公众安全感与政府信任结构（差序政府信任、政府信任层差、政府信任级差）的相关关系假设得以证实，假设4-3成立。

## 四 公众安全感六维度与政府信任各面向的回归结果

在既有研究的基础上，我们总结指出，公众安全感和政府信任都是内涵丰富的结构性概念。围绕公众安全感与政府信任的结构性相关关系，我们预期公众安全感六维度与政府信任的对象、品质和结构显著相关。在这一部分，通过OLS回归和分位数回归结果的相互确认，对前述研究假设进行检验。回归分析结果详情如下。

### (一) OLS 回归结果

表4-14呈现了公众安全感六维度与政府信任三重面向结构相关性的 OLS 回归结果。模型一、模型二、模型三是公众安全感六维度与政府信任对象的 OLS 回归结果。展开来讲，模型一是公众安全感六维度与政府信任对象的 OLS 回归结果，治安安全感（系数0.0796，$P<0.01$）、食品安全感（系数0.0417，$P<0.05$）、卫生安全感（系数0.136，$P<0.01$）、环境安全感（系数0.0887，$P<0.01$）、财产安全感（系数0.0925，$P<0.01$）、安全建设安全感（系数0.0645，$P<0.05$）都和政府信任对象显著正向相关，$R^2$为0.334，调整后的$R^2$为0.327。这表明，公众安全感六维度与政府信任对象显著正相关，公众安全感六维度的变动趋势与政府信任对象的变动趋势具有一致性。

模型二是公众安全感六维度与政府组织信任的 OLS 回归结果。分析结果显示，治安安全感（系数0.0803，$P<0.05$）、卫生安全感（系数0.144，$P<0.01$）、环境安全感（系数0.0946，$P<0.01$）三个维度与政府组织信任显著正向相关，$R^2$为0.185，调整后的$R^2$为0.177。即是说，治安安全感、卫生安全感与环境安全感的变动与政府组织信任的发展具有统一性，更高的治安安全感、卫生安全感和环境安全感意味着更高的政府组织信任。但是，食品安全感、财产安全感和安全建设安全感的正向相关关系未能通过显著性检验，即是说，食品安全感、财产安全感和安全建设安全感在增进政府组织信任中的功能不具稳定性。

模型三是公众安全感六维度与公职人员信任的 OLS 回归结果。治安安全感（系数0.0790，$P<0.05$）、食品安全感（系数0.0616，$P<0.05$）、卫生安全感（系数0.128，$P<0.01$）、环境安全感（系数0.0827，$P<0.01$）、财产安全感（系数0.150，$P<0.01$）、安全建设安全感（系数0.0719，$P<0.05$）六维度都和公职人员信任显著正向相关，$R^2$为0.338，调整后的$R^2$为0.331。这意味着，公众安全感六维度及其变动趋势与公职人员信任及其变动趋势具有一致性，公众

对六维度评价越高,其公职人员信任也越高,更高的公众安全感同时意味着更高的公职人员信任。

模型四、模型五和模型六是公众安全感六维度与政府信任品质的OLS回归分析结果。展开来讲,模型四是公众安全感六维度与政府信任动机与能力总和的OLS回归结果,治安安全感(系数0.190,P<0.01)、财产安全感(系数0.284,P<0.01)和安全建设安全感(系数0.0635,P<0.1)与政府品质信任显著正向相关;食品安全感、卫生安全感和环境安全感与政府品质信任的相关关系不具统计显著性;$R^2$为0.349,调整后的$R^2$为0.342。回归结果意味着,公众安全感中治安、财产和安全建设三维度及其变动趋势与政府品质信任及其变动趋势具有一致性。改善公众的治安安全感、财产安全感和安全建设安全感有助于提升政府品质信任。

模型五是公众安全感各维度与政府动机信任的OLS回归结果。治安安全感(系数0.186,P<0.01)、食品安全感(系数0.0658,P<0.05)和财产安全感(系数0.343,P<0.01)三维度与政府动机信任显著正向相关;卫生安全感、环境安全感和安全建设安全感与政府动机信任的相关性未通过显著性检验,不具有统计学意义;$R^2$为0.304,调整后的$R^2$为0.297。这表明,公众的治安安全感、食品安全感和财产安全感与政府动机信任具有一致性,改善公众的治安安全感、食品安全感和财产安全感有助于增进其政府动机信任;更高的治安、食品和财产安全感也意味着更高的政府动机信任。

模型六是公众安全感六维度与政府能力信任的OLS回归结果。治安安全感(系数0.195,P<0.01)、环境安全感(系数0.053,P<0.1)、财产安全感(系数0.224,P<0.01)、安全建设安全感(系数0.118,P<0.01)四维度与政府能力信任显著正向相关;食品安全感和卫生安全感与政府能力信任的相关性不具有统计显著性;$R^2$为0.254,调整后的$R^2$为0.246。回归分析结果表明,治安安全感、环境安全感、财产安全感、安全建设安全感及其变动趋势与政府能力信任及其变动趋势具有一致性,改善治安安全感、环境安全感、财产安

第四章 公众安全感与政府信任的结构相关性

全感和安全建设安全感有助于提升政府能力信任。

模型七、模型八和模型九是公众安全感六维度与差序政府信任、政府信任层差、政府信任级差的 OLS 回归结果。模型七是公众安全感与差序政府信任的 OLS 回归结果，除治安安全感外，食品安全感（系数 0.0474，P<0.05）、卫生安全感（系数 -0.0873，P<0.01）、环境安全感（系数 -0.0356，P<0.1）、财产安全感（系数 -0.0422，P<0.1）和安全建设安全感（系数 -0.0670，P<0.05）五维度都和差序政府信任存在具有统计意义的显著相关关系；$R^2$ 为 0.10，调整后的 $R^2$ 为 0.09。其中，卫生安全感、环境安全感、财产安全感和安全建设安全感与差序政府信任显著负向相关，这表明，卫生安全感、环境安全感、财产安全感和安全建设安全感的水平与变动与差序政府信任逆向而行，提升卫生安全感、环境安全感、财产安全感和安全建设安全感有助于弥合差序政府信任、抑制差序政府信任的扩张。

此外，需要特别注意食品安全感与差序政府信任的正相关关系。这一回归结果表明，食品安全感的改善对中央政府信任的影响效力高于地方政府，食品安全感的提升更有利于改善公众对中央政府的信任。其背后的社会心理机制或在于，在食品安全上，公众倾向于将风险和问题归咎于地方政府疏于监管，而将食品安全状况的改善归因于中央政府的有效治理，这表明，地方政府在食品安全监管中必须付出更多努力才能有效改善中央—地方政府信任结构。[①]

模型八是公众安全感与政府信任层差的 OLS 回归结果。根据回归结果可见，食品安全感、卫生安全感、环境安全感、财产安全感与政府信任层差存在具有统计意义的相关关系。其中，卫生安全感、环境安全感、财产安全感与政府信任层差显著负向相关，相关系数依次为

---

[①] 卢海阳、郑逸芳、黄靖洋：《公共政策满意度与中央政府信任——基于中国16个城市的实证分析》，《中国行政管理》2016年第8期。卢海阳等在其分析中指出，党的十八大以后，新一届中央政府高度重视食品安全问题，而食品安全感的提升也所显著地增进了公众的中央政府信任。

-0.0860（P<0.01）、-0.0622（P<0.05）、-0.0777（P<0.01），$R^2$为0.099，调整后的$R^2$为0.089。即是说，卫生安全感、环境安全感和财产安全感的提升与政府信任层差的降低相伴而生，提升公众的卫生安全感、环境安全感和财产安全感能够有效控制政府信任层差。此外，食品安全感与政府信任层差显著正向相关，相关系数为0.0481（P<0.1）；即是说，食品安全感的变动趋势和政府信任层差的变动趋势具有一致性，更高的食品安全感意味着政府信任的层次分化程度更强。这与前述食品安全感与差序政府信任的关系具有一致性。其解释机制也相似。

模型九是公众安全感与政府信任级差的OLS回归分析结果。根据分析结果，卫生安全感（系数-0.0318，P<0.01）、环境安全感（系数-0.0219，P<0.01）、财产安全感（系数-0.0183，P<0.05）、安全建设安全感（系数-0.0233，P<0.05）与政府信任级差显著负相关；食品安全感（系数0.0202，P<0.05）与政府信任级差显著正相关；$R^2$为0.111，调整后的$R^2$为0.101。换言之，除去治安安全感，其余五维度都和政府信任级差显著相关。展开来讲，卫生、环境、财产和安全建设安全感及其变动趋势与政府信任级差的变动趋势相向而行；前述四维度评价越高，政府信任级差越低，政府信任等级结构分化程度更低，各级政府的信任分布相对更加均衡。但是，食品安全感对高级别政府信任的影响高于低级别政府信任，食品安全感的改善在一定程度上会加剧政府信任等级结构的不均衡性。

综合模型七、模型八和模型九的回归结果，除治安安全感外，其余五维度和差序政府信任、政府信任级差显著相关；食品安全感、卫生安全感、环境安全感、财产安全感与政府信任层差显著相关。其中，除食品安全感外，前述各维度与政府信任结构（差序政府信任、政府信任层差、政府信任级差）显著负相关；不过，食品安全感对政府信任结构的影响会被前述三维度覆盖。从整体上讲，公众安全感能够有效抑制差序政府信任、政府信任层差和政府信任级差，增进政府信任的结构均衡性。

第四章 公众安全感与政府信任的结构相关性

表4-14 公众安全感与政府信任的 OLS 回归结果表

| 变量名称 | 政府信任的对象 ||| 政府信任的品质 ||| 政府信任的结构 |||
|---|---|---|---|---|---|---|---|---|---|
| | 模型一 | 模型二 | 模型三 | 模型四 | 模型五 | 模型六 | 模型七 | 模型八 | 模型九 |
| | 对象信任 | 组织信任 | 人员信任 | 品质 | 动机信任 | 能力信任 | 差序 | 层差 | 级差 |
| 治安安全感 | 0.0796*** | 0.0803** | 0.0790** | 0.190*** | 0.186*** | 0.195*** | -0.0191 | -0.0326 | -0.00752 |
| | (0.0268) | (0.0350) | (0.0315) | (0.0348) | (0.0424) | (0.0407) | (0.0271) | (0.0339) | (0.0105) |
| 食品安全感 | 0.0417* | 0.0218 | 0.0616** | 0.00843 | 0.0658* | -0.0490 | 0.0474** | 0.0481* | 0.0202** |
| | (0.0211) | (0.0276) | (0.0248) | (0.0274) | (0.0334) | (0.0321) | (0.0213) | (0.0267) | (0.00825) |
| 卫生安全感 | 0.136*** | 0.144*** | 0.128*** | 0.0150 | -0.0338 | 0.0637 | -0.0873*** | -0.0860*** | -0.0318*** |
| | (0.0262) | (0.0343) | (0.0308) | (0.0340) | (0.0415) | (0.0398) | (0.0265) | (0.0332) | (0.0102) |
| 环境安全感 | 0.0887*** | 0.0946*** | 0.0827*** | 0.0377 | 0.0223 | 0.0530* | -0.0356* | -0.0622** | -0.0219*** |
| | (0.0210) | (0.0276) | (0.0248) | (0.0273) | (0.0334) | (0.0321) | (0.0213) | (0.0267) | (0.00824) |
| 财产安全感 | 0.0925*** | 0.0346 | 0.150*** | 0.284*** | 0.343*** | 0.224*** | -0.0422* | -0.0777*** | -0.0183** |
| | (0.0230) | (0.0302) | (0.0271) | (0.0299) | (0.0365) | (0.0351) | (0.0233) | (0.0292) | (0.00901) |
| 安全建设 | 0.0645** | 0.0570 | 0.0719** | 0.0635* | 0.00921 | 0.118*** | -0.0670** | -0.0453 | -0.0233** |
| | (0.0280) | (0.0366) | (0.0330) | (0.0363) | (0.0443) | (0.0426) | (0.0283) | (0.0354) | (0.0109) |

续表

| | 政府信任的对象 | | | 政府信任的品质 | | | 政府信任的结构 | |
|---|---|---|---|---|---|---|---|---|
| 变量名称 | 模型一 对象信任 | 模型二 组织信任 | 模型三 人员信任 | 模型四 品质 | 模型五 动机信任 | 模型六 能力信任 | 模型七 差序 | 模型八 层差 | 模型九 级差 |
| 年龄 | 0.00847 | 0.0216 | -0.00469 | 0.0123 | 0.0393 | -0.0146 | 0.0290* | 0.0335 | 0.0091 |
| | (0.0174) | (0.0228) | (0.0205) | (0.0226) | (0.0276) | (0.0265) | (0.0176) | (0.0220) | (0.0068) |
| 性别 | -0.0353 | -0.111*** | 0.0400 | -0.0210 | -0.0554 | 0.0135 | -0.110*** | -0.182*** | -0.0539*** |
| | (0.0323) | (0.0423) | (0.0381) | (0.0420) | (0.0512) | (0.0492) | (0.0327) | (0.0410) | (0.0126) |
| 教育水平 | -0.0306 | 0.0318 | -0.0930*** | -0.0415* | -0.0697** | -0.0133 | 0.0182 | 0.00976 | 0.00210 |
| | (0.0188) | (0.0246) | (0.0222) | (0.0244) | (0.0298) | (0.0286) | (0.0190) | (0.0238) | (0.0073) |
| 民族 | 0.0239 | 0.0540 | -0.00626 | 0.0575 | 0.0906 | 0.0243 | -0.0496 | -0.0490 | -0.0155 |
| | (0.0447) | (0.0585) | (0.0527) | (0.0581) | (0.0709) | (0.0681) | (0.0452) | (0.0567) | (0.0175) |
| 收入 | -0.0495*** | -0.0691*** | -0.0300* | 0.0323* | 0.0366* | 0.0279 | -0.00377 | 0.000467 | 0.00199 |
| | (0.0139) | (0.0182) | (0.0164) | (0.0180) | (0.0220) | (0.0211) | (0.0140) | (0.0176) | (0.0054) |
| 政治面貌 | -0.0362*** | -0.0582*** | -0.0143 | -0.00753 | -0.0131 | -0.00193 | 0.0272** | 0.0143 | 0.00755 |
| | (0.0119) | (0.0155) | (0.0140) | (0.0154) | (0.0188) | (0.0181) | (0.0120) | (0.0150) | (0.0046) |

续表

| 变量名称 | 政府信任的对象 ||| 政府信任的品质 ||| 政府信任的结构 |||
|---|---|---|---|---|---|---|---|---|---|
| | 模型一 | 模型二 | 模型三 | 模型四 | 模型五 | 模型六 | 模型七 | 模型八 | 模型九 |
| | 对象信任 | 组织信任 | 人员信任 | 品质 | 动机信任 | 能力信任 | 差序 | 层差 | 级差 |
| 户籍 | -0.00424 | 0.0373 | -0.0458 | -0.0414 | -0.0849** | 0.00201 | 0.00940 | 0.0110 | 0.0031 |
| | (0.0238) | (0.0312) | (0.0281) | (0.0310) | (0.0378) | (0.0363) | (0.0241) | (0.0302) | (0.0093) |
| 信息媒介 | -0.0416*** | -0.0342** | -0.0490*** | -0.0399** | -0.0395** | -0.0402** | 0.0405*** | 0.0547*** | 0.0184*** |
| | (0.0126) | (0.0165) | (0.0148) | (0.0163) | (0.0199) | (0.0192) | (0.0127) | (0.0159) | (0.0049) |
| $R^2$ | 0.334 | 0.185 | 0.338 | 0.349 | 0.304 | 0.254 | 0.100 | 0.099 | 0.111 |
| Adjust-$R^2$ | 0.327 | 0.177 | 0.331 | 0.342 | 0.297 | 0.246 | 0.090 | 0.089 | 0.101 |
| 常数项 | 2.525*** | 2.983*** | 2.068*** | 1.446*** | 1.743*** | 1.149*** | 0.950*** | 1.519*** | 0.412*** |
| | (0.167) | (0.219) | (0.197) | (0.217) | (0.265) | (0.255) | (0.169) | (0.212) | (0.066) |
| 观察值 | 1,326 | 1,326 | 1,326 | 1,326 | 1,326 | 1,326 | 1,326 | 1,326 | 1,326 |

注：括号内为标准差，***、**、*表示 $P<0.01$，$P<0.05$，$P<0.1$，VIF 值为 1.64，不存在多重共线性。

最后，就各控制变量而言，OLS 回归结果显示，信息媒介与政府信任的对象、品质和结构都存在具有统计意义的相关关系。具体地，信息媒介与政府信任对象、政府组织信任和公职人员信任显著负相关，与政府信任品质、政府动机和公职人员信任显著负向相关，与差序政府信任、政府信任层差、政府信任级差显著正相关。这就意味着，相比于以传统媒体为主要信息获取渠道的公众，依靠新媒体获取信息的公众对政府信任对象和品质及其子维度的信任水平更低；同时持有更高水平的差序政府信任、政府信任层差和政府信任级差。

收入与政府对象信任、政府组织信任和公职人员信任显著负相关，与政府品质信任、政府动机信任显著正相关。即是说，相比于更高收入的居民群体，收入水平较低的居民政府对象信任更高，政府品质特别是政府动机信任更低。这意味着，低收入群体对政府组织和公职人员的信任程度更高，高收入群体对政府动机和品质的评价和认可更高。这一群体性分化的社会心理机制或在于更高收入群体拥有更多的社会信心，从而对政府动机、能力和品质持有更为肯定的态度。

此外，户籍与政府动机信任显著负相关，即是说，外地户籍居民比本地户籍居民更容易质疑政府服务于公共利益的动机。这一结果和公众安全感与政府品质信任的回归分析结果保持一致。年龄、性别、教育水平、政治面貌与政府信任对象、品质、结构的相关性和公众安全感作为预测变量的回归分析基本保持一致，此处不再赘述。

（二）分位数回归结果

对公众安全感各维度与政府信任三重面向的 OLS 回归结果显示，公众安全感六维度都和政府信任对象、公职人员信任显著正相关。在此基础上，本部分通过分位数回归进一步加深对前述变量间相关关系的认识，并综合 OLS 回归和分位数回归结果，确认分析结果和研究结论稳定可靠。公众安全感六维度与政府信任对象、公职人员信任的分位数回归结果和回归系数趋势图如下。

1. 公众安全感六维度与政府信任对象的分位数回归结果

表4-15和图4-10是公众安全感六维度与政府信任对象的分位数回归结果和回归系数趋势图。根据表4-15可见，在全部分位上（0.1分位至0.9分位），财产安全感都和政府对象信任显著正相关；在0.1分位至0.75分位，卫生安全感、环境安全感与政府对象信任显著正相关；在0.25分位至0.9分位，安全建设安全感与政府对象信任显著正相关；在0.5分位至0.9分位，食品安全感与政府对象信任显著正相关；除去0.75分位，治安安全感与政府对象信任显著正相关。

展开来讲，财产安全感与政府对象信任在0.1分位的相关系数为0.114（$P<0.05$），在0.25分位的相关系数为0.101（$P<0.01$），在0.5分位的相关系数为0.0931（$P<0.05$），在0.75分位的相关系数为0.0811（$P<0.01$），在0.9分位的相关系数为0.0729（$P<0.05$）。结合图4-10可见，财产安全感与各分位政府对象信任的相关系数可近似为负斜率的直线，在0.1分位上，财产安全感与政府对象信任的相关系数达到峰值，随着政府对象信任的分位增长，财产安全感与政府对象信任的相关系数降序递减。

卫生安全感与政府对象信任在0.1分位（相关系数0.177，$P<0.01$）、0.25分位（相关系数0.205，$P<0.01$）、0.5分位（相关系数0.163，$P<0.01$）、0.75分位（相关系数0.112，$P<0.01$）上显著正向相关，在0.25分位上相关系数值最大。即是说，卫生安全感对政府对象信任的积极影响随政府对象信任水平的变化先上升后下降。

环境安全感与政府对象信任在0.1分位的相关系数为0.0943（$P<0.1$），在0.25分位的相关系数为0.0850（$P<0.05$），在0.5分位的相关系数为0.0958（$P<0.01$），在0.75分位的相关系数为0.0451（$P<0.1$）。结合图4-10可见，环境安全感与各分位政府对象信任的相关系数呈波浪形，相关系数峰值在0.5分位上，0.1分位次之，然后是0.25分位，0.75分位居于最后。这表明，在政

府对象信任的各分位上，环境安全感对政府对象信任的积极影响存在程度差异。

安全建设安全感与政府对象信任在0.25分位的相关系数为0.104（P<0.01），在0.5分位的相关系数为0.0727（P<0.05），在0.75分位的相关系数为0.0941（P<0.01），在0.9分位的相关系数为0.0829（P<0.1）。结合图4-10可见，安全建设安全感与各分位政府对象信任的相关系数呈M形，相关系数峰值在0.25分位，0.75分位次之，随后依次为0.9分位、0.5分位。由此可见，对于不同水平的政府对象信任而言，安全建设安全感对其影响效应存在显著区别。

食品安全感与政府对象信任在0.5分位的相关系数为0.0542（P<0.1），在0.75分位的相关系数为0.0703（P<0.01），在0.9分位的相关系数为0.0888（P<0.01）。结合图4-10可见，随着政府对象信任的分位增加，食品安全感与各分位政府对象信任的相关系数依次递增。这表明，政府对象信任越高，食品安全感对政府对象信任的积极影响就越是强烈。

治安安全感与政府对象信任在0.1分位的相关系数为0.134（P<0.05），在0.25分位的相关系数为0.0944（P<0.05），在0.5分位的相关系数为0.0714（P<0.05），在0.9分位的相关系数为0.0710（P<0.1）。结合图4-10可见，随着政府对象信任的分位增加，治安安全感与各分位政府对象信任的相关系数逐渐变小；相关系数峰值在0.1分位。这表明，在政府对象信任处于较低水平时，治安安全感对政府对象信任的积极影响最强；政府对象信任越高，治安安全感增进政府信任的效力越低。

综合图表可见，财产安全感、卫生安全感、环境安全感、安全建设安全感、食品安全感、治安安全感的分位数回归系数与OLS回归系数的95%置信区间高度重合。综合分位数回归和OLS回归结果，OLS的回归系数相对较低。由此可见，OLS回归确认了公众安全感各维度与政府对象信任的相关关系，但准确性稍有不足。从总体上看，公众安全感各维度与政府对象信任的正相关关系显著且稳固。

表4-15 公众安全感六维度与政府信任对象的分位数回归结果

| 变量名称 | 政府信任对象的分位点 | | | | |
|---|---|---|---|---|---|
| | （1）$q=0.1$ | （2）$q=0.25$ | （3）$q=0.5$ | （4）$q=0.75$ | （5）$q=0.9$ |
| 治安安全 | 0.134** | 0.0944** | 0.0714** | 0.0531 | 0.0710* |
| | (0.0592) | (0.0412) | (0.0285) | (0.0365) | (0.0389) |
| 食品安全 | 0.00891 | 0.0256 | 0.0542* | 0.0703*** | 0.0888*** |
| | (0.0315) | (0.0347) | (0.0316) | (0.0219) | (0.0296) |
| 卫生安全 | 0.177*** | 0.205*** | 0.163*** | 0.112*** | 0.0106 |
| | (0.0607) | (0.0505) | (0.0298) | (0.0195) | (0.0314) |
| 环境安全 | 0.0943* | 0.0850** | 0.0958*** | 0.0451* | 0.0216 |
| | (0.0488) | (0.0374) | (0.0231) | (0.0232) | (0.0242) |
| 财产安全 | 0.114** | 0.101*** | 0.0931** | 0.0811*** | 0.0729** |
| | (0.0567) | (0.0297) | (0.0391) | (0.0224) | (0.0309) |
| 安全建设 | 0.0390 | 0.104*** | 0.0727* | 0.0941*** | 0.0829* |
| | (0.0611) | (0.0353) | (0.0420) | (0.0345) | (0.0496) |
| 收入 | -0.0492** | -0.0735*** | -0.0500*** | -0.0315** | -0.0111 |
| | (0.0234) | (0.0182) | (0.0141) | (0.0136) | (0.0195) |
| 年龄 | -0.0400 | 0.00181 | -0.00833 | 0.0120 | -0.0185 |
| | (0.0388) | (0.0310) | (0.0169) | (0.0139) | (0.0190) |
| 性别 | -0.0534 | -0.0443 | -0.0620* | -0.0139 | -0.0185 |
| | (0.0474) | (0.0459) | (0.0365) | (0.0333) | (0.0286) |
| 教育水平 | -0.0627* | -0.0231 | -0.0442** | -0.0409*** | -0.0718*** |
| | (0.0373) | (0.0332) | (0.0225) | (0.0152) | (0.0212) |
| 民族 | 0.0682 | 0.0149 | -0.00491 | -0.0280 | 0.0103 |
| | (0.0535) | (0.0428) | (0.0325) | (0.0385) | (0.0863) |
| 政治面貌 | -0.0541*** | -0.0548*** | -0.0389*** | -0.00107 | 0.00429 |
| | (0.0201) | (0.0159) | (0.0112) | (0.00778) | (0.00952) |
| 户籍 | -0.0145 | 0.0335 | 0.000582 | -0.0149 | -0.0441 |
| | (0.0553) | (0.0272) | (0.0260) | (0.0220) | (0.0279) |

续表

|  | 政府信任对象的分位点 ||||| 
|---|---|---|---|---|---|
| 变量名称 | （1） | （2） | （3） | （4） | （5） |
|  | q=0.1 | q=0.25 | q=0.5 | q=0.75 | q=0.9 |
| 信息媒介 | -0.0930*** | -0.0290 | -0.0414*** | -0.0198 | -0.0227 |
|  | (0.0233) | (0.0237) | (0.0142) | (0.0182) | (0.0164) |
| 伪 $R^2$ | 0.1768 | 0.1948 | 0.2156 | 0.2593 | 0.2343 |
| 常数项 | 2.039*** | 1.818*** | 2.567*** | 2.917*** | 3.692*** |
|  | (0.276) | (0.241) | (0.232) | (0.199) | (0.241) |
| 观察值 | 1326 | 1326 | 1326 | 1326 | 1326 |

注：括号内为标准差，\*\*\* 表示 P<0.01，\*\* 表示 P<0.05，\* 表示 P<0.1。

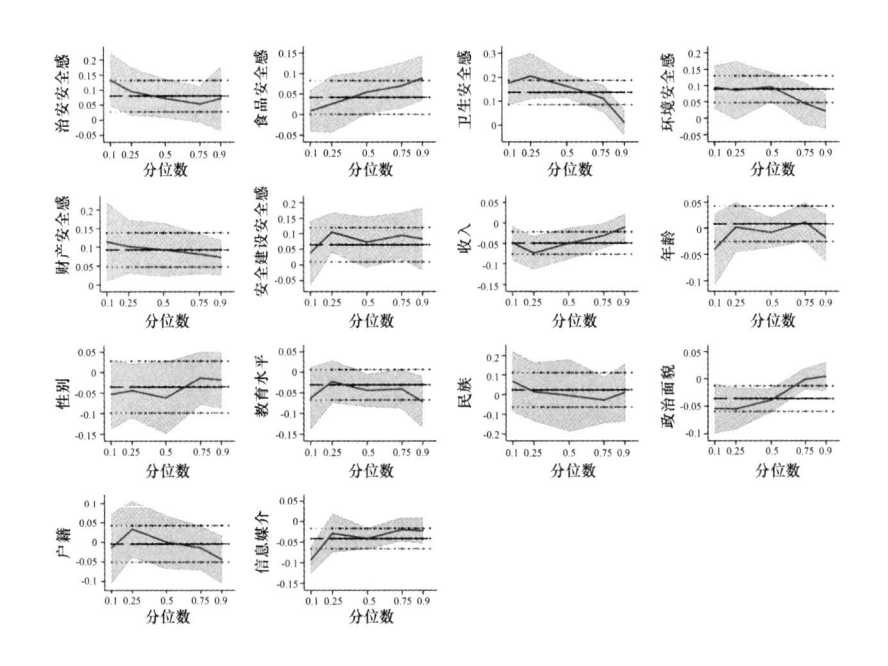

图 4-10 公众安全感各维度与政府信任对象分位数回归系数趋势

**2. 公众安全感六维度与公职人员信任的分位数回归结果**

表 4-16 和图 4-11 是公众安全感六维度与公职人员信任的分位

## 第四章 公众安全感与政府信任的结构相关性

数回归结果和回归系数趋势图。根据表 4-16，在全部分位上，财产安全感都和公职人员信任显著正相关；在 0.1 分位至 0.75 分位，卫生安全感与公职人员信任显著正相关；在 0.1 分位至 0.5 分位，环境安全感与公职人员信任显著正相关；在 0.25 分位至 0.9 分位，安全建设安全感与公职人员信任显著正相关；在 0.25 至 0.9 分位，食品安全感与公职人员信任显著正相关；仅在 0.5 分位，治安安全感与公职人员信任显著正相关。

具体地，财产安全感与公职人员信任在 0.1 分位的相关系数为 0.169（$P<0.01$），在 0.25 分位的相关系数为 0.154（$P<0.01$），在 0.5 分位的相关系数为 0.139（$P<0.01$），在 0.75 分位的相关系数为 0.173（$P<0.01$），在 0.9 分位的相关系数为 0.152（$P<0.01$）。结合图 4-11 可见，财产安全感与各分位公职人员信任的相关系数先下降后上升再下降，相关系数峰值在 0.75 分位，其后是 0.1 分位、0.25 分位，再然后是 0.9 分位、0.5 分位。从整体上看，随着公职人员信任的分位增加，财产安全感对公职人员信任的影响整体平稳、略有波动。

卫生安全感与公职人员信任在 0.1 分位的相关系数为 0.203（$P<0.01$），在 0.25 分位的相关系数为 0.151（$P<0.01$），在 0.5 分位的相关系数为 0.156（$P<0.01$），在 0.75 分位的相关系数为 0.120（$P<0.1$）。结合图 4-11 可见，卫生安全感与各分位公职人员信任的相关系数也呈现先下降后上升再下降的变动趋势；相关系数峰值在 0.1 分位，其次是 0.5 分位，再然后是 0.25 分位、0.75 分位。就其整体而言，随着公职人员信任的分位提高，卫生安全感对公职人员信任的积极影响呈下降趋势。

环境安全感与政府对象信任在 0.1 分位的相关系数为 0.134（$P<0.01$），在 0.25 分位的相关系数为 0.102（$P<0.01$），在 0.5 分位的相关系数为 0.0908（$P<0.01$）。结合图 4-11 可见，环境安全感与各分位公职人员信任的相关系数呈下降趋势，相关系数峰值在 0.1 分位。由此可见，随着公职人员信任的分位增加，环境安全感对公职人员信任的积极影响逐渐降低。

◈◈ 公众安全感向政府信任的转化机制分析

治安安全感与公职人员信任仅在0.5分位（相关系数0.0655，P<0.1）时显著正向相关；这意味着仅在公职人员信任处于中等水平时，治安安全感的改善才能有效增进公职人员信任。结合OLS均值回归系数（0.0790，P<0.5）可见，平均状态下的相关关系和0.5分位的相关关系，并不存在根本差异。因此，治安安全感的确能够增进公职人员信任，但其积极影响相对薄弱。

食品安全感与公职人员信任在0.25分位的相关系数为0.0815（P<0.05），在0.5分位的相关系数为0.0670（P<0.1），在0.75分位的相关系数为0.129（P<0.01），在0.9分位的相关系数为0.103（P<0.05）。结合图4-11可见，相关系数趋势图呈波浪形，相关系数峰值在0.75分位上，自此向两侧递减。就其总体而言，随着公职人员信任水平的提升，食品安全感对公职人员信任的积极影响先上升后下降。

最后，综合分位数回归图表可见，财产安全感、卫生安全感、环境安全感、安全建设安全感、食品安全感、治安安全感的分位数回归系数与OLS回归系数的95%置信区间保持较大的重合度。因此，公众安全感六维度都能够稳定增进公职人员信任。

表4-16 公众安全感六维度与公职人员信任的分位数回归结果

| 变量名称 | 公职人员信任的分位点 ||||| 
|---|---|---|---|---|---|
| | （1）<br>q=0.1 | （2）<br>q=0.25 | （3）<br>q=0.5 | （4）<br>q=0.75 | （5）<br>q=0.9 |
| 治安安全 | 0.00543<br>(0.0507) | 0.0407<br>(0.0468) | 0.0655*<br>(0.0380) | 0.0714<br>(0.0591) | 0.0727<br>(0.0539) |
| 食品安全 | 0.0257<br>(0.0301) | 0.0815**<br>(0.0345) | 0.0670*<br>(0.0395) | 0.129***<br>(0.0489) | 0.103**<br>(0.0469) |
| 卫生安全 | 0.203***<br>(0.0590) | 0.151***<br>(0.0423) | 0.156***<br>(0.0341) | 0.120*<br>(0.0653) | 0.0120<br>(0.0405) |
| 环境安全 | 0.134***<br>(0.0425) | 0.102***<br>(0.0393) | 0.0908***<br>(0.0245) | 0.0373<br>(0.0329) | 0.0486<br>(0.0380) |

续表

| 变量名称 | 公职人员信任的分位点 ||||| 
|---|---|---|---|---|---|
| | (1) q=0.1 | (2) q=0.25 | (3) q=0.5 | (4) q=0.75 | (5) q=0.9 |
| 财产安全 | 0.169*** | 0.154*** | 0.139*** | 0.173*** | 0.152*** |
| | (0.0599) | (0.0402) | (0.0377) | (0.0438) | (0.0468) |
| 安全建设 | 0.0592 | 0.0701 | 0.126*** | 0.0701 | 0.106** |
| | (0.0551) | (0.0497) | (0.0403) | (0.0584) | (0.0508) |
| 收入 | -0.0311 | -0.0757*** | -0.0479** | 0.0228 | 0.000944 |
| | (0.0239) | (0.0226) | (0.0215) | (0.0239) | (0.0113) |
| 年龄 | -0.0385 | -0.00321 | 0.0201 | 0.00137 | -0.0429 |
| | (0.0394) | (0.0382) | (0.0206) | (0.0359) | (0.0374) |
| 性别 | 0.140** | 0.0390 | 0.0450 | 0.0321 | 0.0178 |
| | (0.0555) | (0.0526) | (0.0518) | (0.0403) | (0.0444) |
| 教育水平 | -0.0535 | -0.0308 | -0.134*** | -0.130*** | -0.150*** |
| | (0.0368) | (0.0256) | (0.0296) | (0.0313) | (0.0196) |
| 民族 | 0.0217 | -0.0149 | -0.0487*** | -0.0718 | -0.0336 |
| | (0.0607) | (0.0243) | (0.0130) | (0.106) | (0.0627) |
| 政治面貌 | -0.0548*** | -0.00896 | -0.00574 | -0.00345 | -0.00471 |
| | (0.0193) | (0.0154) | (0.0154) | (0.0153) | (0.0130) |
| 户籍 | -0.0336 | -0.0212 | -0.0288 | -0.0639* | -0.118*** |
| | (0.0235) | (0.0337) | (0.0232) | (0.0330) | (0.0446) |
| 信息媒介 | -0.111*** | -0.0578*** | -0.0415** | -0.0283 | -0.0106 |
| | (0.0297) | (0.0211) | (0.0165) | (0.0256) | (0.0203) |
| 伪 $R^2$ | 0.1481 | 0.1519 | 0.2081 | 0.263 | 0.2499 |
| 常数项 | 1.248*** | 1.462*** | 1.905*** | 2.373*** | 3.341*** |
| | (0.255) | (0.262) | (0.248) | (0.432) | (0.249) |
| 观察值 | 1326 | 1326 | 1326 | 1326 | 1326 |

注：括号内为标准差，*** 表示 P<0.01，** 表示 P<0.05，* 表示 P<0.1。

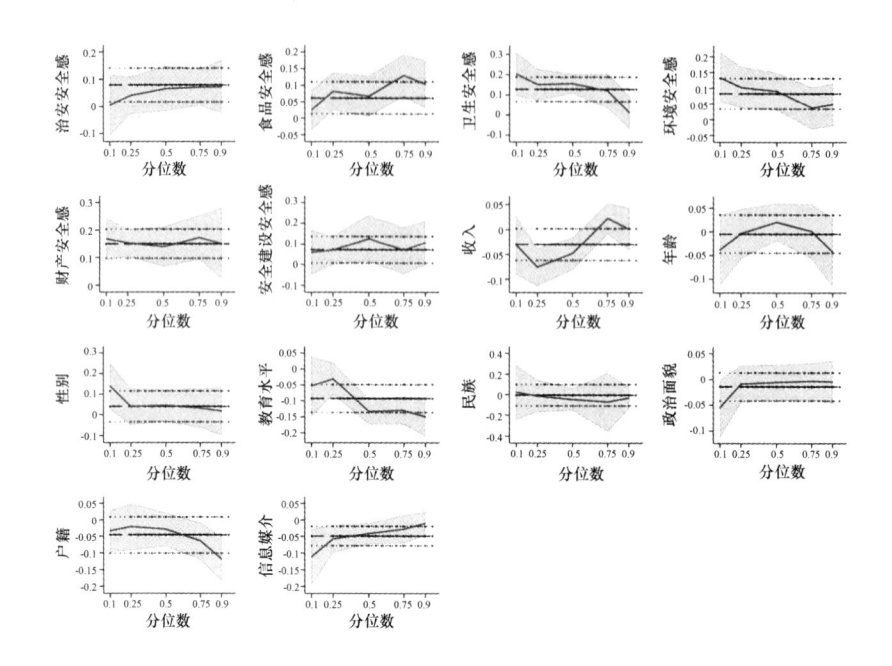

**图 4-11　公众安全感各维度与公职人员信任分位数回归系数趋势**

综合 OLS 回归和分位数回归结果可见，公众安全感各维度与政府信任对象、公职人员信任显著正相关，假设 4-4、假设 4-4b 得以证实，公众安全感部分维度与政府组织信任显著正相关，假设 4-4a 得以部分证实。公众安全感部分维度与政府品质信任、政府动机信任、政府能力信任显著正相关，假设 4-5、4-5a、4-5b 得以部分证实。公众安全感部分维度与差序政府信任、政府信任层差、政府信任级差显著负相关，假设 4-6、4-6a、4-6b、4-6c 部分得以证实。公众安全感与政府信任主要面向的相关关系得以确认，公众安全感各维度与政府信任三重面向的结构性相关关系初步得以证实。

# 第五章 公众安全感与政府信任的因果关系检验

根据前述公众安全感与政府信任对象、品质和结构的相关关系检验结果，公众安全感各维度与政府信任三重面向的结构性相关关系检验结果可见，公众安全感及其构成维度与政府信任各面向之间存在具有统计意义的相关关系。但是，这对于深刻把握公众安全感与政府信任的关联关系仍不充分。原因在于，相关性分析主要关注两观测变量及其变化的一致性程度，即变量间的关联性，但相关性不是因果性，无法揭示变量及其反映的社会现象间的因果关系。

因此，在公众安全感与政府信任相关关系得以基本确认的基础上，本章主要围绕公众安全感与政府信任的因果关系展开。尝试在因果意义上验证并揭示公众安全感对政府信任对象、品质和结构的影响效应。

## 第一节 研究假设与模型选择

如前所述，我们希望验证并揭示公众安全感与政府信任的因果关系。为此，首先要进一步明确研究假设，即是说，我们要从哪些方面确认公众安全感与政府信任间的因果关系。同时也要考虑，应当具体采用什么样的研究方法进行假设检验，这一分析方法在何种程度上能够助益我们的研究目标。下文中，研究假设提出和研究模型选择是对前述问题的回答。

◈◈ 公众安全感向政府信任的转化机制分析

## 一 研究假设

事实上,公众安全感与政府信任的相关性,仅是理解两者及其所代表的社会现象间关系的基本命题和基础步骤,相关关系的确认使进一步探究因果关系和因果效应成为可能。在前述分析中,我们已经通过理论推导和逻辑推演构建了公众安全感与政府信任因果关联的分析框架,通过基础回归初步确认了变量间的相关关系。此处着意在经验意义上确认因果效应,并直观呈现因果关系的现实表征。

我们预期,公众安全感与政府信任的对象、品质和结构具有因果关系,公众安全感是政府信任对象及其构成要素、政府品质信任及其构成要素、政府信任结构及其构成要素变动的重要原因。具体假设如下:

假设5-1:公众安全感与政府信任的相关关系是一种因果关系;

假设5-1a:公众安全感与政府对象信任因果相关;

5-1a1:公众安全感是政府组织信任的来源;

5-1a2:公众安全感是公职人员信任的来源;

假设5-1b:公众安全感与政府品质信任因果相关;

5-1b1:公众安全感是政府动机信任的来源;

5-1b2:公众安全感是政府能力信任的来源;

假设5-1c:公众安全感与政府信任结构因果相关;

5-1c1:公众安全感与差序政府信任因果相关;

5-1c2:公众安全感是政府信任层差因果相关;

5-1c3:公众安全感是政府信任级差因果相关;

## 二 广义倾向匹配模型及其适用性

通过分组进行比较研究是因果推断的有效策略。但是,由于社会科学研究对象的特殊性,以随机分组实验方式开展研究的可行性非常低,这就使得,通过改进和创新研究方法建构实验数据成为实现社会科学因果推断的主导路径和主要方案。

举例来讲,倾向得分匹配法(Propensity Score Matching, PSM)针

对观测数据可能存在的系统性偏差，在一定程度上处理了影响研究结果精准性的组别干扰因素，提供了把握变量纯效应的可行方法。不过，PSM 有着严格的适用要求，仅能处理二分变量的因果关系，这一条件限制了其在复杂情境中处理复杂变量的作用空间。

考虑到研究数据中非二分变量的广泛存在，Imbens[①]、Hirano 和 Imbens[②] 提出广义倾向得分匹配法（Generalized Propensity Score，GPS）。GPS 的出现使反事实框架也适用于处理多元变量，极大地拓展了因果推断的适用空间和使用范围。本研究即采用 GPS 检验公众安全感与政府信任对象、品质和结构的因果关系。

### 三　基于等级反应模型的变量设定

在确定用于广义倾向值匹配分析的公众安全感变量时，既可以通过加总的方式求得公众安全感六维度评分之和作为因果关系分析的预测变量，也可以借助项目反应理论（Item Response Theory，IRT）估算公众对政府在安全建设中的主观责任期待。考虑到在相关性分析中，已经采用加总的方式定义公众安全感，为进一步增强数据分析的准确性，本部分采用 IRT 的方式提取公众安全感的具体值。

作为一种现代心理理论，IRT 的基本假设即受访者存在某种"潜在特质"，而测试题则可以反映个体的"潜在特质"；这实际上意味着，"潜在特质"的本质是在综合可被观测到的各题目信息基础上生成的一种统计构想。尽管 IRT 延续了对高维数据进行降维处理的思路，从而与因子分析保持了相似的数据分析逻辑，但是，IRT 从区分度和难度分化两方面呈现了数据的结构性特征，有助于加深对数据整体特征的理解。

---

① Guido W. Imbens, "The Role of the Propensity Score in Estimating Dose-Response Functions", *Biometrika*, Vol. 87, No. 3, Sep 2000.
② Hirano, K. and G. W. Imbens, "The Propensity Score with Continuous Treatments", Applied Bayesian Modeling and Causal Inference from Incomplete-data Perspectives, Vol. 226, No. 164, July 2004.

◈ 公众安全感向政府信任的转化机制分析

公众安全感六维度的 Alpha 系数为 0.8286，表明数据内在凝聚性较高，适宜进行后续分析。利用项目反映理论中的等级反应模型，选择双参数模型，通过经验贝叶斯方法对公众安全感六维度进行估计。表 5-1 提供了公众安全感的等级反应模型结果摘要。其中，参数 α 为区分度，是具体问题在区分个体特定"潜在特质"中的贡献率，区分度值越大代表该题项在反映和区分个体潜在特质中的效能越强。

表 5-1　　　　　　　公众安全感的等级反应模型结果摘要

| 具体维度 | 参数 | | | | |
| --- | --- | --- | --- | --- | --- |
|  | α | β1 | β2 | β3 | β4 |
| 治安安全 | 2.210 | -3.014 | -1.640 | -0.329 | 1.025 |
| 食品安全 | 1.436 | — | -2.179 | -1.219 | 1.279 |
| 医疗安全 | 1.589 | -3.570 | -2.304 | -0.652 | 0.910 |
| 环境安全 | 1.170 | -4.029 | -2.100 | -0.725 | 1.633 |
| 财产安全 | 2.628 | — | -0.944 | -0.457 | 0.882 |
| 安全建设 | 3.101 | -2.545 | -1.382 | -0.615 | 0.663 |

举例来讲，安全建设安全感在公众安全感六维度中区分度系数值最高（3.101），这表明，该题项最能够区分公众安全感的分化水平。参数 β 为难度系数，β1、β2、β3、β4 分别为很不安全、不太安全、一般安全、比较安全、非常安全五种安全水平的边界。这就意味着，当安全建设的值小于 -2.545 时，代表个人倾向于选择非常不安全；安全建设的值大于 -2.545 且小于 -1.382 则意味着个人倾向于选择比较不安全；而安全建设的值大于 -1.382 且小于 -0.615 表明，个人倾向于选择一般安全；当安全建设的值大于 -0.615 且小于 0.663 时，个人倾向于选择比较安全；最后，安全建设的值大于 0.663 意味着个人倾向于选择非常安全。

其后，对经等级反应模型生成的公众安全感数值进行标准化处理，将其转化为取值在［0-1］的区间值，以便于后序分析和解释。

## 第二节 假设检验与分析结果

在前述分析的基础上，本部分通过广义倾向值匹配检验公众安全感与政府信任对象、品质和结构的因果关系。具体包括广义倾向值匹配的平衡性检验结果，广义倾向值匹配分析结果。

### 一 广义倾向值匹配（GPS）的平衡性检验结果

表5-2是以控制变量为自变量、干预变量为因变量的广义线性估算方程的结果摘要，估算系数无实际意义。

表5-2　　　　　　广义倾向值估算模型结果摘要

| 自变量 | 系数 | 标准误 |
| --- | --- | --- |
| 收入 | -0.014** | 0.006 |
| 年龄 | 0.020** | 0.008 |
| 性别 | -0.004 | 0.015 |
| 教育水平 | -0.056*** | 0.008 |
| 民族 | 0.058** | 0.023 |
| 政治面貌 | -0.019*** | 0.005 |
| 户籍 | -0.042*** | 0.011 |
| 信息媒介 | -0.030*** | 0.006 |
| 常数项 | 4.396*** | 0.057 |

注：*** 表示 P<0.01，** 表示 P<0.05。

表5-3是广义倾向值调整后共变量的平衡性检验结果。平衡性检验是将样本数据拆分为四组，比较组间共变量均值是否存在显著差异的过程。在组间均值比较中，均值不显著意味着实现了较好平衡。

据表可见，经过广义倾向值匹配调整后，8 个共变量 4 组个案的 32 个 t 值中，有 7 个 t 值的绝对值大于 1.96；最终的平衡性检验结果显示，在 α=0.01 的显著性水平上，8 个设定共变量通过平衡性检验。

表 5-3　　　　　　　广义倾向值匹配的平衡性检验摘要

| 共变量 | 组 1 | 组 2 | 组 3 | 组 4 |
| --- | --- | --- | --- | --- |
| 收入 | 0.212 | -2.651 | -0.652 | 2.206 |
| 年龄 | 0.785 | 1.207 | -0.919 | -0.663 |
| 性别 | -1.233 | 0.511 | -0.085 | -1.696 |
| 教育水平 | -0.873 | -2.765 | 1.434 | 2.262 |
| 民族 | 1.206 | -0.147 | -0.362 | -1.164 |
| 政治面貌 | -1.763 | 1.323 | 0.186 | -2.114 |
| 户籍 | -3.798 | -0.168 | 1.892 | -0.403 |
| 信息媒介 | 0.269 | -2.850 | -0.947 | 1.097 |

在平衡性检验后估算响应函数。广义倾向值匹配中响应函数可以设定一阶（linear）、二阶（quadratic）和三阶（cubic），考虑到三阶函数可以更细致入微地刻画因变量随自变量变化发生的方向和水平，本研究选用三阶函数进行估算和分析。具体估算方程为：

$$Y = \beta_1 T + \beta_2 T^2 + \beta_3 T^3 + \beta_4 GPS + \beta_5 GPS^2 + \beta_6 GPS^3 + \beta_7 T \times GPS$$

在上述方程中，Y 代表政府信任对象及其具体维度、政府信任品质及其具体维度、政府信任结构及其具体维度，GPS 为估算的广义倾向值，$\beta_{1-7}$ 为需要估算的系数。不过，由于估算方程的系数并无实际意义，通常情况下做省略处理，此处遵循惯例。同时，由于处于安全完全未满足和安全完全满足状态的情况极为个别，此处将公众安全感的取值界定在 0.1—0.9 之间，将主要研究关注集中在更具现实意义的部分。此外，为确保分析结果的稳定性，我们通过 Bootstrap 自助重复抽样500次，以减少边缘显著性等不稳定分析结果的发生概率。

## 二 公众安全感与政府信任对象的因果关系检验结果

公众安全感与政府信任对象的因果关系检验，包括公众安全感与政府信任对象、政府组织信任和公职人员信任的广义倾向值匹配分析结果。下文呈现了公众安全感对政府信任对象、政府组织信任和公职人员信任的响应效应和干预效应图示。在此基础上，详细分析了公众安全感对政府对象信任、政府组织信任、公职人员信任的影响效应。

### （一）公众安全感与政府信任对象的因果关系检验结果

图5-1为公众安全感与政府对象信任的广义倾向值匹配分析结果。图5-1左侧图为广义倾向值匹配估算得出的响应函数曲线，是不同安全感水平对应的政府对象信任平均潜在结果；右侧干预效应函数是响应函数的边际变化，对应公众安全感每增加0.1政府对象信任

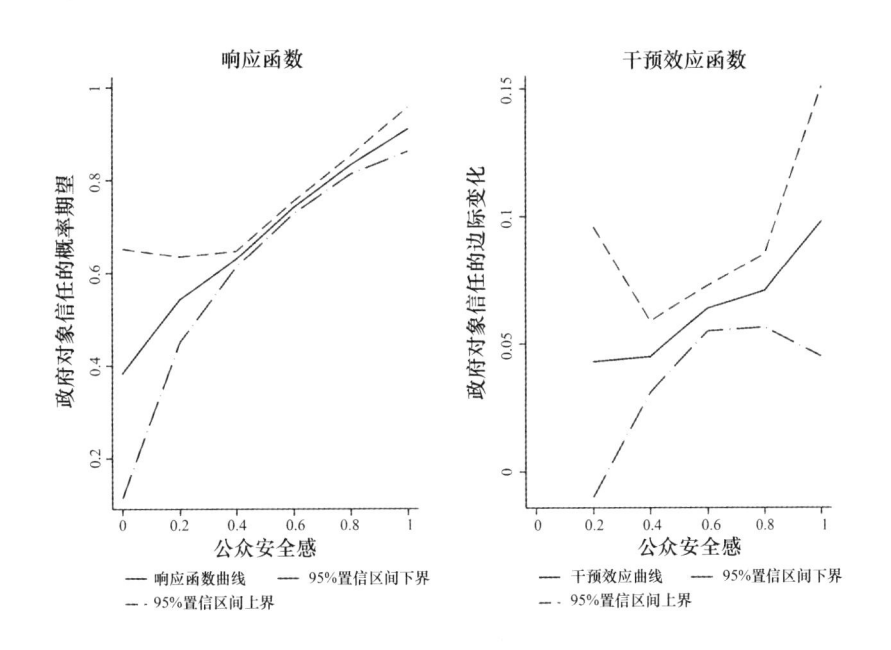

图5-1 政府对象信任的响应效应和干预效应

的变化值。图示中的三条曲线从上到下依次为95%置信区间上界,干预效应估计值和95%置信区间下界,置信区间包含0参考线表示在95%的显著性水平不显著,反之则为显著。

根据响应函数曲线,公众安全感增强,政府对象信任水平也得到相应的单调增长;结合右侧干预效应图示,公众安全感小于0.25时,置信区间包含0;公众安全感大于0.25时,置信区间不包含0。因此,总体来看,公众安全感的提高显著增进了政府对象信任。结合干预效应图示的变动趋势可见,在公众安全感累进增加进程中,政府对象信任的边际变化经历了缓慢上升、快速上升、上升趋缓、快速上升的变动过程,公众安全感越高,其向政府对象信任的转化效率越高,对政府对象信任的正面作用越强烈。

(二)公众安全感与政府组织信任的因果关系检验结果

图5-2是公众安全感与政府组织信任的广义倾向值匹配分析结果。图5-2的解读与图5-1类似。左侧为响应函数曲线,描绘了不

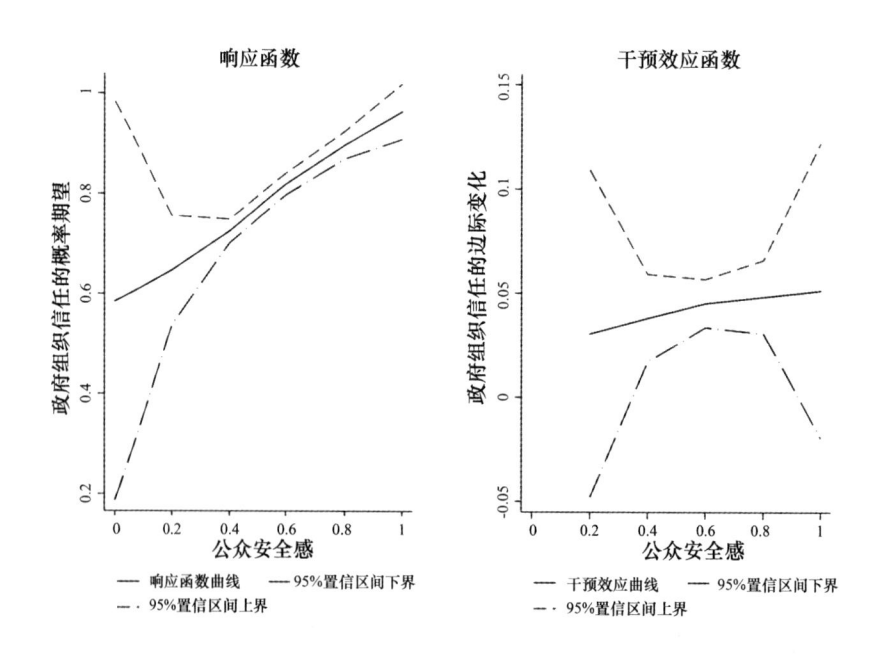

图5-2 政府组织信任的响应效应和干预效应

第五章 公众安全感与政府信任的因果关系检验

同公众安全感水平对应的政府组织信任，右侧干预效应图示呈现了响应函数的边际变化，是指公众安全感每增加0.1政府组织信任的变化值。

据图可见，在公众安全感变动的主体范围内[0.4, 0.9]，置信区间下界不含0。因此，从总体上看，公众安全感的提高有助于增进政府组织信任。根据干预效应图示，公众安全感增进政府组织信任的边际效应持续增长，增速由较快到较慢。由此可见，政府组织信任随公众安全感的增长单调递增，并且，政府组织信任的边际变化先较快上升后相对较缓地上升。

（三）公众安全感与公职人员信任的因果关系检验结果

图5-3是公众安全感与公职人员信任的广义倾向值匹配分析结果。左侧图示为响应函数曲线，描绘了不同公众安全感水平对应的公职人员信任，右侧干预效应图示呈现了响应函数的边际变化，是公众安全感每增加0.1公职人员信任的变化值。

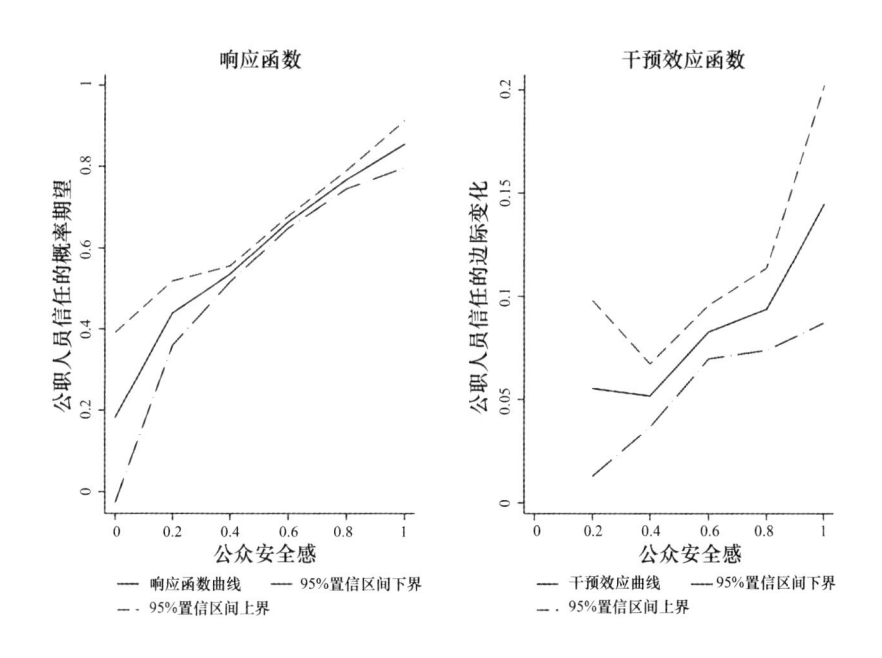

图5-3 公职人员信任的响应效应和干预效应

### 公众安全感向政府信任的转化机制分析

据图可见,在公众安全感变动的全部范围内[0.1,0.9],置信区间下界不含0;这表明,公众安全感能够显著且稳固地增进公职人员信任。结合右侧干预效应图示,公众安全感增进公职人员信任的边际效应整体呈上升态势,经历了短暂下降后持续增长,越靠近1,公职人员信任的边际变化越大。由此可见,随着公众安全感的提高,公职人员信任也得到了相应的单调增长,并且,公众安全感越高,其对公职人员信任的影响效力和向公职人员信任的转化效率也越高。

(四)小结

综合前述GPS分析结果可见,公众安全感对公职人员信任、政府组织信任和政府对象信任的影响效应具有一致性,公众安全感增长,公职人员信任、政府组织信任、政府对象信任也随之单调递增。同时,公职人员信任、政府组织信任、政府对象信任的边际变化趋势存在一些差别。公众安全感对公职人员信任的影响效应更为稳固。这表明,作为一种重要的心理资本和情感资源,公众安全感在政府与公众互动关系中,特别是在与公职人员的交往中发挥重要功能。

### 三 公众安全感与政府信任品质的因果关系检验结果

公众安全感与政府品质信任的因果关系检验,具体包括公众安全感与政府信任品质、政府动机信任和政府能力信任的广义倾向值匹配分析结果。下文呈现了公众安全感对政府信任品质、政府动机信任和政府能力信任的响应效应和干预效应图示,并对分析结果进行了概括总结。

#### (一)公众安全感与政府品质信任的因果关系检验结果

图5-4反映了公众安全感与政府品质信任的广义倾向值匹配分析结果。左侧图为广义倾向值匹配估算得出的响应函数曲线,是不同安全感水平对应的政府品质信任平均潜在结果;右侧干预效应函数是响应函数的边际变化,对应公众安全感每增加0.1政府品质信任的变化值。

第五章 公众安全感与政府信任的因果关系检验

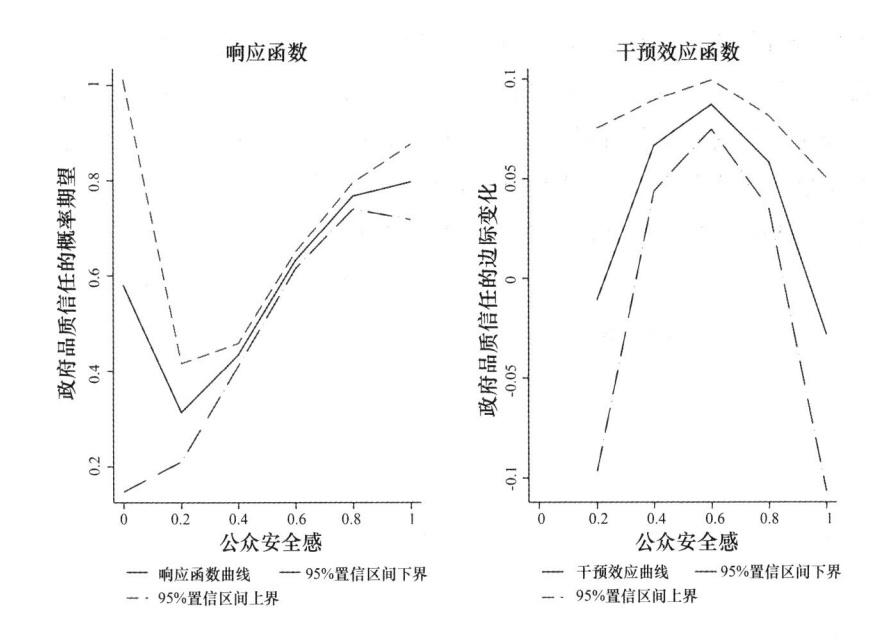

图 5-4 政府信任品质的响应效应和干预效应

根据响应函数曲线，公众安全感增强，政府品质信任先短暂下降后持续增长；结合右侧干预效应图示，在公众安全感小于 0.35 或大于 0.85 时，置信区间包含 0，而当公众安全感处于 [0.35, 0.85] 区间时，置信区间不含 0。由此可见，在整体上，公众安全感增强，政府品质信任也随之增长。公众安全感越高，其对政府品质信任的积极作用越强烈。进一步地，结合干预效应图示的变动趋势可见，在公众安全感增长过程中，政府对象信任的边际变化趋势呈倒 U 形，倒 U 形的峰值对应公众安全感的值在 0.6 附近。这意味着，随着公众安全感的增长，政府品质信任的边际变化先上升后下降，倒 U 形曲线的顶点即公众安全感增进政府品质信任效率的最优点。

**（二）公众安全感与政府动机信任的因果关系检验结果**

图 5-5 反映了公众安全感与政府动机信任的广义倾向值匹配分析结果。左侧图为广义倾向值匹配估算得出的响应函数曲线，是不同安全感水平对应的政府动机信任平均潜在结果；右侧干预效应函数是

◈◈ 公众安全感向政府信任的转化机制分析

响应函数的边际变化,对应公众安全感每增加0.1政府动机信任的变化值。根据响应函数曲线,公众安全感增强,政府动机信任的变动趋势经历了短暂下降后保持持续增长;结合右侧干预效应图示,在公众安全感小于0.35或大于0.9时,置信区间包含0,而当公众安全感处于[0.35,0.9]区间时,置信区间不含0。

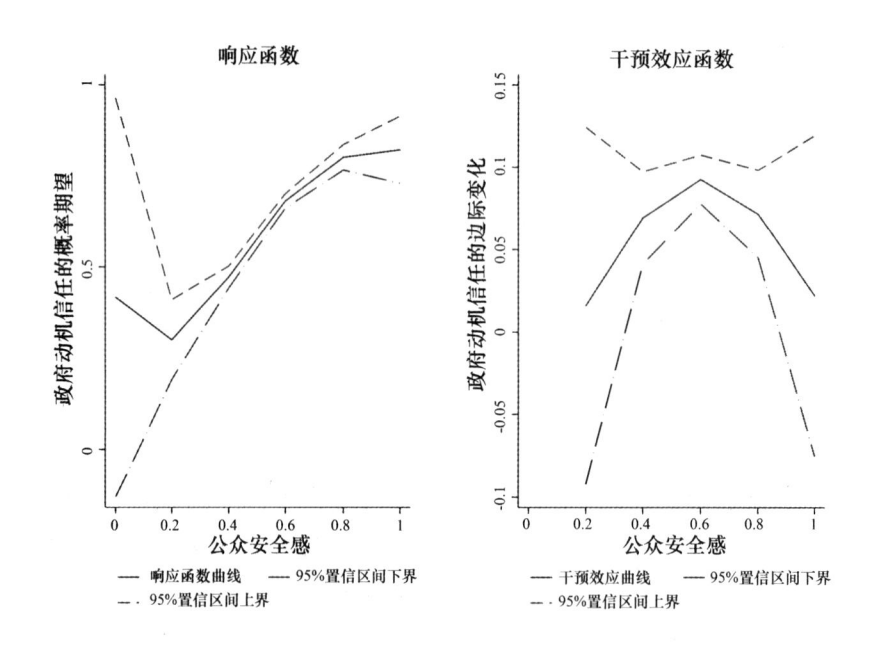

图 5-5 政府动机信任的响应效应和干预效应

由此可见,在公众安全感的主要变动区间内,政府动机信任随公众安全感的增强而增长。进一步地,结合干预效应图示的变动趋势可见,在公众安全感累进增加进程中,政府动机信任的边际变化趋势也呈倒U形,倒U形的峰值对应公众安全感的值为0.6。这表明,随着公众安全感的增长,政府动机信任的边际变化也具有先上升后下降的趋势,公众安全感越是接近0.6,其增进政府动机信任的效率越高;公众安全感越是靠近0.9,其对政府动机信任的积极作用就越强烈。

### （三）公众安全感与政府能力信任的因果关系检验结果

图 5-6 反映了公众安全感与政府能力信任的广义倾向值匹配分析结果。左侧图为广义倾向值匹配估算得出的响应函数曲线，是不同安全感水平对应的政府能力信任；右侧干预效应函数是响应函数的边际变化，对应公众安全感每增加 0.1 政府能力信任的变化值。根据响应函数曲线，公众安全感增强，政府能力信任在短暂小幅下降后进入连续增长阶段；结合右侧干预效应图示，在公众安全感小于 0.4 或大于 0.85 时，置信区间包含 0，而当公众安全感处于 [0.4, 0.85] 区间时，置信区间不含 0。

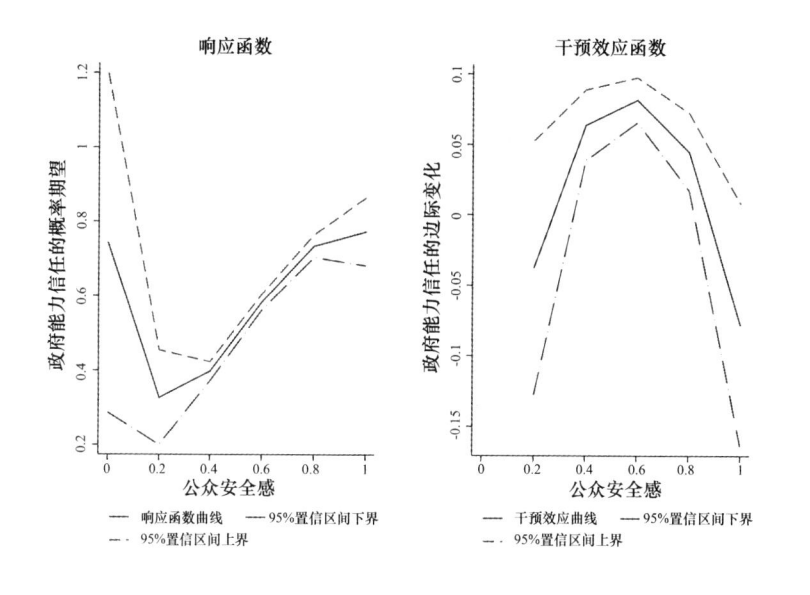

图 5-6 政府能力信任的响应效应和干预效应

由此可见，在公众安全感的主要变动范围内，政府能力信任随公众安全感的提升而增长。进一步地，结合干预效应图示的变动趋势可见，在公众安全感累进增加进程中，政府能力信任的边际变化呈倒 U 形，倒 U 形拐点对应公众安全感的值在 0.62 附近，即是说，公众安全感越是靠近 0.62，其增进政府动机信任的效率越高。

### （四）小结

综合公众安全感与政府动机信任、政府品质信任和政府能力信任的广义倾向值匹配分析结果图示可见，公众安全感对政府动机、能力和品质信任的影响效应及其边际变化趋势保持较大相似。在整体上来看，公众安全感增强，政府动机信任、政府能力信任和政府品质信任也随之增长；并且，尽管边际变化拐点对应的公众安全感水平存在细小差异，但公众安全感增进政府动机、能力和品质信任的效率都呈现先上升后下降的发展趋势。

综上可见，公众安全感作为一种综合性心理评价和感知，能够有效地巩固公众对政府服务于公共利益并且有能力履行其职责的信心。同时，这一主体性心理情感体验对政府动机、品质和能力的影响效应表明，主体安全感知有效地增加了公众对政府正确地做正确的事的肯定评价，是政治社会稳定的心理基石。

### 四 公众安全感与政府信任结构的因果关系检验结果

公众安全感与政府品质信任的因果关系检验包括：公众安全感与差序政府信任、政府信任层差和政府信任级差的广义倾向值匹配分析结果。下文呈现了公众安全感对政府信任结构（差序政府信任、政府信任层差和政府信任级差）的响应效应和干预效应图示。特别地，我们还分析了公众安全感对高层级政府和低层级政府的影响，期望据此探索性地揭示公众安全感对政府信任特别是政府信任层差影响效应的作用过程。

#### （一）公众安全感与差序政府信任的因果关系检验

图 5-7 反映了公众安全感与差序政府信任的广义倾向值匹配分析结果。左侧图示为广义倾向值匹配估算得出的响应函数曲线，是不同安全感水平对应的差序政府信任；右侧图示为干预效应曲线，对应公众安全感每增加 0.1 差序政府信任的变化值。根据响应函数曲线，公众安全感增强，差序政府信任先上升后下降；结合右侧干预效应图示，在公众安全感小于 0.4 或大于 0.9 时，置信区间包含 0，而当公

众安全感处于[0.4, 0.9]区间时，置信区间不含0。

由此可见，在整体上，公众安全感增强，差序政府信任随之降低。结合干预效应图示的变动趋势可见，在公众安全感累进增加进程中，差序政府信任的边际变化呈U形，U形线的拐点对应公众安全感的值在0.6附近。进一步地，根据边际变化的绝对值可见，随着公众安全感的增长，差序政府信任的边际变化先扩张后收缩；公众安全感越是靠近0.6，其抑制差序政府信任的效率越高，公众安全感越高，其弥合差序政府信任的效能越高。

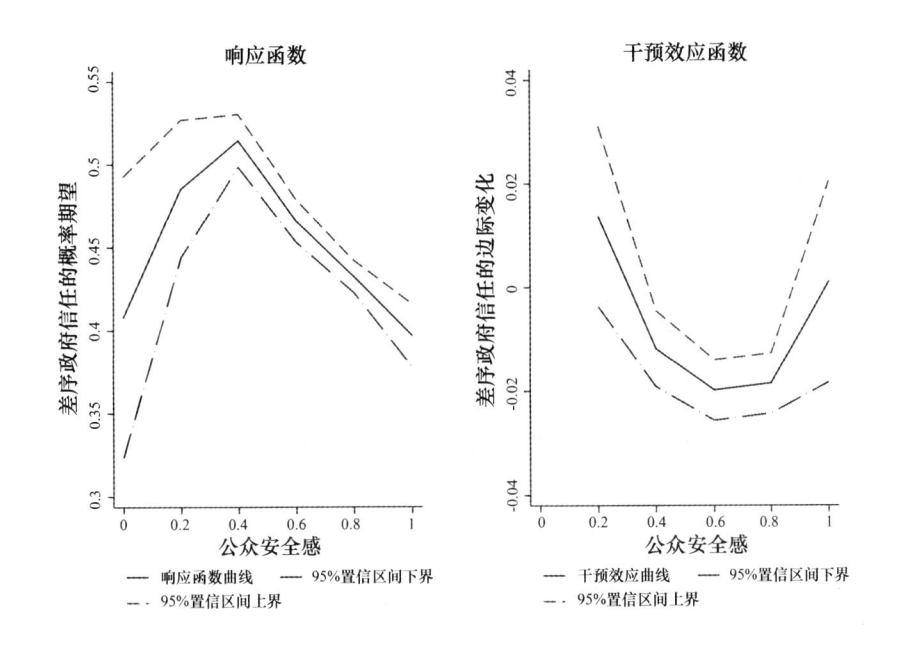

图 5-7 差序政府信任的响应效应和干预效应

**（二）公众安全感与政府信任层差的因果关系检验**

图 5-8 反映了公众安全感与政府信任层差的广义倾向值匹配分析结果。左侧图示为广义倾向值匹配估算得出的响应函数曲线，是不同安全感水平对应的政府信任层差平均潜在结果；右侧图示为干预效应曲线，对应公众安全感每增加0.1政府信任层差的变化值。根据响

◈ 公众安全感向政府信任的转化机制分析

应函数曲线，公众安全感增强，政府信任层差先上升后下降；结合右侧干预效应图示，在公众安全感小于0.4或大于0.9时，置信区间包含0，而当公众安全感处于[0.4，0.9]区间时，置信区间不含0。

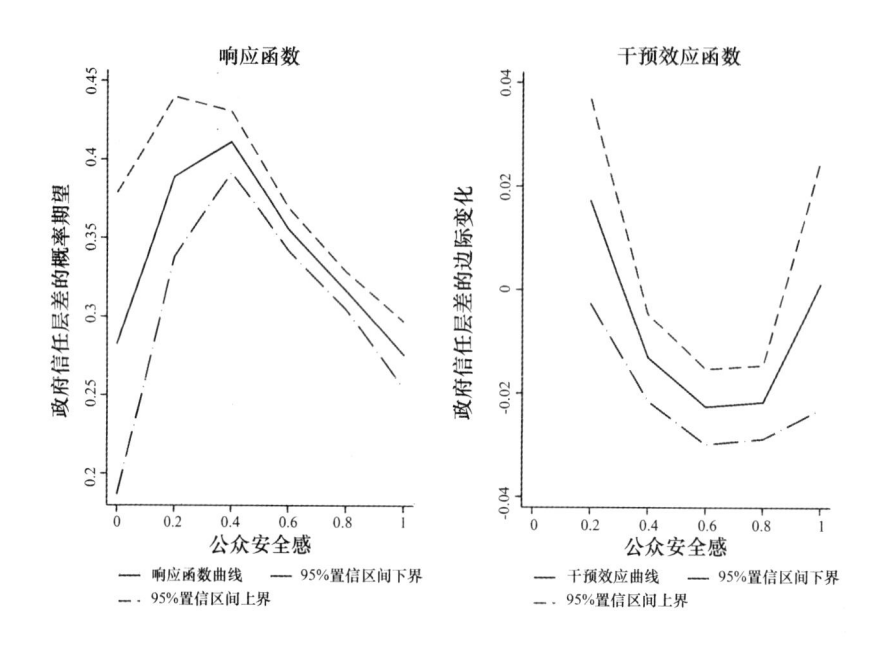

图5-8 政府信任层差的响应效应和干预效应

由此可见，从整体上来讲，公众安全感增长，政府信任层差随之下降。而根据干预效应图示可见，在公众安全感累进增加的过程中，政府信任层差的边际变化也呈U形，U形线的拐点对应公众安全感的值在0.6附近。进一步结合边际变化的绝对值来看，随着公众安全感的增长，政府信任层差的边际变化先扩张后收缩；公众安全感越是靠近0.6，其优化政府信任层差的效率越高。

（三）公众安全感与政府信任级差的因果关系检验

图5-9反映了公众安全感与政府信任级差的广义倾向值匹配分析结果。左侧图示为广义倾向值匹配估算得出的响应函数曲线，是不同安全感水平对应的政府信任级差；右侧图示为干预效应曲线，对应公众安

全感每增加0.1政府信任级差的变化值。根据响应函数曲线，公众安全感增强，政府信任级差先上升后下降；结合右侧干预效应图示，在公众安全感小于0.4或大于0.9时，置信区间包含0，而当公众安全感处于[0.4，0.9]区间时，置信区间不含0。

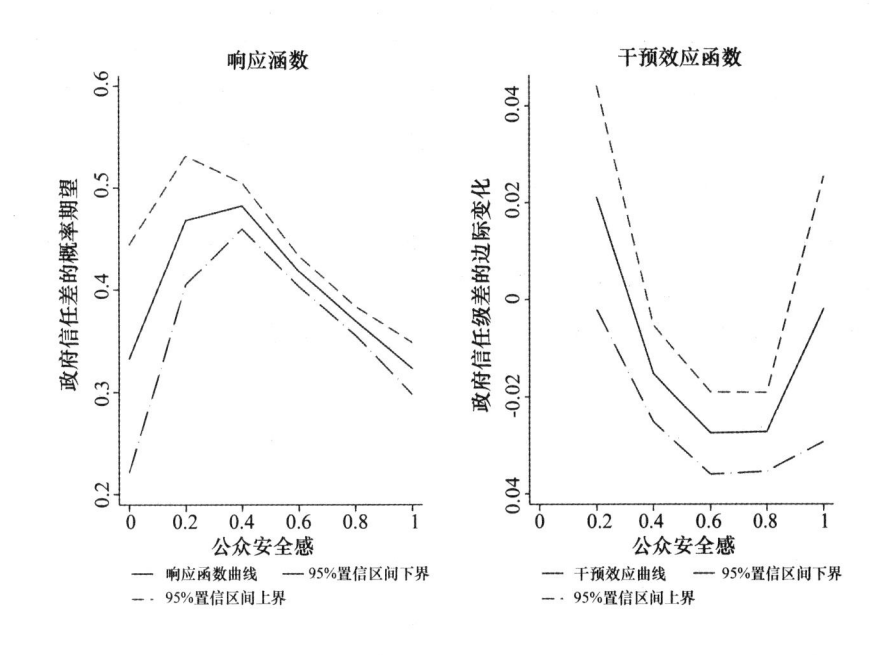

图5-9 政府信任级差的响应效应和干预效应

前述分析表明，在公众安全感的相对稳定和较高水平上（大于等于0.4），随着公众安全感的增长，政府信任级差随之下降，也就是说，只有在其较高发展水平上，公众安全感才能有效抑制政府信任级差。进一步地，根据干预效应图示可见，在公众安全感累进增加的过程中，政府信任级差的边际变化也呈U形，U形线的拐点对应公众安全感的值在0.8附近。而根据边际变化的绝对值，公众安全感越是靠近0.8，其优化政府信任级差的效率越高。

（四）公众安全感对政府信任层差的干预机制分析

在前述公众安全感与政府信任结构分析的基础上，我们试图进一步

◈ 公众安全感向政府信任的转化机制分析

把握公众安全感优化政府信任结构的作用过程。以公众安全感对政府信任层差的影响效应为例，我们预期公众安全感有效抑制政府信任层差的关键在于，公众安全感能够同时增进高层政府信任和低层政府信任，但其对低层政府信任的影响效力更强。为此，下文分别对公众安全感与高层政府信任、低层政府信任进行广义倾向值匹配分析。

下图5-10为公众安全感与高层政府信任的广义倾向值匹配分析结果。左侧图示为广义倾向值匹配估算得出的响应函数曲线，是不同安全感水平对应的高层政府信任；右侧图示为干预效应曲线，对应公众安全感每增加0.1高层政府信任的变化值。根据响应函数曲线，公众安全感增强，高层政府信任也随之单调递增；结合右侧干预效应图示，在公众安全感小于0.4或大于0.9时，置信区间包含0，而当公众安全感处于[0.4，0.9]区间时，置信区间不含0。

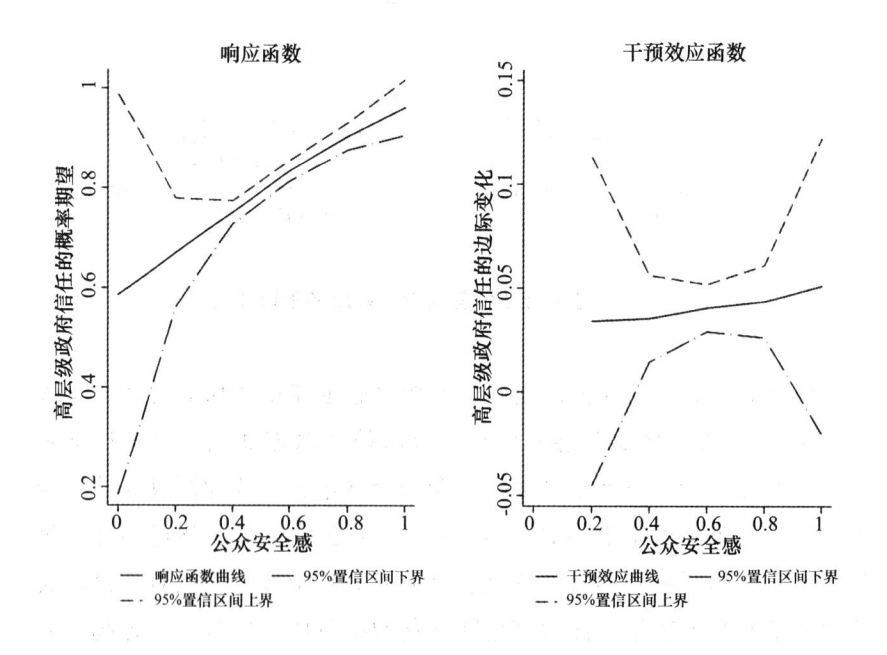

**图5-10 高层级政府信任的响应效应和干预效应**

由此可见，就其整体而言，公众安全感能够有效增进高层政府信任。进一步地，根据干预效应图示可见，在置信区间不含0的区间内，随着公众安全感的累进增加，高层政府信任的边际变化线性递增。总结来讲，公众安全感越高，其增进高层政府信任的效率越高，对高层政府信任的增进作用也越强。

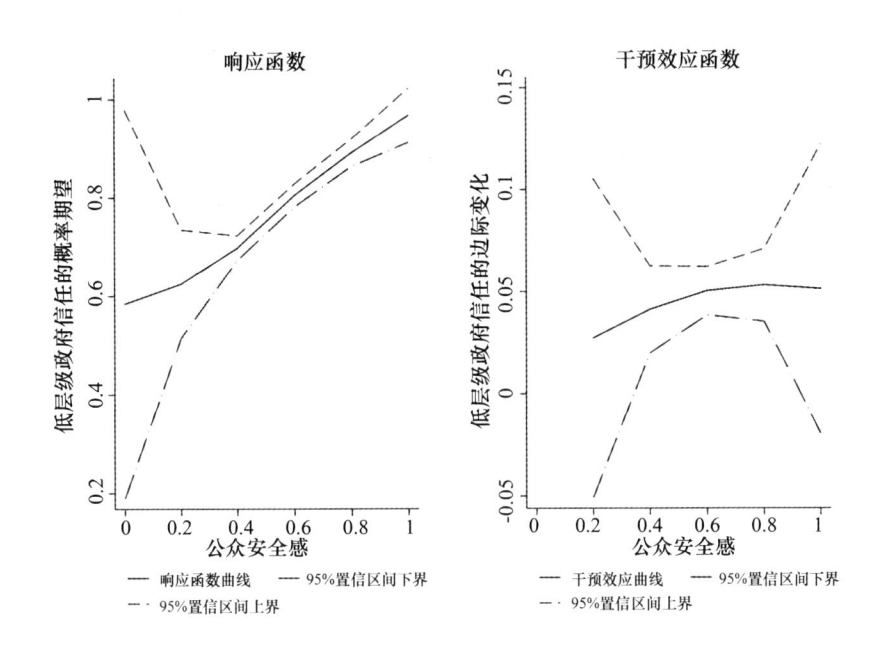

图 5-11 低层级政府信任的响应效应和干预效应

图 5-11 为公众安全感与低层政府信任的广义倾向值分析结果。左侧图示为广义倾向值匹配估算得出的响应函数曲线，是不同安全感水平对应的低层政府信任；右侧图示为干预效应曲线，对应公众安全感每增加0.1低层政府信任的变化值。根据响应函数曲线，公众安全感增强，低层政府信任也随之单调递增；结合右侧干预效应图示，在公众安全感小于0.35或大于0.9时，置信区间包含0，而当公众安全感处于［0.35, 0.9］区间时，置信区间不含0。

就此而言，在其主体变动区间内，公众安全感能够有效地增进低层政府信任。而结合干预效应图示可见，在置信区间不含0的区间内，随着公众安全感的累进增加，低层政府信任的边际变化先上升后下降，拐点对应在公众安全感为 0.8 时。总结来讲，公众安全感越是靠近 0.8，其增进低层政府信任的效率越高，而公众安全感越高，其对低层政府信任的增进作用越强。

综合图 5-10、图 5-11 可见，公众安全感对高层级政府信任的影响效应与其对低层级政府信任的影响效应曲线走势基本一致。但是，低层级政府信任的边际变化幅度更高。这意味着，尽管同等水平的公众安全感能够同时增进高层政府信任和低层政府信任，但对低层政府信任的作用效力更强；由此，政府信任层差得以有效弥合。

（五）小结

综合前述公众安全感与政府信任结构（差序政府信任、政府信任层差、政府信任级差）的广义倾向值匹配分析结果可见，公众安全感对差序政府信任、政府信任层差和政府信任级差的影响效应及其边际变化具有一致性。公众安全感不仅能够有效增进中央—地方政府信任的均衡性，助益高层—低层政府信任协调发展，而且能够有效抑制各级政府信任差距的扩张，从而在整体意义上优化政府信任结构。

此外，我们还对公众安全感优化政府信任层差的实现过程进行了验证性分析。分析结果表明，公众安全感可以同时增进高层政府信任和低层政府信任，对低层政府信任的影响效力更高。这一研究发现验证了我们对于公众安全感增进政府信任结构均衡发生机制的猜想和假设，加深了对公众安全感优化政府信任结构的理性认识。

总结来讲，本章通过广义倾向值匹配验证了公众安全感对政府信任的直接作用机制，确认了公众安全感在巩固和提升政府对象信任、政府品质信任中的重要功能，以及其在增进政府信任结构均衡水平中的积极影响。这一研究结果在经验意义上，为公众安全感直接转化为政府信任提供了证据支持，加深了对公众安全感作用于政府信任的理性认识。

# 第六章 公众安全感向政府信任转化的中介效应分析

在逻辑意义上，公众安全感向政府信任转化的路径应包括直接和间接两方面。直接转化是指公众安全感无需中间条件也不受其他因素的影响直接作用于政府信任。间接转化则是指，公众安全感可以通过其他中间条件转化为政府信任。其中，在自变量影响因变量过程中发挥桥梁纽带功能的变量即中介变量，中介变量揭示了预测变量与响应变量的非线性相关关系，增加了对预测变量如何影响响应变量的理解和把握。

前述分析确认了公众安全感对政府信任的直接效应，在此基础上，我们将研究注意力转向间接转化路径。在间接转化分析中，我们的主要研究目标是验证并确认中介变量及其影响效应。具体是指，寻找并证明在公众安全感改善政府对象、品质和结构信任中发挥联结功能的变量；在此基础上，进一步加深对公众安全感影响政府信任发生路径与实践机理的理解和把握。

## 第一节 研究假设

围绕公众安全感与政府信任对象、品质和结构的非线性相关关系，在既有研究发现和逻辑演绎推理的基础上，我们择定生活幸福感、公共服务满意度为主要中间变量。我们预期生活幸福感、公共服务满意度在公众安全感影响政府信任中发挥中介作用。为了确认前述各变量在公众安全感影响政府信任中的功能影响及其现实表征，下文按中介效应假设、中介效应检验两部分具体展开，综合逻辑推理和经验实证确认中介变量及其影响功能。

## 一 生活幸福感的中介作用假设

幸福感是个体依据其评判标准和情感体验，在从消极到积极的情绪谱系中择定其生活状态的认知评价表达。[①] 幸福感是在物质生活基本得到满足后、国民福利供给的主体构成和主要面向，也是反映社会发展状况和政府施政质量的重要参考。为中国人民谋幸福，是中国共产党的初心和使命。因此，研究幸福感的影响要素及如何提高人民群众的幸福感具有必要性。

既有研究指出，年龄、性别、教育、婚姻、收入、健康等个体特征是幸福感的重要影响因素；失业率、收入不平等、政治身份、民主制度、社会环境、社会关系等社会特征也对幸福感发挥重要影响。以社会环境为例，杨继东等在研究中发现，公众的主观污染评价与幸福感显著负相关。[②] 储德银等的研究显示，主观空气污染评价的改善能够有效增进幸福感。[③] 由此可见，公众的环境安全感与幸福感具有一致性。

进一步地，鲁元平等的研究显示，收入不平等与犯罪率之间正向相关，不平等扩张直接导致犯罪率上升进而削弱了幸福感。[④] Fasani等的研究表明，安全感和地区犯罪率对幸福感有重要影响，具体体现为，地区犯罪率上升会导致居民恐慌加剧进而使幸福感

---

[①] 罗必良、洪炜杰、耿鹏鹏、郑沃林：《赋权、强能、包容：在相对贫困治理中增进农民幸福感》，《管理世界》2021年第10期。

[②] 杨继东、章逸然：《空气污染的定价：基于幸福感数据的分析》，《世界经济》2014年第12期。

[③] 储德银、何鹏飞、梁若冰：《主观空气污染与居民幸福感——基于断点回归设计下的微观数据验证》，《经济学动态》2017年第2期。

[④] 鲁元平、王韬：《收入不平等、社会犯罪与国民幸福感——来自中国的经验证据》，《经济学季刊》2011年第4期。

## 第六章　公众安全感向政府信任转化的中介效应分析

降低。[①] 换言之，治安安全感与幸福感正向相关，治安安全感越高、幸福感也越高。

此外，王俊秀等的研究表明，社会安全感与幸福感存在中等程度（相关系数 0.435）的显著相关关系。[②] 赵玉芳等的研究表明，人际安全感是主观社会阶层影响生活幸福感的中介变量。[③] 褚雷等的研究则发现，经济安全感和心理安全感在基本医疗保险增进居民幸福感中发挥中介作用。[④] 综合既有研究发现可以推论，公众安全感与主观幸福感之间可能存在正向相关关系。

在前述数理实证分析之外，马斯洛需求层次理论基于对社会生活的观察总结指出，需求满足具有递进性，基础性的生存需求和安全需求是更高层次需求满足的基础和前提。安全需要的满足是感知生活幸福的基础要素。总结来讲，逻辑演绎和经验实证共同支持安全感与幸福感具有内在一致性的推理和判断。

另一方面，既有研究指出，幸福感是政府信任的主要来源。王强在其分析中指出，政府信任这一政治心理是情感与理性的糅合，受到客观物质生活质量及在此基础上形成的安全感、尊严感和幸福感的直接影响。钟慧娟在其以东部地区居民为样本的研究中发现，生活幸福感与中央政府信任显著正相关。[⑤] 王晓红等的研究显示，居民主观幸福感的提升有助于增进中央、地方政府信任。[⑥] 邹宇春等的研究表明，

---

[①] Dustmann C., Fasani F., "The effect of Local Area Crime on Mental Health", *The Economic Journal*, Vol. 126, Iss. 593, 2016.

[②] 王俊秀、刘晓柳：《现状、变化和相互关系：安全感、获得感与幸福感及其提升路径》，《江苏社会科学》2019 年第 1 期。

[③] 赵玉芳、黄金华、陈冰：《主观社会阶层对主观幸福感的影响：安全感与社会支持的作用》，《西南大学学报》（社会科学版）2019 年第 3 期。

[④] 褚雷、邢占军：《基本医疗保险与居民幸福感——基于 CGSS2012 和 CGSS2017 调查数据的实证分析》，《山东社会科学》2020 年第 10 期。

[⑤] 钟慧娟：《我国东部居民中央政府信任的影响因素分析——基于 CGSS2010 的实证分析》，暨南大学，硕士学位论文，2015 年。

[⑥] 王晓红、胡士磊、张奔：《环境污染对居民的政府信任和政治参与行为的影响》，《北京理工大学学报》（社会科学版）2020 年第 2 期。

◇◆ 公众安全感向政府信任的转化机制分析

中间阶层的主观幸福感与地方政府信任显著正相关。①

综上可见，安全感与幸福感、幸福感与政府信任具有内在一致性。在此基础上，我们预期生活幸福感在公众安全感影响政府信任中具有中介作用，公众安全感的提升有助于增进生活幸福感并间接作用于政府信任。具体研究假设如下：

假设6-1：生活幸福感是公众安全感影响政府信任的中介变量。

假设6-1a：生活幸福感是公众安全感影响政府信任对象的中介变量；

假设6-1a1：生活幸福感是公众安全感影响政府组织信任的中介变量；

假设6-1a2：生活幸福感是公众安全感影响公职人员信任的中介变量。

假设6-1b：生活幸福感是公众安全感影响政府信任品质的中介变量；

假设6-1b1：生活幸福感是公众安全感影响政府动机信任的中介变量；

假设6-1b2：生活幸福感是公众安全感影响政府能力信任的中介变量。

假设6-1c：生活幸福感是公众安全感影响政府信任结构的中介变量；

假设6-1c1：生活幸福感是公众安全感影响差序政府信任的中介变量；

假设6-1c2：生活幸福感是公众安全感影响政府信任层差的中介变量；

假设6-1c3：生活幸福感是公众安全感影响政府信任级差的中介变量。

---

① 邹宇春、李建栋、张丹：《主观中间阶层的各级政府信任与主观幸福感的关系研究》，《华中科技大学学报》（社会科学版）2020年第6期。

## 二 公共服务满意度的中介作用假设

公共服务是以政府组织、国企事业单位等公共部门和公共组织为供给主体，为增进社会公共利益而提供的非排他性服务。① 公共服务满意度是公众基于自身实践经历，从服务客体主观感知角度对服务效果符合自身预期和期待的量化反馈。② 是反映政府作为有效性和有效程度的重要观测指标，集中展现了公众对政府价值取向和运行质量的心理认可程度。公众的公共服务满意受主客观因素的共同影响，是客观绩效和绩效感知的统一。

既有研究揭示了特定领域安全感与公共服务满意度的相关关系，在经验意义上指出，安全感与公共服务满意度显著正相关。比如，"北京社会治安评价体系"课题组的分析表明，治安安全感与公共服务满意度显著正相关。③ 曹现强等的研究发现，社会治安评价与城市公共服务满意度显著正向相关。④ 王晓莹等的研究表明，公众的社会治安满意度越高，公共服务满意度也越高，两者存在显著的正向相关关系。⑤

同时，国内外研究共同表明，公共服务满意度是政府信任的重要影响因素。皮特的研究显示，公众的公共服务满意度较低或认为公共服务质量下降与政府信任显著负相关。⑥ 沃伦的研究表明，当政府治理在事实上增加了公众福祉并为公众直接感知时，政府信任将显著增长。⑦ 布兰登的研究发现，电子政务的普及和使用促使公共部门雇员

---

① 柏良泽：《"公共服务"界说》，《中国行政管理》2008年第2期。
② 王佃利、宋学增：《公共服务满意度调查实证研究——以济南市市政公用行业的调查为例》，《中国行政管理》2009年第6期。
③ "北京社会治安综合评价体系"课题组：《北京市居民安全感研究》，《北京行政学院学报》2003年第5期。
④ 曹现强、林建鹏：《城市公共服务满意度评价及影响因素研究——以山东省为例》，《山东大学学报》（哲学社会科学版）2019年第4期。
⑤ 王晓莹、罗教讲：《生活境遇与政府工作满意度——基于对CSS2013数据的实证分析》，《国家行政学院学报》2016年第1期。
⑥ B. Guy Peters, *American Public Policy: Promise and Performance*, New York: Chatham House, 1999.
⑦ ［美］马克·E. 沃伦编：《民主与信任》，吴辉译，华夏出版社2004年版，第72页。

以更加负责的态度开展工作和提供服务，这在事实上增进了公众的政府信任。[①]

李春梅等的研究表明，公众的政府满意度与政府信任显著正向相关。[②] 芮国强等根据在江苏省苏州市获取的调研数据分析发现，政府公共服务质量对提升政府机构信任具有积极影响。[③] 在后续的研究中，他进一步指出，公民满意度是电子政务与政府信任的中间变量，在电子政务与政府信任正向相关关系中发挥部分中介作用，完善电子政务能够有效提升公民满意度进而增进政府信任。[④]

基于前述研究可见，公众安全感与公共服务满意度的发展水平及其变动趋势具有一致性；同时，政府公共产品供给质量及在此基础上形成的治理绩效感知——是政府信任的重要影响因素。在此基础上，我们预期公共服务满意度是公众安全感影响政府信任的中介变量，即是说，公众安全感的提升直接有助于增进公共服务满意度进而作用于政府信任。具体假设如下：

假设6-2：公共服务满意度是公众安全感影响政府信任的中介变量。

假设6-2a：公共服务满意度是公众安全感影响政府信任对象的中介变量；

假设6-2a1：公共服务满意度是公众安全感影响政府组织信任的中介变量；

假设6-2a2：公共服务满意度是公众安全感影响公职人员信任的中介变量。

假设6-2b：公共服务满意度是公众安全感影响政府信任品质的中介变量；

---

① 佩里·K.布兰登：《在21世纪建立政府信任——就相关文献及目前出现的问题进行讨论》，庞娟译，《经济社会体制比较》2008年第2期。

② 李春梅、杨姣：《满意度在公众廉洁预期和政府信任中的作用》，《西南交通大学学报》（社会科学版）2018年第4期。

③ 芮国强、宋典：《政府服务质量影响政府信任的实证研究》，《学术界》2012年第9期。

④ 芮国强、宋典：《电子政务与政府信任的关系研究——以公民满意度为中介变量》，《南京社会科学》2015年第2期。

第六章　公众安全感向政府信任转化的中介效应分析

假设6-2b1：公共服务满意度是公众安全感影响政府动机信任的中介变量；

假设6-2b2：公共服务满意度是公众安全感影响政府能力信任的中介变量。

假设6-2c：公共服务满意度是公众安全感影响政府信任结构的中介变量。

假设6-2c1：公共服务满意度是公众安全感影响差序政府信任的中介变量；

假设6-2c2：公共服务满意度是公众安全感影响政府信任层差的中介变量；

假设6-2c3：公共服务满意度是公众安全感影响政府信任级差的中介变量。

## 第二节　中介效应分析方法与步骤

中介效应分析意在检验前述中介效应假设是否成立，具体是指，确认生活幸福感和公共服务满意度在公众安全感影响政府信任对象、品质和结构中的中介效应。当前，进行中介效应检验的方法主要有逐步回归法、系数乘积检验法和差异系数检验法。其中，系数乘积检验法又包括Sobel检验和Preacher和Hayes开发的Bootstrap抽样法。[①] 具体采用何种检验方法需要综合考虑各具体检验方法的特点和实际研究需要确定。

此处主要采用系数乘积检验法进行中介效应检验，考虑到Sobel检验和Bootstrap抽样法各自的优势与局限，我们采取Bootstrap抽样法确认分析检验结果，判定中介效应是否成立。特别地，在前述分析中，我们提供了公众安全感的两种计算方式，一是以各维度取值加总

---

① Kristopher J. Preacher and Andrew F. Hayes, "SPSS and SAS procedures for estimating indirect effects in simple mediation models", *Behavior Research Methods, Instruments, and Computers*, Vol. 36, No. 4, 2004 Nov.

求平均，二是以等级反应模型获取。在本部分的分析中，我们延用求和取值的方式进行检验，同时对等级反应模型的取值进行补充检验；主要汇报求和取值的分析结果，概要汇报等级反应模型取值的分析结果。

## 第三节 中介效应检验结果

下文呈现了中介效应分析的检验结果，具体包括以政府信任对象为因变量的中介效应分析、以政府品质信任为因变量的中介效应分析和以政府信任结构为因变量的中介效应分析三部分。

### 一 以政府信任对象为因变量的中介效应分析

本部分为生活幸福感和公共服务满意度在公众安全感影响政府信任对象中的中介作用检验。具体包括以政府信任对象为因变量的中介效应路径系数汇总表和 Bootstrap 中介效应检验结果；以政府组织信任为因变量的中介效应路径系数汇总表和 Bootstrap 中介效应检验结果；以公职人员信任为因变量的中介效应路径系数汇总表和 Bootstrap 中介效应检验结果。

#### （一）政府信任对象为因变量的中介效应检验

表 6-1 呈现了因变量为政府对象信任时，生活幸福感和公共服务满意度中介效应检验的路径系数。从表可见，公众安全感与生活幸福感显著正相关，系数为 1.3060（P<0.01），生活幸福感与政府信任对象显著正相关，系数为 0.0733（P<0.01）；两系数的乘积为生活幸福感的中介效应值。公众安全感与公共服务满意度显著正相关，系数为 0.3898（P<0.01），公共服务满意度与政府信任对象显著正相关，系数为 0.1052（P<0.01）；两系数的乘积为公共服务满意度的中介效应值。

第六章 公众安全感向政府信任转化的中介效应分析

表6-1 以政府信任对象为因变量的中介效应路径系数①

| 路径 | Estimate | S. E. | P |
|---|---|---|---|
| 公众安全感——生活幸福感 | 1.3060 | 0.07671 | 0.00*** |
| 生活幸福感——政府信任对象 | 0.0733 | 0.0082 | 0.00*** |
| 公众安全感——公共服务满意度 | 0.3898 | 0.0457 | 0.00*** |
| 公共服务满意度——政府信任对象 | 0.1052 | .01380 | 0.00*** |

注：*** 表示 P<0.01。

表6-2 呈现了以政府信任对象为因变量的 Bootstrap 中介效应检验结果。通过重复抽样2000次，分析模型的中介效应1、中介效应2和总中介效应的 Bias-Corrected 95% 置信区间依次为 [0.0717, 0.1260]、[0.0274, 0.0601]、[0.1077, 0.1722]，Percentile 95% 的置信区间依次为 [0.0700, 0.1238]、[0.0265, 0.0577]、[0.1060, 0.1691]。

表6-2 以政府信任对象为因变量的 Bootstrap 检验结果

| 效应类型 | 效应值 | Boot-S. E. | Bootstrapping (95% CI) Bias-Corrected 下限 | 上限 | Percentile 下限 | 上限 | 相对效应占比(%) |
|---|---|---|---|---|---|---|---|
| 中介效应1 | 0.0957 | 0.0134 | 0.0717 | 0.1260 | 0.0700 | 0.1238 | 70.01 |
| 中介效应2 | 0.0410 | 0.0081 | 0.0274 | 0.0601 | 0.0265 | 0.0577 | 29.99 |
| 总中介效应 | 0.1367 | 0.0162 | 0.1077 | 0.1722 | 0.1060 | 0.1691 | 100.00 |

综合前述路径系数和 Bootstrap 检验结果可见，生活幸福感、公共服务满意度的中介作用路径系数均显著，中介效应值的 Bias-Corrected 95% 置信区间和 Percentile 95% 置信区间均不包含0。中介效应检验通

---

① 通过等级反应模型获取公众安全感取值的中介效应路径系数中，系数估计值不完全一致，系数的显著性具有一致性。

过,中介效应得以确认,生活幸福感和公共服务满意度在公众安全感影响政府对象信任过程中发挥中介作用。

在前述分析结果的基础上,我们整理并绘制图6-1,呈现生活幸福感和公共服务满意度在公众安全感影响政府对象信任过程中发挥中介效应的路径。该图直观地呈现了公众安全感通过生活幸福感、公共服务满意度间接增进政府对象信任的具体过程。

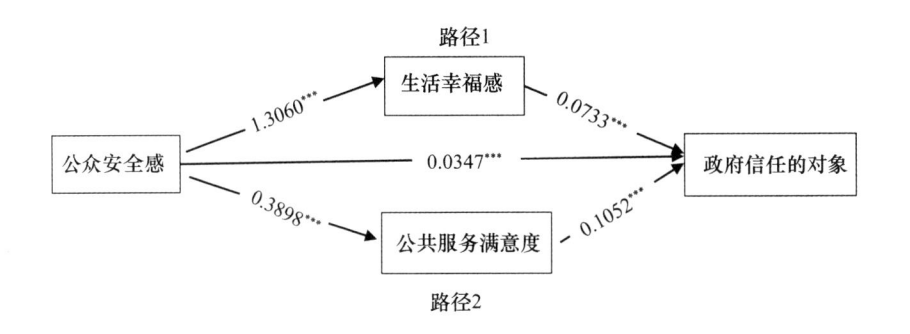

图6-1 政府信任对象为因变量的中介效应路径

此外,在以等级反应模型获取公众安全感取值的中介效应分析中,中介效应1的效应值为0.07122,中介效应2的效应值为0.0305,总中介效应值为0.1017;中介效应占比分别为70.05%,29.95%。中介效应占比与前述检验结果基本保持一致。由此可见,生活幸福感、公共服务满意度在公众安全感增进政府对象信任中的中介作用稳健可靠。

(二)政府组织信任为因变量的中介效应检验

表6-3呈现了因变量为政府组织信任时,生活幸福感和公共服务满意度中介效应检验的路径系数。据表可见,公众安全感与生活幸福感显著正相关,系数为1.3060(P<0.01),生活幸福感与政府组织信任显著正相关,系数为0.0791(P<0.01),两系数乘积为生活幸福感的中介效应值。公众安全感与公共服务满意度显著正相关,系数为0.3898(P<0.01),公共服务满意度与政府组织信任显著正相

关，系数为 0.0492（P<0.01），两系数乘积为公共服务满意度的中介效应值。

表6-3 以政府组织信任为因变量的中介效应路径系数

| 路径 | Estimate | S.E. | P |
|---|---|---|---|
| 公众安全感——生活幸福感 | 1.3060 | 0.0767 | 0.00*** |
| 生活幸福感——政府组织信任 | 0.0791 | 0.0111 | 0.00*** |
| 公众安全感——公共服务满意度 | 0.3898 | 0.0457 | 0.00*** |
| 公共服务满意度——政府组织信任 | 0.0492 | 0.01864 | 0.00*** |

注：*** 表示 P<0.01。

表6-4呈现了以政府组织信任为因变量的 Bootstrap 中介效应检验结果。通过重复抽样2000次，分析模型的中介效应1、中介效应2和总中介效应的 Bias-Corrected 95% 置信区间依次为 [0.0721，0.1409]、[0.0051，0.0383]、[0.0875，0.1648]，Percentile 95% 的置信区间依次为 [0.0710，0.1389]、[0.0043，0.0367]、[0.0848，0.1623]。

表6-4 以政府组织信任为因变量的 Bootstrap 检验结果

| 效应类型 | 效应值 | Boot-S.E. | Bootstrapping (95% CI) Bias-Corrected 下限 | 上限 | Percentile 下限 | 上限 | 相对效应占比（%） |
|---|---|---|---|---|---|---|---|
| 中介效应1 | 0.1034 | 0.0176 | 0.0721 | 0.1409 | 0.0710 | 0.1389 | 84.36 |
| 中介效应2 | 0.0192 | 0.0084 | 0.0051 | 0.0383 | 0.0043 | 0.0367 | 15.64 |
| 总中介效应 | 0.1225 | 0.0195 | 0.0875 | 0.1648 | 0.0848 | 0.1623 | 100.00 |

综合前述路径系数和 Bootstrap 检验结果可见，生活幸福感、公共服务满意度在公众安全感增进政府组织信任中的中介作用路径系数均

显著,中介效应值的 Bias-Corrected 95% 置信区间和 Percentile 95% 置信区间均不包含 0。中介效应检验通过,中介效应得以确认,生活幸福感和公共服务满意度在公众安全感影响政府组织信任过程中发挥中介作用。

根据前述分析结果,我们整理并绘制图 6-2,直观呈现生活幸福感和公共服务满意度在公众安全感增进政府组织信任中发挥中介效应的路径,具体反映公众安全感间接增进政府组织信任的发生过程。

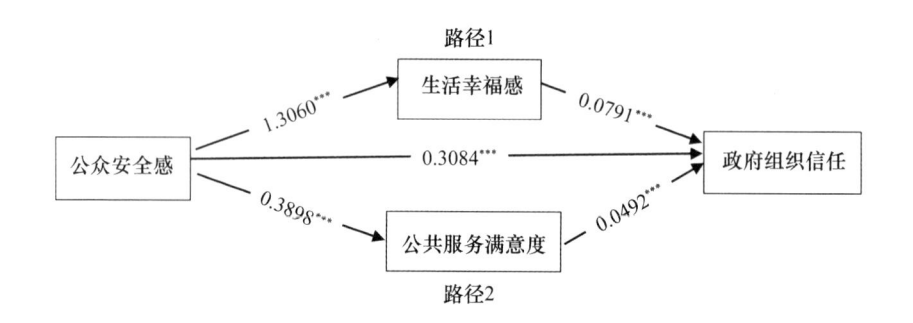

**图 6-2 政府组织信任为因变量的中介效应路径**

此外,在以等级反应模型获取公众安全感取值的中介效应分析中,生活幸福感的中介效应值(中介效应 1)为 0.0783,公共服务满意度的中介效应值(中介效应 2)为 0.0148,总中介效应值为 0.0931;中介效应占比分别为 84.12%、15.88%。整体来看,两分析结果基本保持一致。由此可见,生活幸福感、公共服务满意度在公众安全感增进政府组织信任中的中介效应稳定可靠。

### (三)公职人员信任为因变量的中介效应检验

表 6-5 呈现了因变量为公职人员信任时,生活幸福感和公共服务满意度中介效应检验的路径系数。从表可见,公众安全感与生活幸福感显著正相关,系数为 1.3060(P<0.01),生活幸福感与公职人员信任显著正相关,系数为 0.0674(P<0.01)。同时,公众安全感与公共服务满意度显著正相关,系数为 0.3898(P<0.01),公共服

## 第六章 公众安全感向政府信任转化的中介效应分析

务满意度与公职人员信任显著正相关,系数为 0.1613 (P<0.01)。

表6-5　以公职人员信任为因变量的中介效应路径系数

| 路径 | Estimate | S.E. | P |
|---|---|---|---|
| 公众安全感——生活幸福感 | 1.3060 | 0.0767 | 0.00*** |
| 生活幸福感——公职人员信任 | 0.0674 | 0.0096 | 0.00*** |
| 公众安全感——公共服务满意度 | 0.3898 | 0.0457 | 0.00*** |
| 公共服务满意度——公职人员信任 | 0.1613 | 0.0162 | 0.00*** |

注:*** 表示 P<0.01。

表6-6 呈现了以公职人员信任为因变量的 Bootstrap 中介效应检验分析结果。通过重复抽样 2000 次,分析模型的中介效应1、中介效应2 和总中介效应的 Bias-Corrected 95% 置信区间依次为 [0.0585, 0.1175]、[0.0429, 0.0878]、[0.1153, 0.1903],Percentile 95% 的置信区间依次为 [0.0578, 0.1171]、[0.0415, 0.0854]、[0.1132, 0.1883]。

表6-6　以公职人员信任为因变量的 Bootstrap 检验结果

| 效应类型 | 效应值 | Boot-S.E. | Bootstrapping (95% CI) Bias-Corrected 下限 | 上限 | Percentile 下限 | 上限 | 相对效应占比(%) |
|---|---|---|---|---|---|---|---|
| 中介效应1 | 0.0880 | 0.0150 | 0.0585 | 0.1175 | 0.0578 | 0.1171 | 58.33 |
| 中介效应2 | 0.0629 | 0.0111 | 0.0429 | 0.0878 | 0.0415 | 0.0854 | 41.67 |
| 总中介效应 | 0.1509 | 0.0191 | 0.1153 | 0.1903 | 0.1132 | 0.1883 | 100.00 |

综合前述路径系数和 Bootstrap 检验结果可见,生活幸福感、公共服务满意度在公众安全感增进公职人员信任中的中介作用路径系数均

显著，中介效应值的 Bias-Corrected 95% 置信区间和 Percentile 95% 置信区间均不包含 0。生活幸福感和公共服务满意度在公众安全感增进公职人员信任中的中介作用得以确认。

在前述分析的基础上，我们整理并绘制图 6-3。该图为生活幸福感和公共服务满意度在公众安全感增进公职人员信任中的中介效应路径图示，直观呈现了公众安全感通过两中介变量增进公职人员信任的过程。

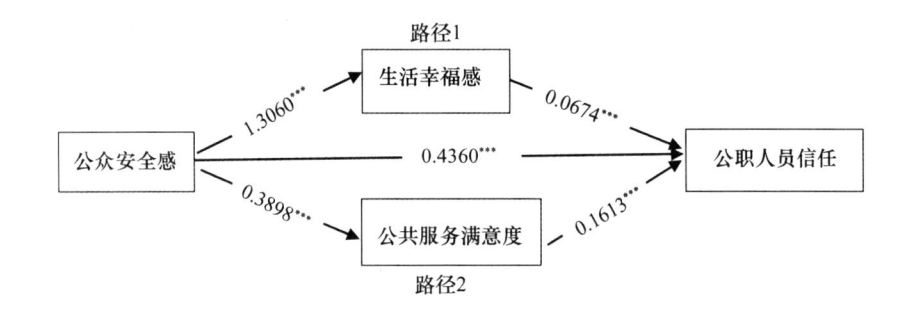

图 6-3 公职人员信任为因变量的中介效应路径

此外，在以等级反应模型获取公众安全感取值的中介效应分析中，生活幸福感的中介效应值为 0.0642，公共服务满意度的中介效应值为 0.0461，总中介效应值为 0.1103；中介效应占比分别为 58.18%、41.82%。据此可见，两中介效应占比与基于求和确定公众安全感取值的分析结果基本保持一致。

## 二 以政府信任品质为因变量的中介效应分析

本部分为生活幸福感和公共服务满意度在公众安全感影响政府信任品质中的中介作用检验。具体包括以政府品质信任为因变量的中介效应路径系数汇总表和 Bootstrap 中介效应检验结果；以政府动机信任为因变量的中介效应路径系数汇总表和 Bootstrap 中介效应检验结果；以政府能力信任为因变量的中介效应路径系数汇总表和 Bootstrap 中介效应检验结果。

第六章 公众安全感向政府信任转化的中介效应分析

**（一）政府信任品质为因变量的中介效应检验**

表6-7呈现了因变量为政府品质信任时，生活幸福感和公共服务满意度中介效应检验的路径系数。从表可见，公众安全感与生活幸福感显著正相关，系数为1.3060（P<0.01），生活幸福感与政府品质信任显著正相关，系数为0.0496（P<0.01）。同时，公众安全感与公共服务满意度显著正相关，系数为0.3898（P<0.01），公共服务满意度与政府品质信任显著正相关，系数为0.1222（P<0.01）。

表6-7　以政府信任品质为因变量的中介效应路径系数

| 路径 | Estimate | S. E. | P |
| --- | --- | --- | --- |
| 公众安全感——生活幸福感 | 1.3060 | 0.0767 | 0.00*** |
| 生活幸福感——政府品质信任 | 0.0496 | 0.0112 | 0.00*** |
| 公众安全感——公共服务满意度 | 0.3898 | 0.0457 | 0.00*** |
| 公共服务满意度——政府品质信任 | 0.1222 | 0.0189 | 0.00*** |

注：*** 表示P<0.01。

表6-8呈现了以政府信任品质为因变量的Bootstrap中介效应检验结果。通过重复抽样2000次，分析模型的中介效应1、中介效应2和总中介效应的Bias-Corrected 95%置信区间为[0.0359, 0.0977]、[0.0274, 0.0736]、[0.0743, 0.1525]，Percentile 95%置信区间为[0.0353, 0.0966]、[0.0258, 0.0720]、[0.0727, 0.1514]。

综合前述路径系数和Bootstrap检验结果可见，生活幸福感、公共服务满意度在公众安全感增进政府品质信任中的中介作用路径系数均显著，中介效应值的Bias-Corrected 95%置信区间和Percentile 95%置信区间均不包含0。生活幸福感和公共服务满意度在公众安全感增进政府品质信任中的中介作用得以确认。

表6-8　　以政府信任品质为因变量的Bootstrap检验结果

| 效应类型 | 效应值 | Boot-S.E. | Bootstrapping（95% CI） | | | | 相对效应占比（%） |
|---|---|---|---|---|---|---|---|
| | | | Bias-Corrected | | Percentile | | |
| | | | 下限 | 上限 | 下限 | 上限 | |
| 中介效应1 | 0.0648 | 0.0160 | 0.0359 | 0.0977 | 0.0353 | 0.0966 | 57.62 |
| 中介效应2 | 0.0476 | 0.0115 | 0.0274 | 0.0736 | 0.0258 | 0.0720 | 42.38 |
| 总中介效应 | 0.1124 | 0.0198 | 0.0743 | 0.1525 | 0.0727 | 0.1514 | 100.00 |

在前述分析的基础上，我们整理并绘制图6-4。该图为生活幸福感和公共服务满意度在公众安全感增进政府品质信任中的中介效应路径图示，直观呈现了公众安全感向政府品质信任的非线性转化路径。

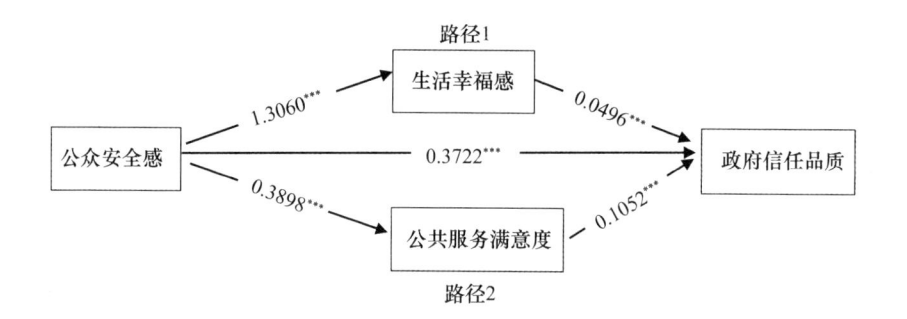

图6-4　以政府信任品质为因变量的中介效应路径

此外，在以等级反应模型获取公众安全感取值的中介效应分析中，生活幸福感的中介效应值为0.048，公共服务满意度的中介效应值为0.035，总中介效应值为0.083；中介效应占比分别为57.88%、42.12%。比较公众安全感的两种取值方式可见，尽管生活幸福感与公共服务满意度的效应值不完全等同，但中介效应比值基本保持一致。

**（二）政府动机信任为因变量的中介效应检验**

表6-9是因变量为政府动机信任时，生活幸福感和公共服务满

意度中介效应检验的路径系数。据表可知，公众安全感与生活幸福感显著正相关，系数为 1.3060（P<0.01），生活幸福感与政府动机信任显著正相关，系数为 0.0476（P<0.01）。同时，公众安全感与公共服务满意度显著正相关，系数为 0.3898（P<0.01），公共服务满意度与政府动机信任显著正相关，系数为 0.1476（P<0.01）。

表6-9　以政府动机信任为因变量的中介效应路径系数

| 路径 | Estimate | S.E. | P |
| --- | --- | --- | --- |
| 公众安全感——生活幸福感 | 1.3060 | 0.0767 | 0.000*** |
| 生活幸福感——政府动机信任 | 0.0476 | 0.0138 | 0.001*** |
| 公众安全感——公共服务满意度 | 0.3898 | 0.0457 | 0.000*** |
| 公共服务满意度——政府动机信任 | 0.1476 | 0.0231 | 0.000*** |

注：*** 表示 P<0.01。

表6-10 呈现了以政府动机信任为因变量的 Bootstrap 中介效应检验结果。通过重复抽样 2000 次，分析模型的中介效应 1、中介效应 2 和总中介效应的 Bias-Corrected 95% 置信区间依次为 [0.0238, 0.1024]、[0.0329, 0.0906]、[0.0750, 0.1672]，Percentile 95% 置信区间依次为 [0.0232, 0.1016]、[0.0309, 0.0870]、[0.0723, 0.1644]。

表6-10　以政府动机信任为因变量的 Bootstrap 检验结果

| 效应类型 | 效应值 | Boot-S.E. | Bootstrapping (95% CI) Bias-Corrected 下限 | 上限 | Percentile 下限 | 上限 | 相对效应占比(%) |
| --- | --- | --- | --- | --- | --- | --- | --- |
| 中介效应1 | 0.0621 | 0.0198 | 0.0238 | 0.1024 | 0.0232 | 0.1016 | 51.91 |
| 中介效应2 | 0.0575 | 0.0143 | 0.0329 | 0.0906 | 0.0309 | 0.0870 | 48.09 |
| 总中介效应 | 0.1197 | 0.0238 | 0.0750 | 0.1672 | 0.0723 | 0.1644 | 100.00 |

◆ 公众安全感向政府信任的转化机制分析

综合前述路径系数和 Bootstrap 检验结果可见，生活幸福感、公共服务满意度在公众安全感增进政府动机信任中的中介作用路径系数均显著，中介效应值的 Bias-Corrected 95% 置信区间和 Percentile 95% 置信区间均不包含 0。生活幸福感和公共服务满意度在公众安全感增进政府动机信任中的中介作用得以确认。

综合前述分析，我们绘制图 6-5。该图为生活幸福感和公共服务满意度在公众安全感增进政府动机信任中的中介效应路径图。直观地呈现了公众安全感通过两中介变量增进政府动机信任的过程。

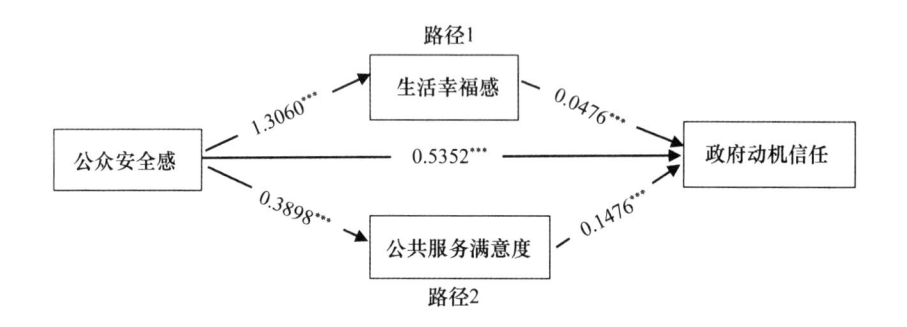

图 6-5 以政府动机信任为因变量的中介效应路径

此外，在以等级反应模型获取公众安全感取值的中介效应分析中，生活幸福感的中介效应值为 0.0461，公共服务满意度的中介效应值为 0.0422，总中介效应值为 0.0883；中介效应占比分别为 52.16%、47.84%。两种取值方式下，生活幸福感与公共服务满意度的中介效应占比基本保持一致。

（三）政府能力信任为因变量的中介效应检验

表 6-11 是因变量为政府能力信任时，生活幸福感和公共服务满意度中介效应检验的路径系数。从表可见，公众安全感与生活幸福感显著正相关，系数为 1.3060（P < 0.01），主观幸福感与政府能力信任显著正相关，系数为 0.0516（P < 0.01）。公众安全感与公共服务满意度显著正相关，系数为 0.3898（P < 0.01），公共服务满意度与

政府能力信任显著正相关,系数为 0.0968（P<0.01）。

表6-11　以政府能力信任为因变量的中介效应路径系数

| 路径 | Estimate | S. E. | P |
| --- | --- | --- | --- |
| 公众安全感——生活幸福感 | 1.3060 | 0.0767 | 0.00*** |
| 生活幸福感——政府能力信任 | 0.0516 | 0.0132 | 0.00*** |
| 公众安全感——公共服务满意度 | 0.3898 | 0.0457 | 0.00*** |
| 公共服务满意度——政府能力信任 | 0.0968 | 0.0221 | 0.00*** |

注:*** 表示 P<0.01。

表6-12 呈现了以政府能力信任为因变量的 Bootstrap 中介效应检验结果。通过重复抽样 2000 次,分析模型的中介效应 1（生活幸福感的中介效应）、中介效应 2（公共服务满意度的中介效应）和总中介效应的 Bias-Corrected 95% 置信区间依次为 [0.0324, 0.1055]、[0.0176, 0.0644]、[0.0620, 0.1500], Percentile 95% 置信区间依次为 [0.0323, 0.1053]、[0.0161, 0.0622]、[0.0610, 0.1492]。

表6-12　以政府能力信任为因变量的 Bootstrap 检验结果

| 效应类型 | 效应值 | Boot-S. E. | Bootstrapping (95% CI) Bias-Corrected 下限 | 上限 | Percentile 下限 | 上限 | 相对效应占比(%) |
| --- | --- | --- | --- | --- | --- | --- | --- |
| 中介效应1 | 0.0674 | 0.0186 | 0.0324 | 0.1055 | 0.0323 | 0.1053 | 64.11 |
| 中介效应2 | 0.0377 | 0.0118 | 0.0176 | 0.0644 | 0.0161 | 0.0622 | 35.89 |
| 总中介效应 | 0.1052 | 0.0225 | 0.0620 | 0.1500 | 0.0610 | 0.1492 | 100 |

综合前述路径系数和 Bootstrap 检验结果可见,生活幸福感、公共服务满意度在公众安全感增进政府能力信任中的中介作用路径系数均

◆ 公众安全感向政府信任的转化机制分析

显著,中介效应值的 Bias-Corrected 95% 置信区间和 Percentile 95% 置信区间均不包含 0。生活幸福感和公共服务满意度在公众安全感增进政府能力信任中的中介作用得以确认。

在上述分析基础上,我们绘制图 6-6。图 6-6 为生活幸福感和公共服务满意度在公众安全感影响政府能力信任过程中发挥中介效应的路径导图。该图直观地呈现了公众安全感通过两中介变量影响政府能力信任的过程,具体反映了公众安全感向政府能力信任的转化路径。

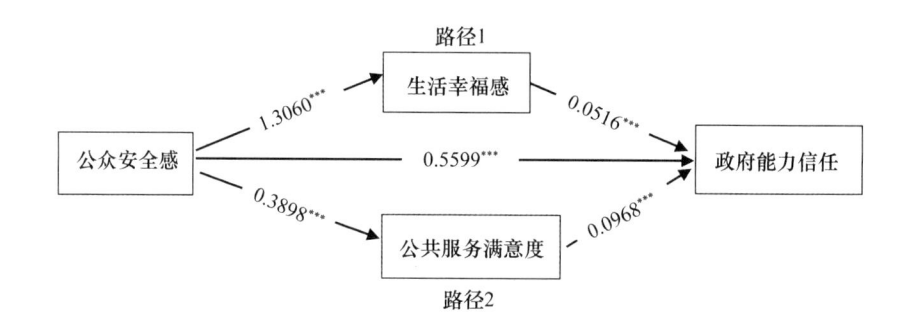

**图 6-6 以政府能力信任为因变量的中介效应路径**

此外,在以等级反应模型获取公众安全感取值的中介效应分析中,生活幸福感的中介效应值为 0.0450,公共服务满意度的中介效应值为 0.0277,总中介效应值为 0.0776;中介效应占比分别为 64.37%、35.63%。中介效应占比与基于求和的分析结果基本保持一致。

### 三 以政府信任结构为因变量的中介效应分析

本部分为生活幸福感和公共服务满意度在公众安全感影响政府信任结构中的中介作用检验。具体包括以差序政府信任为因变量的中介效应路径系数汇总表和 Bootstrap 中介效应检验结果;以政府信任层差为因变量的中介效应路径系数汇总表和 Bootstrap 中介效应检验结果;以政府信任级差为因变量的中介效应路径系数汇总表和 Bootstrap 中介效应检验结果。

第六章　公众安全感向政府信任转化的中介效应分析

**（一）以差序政府信任为因变量的中介效应分析**

表6-13呈现了因变量为差序政府信任时，生活幸福感和公共服务满意度的中介效应路径系数。从表可见，公众安全感与生活幸福感显著正相关，系数为1.3060（P<0.01），生活幸福感与差序政府信任负相关，系数为-0.0090，但其相关性未通过显著性检验（P=0.304），不具统计意义。公众安全感与公共服务满意度显著正相关，系数为0.3898（P<0.01），公共服务满意度与差序政府信任显著负相关，系数为-0.0425（P<0.05）。这意味着，生活幸福感不是公众安全感影响差序政府信任的中介变量，不在公众安全感影响差序政府信任中发挥中介作用。

表6-13　以差序政府信任为因变量的中介效应路径系数

| 路径 | Estimate | S.E. | P |
| --- | --- | --- | --- |
| 公众安全感——生活幸福感 | 1.3060 | 0.0767 | 0.00*** |
| 生活幸福感——差序政府信任 | -0.0090 | 0.0087 | 0.304 |
| 公众安全感——公共服务满意度 | 0.3898 | 0.0457 | 0.00*** |
| 公共服务满意度——差序政府信任 | -0.0425 | 0.0147 | 0.004*** |

注：*** 表示 P<0.01。

表6-14是公共服务满意度在公众安全感影响差序政府信任中的Bootstrap中介效应检验结果。通过重复抽样2000次，中介效应和直接效应的Bias-Corrected 95%置信区间分别为[-0.0315，-0.0061]、[-0.2554，-0.1546]，Percentile 95%的置信区间分别为[-0.0304，-0.0053]、[-0.2510，-0.1514]。

综合前述路径系数和Bootstrap检验结果可见，公共服务满意度在公众安全感弥合差序政府信任中的中介作用路径系数显著，中介效应值的Bias-Corrected 95%置信区间和Percentile 95%置信区间均不包含0。公共服务满意度在公众安全感弥合差序政府信任中的中介作用得以确认。

◈ 公众安全感向政府信任的转化机制分析

表6-14　　公共服务满意度为单变量Bootstrap检验结果

| 效应类型 | 效应值 | Boot-S. E. | Bootstrapping（95% CI） | | | |
|---|---|---|---|---|---|---|
| | | | Bias-Corrected | | Percentile | |
| | | | 下限 | 上限 | 下限 | 上限 |
| 中介效应 | -0.0168 | 0.0063 | -0.0315 | -0.0061 | -0.0304 | -0.0053 |
| 直接效应 | -0.2007 | 0.0254 | -0.2554 | -0.1546 | -0.2510 | -0.1514 |

基于前述分析结果，我们绘制图6-7。该图为公共服务满意度在公众安全感弥合差序政府信任中的中介效应路径图，直观呈现了公众安全感通过公共服务满意度改善差序政府信任的过程。

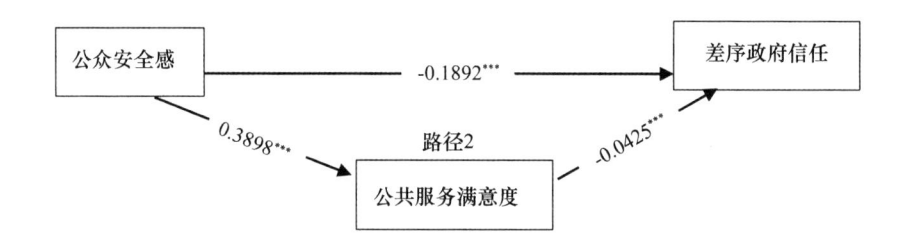

图6-7　以差序政府信任为因变量的中介效应路径

此外，在以等级反应模型获取公众安全感取值的中介效应分析中，公共服务满意度的中介效应值为-0.0121，直接效应值为-0.1500；两种公众安全感计算方法的中介效应与直接效应之比基本保持一致。

（二）以政府信任层差为因变量的中介效应分析

表6-15是因变量为政府信任层差时，主观幸福感和公共服务满意度的中介效应路径系数。从表可见，公众安全感与生活幸福感显著正相关，系数1.3060（P<0.01），生活幸福感与政府信任层差负相关，系数为-0.0048，但其负相关关系未通过显著性检验（P=0.663），不具统计意义。同时，公众安全感与公共服务满意度显著正

228

## 第六章 公众安全感向政府信任转化的中介效应分析

相关,系数为 0.3898（P < 0.01）,公共服务满意度与政府信任层差显著负相关,系数为 -0.0419（P = 0.023 < 0.05）。由此可见,生活幸福感不是公众安全感优化政府信任层差的中介变量,不在公众安全感改善政府信任层差中发挥中介作用。

表 6-15　以政府信任层差为因变量的中介效应路径系数表

| 路径 | Estimate | S. E. | P |
|---|---|---|---|
| 公众安全感——生活幸福感 | 1.3060 | 0.0767 | 0.00*** |
| 生活幸福感——政府信任层差 | -0.0048 | 0.0110 | 0.663 |
| 公众安全感——公共服务满意度 | 0.3898 | 0.0457 | 0.00*** |
| 公共服务满意度——政府信任层差 | -0.0419 | 0.0184 | 0.023** |

注:*** 表示 P < 0.01,** 表示 P < 0.05。

表 6-16 呈现了公共服务满意度在公众安全感优化政府信任层差中的 Bootstrap 检验结果。通过重复抽样 2000 次,中介效应和直接效应的 Bias-Corrected 95% 置信区间分别为 [-0.0349,-0.0032]、[-0.3239,-0.1959],Percentile 95% 的置信区间分别为 [-0.0336,-0.0015]、[-0.3201,-0.1944]。

表 6-16　公共服务满意度的 Bootstrap 检验结果

| 效应类型 | 效应值 | Boot-S. E. | Bootstrapping (95% CI) Bias-Corrected 下限 | 上限 | Percentile 下限 | 上限 |
|---|---|---|---|---|---|---|
| 中介效应 | -0.0164 | 0.0081 | -0.0349 | -0.0032 | -0.0336 | -0.0015 |
| 直接效应 | -0.2569 | 0.0317 | -0.3239 | -0.1959 | -0.3201 | -0.1944 |

综合前述路径系数和 Bootstrap 检验结果可见,公共服务满意度在公众安全感改善政府信任层差中的中介作用路径系数显著,中介

效应值的 Bias-Corrected 95% 置信区间和 Percentile 95% 置信区间均不包含 0。公共服务满意度在公众安全感优化政府信任层差中发挥中介作用。

综合上述分析结果，我们绘制图 6-8。该图为公共服务满意度在公众安全感弥合政府信任层差中的中介效应路径图，直观呈现了公众安全感通过公共服务满意度改善政府信任层差的过程。

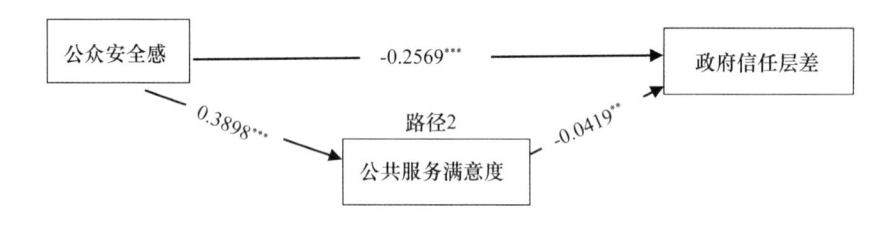

图 6-8 以政府信任层差为因变量的中介效应路径

此外，在以等级反应模型获取公众安全感取值的中介效应分析中，公共服务满意度的中介效应值为 -0.0120，直接效应值为 -0.1878，两种公众安全感计算方法的中介效应与直接效应之比基本一致。

**（三）以政府信任级差为因变量的中介效应分析**

表 6-17 是因变量为政府信任级差时，生活幸福感和公共服务满意度的中介效应路径系数。根据表 6-17，公众安全感与生活幸福感显著正相关，系数 1.3060（P<0.01），生活幸福感与政府信任级差负相关，系数为 -0.0016，但其负相关关系未能通过显著性检验（P=0.627）。公众安全感与公共服务满意度显著正相关，系数为 0.3898（P<0.01），公共服务满意度与政府信任级差显著负相关，系数为 -0.0124（P=0.029<0.05）。由此可见，生活幸福感不是公众安全感影响整体政府信任层级差的中介变量。

表6-17　以政府信任级差为因变量的中介效应检验路径系数

| 路径 | Estimate | S. E. | P |
|---|---|---|---|
| 公众安全感——生活幸福感 | 1.3060 | 0.0767 | 0.00*** |
| 生活幸福感——政府信任级差 | -0.0016 | 0.0034 | 0.627 |
| 公众安全感——公共服务满意度 | 0.3898 | 0.0457 | 0.00*** |
| 公共服务满意度——政府信任级差 | -0.0124 | 0.0034 | 0.029** |

注：*** 表示 P<0.01，** 表示 P<0.05。

表6-18 呈现了公共服务满意度在公众安全感优化政府信任级差中的 Bootstrap 检验结果。通过重复抽样 2000 次，中介效应和直接效应的 Bias-Corrected 95% 置信区间分别为 [-0.0103, -0.0007]、[-0.1038, -0.0645]，Percentile 95% 的置信区间分别为 [-0.0100, -0.0003]、[-0.1025, -0.0642]。

综合前述路径系数和 Bootstrap 检验结果可见，公共服务满意度在公众安全感改善政府信任级差中的中介作用路径系数显著，中介效应值的 Bias-Corrected 95% 置信区间和 Percentile 95% 置信区间均不包含 0。公共服务满意度在公众安全感优化政府信任级差中发挥中介作用。

表6-18　以政府信任级差为因变量的 Bootstrap 检验

| 效应类型 | 效应值 | Boot-S. E. | Bootstrapping (95% CI) ||||
|---|---|---|---|---|---|---|
| | | | Bias-Corrected || Percentile ||
| | | | 下限 | 上限 | 下限 | 上限 |
| 中介效应 | -0.0049 | 0.0024 | -0.0103 | -0.0007 | -0.0100 | -0.0003 |
| 直接效应 | -0.0829 | 0.0100 | -0.1038 | -0.0645 | -0.1025 | -0.0642 |

在前述分析结果基础上，我们绘制图6-9。该图为公共服务满意度在公众安全感优化政府信任级差中的中介效应路径图，直观地呈现了公众安全感通过公共服务满意度改善政府信任级差的过程。

◈◈ 公众安全感向政府信任的转化机制分析

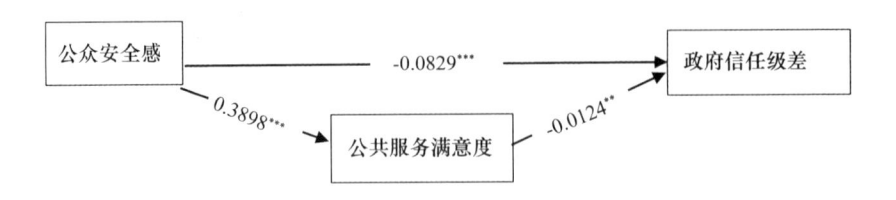

**图 6-9 以政府信任级差为因变量的中介效应路径**

此外,在以等级反应模型获取公众安全感取值的中介效应分析中,公共服务满意度的中介效应值为 -0.0036,直接效应值为 -0.0606,两种公众安全感计算方法的中介效应与直接效应之比基本保持一致。

## 四 分析结论

分析结论包括假设检验结果和研究结论两部分内容。其中,假设检验结果总结呈现了前述研究假设是否以及在何种程度上被证实;研究结论在提炼总结研究假设分析结果的基础上,进一步揭示了其具体内涵。

### (一) 假设检验结果

综合前述中介效应分析结果可见,生活幸福感、公共服务满意度是公众安全感影响政府对象信任、政府组织信任和公职人员信任的中介变量。即是说,生活幸福感和公共服务满意度在公众安全感向政府对象信任、政府组织信任和公职人员信任的转化过程中发挥中介作用。假设 6-1a、假设 6-1a1、假设 6-1a2 和假设 6-2a、假设 6-2a1、假设 6-2a2 得以证实。

生活幸福感、公共服务满意度是公众安全感影响政府品质信任、政府动机信任和政府能力信任的中介变量。即是说,生活幸福感和公共服务满意度在公众安全感向政府品质信任、政府动机信任和政府能力信任的转化过程中发挥中介作用。假设 6-1b、假设 6-1b1、假设 6-1b2 和假设 6-2b、假设 6-2b1、假设 6-2b2 得以确认。

生活幸福感并非公众安全感影响差序政府信任、政府信任层差和政府信任级差的中介变量；假设6-1c1、假设6-1c2、假设6-1c3不成立。公共服务满意度是公众安全感影响差序政府信任、政府信任层差、政府信任级差的中介变量，在公众安全感影响差序政府信任、政府信任层级差、政府信任级差中发挥中介作用；假设6-2c1、假设6-2c2、假设6-2c3得以确认。

综上可见，假设6-1关于生活幸福感中介效应的假设部分得以证实，假设6-1部分成立。假设6-2关于公共服务满意度中介效应的假设全部得以证实，假设6-2成立。

（二）研究结论

首先，生活幸福感在公众安全感增进政府对象信任（含政府组织信任、公职人员信任）、政府品质信任（含政府动机信任、政府能力信任）中的中介作用得以确认。就是说，公众安全感、生活幸福感都可以有效地增进政府对象信任、政府组织信任、公职人员信任；而且，公众安全感可以显著地提升生活幸福感从而改善政府对象信任、政府组织信任和公职人员信任。同时，公众安全感、生活幸福感都能够有效地增进政府品质信任、政府动机信任、政府能力信任，并且，公众安全感可以有效地增进生活幸福感进而提升政府品质信任、政府动机信任和政府能力信任。

这一研究发现明晰了安全感与幸福感的关联关系，确认了安全感与幸福感在政府公共关系建设中的积极功能，呈现了满足人民群众精神生活需要在改善政府公民关系中的积极功能和实现路径，为满足人民群众美好生活需要与维护和实现政治社会秩序稳定的逻辑统一性提供了经验证据支持。

其次，公共服务满意度在公众安全感提升政府对象信任（含政府组织信任、公职人员信任）、政府品质信任（含政府动机信任、政府能力信任），增强政府信任结构（差序政府信任、政府信任层差、政府信任级差）均衡性水平中的积极功能得以确认。即是说，公众安全感、公共服务满意度都可以有效地改善政府对象信任、政府品质信任、政府信任结构；并且，公众安全感可以通过增强公共服务满意度优化政府对象信任、政府品质信任和政府信任结构。

这一分析结论确认了公众安全感与公共服务满意度的内在一致性，证实了安全感和公共服务满意度在改善和巩固政府信任中的系统性功能价值，确认了社会公共品供给在政府—公民关系建设和发展中的积极影响，揭示了维护和增进公共利益与夯实和扩展政府治理资源良性互动关系的发生过程。

总结前述分析可见，包括安全感、幸福感和公共服务满意度在内的精神生活需要是中国政府信任高水平运转的重要支持力量；高度重视、持续满足人民群众的物质和精神生活需要是中国政府信任长期稳定的关键之所在。也是在这一意义上，人民群众的物质需要和精神需要以及两者关联关系的功能函数，是中国政治社会秩序稳定的重要影响要素。

# 第七章 公众安全感影响政府信任的异质性分析

一项完整的实证研究通常要回答两个问题：一是解释变量 X 是否能够影响被解释变量 Y，二是影响效应的发生机制，即 X 如何影响 Y。其中，影响机制分析是对复杂情境下因变量变动趋势发生机制和演进趋向的探究，既包含对 X 影响 Y 的路径分析，也包括 X 对 Y 的影响效应分析。前述因果关系和中介作用检验揭示了公众安全感直接和间接改善政府信任的实践路径，在此基础上，我们将注意力转向公众安全感对政府信任的影响效应分析。

展开来讲，我们围绕自变量与因变量的关系是否以及如何受到其他变量的影响这一问题，试图找到在自变量影响因变量过程中发挥调节器作用的变量。在自变量影响因变量过程中发挥调节器作用的变量即调节变量，调节变量对 X 影响 Y 的干预效应即调节效应。确认调节变量并明确调节效应共同构成完整的调节作用分析，其本质是一种异质性分析。

## 第一节 研究假设

围绕哪些因素在公众安全感改善政府信任过程中发挥了怎样的调节作用这一问题，在既有研究成果的基础上，我们通过演绎推理和逻辑推导，择定社会公平感、政治效能感为主要调节变量；我们预期社会公平感和政治效能感在公众安全感优化政府信任中发挥调节作用。

为了确认前述各变量在公众安全感改善政府信任中的调节作用和具体表现，我们分别对其进行调节效应检验。下文分调节效应假设、调节效应检验两部分具体展开，通过基于逻辑的推理和基于经验的实证共同确认调节变量及其调节作用。

## 一 社会公平感的调节作用假设

社会公平感是社会成员对自我、他人、社会整体资源分配合理性和正当性的主观感知和主体判断。[①] 其中，社会资源既包括收入等显性财富，也包括声望、社会地位等其他资源形态。社会公平感是反映社会公平程度的重要观测指标，也常被当作评判社会制度的准则。[②] 既有研究高度重视社会公平感在政治社会生活中的功能与影响。诸多实证研究共同表明，社会公平感与政府信任显著相关，是政府信任的重要影响因素。

罗斯坦的研究发现，当公众认为政府机构在公平公正地履行政府职责方面取得突出成绩或显著进步时，政府信任得以巩固并增强。[③] 库茨尔姆科等的研究表明，社会不平等与政府信任显著负相关，不平等程度越高，政府信任水平越低。[④] 扎德等的研究显示，受到公共权威公平对待的群体对政治机构的信任水平更高，原因在于，个体在生活中与权威交往的亲身体验以及在此基础上形成的机构信任会传递至其对更广泛社会政治生活体系的评价中。[⑤] Yu Noda 在其以东京地区居民为样本的一

---

[①] 刘欣、胡安宁：《中国公众的收入公平感：一种新制度主义社会学的解释》，《社会》2016年第4期。

[②] 陈丽君、胡晓慧、顾昕：《社会流动感知和预期如何影响居民幸福感？——公共服务满意度的中介作用和社会公平感的调节作用》，《公共行政评论》2022年第1期。

[③] [瑞典] 博·罗斯坦：《政府质量：执政能力与腐败、社会信任与不平等》，蒋小虎译，新华出版社2012年版，第105页。

[④] Ilyana Kuziemko, Michael I. Norton, Emmanuel Saez, and Stefanie Stantcheva, "How Elastic Are Preferences for Redistribution? Evidence from Randomized Survey Experiments", *American Economy Review*, Vol. 105, No. 4, April 2015.

[⑤] Ali Abdelzadeh, Par Zetterberg and Joakim Ekman, "Procedural Fairness and Political Trust Among Young People: Evidence From A Panel Study on Swedish High School Students", *Acta Political*, Vol. 50, No. 3, July 2015.

## 第七章 公众安全感影响政府信任的异质性分析

项研究中指出,那些切实增进公民在政治参与和公共决策中机会公平和机会公平感知的政治领导人,能够赢得更多和更高的信任。[1]

国内学者以大陆地区公众为样本的实证研究,也证实了公平感与政府信任的正相关关系。李智超等的研究发现,政策公平性越高、社会网络越发达,公众的地方政府信任也越高。[2] 赵建国等的研究表明,社会地位公平感知与中央、地方政府信任显著正相关。[3] 麻宝斌等的研究指出,由机会公平感、收入公平感和公共服务资源公平感共同构成的分配正义感受与政府能力信任显著正相关。[4] 并且,包括干部办事不公、违规和不当操作在内的不公平经历和不公平感受与地方政府信任显著负相关,不公平感越强,地方政府信任越低。[5] 赵羚雅的研究则显示,社会公平感可以同时增进中央、地方政府信任,社会公平感越高,公众的中央和地方政府信任也越高。[6]

此外,既有研究也注重探究安全感、公平感交互作用对个体行为的影响效应。譬如,张燕等的研究发现,企业员工的分配公平感、程序公平感以及两者共同构成的组织公平感与其心理安全感显著正相关,组织公平感越高,心理安全感也越高。[7] 宋靖等的研究显示,互动公平能够有效降低工作不安全感对组织雇员工作行为的消极影响。[8] 刘一伟的研究显示,对于高中低收入群体来讲,收入不平等都会严重

---

[1] Yu Noda, "Trust in the Leadership of Governors and Participatory Governance in Tokyo Metropolitan Government", *Local Government Studies*, Vol. 43, No. 5, June 2017.

[2] 李智超、孙中伟、方震平:《政策公平、社会网络与灾后基层政府信任度研究——基于汶川灾区三年期追踪调查数据的分析》,《公共管理学报》2015年第4期。

[3] 赵建国、于晓宇:《社会公平对政府信任的影响研究——基于CGSS2010数据的实证分析》,《财贸研究》2017年第3期。

[4] 麻宝斌、马永强:《公众分配正义感受对政府信任的影响研究》,《行政论坛》2018年第6期。

[5] 麻宝斌、马永强:《不公平经历对政府信任的消极影响》,《学术交流》2019年第10期。

[6] 赵羚雅:《收入差距、社会公平感与差序政府信任》,《社会主义研究》2019年第2期。

[7] 张燕、解蕴慧、王泸:《组织公平感与员工工作行为:心理安全感的中介作用》,《北京大学学报》(自然科学版)2015年第1期。

[8] 宋靖、张勇、王明旋:《质量型工作不安全感对员工组织公民行为的影响:组织认同的中介效应与互动公平的调节效应》,《中国人力资源开发》2018年第11期。

损耗地方政府信任；其中，收入不公平对中等收入群体的影响最大，原因在于，高收入群体的经济安全更高，而低收入群体对不公平的容忍度更高。① 这些研究在心理—行为的分析框架下展开，初步呈现了安全感与公平感的交互作用机制。

总结前述经验研究可见，社会公平感可以直接作用于政府信任，也可以通过影响包括安全感在内的个体心理机制塑造其行为。这表明，政府信任可能受到安全感、公平感以及两者交互作用的共同影响。据此，我们假设社会公平感是公众安全感影响政府信任的调节变量。而在具体的分析过程中，由于当前尚未形成测度社会公平感的统一框架，我们择定机会公平感和程序公平感，以两者之和的均值代表社会公平感。我们预期，机会公平感、程序公平感及两者所代表的社会公平感都可以显著增强公众安全感对政府信任的影响效应。即是说，社会公平感在公众安全感影响政府信任中具有激励作用。具体研究假设如下：

假设7-1：机会公平感在公众安全感优化政府信任中发挥正向调节作用。

假设7-1a：机会公平感在公众安全感增进政府对象信任中发挥正向调节作用；

假设7-1b：机会公平感在公众安全感提升政府品质信任中发挥正向调节作用；

假设7-1c：机会公平感在公众安全感改善政府信任结构中发挥正向调节作用。

假设7-2：程序公平感在公众安全感优化政府信任中发挥正向调节作用。

假设7-2a：程序公平感在公众安全感增进政府对象信任中发挥正向调节作用；

假设7-2b：程序公平感在公众安全感提升政府品质信任中发挥正向调节作用；

---

① 刘一伟：《收入不平等对地方政府信任的影响及其机制分析》，《探索》2018年第2期。

假设7-2c：程序公平感在公众安全感改善政府信任结构中发挥正向调节作用。

假设7-3：社会公平感在公众安全感优化政府信任中发挥正向调节作用。

假设7-3a：社会公平感在公众安全感增进政府对象信任中发挥正向调节作用；

假设7-3b：社会公平感在公众安全感提升政府品质信任中发挥正向调节作用；

假设7-3c：社会公平感在公众安全感改善政府信任结构中发挥正向调节作用。

## 二 政治效能感的调节作用假设

政治效能感是指，公民对自身能够在多大程度上影响政府的主体判断。作为理解和解释政治行为的动机因素，政治效能感受到政治学者的高度重视。在其后的研究中，随着对政治效能感认识的深化和细化，政治学者开始采用外在政治效能感和内在政治效能感的两分框架开展其分析。其中，外在政治效能感是指，个体认为政府回应其诉求的可能性和程度；而内在政治效能感则是指，个体对自身持有能够有效影响政府和制度的能力和实力的肯定水平。这些研究既关注政治效能感的影响要素和发展规律，也关注政治效能感对政治态度和政治行为的影响效应和作用机制。

既有研究揭示了政治效能感对政府信任的直接影响效应。在规范意义上强调政治效能感和政府信任关系密切，也在经验意义上确认了政治效能感是政府信任的重要影响因素。Niemi 等的研究表明，公众的外在政治效能感与政府信任显著正相关[1]。孔祥军等的研究显示，内在政治效能感、外在政治效能感、政治效能感都和政府信任显著正

---

[1] Richard G. Niemi, Stephen C. Craig and Franco Mattei, "Measuring Internal Political Efficacy in the 1988 National Election Study", *American Political Science Review*, Vol. 85, No. 4, Dec 1991.

相关，政治效能感越高，政府信任水平越高。① 赵齐蕊在其研究中指出，公众的外在政治效能感越强，政府信任水平越高，内在政治效能感越强，政府信任水平越低，政府对公众个体意见的重视程度与公众的政府信任水平变动频率具有同步性。② 胡荣的研究发现，外在政治效能感与警察信任显著正相关，内在政治效能感与警察信任显著负相关。③

既有研究也关注政治效能感与其他主观变量交互作用对政府信任的影响效应。譬如，袁浩等的研究指出，政治效能感、社会公平感可以分别增进政府机构信任，同时，在政府信任较高的群众中，政治效能感在社会公平感增进政府机构信任中发挥正向调节作用。④ 唐雲等的研究显示，外在政治效能感在主观绩效满意增进政府信任中发挥激励作用，在客观制度绩效增进政府信任中发挥负向调节作用。⑤

既有研究并未直接刻画政治效能感在公众安全感改善政府信任中的影响效应。但是，围绕组织行为的分析指出，效能感是影响个体心理安全感和组织安全感的关键要素。段雪薇等的研究显示，效能感与安全感显著正向相关性，效能感越强，安全感越强。⑥ 冯冬冬等的研究指出，企业雇员的效能感与工作不安全感显著负相关，雇员效能感越强，工作不安全感越弱。⑦

基于前述分析所揭示的效能感与安全感的关联关系、政治效能感

---

① 孔祥军、华波、张洪涛：《大学生政治效能感与政府信任度的相关研究》，《兰州教育学院学报》2018年第6期。
② 赵齐蕊：《政治效能感与政治信任相关关系实证研究——基于成都市大样本社会调查》，西南交通大学，硕士学位论文，2013年。
③ 胡荣：《中国人的政治效能感、政治参与和警察信任》，《社会学研究》2015年第1期。
④ 袁浩、顾洁：《社会公平感、政治效能感与政治信任——基于2010年中国综合社会调查数据的分位数回归分析》，《甘肃行政学院学报》2015年第2期。
⑤ 唐雲、王英：《主客观视角下的制度绩效、政治效能感与政府信任》，《经济社会体制比较》2020年第5期。
⑥ 段雪薇、王晓敏、何兴鑫、宋丽萍：《大学生正念水平与安全感的关系：自我效能感的中介作用》，《中国健康心理学杂志》2018年第3期。
⑦ 冯冬冬、陆昌勤、萧爱玲：《工作不安全感与幸福感、绩效的关系：自我效能感的作用》，《心理学报》2008年第4期。

第七章 公众安全感影响政府信任的异质性分析

影响政府信任的路径与表征，我们尝试就公众安全感与政治效能感交互作用对政府信任的影响效应进行探索性分析。我们预期政治效能感在公众安全感改善政府信任中发挥调节作用。具体是指，外在政治效能感、内在政治效能感、政治效能感（外在政治效能感与内在政治效能感之和的均值）都可以显著增强公众安全感对政府信任的影响效应。即是说，政治效能感在公众安全感影响政府信任中具有激励作用。具体研究假设如下：

假设7-4：外在政治效能感在公众安全感优化政府信任中发挥正向调节作用；

假设7-4a：外在政治效能感在公众安全感增进政府对象信任中发挥正向调节作用；

假设7-4b：外在政治效能感在公众安全感提升政府品质信任中发挥正向调节作用；

假设7-4c：外在政治效能感在公众安全感改善政府信任结构中发挥正向调节作用；

假设7-5：内在政治效能感在公众安全感优化政府信任中发挥正向调节作用；

假设7-5a：内在政治效能感在公众安全感增进政府对象信任中发挥正向调节作用；

假设7-5b：内在政治效能感在公众安全感提升政府品质信任中发挥正向调节作用；

假设7-5c：内在政治效能感在公众安全感改善政府信任结构中发挥正向调节作用；

假设7-6：政治效能感在公众安全感优化政府信任中发挥正向调节作用；

假设7-6a：政治效能感在公众安全感增进政府对象信任中发挥正向调节作用；

假设7-6b：政治效能感在公众安全感提升政府品质信任中发挥正向调节作用；

假设 7-6c：政治效能感在公众安全感改善政府信任结构中发挥正向调节作用。

## 第二节 调节效应分析方法与步骤

调节效应分析是对前述调节效应假设的检测和验证。具体包括社会公平感（机会公平感和程序公平感）在公众安全感影响政府信任中的调节效应，政治效能感（内在政治效能感和外在政治效能感）在公众安全感影响政府信任中的调节效应。一般来讲，调节效应的判定通常以乘积交互模型分析结果为依据，具体是指，将自变量、调节变量及交互项依次放入回归模型中，如果交互项通过统计显著性检验，表明调节效应存在。

乘积交互模型被社会科学研究者广泛采用。但是，Jens Hainmueller 等在其研究中指出，古典标准乘积交互模型的线性交互作用假设[1]（Linear Interaction Effect Assumption，LIE）在理论和实践上都没有得到充分的论证，面临假设失效导致估计结果偏差的问题。同时，一些研究的调节变量缺乏共同支持，会导致对条件效应的过度估计，因此是非常脆弱和模型依赖的。他们提出了检验前述问题的方法，给出了更具灵活性的交互项边际效应估计方案[2]。

因此，为检测和验证社会公平感、政治效能感在公众安全感改善政府信任中的调节作用，尽可能提高分析结果的可靠性和稳定性，我们综合乘积交互模型和 Hainmueller 等的建议展开后续分析。具体研究步骤为，首先，以加总求和确定的公众安全感为自变量进行乘积交互模型检验，其后，以 IRT 确定具体取值的公众安全感为自变量进行乘积交互模型检验；针对前述回归中交互项都显著的研究项目，通过

---

[1] 即 D（自变量）对 Y（因变量）的效应随 X（调节变量）线性变化。
[2] Hainmueller, J., Mummolo, J., Xu Y., "How Much Should We Trust Estimates from Multiplicative Interaction Models? Simple Tools to Improve Empirical Practice", *Political Analysis*, Vol. 27, No. 2, April 2019.

STATA 中的 Interflex 命令，依次检查原始数据、分箱估计量、核估计量。

其中，原始数据检查的主要功能在于，观察结果、处理和调节变量之间的条件关系是否接近线性拟合，以及调节变量各值的处理效应是否得到充分的共同支持。分箱估计量按照连续变量的分组方法进行估计，得到高、中、低（L、M、H）三个边际效应估计系数和相应置信区间；核估计量呈现了数据区间内的完整曲线。如果分箱估计量诊断图呈单调变动趋势，不拒绝线性交互作用模型与分箱估计量无偏的原假设（Wald Test），L、M、H 的分布比较均匀，并且，核估计量诊断图也接近一条直线，则 LIE 假设成立。反之，在缺乏共同支持（Lack of Common Support），分箱估计量诊断图的变动趋势不单调、非线性，核估计量诊断图不反映分箱估计量诊断图的变动趋势时，LIE 假设不被支持。

最后，调节效应需综合乘积交互模型和诊断图分析结果共同确认，在乘积交互模型中交互项具有统计显著性且 LIE 假设成立情况下，调节效应成立；对于乘积交互模型中交互项具有统计显著性但 LIE 假设未被支持的情形，暂不进行更多研究和讨论。

## 第三节　调节效应检验结果

下文分别呈现了社会公平感、政治效能感在公众安全感改善政府信任中的调节效应检验结果。各部分都汇报了乘积交互模型的回归结果，其中，基础回归是指自变量公众安全感由加总求和确定的回归分析，IRT 回归则是指以 IRT 获取公众安全感取值进行的回归分析，乘积交互模型的分析结果由基础回归和 IRT 回归共同确认。对于基础回归和 IRT 回归中交互项都显著的研究项目进行了补充检验，并提供了线性交互作用诊断图、分箱估计量与核估计量诊断图。

### 一　社会公平感的调节效应检验

社会公平感的调节效应包括机会公平感、程序公平感和社会公平感的调节作用分析三部分。各部分都按照目标变量在公众安全感改善政府对象信任、政府品质信任和政府信任结构中的调节效应检验依次展开。社会公平感在公众安全感改善政府信任对象、品质和结构中的调节作用由前述分析结果共同确认。

**（一）机会公平感的调节作用分析**

首先是机会公平感在公众安全感增进政府对象信任（含政府组织、公职人员信任）中的调节效应检验。

表7-1是机会公平感在公众安全感增进政府对象信任、政府组织信任、公职人员信任中的乘积交互模型分析结果。据表7-1可见，在基础回归中，模型一、模型二的交互项都具有显著性，模型三的交互项不具有显著性；在IRT回归中，仅模型四的交互项显著，模型五、模型六的交互项都不具有显著性。综合前述分析可见，乘积交互模型初步确认了机会公平感在公众安全感增进政府组织信任中的调节作用。

表7-1　　　因变量为政府对象信任的机会公平感调节作用

| 变量名称 | 基础回归 | | | IRT回归 | | |
|---|---|---|---|---|---|---|
| | 模型一 | 模型二 | 模型三 | 模型四 | 模型五 | 模型六 |
| | 政府组织 | 公职人员 | 政府对象 | 政府组织 | 公职人员 | 政府对象 |
| 公众安全感 | 0.573*** | 0.365*** | 0.469*** | 0.439*** | 0.325*** | 0.382*** |
| | (0.0805) | (0.0699) | (0.0597) | (0.0609) | (0.0527) | (0.0452) |
| 机会公平感 | 0.341*** | 0.00939 | 0.175*** | 0.130*** | 0.187*** | 0.158*** |
| | (0.0899) | (0.0780) | (0.0666) | (0.0189) | (0.0164) | (0.0140) |
| 交互项 | -0.0575** | 0.0466** | -0.00549 | -0.0507*** | 0.0150 | -0.0179 |
| | (0.0228) | (0.0198) | (0.0169) | (0.0164) | (0.0142) | (0.0122) |
| 收入 | -0.0693*** | -0.0228 | -0.0461*** | -0.0640*** | -0.0153 | -0.0396*** |
| | (0.0179) | (0.0155) | (0.0133) | (0.0180) | (0.0156) | (0.0134) |
| 年龄 | 0.0347 | 0.0209 | 0.0278* | 0.0316 | 0.0158 | 0.0237 |
| | (0.0225) | (0.0195) | (0.0167) | (0.0226) | (0.0196) | (0.0168) |

续表

| 变量名称 | 基础回归 ||| IRT回归 |||
|---|---|---|---|---|---|---|
| | 模型一 | 模型二 | 模型三 | 模型四 | 模型五 | 模型六 |
| | 政府组织 | 公职人员 | 政府对象 | 政府组织 | 公职人员 | 政府对象 |
| 性别 | -0.0956** | 0.0645* | -0.0156 | -0.0911** | 0.0720** | -0.00958 |
| | (0.0415) | (0.0360) | (0.0308) | (0.0418) | (0.0361) | (0.0310) |
| 教育水平 | 0.0635*** | -0.0595*** | 0.00202 | 0.0690*** | -0.0515** | 0.00875 |
| | (0.0241) | (0.0209) | (0.0179) | (0.0243) | (0.0210) | (0.0180) |
| 民族 | 0.0595 | -0.0192 | 0.0201 | 0.0613 | -0.0210 | 0.0201 |
| | (0.0578) | (0.0502) | (0.0429) | (0.0581) | (0.0503) | (0.0431) |
| 政治面貌 | -0.0565*** | -0.0115 | -0.0340*** | -0.0566*** | -0.0115 | -0.0341*** |
| | (0.0153) | (0.0133) | (0.0114) | (0.0154) | (0.0133) | (0.0114) |
| 户籍 | 0.0611** | -0.0358 | 0.0126 | 0.0680** | -0.0269 | 0.0205 |
| | (0.0300) | (0.0260) | (0.0222) | (0.0302) | (0.0261) | (0.0224) |
| 信息媒介 | -0.0310* | -0.0294** | -0.0302** | -0.0302* | -0.0265* | -0.0284** |
| | (0.0163) | (0.0142) | (0.0121) | (0.0164) | (0.0142) | (0.0122) |
| $R^2$ | 0.205 | 0.400 | 0.387 | 0.197 | 0.398 | 0.380 |
| 调整后的$R^2$ | 0.198 | 0.395 | 0.382 | 0.19 | 0.393 | 0.375 |
| 常数项 | 1.861*** | 1.952*** | 1.907*** | 3.962*** | 3.266*** | 3.614*** |
| | (0.338) | (0.293) | (0.251) | (0.184) | (0.159) | (0.136) |
| 观察值 | 1326 | 1326 | 1326 | 1326 | 1326 | 1326 |

注：括号内为标准差，\*\*\*表示$P<0.01$，\*\*表示$P<0.05$，\*表示$P<0.1$；VIF值分别为7.6、2.59。

图7-1中，因变量政府组织信任为$Y_{0-a}$，自变量公众安全感为D，调节变量机会公平感为$X_{0-a}$。机会公平感为连续变量。据图可见，LOESS和OLS基本重合，满足线性边际效应，机会公平感在各组都有且分布比较均匀，满足共同支持条件。

◈ 公众安全感向政府信任的转化机制分析

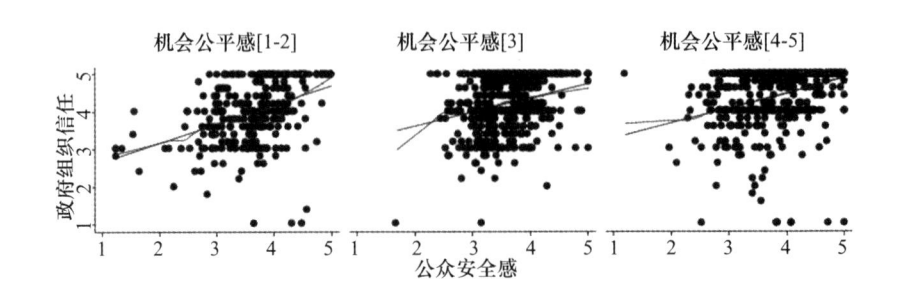

图7-1 线性交互作用诊断图（$Y_{0-a} - D - X_{0-a}$）

在散点图的基础上，图7-2提供了分箱估计量与核估计量的诊断图。图7-2左、右分别是公众安全感（D）—机会公平感（$X_{0-a}$）—政府组织信任（$Y_{0-a}$）的分箱估计量诊断图、核估计量诊断图。其中，L为0.351（se=0.091）、M为0.370（se=0.072）、H为0.376（se=0.070）的值递增，Wald test拒绝线性交互作用模型与分箱估计量无偏的原假设（P=0.0376）。右侧核估计量诊断图的变动趋势先下降，后增长，而后再下降。

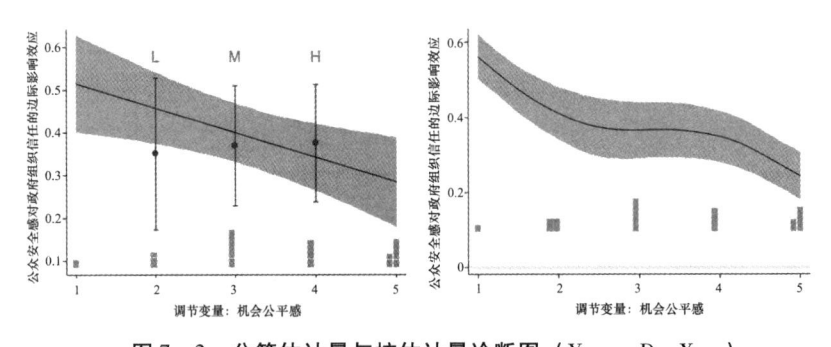

图7-2 分箱估计量与核估计量诊断图（$Y_{0-a} - D - X_{0-a}$）

基于前述乘积交互模型分析结果和诊断图检验结果，尽管交互项具有显著性，但LIE假设未被支持，因而不能确认机会公平感在公众安全感增进政府组织信任中的调节作用。

其次是机会公平感在公众安全感增进政府品质信任（含政府动机

## 第七章 公众安全感影响政府信任的异质性分析

信任、政府能力信任)中的调节效应检验。

表7-2是机会公平感在公众安全感增进政府动机信任、政府能力信任、政府品质信任中的乘积交互模型分析结果。据表可见,在基础回归中,模型一、模型二、模型三的交互项都具有显著性;同时,在IRT回归中,模型四、模型五、模型六的交互项也都具有显著性。综合前述乘积交互模型可见,机会公平感在公众安全感增进政府动机信任、政府能力信任、政府品质信任中的调节作用初步得以确认。

表7-2　　　因变量为政府品质信任的机会公平感调节作用

| 变量名称 | 基础回归 | | | IRT回归 | | |
|---|---|---|---|---|---|---|
| | 模型一 | 模型二 | 模型三 | 模型四 | 模型五 | 模型六 |
| | 政府动机 | 政府能力 | 政府品质 | 政府动机 | 政府能力 | 政府品质 |
| 公众安全感 | 0.346*** | 0.375*** | 0.360*** | 0.269*** | 0.297*** | 0.283*** |
| | (0.100) | (0.0957) | (0.0821) | (0.0758) | (0.0723) | (0.0620) |
| 机会公平感 | -0.243** | -0.231** | -0.237*** | 0.0788*** | 0.0721*** | 0.0755*** |
| | (0.112) | (0.107) | (0.0917) | (0.0235) | (0.0224) | (0.0193) |
| 交互项 | 0.0853*** | 0.0803*** | 0.0828*** | 0.0534*** | 0.0478** | 0.0506*** |
| | (0.0284) | (0.0271) | (0.0233) | (0.0204) | (0.0194) | (0.0167) |
| 收入 | 0.0485** | 0.0339 | 0.0412** | 0.0582*** | 0.0437** | 0.0510*** |
| | (0.0223) | (0.0213) | (0.0183) | (0.0224) | (0.0213) | (0.0183) |
| 年龄 | 0.0566** | 0.00874 | 0.0326 | 0.0516* | 0.00355 | 0.0276 |
| | (0.0281) | (0.0267) | (0.0229) | (0.0281) | (0.0268) | (0.0230) |
| 性别 | -0.0407 | 0.0433 | 0.00129 | -0.0284 | 0.0554 | 0.0135 |
| | (0.0518) | (0.0494) | (0.0424) | (0.0519) | (0.0495) | (0.0425) |
| 教育水平 | -0.0879*** | -0.00413 | -0.0460* | -0.0769** | 0.00683 | -0.0351 |
| | (0.0300) | (0.0286) | (0.0246) | (0.0302) | (0.0288) | (0.0247) |
| 民族 | 0.0757 | 0.0165 | 0.0461 | 0.0712 | 0.0124 | 0.0418 |
| | (0.0721) | (0.0687) | (0.0590) | (0.0723) | (0.0689) | (0.0591) |

续表

| 变量名称 | 基础回归 ||| IRT 回归 |||
|---|---|---|---|---|---|---|
| | 模型一 | 模型二 | 模型三 | 模型四 | 模型五 | 模型六 |
| | 政府动机 | 政府能力 | 政府品质 | 政府动机 | 政府能力 | 政府品质 |
| 政治面貌 | -0.0171 | -0.00411 | -0.0106 | -0.0169 | -0.00394 | -0.0104 |
| | (0.0191) | (0.0182) | (0.0156) | (0.0191) | (0.0182) | (0.0157) |
| 户籍 | -0.128*** | -0.0124 | -0.0704** | -0.117*** | -0.000527 | -0.0586* |
| | (0.0374) | (0.0357) | (0.0306) | (0.0375) | (0.0358) | (0.0307) |
| 信息媒介 | -0.0177 | -0.0271 | -0.0224 | -0.0133 | -0.0228 | -0.0181 |
| | (0.0204) | (0.0194) | (0.0167) | (0.0204) | (0.0195) | (0.0167) |
| $R^2$ | 0.279 | 0.239 | 0.328 | 0.277 | 0.236 | 0.325 |
| 调整后的 $R^2$ | 0.273 | 0.233 | 0.322 | 0.271 | 0.23 | 0.319 |
| 常数项 | 2.342*** | 1.580*** | 1.961*** | 3.560*** | 2.908*** | 3.234*** |
| | (0.422) | (0.402) | (0.345) | (0.229) | (0.218) | (0.187) |
| 观察值 | 1326 | 1326 | 1326 | 1326 | 1326 | 1326 |

注：括号内为标准差，*** 表示 $P<0.01$，** 表示 $P<0.05$，* 表示 $P<0.1$；VIF 值分别为 7.6、2.59。

图 7-3 是公众安全感—机会公平感—政府品质信任/政府动机信任/政府能力信任的线性交互作用诊断图。其中，因变量 $Y_1$ 为政府品质信任（政府动机信任 $Y_{1-a}$、政府能力信任 $Y_{1-b}$），自变量 D 为公众安全感，调节变量 $X_{0-a}$ 为机会公平感。在图 7-3 中，三组图示的 LOESS 和 OLS 基本重合，满足线性边际效应，机会公平感在各组都有且分布比较均匀，满足共同支持条件。

在散点图的基础上，图 7-4 进一步提供了分箱估计量与核估计量的诊断图。图 7-4（a）是公众安全感（D）—机会公平感（$X_{0-a}$）—政府品质信任（$Y_1$）的分箱估计量（左）与核估计量（右）诊断图。分箱估计量诊断图中，L 为 0.675（se=0.092）、M 为 0.469（se=0.064）、H 为 0.778（se=0.071），Wald test 拒绝线性交互作用模型与分箱估计量无偏的原假设（P=0.0182）。右侧核估计量诊断图变动趋势不靠近一条直线。

第七章 公众安全感影响政府信任的异质性分析

(a) $Y_1 - D - X_{0-a}$

(b) $Y_{1-a} - D - X_{0-a}$

(c) $Y_{1-b} - D - X_{0-a}$

图 7-3 线性交互作用诊断图 ($Y_1/Y_{1-a}/Y_{1-b} - D - X_{0-a}$)

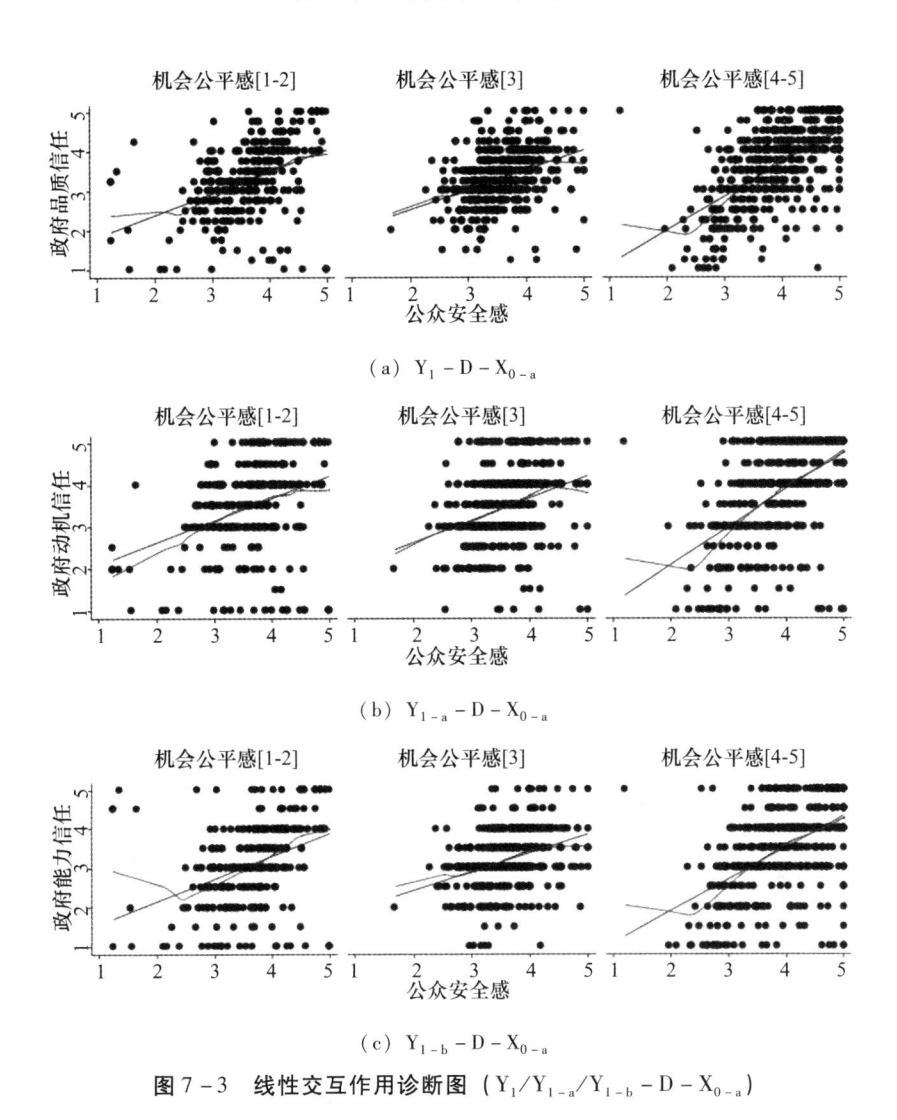

图 7-4 (b) 是公众安全感 (D) ——机会公平感 ($X_{0-a}$) ——政府动机信任 ($Y_{1-a}$) 的分箱估计量与核估计量诊断图。分箱估计量诊断图中的 L 为 0.564 (se=0.122)、M 为 0.464 (se=0.086)、H 为 0.769 (se=0.093) 变动趋势不单调,Wald test 拒绝线性交互作用模型与分箱估计量无偏的原假设 (P=0.0193)。右侧核估计量诊断图近似线性变动。

图 7-4 (c) 是公众安全感 (D) ——机会公平感 ($X_{0-a}$) ——政府

◇◇ 公众安全感向政府信任的转化机制分析

能力信任（$Y_{1-b}$）的分箱估计量与核估计量诊断图。其中，L 为 0.786（se = 0.099）、M 为 0.474（se = 0.063）、H 为 0.787（se = 0.071）先下降后上升，变动趋势不单调，Wald test 拒绝线性交互作用模型与分箱估计量无偏的原假设（P = 0.0079）。右侧核估计量诊断图为波浪变动，并非线性变动。

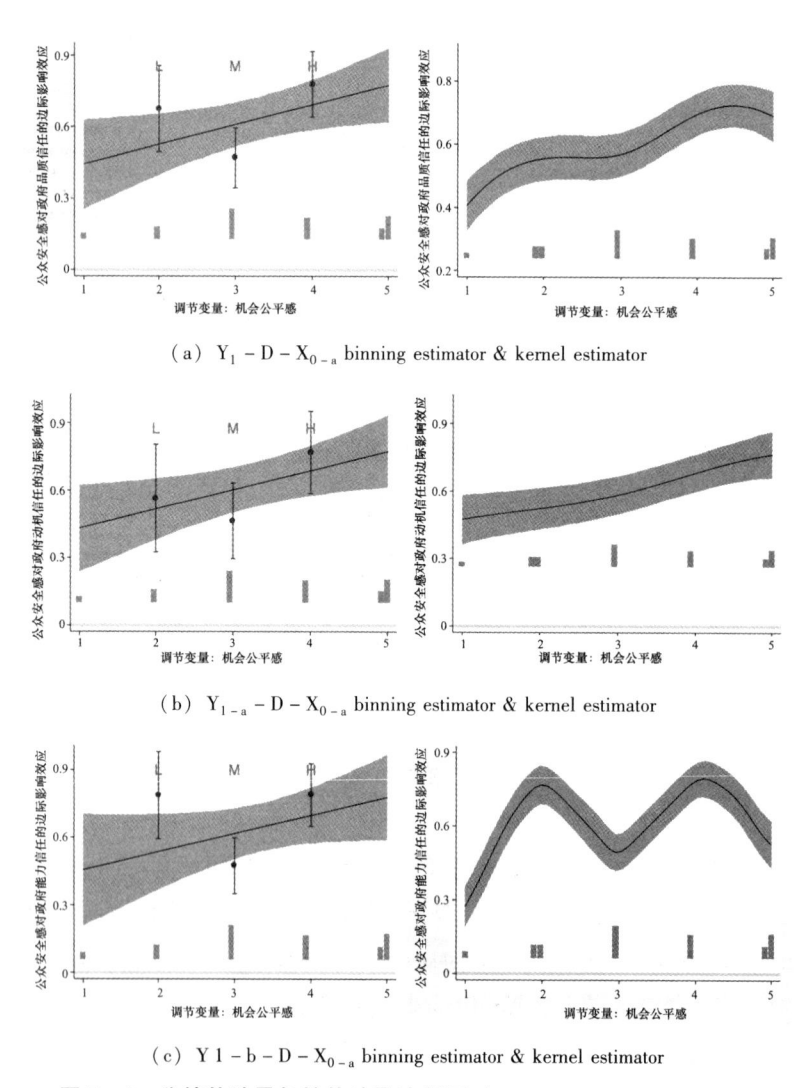

(a) $Y_1 - D - X_{0-a}$ binning estimator & kernel estimator

(b) $Y_{1-a} - D - X_{0-a}$ binning estimator & kernel estimator

(c) $Y_{1-b} - D - X_{0-a}$ binning estimator & kernel estimator

图 7-4　分箱估计量与核估计量诊断图（$Y_1/Y_{1-a}/Y_{1-b} - D - X_{0-a}$）

## 第七章 公众安全感影响政府信任的异质性分析

综合前述乘积交互模型分析结果和诊断图检验结果可见,各模型中交互项都具有显著性,但LIE假设未被支持,也就是说,本研究所要求的调节效应条件未被完全满足。因此,不能确认机会公平感在公众安全感增进政府品质信任、政府动机信任、政府能力信任中的调节作用。

最后是机会公平感在公众安全感优化政府信任结构(差序政府信任、政府信任层差、政府信任级差)中的调节效应检验。

表7-3是机会公平感在公众安全感改善差序政府信任、政府信任层差、政府信任级差中的乘积交互模型检验结果。据表7-3可见,在基础回归中,模型一、模型二、模型三的交互项都不显著;同时,在IRT回归中,模型四、模型五、模型六的交互项也不显著。前述分析结果表明,机会公平感不在公众安全感改善政府信任结构中发挥调节作用。

表7-3 因变量为政府信任结构的机会公平感调节作用

| 变量名称 | 基础回归 ||| IRT回归 |||
|---|---|---|---|---|---|---|
| | 模型一 | 模型二 | 模型三 | 模型四 | 模型五 | 模型六 |
| | 差序政府信任 | 政府信任层差 | 政府信任级差 | 差序政府信任 | 政府信任层差 | 政府信任级差 |
| 公众安全感 | -0.223*** | -0.277*** | -0.0816*** | -0.199*** | -0.224*** | -0.0657*** |
| | (0.0626) | (0.0785) | (0.0243) | (0.0471) | (0.0591) | (0.0183) |
| 机会公平感 | -0.126* | -0.144* | -0.0359 | -0.0848*** | -0.0987*** | -0.0302*** |
| | (0.0699) | (0.0876) | (0.0271) | (0.0146) | (0.0183) | (0.00568) |
| 交互项 | 0.0113 | 0.0124 | 0.00158 | 0.0173 | 0.0149 | 0.00284 |
| | (0.0177) | (0.0222) | (0.00687) | (0.0127) | (0.0159) | (0.00492) |
| 收入 | -0.00384 | -0.000966 | 0.00185 | -0.00667 | -0.00468 | 0.000643 |
| | (0.0139) | (0.0174) | (0.00540) | (0.0139) | (0.0175) | (0.00540) |
| 年龄 | 0.0146 | 0.0175 | 0.00357 | 0.0172 | 0.0200 | 0.00437 |
| | (0.0175) | (0.0219) | (0.00678) | (0.0175) | (0.0219) | (0.00679) |
| 性别 | -0.126*** | -0.203*** | -0.0613*** | -0.127*** | -0.207*** | -0.0624*** |
| | (0.0323) | (0.0405) | (0.0125) | (0.0322) | (0.0405) | (0.0125) |

续表

| 变量名称 | 基础回归 ||| IRT回归 |||
|---|---|---|---|---|---|---|
| | 模型一 | 模型二 | 模型三 | 模型四 | 模型五 | 模型六 |
| | 差序政府信任 | 政府信任层差 | 政府信任级差 | 差序政府信任 | 政府信任层差 | 政府信任级差 |
| 教育水平 | 0.000225 | -0.00982 | -0.00532 | -0.00327 | -0.0144 | -0.00681 |
| | (0.0187) | (0.0235) | (0.00726) | (0.0187) | (0.0235) | (0.00728) |
| 民族 | -0.0505 | -0.0509 | -0.0160 | -0.0499 | -0.0499 | -0.0156 |
| | (0.0449) | (0.0563) | (0.0174) | (0.0449) | (0.0563) | (0.0174) |
| 政治面貌 | 0.0270** | 0.0139 | 0.00730 | 0.0267** | 0.0135 | 0.00718 |
| | (0.0119) | (0.0149) | (0.00462) | (0.0119) | (0.0149) | (0.00462) |
| 户籍 | 0.00159 | 0.00109 | -0.00123 | -0.00229 | -0.00401 | -0.00286 |
| | (0.0233) | (0.0292) | (0.00904) | (0.0233) | (0.0292) | (0.00905) |
| 信息媒介 | 0.0358*** | 0.0487*** | 0.0168*** | 0.0347*** | 0.0473*** | 0.0163*** |
| | (0.0127) | (0.0159) | (0.00492) | (0.0127) | (0.0159) | (0.00493) |
| $R^2$ | 0.110 | 0.109 | 0.116 | 0.113 | 0.109 | 0.116 |
| 调整后的$R^2$ | 0.102 | 0.101 | 0.109 | 0.105 | 0.102 | 0.109 |
| 常数项 | 1.436*** | 2.097*** | 0.569*** | 0.619*** | 1.087*** | 0.272*** |
| | (0.263) | (0.329) | (0.102) | (0.142) | (0.178) | (0.0552) |
| 观察值 | 1326 | 1326 | 1326 | 1326 | 1326 | 1326 |

注：括号内为标准差，***表示$P<0.01$，**表示$P<0.05$，*表示$P<0.1$；VIF值分别为7.6、2.59。

### （二）程序公平感的调节作用分析

首先是程序公平感在公众安全感增进政府对象信任（含政府组织、公职人员信任）中的调节效应检验。

表7-4是程序公平感在公众安全感增进政府对象信任、政府组织信任、公职人员信任中的乘积交互模型分析结果。在基础回归中，模型二的交互项具有显著性，模型一、模型三的交互项不显；然而，在IRT回归中，模型四、模型五、模型六的交互项都不显著。综合前述分析可见，程序公平感不在公众安全感增进政府对象信任中发挥调节作用。

表7-4　　　因变量为政府对象信任的程序公平感调节作用

| 变量名称 | 基础回归 模型一 政府组织 | 基础回归 模型二 公职人员 | 基础回归 模型三 政府对象 | IRT回归 模型四 政府组织 | IRT回归 模型五 公职人员 | IRT回归 模型六 政府对象 |
|---|---|---|---|---|---|---|
| 公众安全感 | 0.509*** (0.0852) | 0.409*** (0.0735) | 0.459*** (0.0633) | 0.369*** (0.0634) | 0.337*** (0.0544) | 0.353*** (0.0471) |
| 程序公平感 | 0.204** (0.0921) | 0.0498 (0.0794) | 0.127* (0.0684) | 0.0926*** (0.0194) | 0.187*** (0.0166) | 0.140*** (0.0144) |
| 交互项 | -0.0306 (0.0233) | 0.0358* (0.0201) | 0.00262 (0.0173) | -0.0254 (0.0167) | 0.0141 (0.0143) | -0.00563 (0.0124) |
| 收入 | -0.0666*** (0.0180) | -0.0209 (0.0156) | -0.0438*** (0.0134) | -0.0606*** (0.0182) | -0.0123 (0.0156) | -0.0364*** (0.0135) |
| 年龄 | 0.0241 (0.0226) | 0.00685 (0.0195) | 0.0155 (0.0168) | 0.0210 (0.0228) | 0.00151 (0.0195) | 0.0113 (0.0169) |
| 性别 | -0.0858** (0.0420) | 0.0800** (0.0362) | -0.00295 (0.0312) | -0.0790* (0.0422) | 0.0894** (0.0362) | 0.00520 (0.0314) |
| 教育水平 | 0.0602** (0.0243) | -0.0626*** (0.0210) | -0.00118 (0.0180) | 0.0664*** (0.0245) | -0.0531** (0.0210) | 0.00666 (0.0182) |
| 民族 | 0.0547 (0.0583) | -0.0230 (0.0503) | 0.0158 (0.0433) | 0.0550 (0.0587) | -0.0265 (0.0503) | 0.0142 (0.0436) |
| 政治面貌 | -0.0554*** (0.0155) | -0.0111 (0.0133) | -0.0333*** (0.0115) | -0.0556*** (0.0155) | -0.0106 (0.0133) | -0.0331*** (0.0116) |
| 户籍 | 0.0713** (0.0303) | -0.0216 (0.0261) | 0.0248 (0.0225) | 0.0793*** (0.0305) | -0.0108 (0.0262) | 0.0343 (0.0227) |
| 信息媒介 | -0.0360** (0.0164) | -0.0354** (0.0142) | -0.0357*** (0.0122) | -0.0350** (0.0166) | -0.0321** (0.0142) | -0.0335*** (0.0123) |
| $R^2$ | 0.190 | 0.397 | 0.374 | 0.180 | 0.396 | 0.366 |
| 调整后的$R^2$ | 0.183 | 0.392 | 0.369 | 0.173 | 0.391 | 0.36 |
| 常数项 | 2.214*** (0.356) | 1.778*** (0.307) | 1.996*** (0.264) | 4.070*** (0.187) | 3.244*** (0.161) | 3.657*** (0.139) |
| 观察值 | 1326 | 1326 | 1326 | 1326 | 1326 | 1326 |

注：括号内为标准差，*** 表示 $P<0.01$，** 表示 $P<0.05$，* 表示 $P<0.1$；VIF值分别为7.75、2.68。

其次是程序公平感在公众安全感增进政府品质信任（含政府动机、政府能力信任）中的调节效应检验。

表7-5是程序公平感在公众安全感增进政府品质信任、政府动机信任、政府能力信任的乘积交互模型分析结果。据表7-5可见，在基础回归中，模型一、模型三的交互项具有显著性，模型二的交互项不具显著性；同时，在IRT回归中，模型四、模型六的交互项具有统计显著性。根据前述分析结果可得，乘积交互模型初步确认了程序公平感在公众安全感增进政府动机信任、政府品质信任中的调节作用。

表7-5　　因变量为政府品质信任的程序公平感调节作用

| 变量名称 | 基础回归 |  |  | IRT回归 |  |  |
| --- | --- | --- | --- | --- | --- | --- |
|  | 模型一 | 模型二 | 模型三 | 模型四 | 模型五 | 模型六 |
|  | 政府动机 | 政府能力 | 政府品质 | 政府动机 | 政府能力 | 政府品质 |
| 公众安全感 | 0.418*** | 0.494*** | 0.456*** | 0.309*** | 0.362*** | 0.336*** |
|  | (0.104) | (0.101) | (0.0858) | (0.0773) | (0.0745) | (0.0636) |
| 程序公平感 | -0.0618 | -0.0824 | -0.0721 | 0.150*** | 0.0801*** | 0.115*** |
|  | (0.113) | (0.109) | (0.0927) | (0.0236) | (0.0228) | (0.0194) |
| 交互项 | 0.0562** | 0.0430 | 0.0496** | 0.0377* | 0.0291 | 0.0334** |
|  | (0.0286) | (0.0275) | (0.0235) | (0.0203) | (0.0196) | (0.0167) |
| 收入 | 0.0498** | 0.0328 | 0.0413** | 0.0599*** | 0.0435** | 0.0517*** |
|  | (0.0221) | (0.0213) | (0.0182) | (0.0221) | (0.0214) | (0.0182) |
| 年龄 | 0.0537* | 0.00274 | 0.0282 | 0.0488* | -0.00241 | 0.0232 |
|  | (0.0277) | (0.0267) | (0.0228) | (0.0278) | (0.0268) | (0.0228) |
| 性别 | -0.0261 | 0.0459 | 0.00992 | -0.0132 | 0.0593 | 0.0231 |
|  | (0.0514) | (0.0495) | (0.0423) | (0.0515) | (0.0496) | (0.0423) |
| 教育水平 | -0.0814*** | -0.00840 | -0.0449* | -0.0693** | 0.00458 | -0.0324 |
|  | (0.0298) | (0.0287) | (0.0245) | (0.0299) | (0.0288) | (0.0246) |
| 民族 | 0.0720 | 0.0189 | 0.0455 | 0.0667 | 0.0135 | 0.0401 |
|  | (0.0714) | (0.0689) | (0.0587) | (0.0715) | (0.0690) | (0.0588) |

续表

| 变量名称 | 基础回归 ||| IRT 回归 |||
| --- | --- | --- | --- | --- | --- | --- |
|  | 模型一 | 模型二 | 模型三 | 模型四 | 模型五 | 模型六 |
|  | 政府动机 | 政府能力 | 政府品质 | 政府动机 | 政府能力 | 政府品质 |
| 政治面貌 | -0.0171 | -0.00507 | -0.0111 | -0.0162 | -0.00411 | -0.0102 |
|  | (0.0189) | (0.0182) | (0.0156) | (0.0189) | (0.0183) | (0.0156) |
| 户籍 | -0.117*** | -0.0102 | -0.0638** | -0.105*** | 0.00361 | -0.0506* |
|  | (0.0371) | (0.0358) | (0.0305) | (0.0372) | (0.0358) | (0.0306) |
| 信息媒介 | -0.0167 | -0.0304 | -0.0236 | -0.0119 | -0.0255 | -0.0187 |
|  | (0.0201) | (0.0194) | (0.0166) | (0.0202) | (0.0195) | (0.0166) |
| $R^2$ | 0.292 | 0.236 | 0.333 | 0.291 | 0.235 | 0.332 |
| 调整后的 $R^2$ | 0.286 | 0.23 | 0.328 | 0.285 | 0.228 | 0.326 |
| 常数项 | 1.772*** | 1.135*** | 1.453*** | 3.251*** | 2.894*** | 3.073*** |
|  | (0.436) | (0.420) | (0.358) | (0.228) | (0.220) | (0.188) |
| 观察值 | 1326 | 1326 | 1326 | 1326 | 1326 | 1326 |

注：括号内为标准差，*** 表示 $P<0.01$，** 表示 $P<0.05$，* 表示 $P<0.1$；VIF 值分别为 7.75、2.68。

图 7-5 是公众安全感—程序公平感—政府品质信任/政府动机信任的线性交互作用诊断图。其中，因变量政府品质信任为 $Y_1$、政府动机信任为 $Y_{1-a}$，自变量 D 为公众安全感，调节变量 $X_{0-b}$ 为程序公平感。在图 7-5 中，LOESS 和 OLS 整体基本一致，满足线性边际效应，程序公平感在各组都有且分布比较均匀，满足共同支持条件。

在散点图的基础上，图 7-6 进一步提供了分箱估计量与核估计量的诊断图。图 7-6（a）是公众安全感（D）—程序公平感（$X_{0-b}$）—政府品质信任（$Y_1$）的分箱估计量（左）与核估计量（右）诊断图。在分箱估计量诊断图中，L 为 0.533（se=0.114）、M 为 0.560（se=0.062）、H 为 0.691（se=0.075）的值递增，Wald test 不拒绝线性交互作用模型与分箱估计量无偏的原假设（P=0.9607）。右侧核估计量诊断图基本呈线性变动趋势。

(a) $Y_1 - D - X_{0-b}$

(b) $Y_{1-a} - D - X_{0-b}$

图 7-5 线性交互作用诊断图（$Y_1/Y_{1-a} - D - X_{0-b}$）

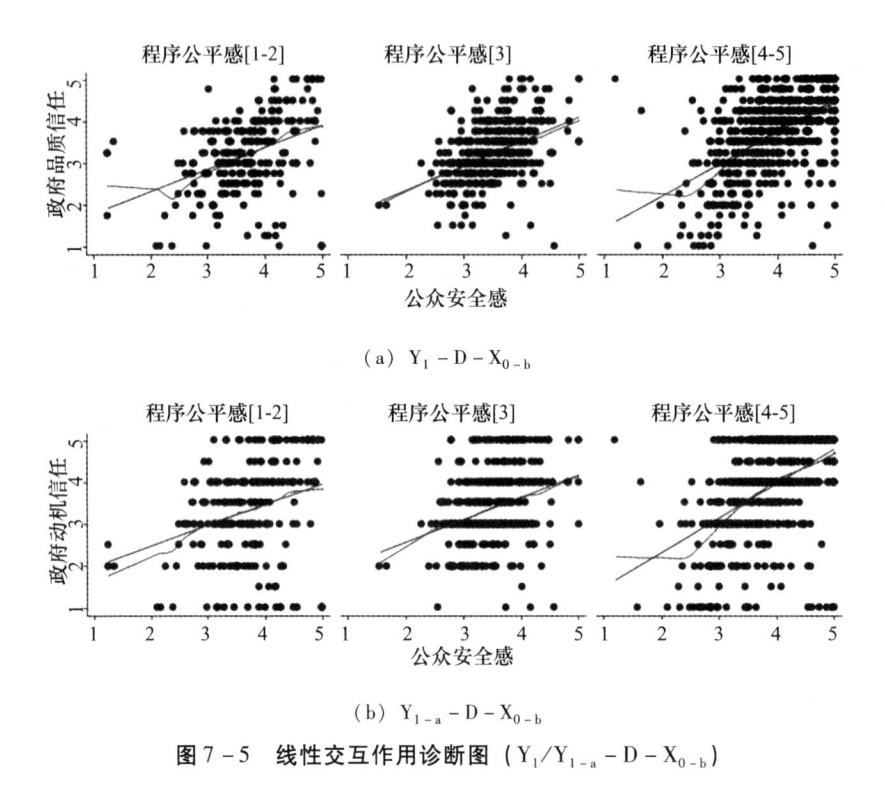

图 7-6（b）是公众安全感（D）—程序公平感（$X_{0-b}$）—政府动机信任（$Y_{1-a}$）的分箱估计量与核估计量诊断图。分箱估计量诊断图中的 L 为 0.415（se=0.150）、M 为 0.496（se=0.079）、H 为 0.729（se=0.087）值单调递增，Wald test 不拒绝线性交互作用模型与分箱估计量无偏的原假设（P=0.4389）。并且，右侧核估计量诊断图基本呈线性变动。

综合前述乘积交互模型分析结果和诊断图检验结果可见，因变量为政府动机信任、政府品质信任时，乘积交互模型中的交互项具有显著性，LIE 假设成立，因此，程序公平感在公众安全感增进政府动机信任、政府品质信任中发挥调节作用。从主效应为正、交互项系数为正，诊断图单调递增可见，程序公平感发挥正向调节作用，展开来讲，程序公平感越高，公众安全感对政府动机信任、政府品质信任的积极影响越强烈。

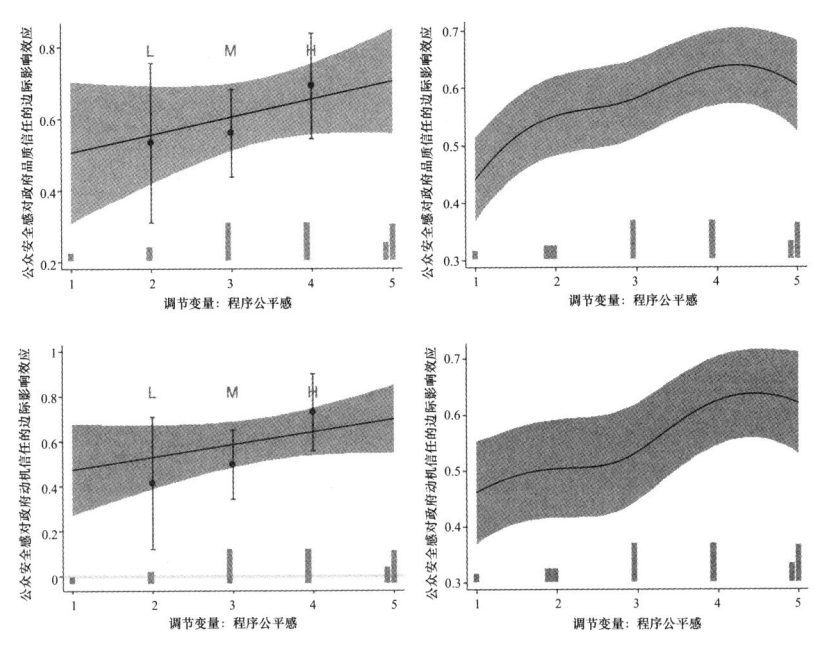

第七章 公众安全感影响政府信任的异质性分析

**图 7-6 分箱估计量与核估计量诊断图（$Y_1/Y_{1-a} - D - X_{0-b}$）**

最后是程序公平感在公众安全感优化政府信任结构（差序政府信任、政府信任层差、政府信任级差）中的调节效应检验。

表 7-6 是程序公平感在公众安全感改善差序政府信任、政府信任层差、政府信任级差中的乘积交互模型分析结果。据表 7-6 可见，

**表 7-6　因变量为政府信任结构的程序公平感调节作用**

| 变量名称 | 基础回归 ||| IRT 回归 |||
|---|---|---|---|---|---|---|
| | 模型一 | 模型二 | 模型三 | 模型四 | 模型五 | 模型六 |
| | 差序政府信任 | 政府信任层差 | 政府信任级差 | 差序政府信任 | 政府信任层差 | 政府信任级差 |
| 公众安全感 | -0.186*** | -0.198** | -0.0575** | -0.176*** | -0.186*** | -0.0548*** |
| | (0.0660) | (0.0825) | (0.0255) | (0.0487) | (0.0610) | (0.0189) |
| 程序公平感 | -0.0511 | -0.0339 | -0.000601 | -0.0654*** | -0.0896*** | -0.0261*** |
| | (0.0713) | (0.0891) | (0.0276) | (0.0149) | (0.0186) | (0.00577) |

续表

| 变量名称 | 基础回归 模型一 差序政府信任 | 基础回归 模型二 政府信任层差 | 基础回归 模型三 政府信任级差 | IRT回归 模型四 差序政府信任 | IRT回归 模型五 政府信任层差 | IRT回归 模型六 政府信任级差 |
|---|---|---|---|---|---|---|
| 交互项 | -0.00347 | -0.0143 | -0.00663 | 0.00797 | 0.00157 | -0.00103 |
|  | (0.0181) | (0.0226) | (0.00698) | (0.0128) | (0.0160) | (0.00496) |
| 收入 | -0.00511 | -0.00309 | 0.00130 | -0.00838 | -0.00700 | 2.90e-05 |
|  | (0.0140) | (0.0175) | (0.00540) | (0.0140) | (0.0175) | (0.00541) |
| 年龄 | 0.0213 | 0.0240 | 0.00561 | 0.0242 | 0.0271 | 0.00660 |
|  | (0.0175) | (0.0219) | (0.00677) | (0.0175) | (0.0219) | (0.00678) |
| 性别 | -0.132*** | -0.214*** | -0.0643*** | -0.134*** | -0.217*** | -0.0654*** |
|  | (0.0325) | (0.0406) | (0.0126) | (0.0325) | (0.0406) | (0.0126) |
| 教育水平 | 0.00207 | -0.0111 | -0.00551 | -0.00118 | -0.0145 | -0.00661 |
|  | (0.0188) | (0.0235) | (0.00728) | (0.0188) | (0.0236) | (0.00730) |
| 民族 | -0.0478 | -0.0458 | -0.0146 | -0.0469 | -0.0450 | -0.0143 |
|  | (0.0452) | (0.0564) | (0.0175) | (0.0451) | (0.0564) | (0.0175) |
| 政治面貌 | 0.0264** | 0.0127 | 0.00693 | 0.0262** | 0.0127 | 0.00693 |
|  | (0.0120) | (0.0149) | (0.00463) | (0.0119) | (0.0150) | (0.00463) |
| 户籍 | -0.00492 | -0.00891 | -0.00409 | -0.00907 | -0.0135 | -0.00555 |
|  | (0.0235) | (0.0293) | (0.00908) | (0.0235) | (0.0293) | (0.00909) |
| 信息媒介 | 0.0389*** | 0.0508*** | 0.0175*** | 0.0379*** | 0.0498*** | 0.0172*** |
|  | (0.0127) | (0.0159) | (0.00492) | (0.0127) | (0.0159) | (0.00494) |
| $R^2$ | 0.100 | 0.106 | 0.112 | 0.103 | 0.106 | 0.112 |
| 调整后的$R^2$ | 0.093 | 0.098 | 0.105 | 0.095 | 0.098 | 0.104 |
| 常数项 | 1.237*** | 1.801*** | 0.472*** | 0.558*** | 1.082*** | 0.264*** |
|  | (0.276) | (0.344) | (0.107) | (0.144) | (0.180) | (0.0558) |
| 观察值 | 1326 | 1326 | 1326 | 1326 | 1326 | 1326 |

注：括号内为标准差，\*\*\*表示P<0.01，\*\*表示P<0.05；VIF值分别为7.75、2.68。

在基础回归中,模型一、模型二、模型三的交互项都不显著;并且,在 IRT 回归中,模型四、模型五、模型六的交互项也不显著。因此,程序公平感不在公众安全感改善政府信任结构中发挥调节作用。

**(三) 社会公平感的调节作用分析**

首先是社会公平感在公众安全感增进政府对象信任(含政府组织、公职人员信任)中的调节效应检验。

表7-7是社会公平感在公众安全感增进政府对象信任、政府组织信任、公职人员信任中的乘积交互模型分析结果。据表7-7可见,在基础回归中,模型一的交互项具有显著性,模型二、模型三的交互项不具有显著性;在 IRT 回归中,模型四的交互项具有显著性,模型五、模型六的交互项不具显著性。由此可见,乘积交互模型初步确认了社会公平感在公众安全感增进政府组织信任中的调节作用。

表7-7　因变量为政府信任对象的社会公平感调节效应

| 变量名称 | 基础回归 |  |  | IRT 回归 |  |  |
| --- | --- | --- | --- | --- | --- | --- |
|  | 模型一 | 模型二 | 模型三 | 模型四 | 模型五 | 模型六 |
|  | 政府组织 | 公职人员 | 政府对象 | 政府组织 | 公职人员 | 政府对象 |
| 公众安全感 | 0.572*** | 0.399*** | 0.486*** | 0.430*** | 0.350*** | 0.390*** |
|  | (0.0860) | (0.0739) | (0.0635) | (0.0642) | (0.0549) | (0.0474) |
| 社会公平感 | 0.336*** | 0.0907 | 0.214*** | 0.135*** | 0.222*** | 0.178*** |
|  | (0.0964) | (0.0828) | (0.0711) | (0.0209) | (0.0179) | (0.0154) |
| 交互项 | -0.0552** | 0.0339 | -0.0106 | -0.0467*** | 0.00682 | -0.0200 |
|  | (0.0242) | (0.0208) | (0.0178) | (0.0172) | (0.0147) | (0.0127) |
| 收入 | -0.0674*** | -0.0212 | -0.0443*** | -0.0618*** | -0.0133 | -0.0376*** |
|  | (0.0179) | (0.0154) | (0.0132) | (0.0180) | (0.0154) | (0.0133) |
| 年龄 | 0.0300 | 0.0165 | 0.0232 | 0.0268 | 0.0111 | 0.0189 |
|  | (0.0225) | (0.0193) | (0.0166) | (0.0227) | (0.0194) | (0.0167) |
| 性别 | -0.0884** | 0.0754** | -0.00654 | -0.0831** | 0.0832** | 4.90e-05 |
|  | (0.0416) | (0.0358) | (0.0307) | (0.0419) | (0.0358) | (0.0309) |

续表

| 变量名称 | 基础回归 ||| IRT回归 |||
|---|---|---|---|---|---|---|
| | 模型一 | 模型二 | 模型三 | 模型四 | 模型五 | 模型六 |
| | 政府组织 | 公职人员 | 政府对象 | 政府组织 | 公职人员 | 政府对象 |
| 教育水平 | 0.0636*** | -0.0567*** | 0.00347 | 0.0696*** | -0.0484** | 0.0106 |
| | (0.0242) | (0.0208) | (0.0178) | (0.0244) | (0.0208) | (0.0180) |
| 民族 | 0.0564 | -0.0225 | 0.0170 | 0.0577 | -0.0247 | 0.0165 |
| | (0.0579) | (0.0498) | (0.0428) | (0.0583) | (0.0498) | (0.0430) |
| 政治面貌 | -0.0561*** | -0.0113 | -0.0337*** | -0.0562*** | -0.0111 | -0.0337*** |
| | (0.0153) | (0.0132) | (0.0113) | (0.0154) | (0.0132) | (0.0114) |
| 户籍 | 0.0676** | -0.0270 | 0.0203 | 0.0752** | -0.0173 | 0.0289 |
| | (0.0301) | (0.0258) | (0.0222) | (0.0303) | (0.0259) | (0.0223) |
| 信息媒介 | -0.0328** | -0.0302** | -0.0315*** | -0.0320* | -0.0274* | -0.0297** |
| | (0.0163) | (0.0141) | (0.0121) | (0.0165) | (0.0141) | (0.0122) |
| $R^2$ | 0.201 | 0.408 | 0.390 | 0.192 | 0.408 | 0.382 |
| 调整后的$R^2$ | 0.194 | 0.404 | 0.385 | 0.185 | 0.403 | 0.377 |
| 常数项 | 1.832*** | 1.674*** | 1.753*** | 3.926*** | 3.111*** | 3.518*** |
| | (0.360) | (0.309) | (0.266) | (0.188) | (0.161) | (0.139) |
| 观察值 | 1326 | 1326 | 1326 | 1326 | 1326 | 1326 |

注：括号内为标准差，*** 表示 $P<0.01$，** 表示 $P<0.05$，* 表示 $P<0.1$；VIF值分别为 7.71、2.77。

图7-7是公众安全感—社会公平感—政府组织信任的线性交互作用诊断图。其中，因变量政府组织信任为 $Y_{0-a}$，自变量 D 为公众安全感，调节变量 $X_0$ 为社会公平感。社会公平感为连续变量。根据图7-7所示，LOESS 和 OLS 基本重合，满足线性边际效应，社会公平感在各组都有且分布比较均匀，满足共同支持条件。

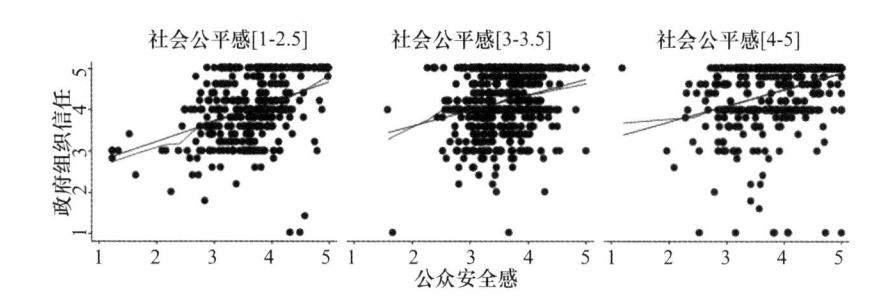

## 第七章 公众安全感影响政府信任的异质性分析

图 7-7 线性交互作用诊断图（$Y_{0-a} - D - X_0$）

在散点图的基础上，图 7-8 提供了分箱估计量诊断图与核估计量诊断图。分箱诊断图中的 L 为 0.371（se=0.066）、M 为 0.328（se=0.091）、H 为 0.397（se=0.080）变动趋势不单调，Wald test 拒绝线性交互作用模型与分箱估计量无偏的原假设（P=0.0166）。核估计量诊断图并非线性变动。

综合前述乘积交互模型分析结果和诊断图检验结果可见，交互项通过显著性检验，但 LIE 假设未被支持，因此，不能确认社会公平感在公众安全感增进政府组织信任中的调节作用。

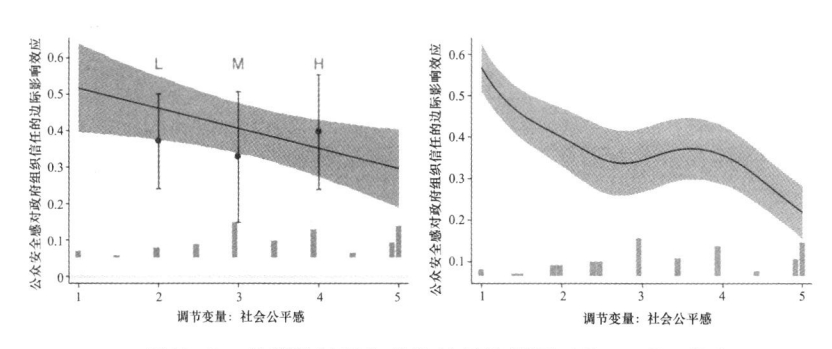

图 7-8 分箱估计量与核估计量诊断图（$Y_{0-a} - D - X_0$）

其次是社会公平感在公众安全感增进政府品质信任（含政府动机、政府能力信任）中的调节效应检验。

表 7-8 是社会公平感在公众安全感增进政府品质信任、政府动

◇◆ 公众安全感向政府信任的转化机制分析

机信任、政府能力信任的乘积交互模型分析结果。据表7-8可见,在基础回归中,模型一、模型二、模型三的交互项具有显著性;同时,IRT回归中模型四、模型五、模型六的交互项也通过统计显著性检验。由此可见,乘积交互模型分析初步确认了社会公平感在公众安全感增进政府动机信任、政府能力信任和政府品质信任中的调节作用。

表7-8　　因变量为政府品质信任的社会公平感调节作用

| 变量名称 | 基础回归 | | | IRT回归 | | |
|---|---|---|---|---|---|---|
| | 模型一 | 模型二 | 模型三 | 模型四 | 模型五 | 模型六 |
| | 政府动机 | 政府能力 | 政府品质 | 政府动机 | 政府能力 | 政府品质 |
| 公众安全感 | 0.372*** | 0.423*** | 0.398*** | 0.289*** | 0.327*** | 0.308*** |
| | (0.106) | (0.102) | (0.0872) | (0.0792) | (0.0759) | (0.0649) |
| 社会公平感 | -0.134 | -0.151 | -0.143 | 0.134*** | 0.0889*** | 0.111*** |
| | (0.119) | (0.114) | (0.0978) | (0.0258) | (0.0247) | (0.0211) |
| 交互项 | 0.0710** | 0.0633** | 0.0672*** | 0.0439** | 0.0381* | 0.0410** |
| | (0.0299) | (0.0287) | (0.0245) | (0.0212) | (0.0204) | (0.0174) |
| 收入 | 0.0492** | 0.0335 | 0.0413** | 0.0590*** | 0.0437** | 0.0513*** |
| | (0.0222) | (0.0213) | (0.0182) | (0.0222) | (0.0213) | (0.0182) |
| 年龄 | 0.0582** | 0.00720 | 0.0327 | 0.0533* | 0.00195 | 0.0276 |
| | (0.0279) | (0.0267) | (0.0228) | (0.0279) | (0.0268) | (0.0229) |
| 性别 | -0.0329 | 0.0459 | 0.00650 | -0.0207 | 0.0585 | 0.0189 |
| | (0.0516) | (0.0494) | (0.0423) | (0.0517) | (0.0495) | (0.0424) |
| 教育水平 | -0.0814*** | -0.00400 | -0.0427* | -0.0703** | 0.00764 | -0.0313 |
| | (0.0299) | (0.0287) | (0.0245) | (0.0300) | (0.0288) | (0.0246) |
| 民族 | 0.0733 | 0.0170 | 0.0451 | 0.0686 | 0.0124 | 0.0405 |
| | (0.0717) | (0.0688) | (0.0588) | (0.0718) | (0.0689) | (0.0589) |
| 政治面貌 | -0.0170 | -0.00445 | -0.0107 | -0.0166 | -0.00393 | -0.0102 |
| | (0.0190) | (0.0182) | (0.0156) | (0.0190) | (0.0182) | (0.0156) |

第七章 公众安全感影响政府信任的异质性分析

续表

| 变量名称 | 基础回归 ||| IRT 回归 |||
|---|---|---|---|---|---|---|
|  | 模型一 | 模型二 | 模型三 | 模型四 | 模型五 | 模型六 |
|  | 政府动机 | 政府能力 | 政府品质 | 政府动机 | 政府能力 | 政府品质 |
| 户籍 | -0.123*** | -0.0106 | -0.0669** | -0.111*** | 0.00205 | -0.0546* |
|  | (0.0372) | (0.0357) | (0.0305) | (0.0373) | (0.0358) | (0.0306) |
| 信息媒介 | -0.0150 | -0.0275 | -0.0213 | -0.0107 | -0.0231 | -0.0169 |
|  | (0.0202) | (0.0194) | (0.0166) | (0.0203) | (0.0195) | (0.0167) |
| $R^2$ | 0.286 | 0.239 | 0.332 | 0.285 | 0.237 | 0.330 |
| 调整后的 $R^2$ | 0.28 | 0.232 | 0.327 | 0.279 | 0.23 | 0.324 |
| 常数项 | 2.010*** | 1.342*** | 1.676*** | 3.324*** | 2.845*** | 3.084*** |
|  | (0.445) | (0.427) | (0.365) | (0.232) | (0.223) | (0.190) |
| 观察值 | 1326 | 1326 | 1326 | 1326 | 1326 | 1326 |

注：括号内为标准差，*** 表示 P<0.01，** 表示 P<0.05，* 表示 P<0.1；VIF 值分别为 7.71、2.77。

图 7-9 是公众安全感—社会公平感—政府品质信任/政府动机信任/政府能力信任的线性交互作用诊断图。其中，因变量 $Y_1$ 为政府品质信任（政府动机信任 $Y_{1-a}$、政府能力信任 $Y_{1-b}$），自变量 D 为公众安全感，调节变量 $X_0$ 为社会公平感。社会公平感为连续变量。在图 7-9 中，各组图示中的 LOESS 和 OLS 基本重合，满足线性边际效应，社会公平感在各组都有且分布比较均匀，满足共同支持条件。

在散点图的基础上，图 7-10 进一步提供了分箱估计量与核估计量的诊断图。图 7-10（a）是公众安全感（D）—社会公平感（$X_0$）—政府品质信任（$Y_1$）的分箱估计量（左）与核估计量（右）诊断图。左侧分箱估计量诊断图中，L 为 0.414（se=0.085）、M 为 0.583（se=0.067）、H 为 0.754（se=0.083），Wald test 拒绝线性交互作用模型与分箱估计量无偏的原假设（P=0.0486）。右侧核估计量诊断图并非线性变动。

(a) $Y_{1-D} - X_0$

(b) $Y_{1-a} - D - X_0$

(c) $Y_{1-b} - D - X_0$

图 7-9 线性交互作用诊断图（$Y_1/Y_{1-a}/Y1-b-D-X_0$）

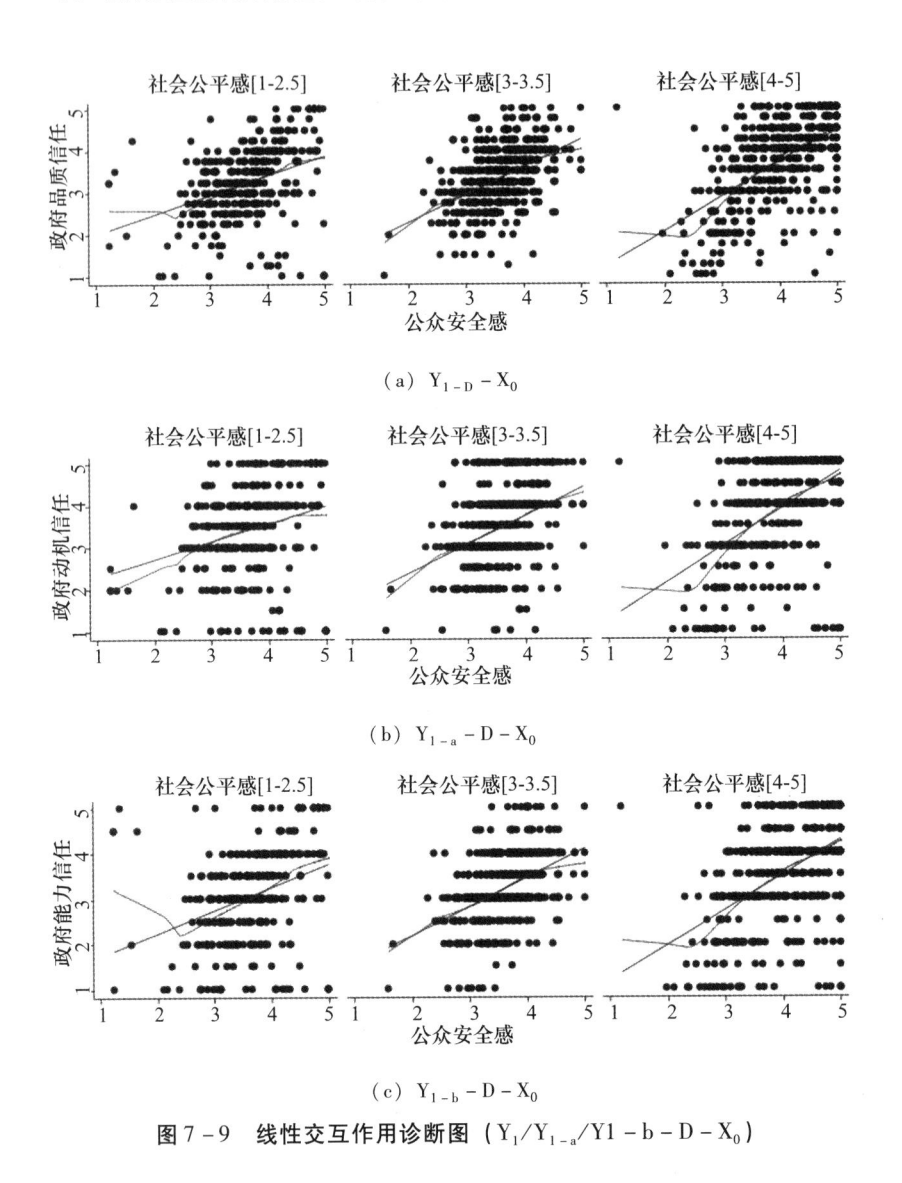

图 7-10（b）是公众安全感（D）—社会公平感（$X_0$）—政府动机信任（$Y_{1-a}$）的分箱估计量与核估计量诊断图。分箱估计量诊断图中的 L 为 0.361（se = 0.098）、M 为 0.569（se = 0.089）、H 为 0.767（se = 0.106），Wald test 拒绝线性交互作用模型与分箱估计量无偏的原假设（P = 0.0004）。右侧核估计量诊断图并非线性变动。

第七章　公众安全感影响政府信任的异质性分析

图 7-10（c）是公众安全感（D）—社会公平感（$X_0$）—政府能力信任（$Y_{1-b}$）的分箱估计量与核估计量诊断图。其中，L 为 0.467（se＝0.104）、M 为 0.597（se＝0.067）、H 为 0.741（se＝0.082），Wald test 拒绝线性交互作用模型与分箱估计量无偏的原假设

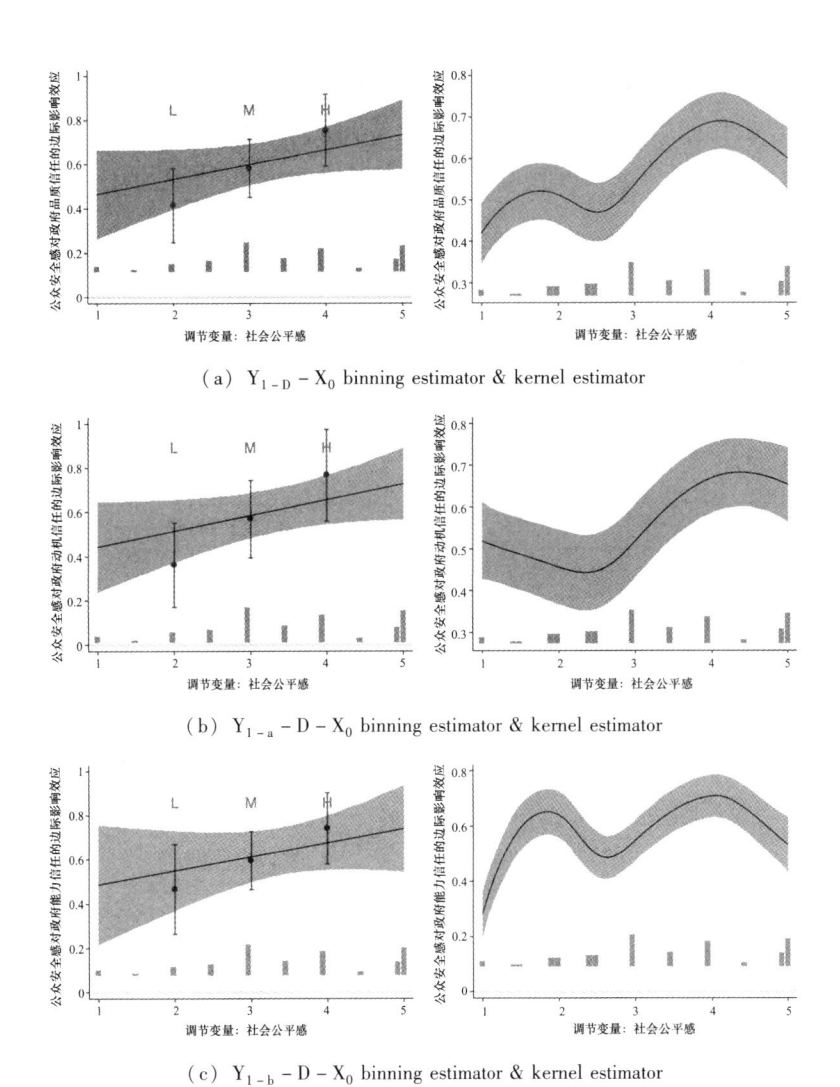

（a）$Y_{1-D} - X_0$ binning estimator & kernel estimator

（b）$Y_{1-a} - D - X_0$ binning estimator & kernel estimator

（c）$Y_{1-b} - D - X_0$ binning estimator & kernel estimator

**图 7-10　分箱估计量与核估计量诊断图（$Y_1/Y_{1-a}/Y_{1-b} - D - X_0$）**

(P=0.0396)①。右侧核估计量诊断图并非线性变动。

综合前述乘积交互模型分析结果和诊断图检验结果可见,尽管前述各组模型中的交互项都通过显著性检验,但 LIE 假设却都未被支持,因此,不能确认社会公平感在公众安全感增进政府品质信任、政府动机信任、政府能力信任中的调节作用。

最后是社会公平感在公众安全感优化政府信任结构(差序政府信任、政府信任层差、政府信任级差)中的调节效应检验。

表 7-9 是社会公平感在公众安全感改善差序政府信任、政府信任层差、政府信任级差中的乘积交互模型分析结果。据表 7-9 可见,在基础回归中,模型一、模型二、模型三的交互项都不显著;同时,IRT 回归中,模型四、模型五、模型六的交互项也不显著。因此,社会公平感不在公众安全感改善政府信任结构中发挥调节作用。

表 7-9　因变量为政府信任结构的社会公平感调节作用

| 变量名称 | 基础回归 | | | IRT 回归 | | |
| --- | --- | --- | --- | --- | --- | --- |
| | 模型一 | 模型二 | 模型三 | 模型四 | 模型五 | 模型六 |
| | 差序政府信任 | 政府信任层差 | 政府信任级差 | 差序政府信任 | 政府信任层差 | 政府信任级差 |
| 公众安全感 | -0.218*** | -0.252*** | -0.0733*** | -0.201*** | -0.220*** | -0.0641*** |
| | (0.0667) | (0.0835) | (0.0259) | (0.0495) | (0.0620) | (0.0192) |
| 社会公平感 | -0.122 | -0.129 | -0.0292 | -0.0903*** | -0.113*** | -0.0337*** |
| | (0.0748) | (0.0936) | (0.0290) | (0.0161) | (0.0202) | (0.00625) |
| 交互项 | 0.00900 | 0.00489 | -0.000994 | 0.0174 | 0.0135 | 0.00235 |
| | (0.0188) | (0.0235) | (0.00727) | (0.0133) | (0.0166) | (0.00515) |
| 收入 | -0.00488 | -0.00253 | 0.00141 | -0.00782 | -0.00617 | 0.000228 |
| | (0.0139) | (0.0174) | (0.00539) | (0.0139) | (0.0174) | (0.00540) |

---

① 在 VCE 检验中选择 ROBUST 和 BOOTSTRAP,当两分析值相等或不存在根本差别时,汇报 ROBUST 的值,此处,两者值存在根本区别,汇报值为 BOOTSTRAP 的值,ROBUST 的值为 0.1500。

续表

| 变量名称 | 基础回归 ||| IRT 回归 |||
|---|---|---|---|---|---|---|
| | 模型一 | 模型二 | 模型三 | 模型四 | 模型五 | 模型六 |
| | 差序政府信任 | 政府信任层差 | 政府信任级差 | 差序政府信任 | 政府信任层差 | 政府信任级差 |
| 年龄 | 0.0174 | 0.0198 | 0.00434 | 0.0202 | 0.0226 | 0.00522 |
| | (0.0175) | (0.0219) | (0.00677) | (0.0175) | (0.0219) | (0.00677) |
| 性别 | -0.130*** | -0.210*** | -0.0634*** | -0.132*** | -0.213*** | -0.0644*** |
| | (0.0323) | (0.0405) | (0.0125) | (0.0323) | (0.0405) | (0.0125) |
| 教育水平 | -0.000325 | -0.0123 | -0.00600 | -0.00360 | -0.0163 | -0.00726 |
| | (0.0188) | (0.0235) | (0.00727) | (0.0188) | (0.0235) | (0.00728) |
| 民族 | -0.0486 | -0.0476 | -0.0150 | -0.0480 | -0.0470 | -0.0148 |
| | (0.0450) | (0.0563) | (0.0174) | (0.0449) | (0.0563) | (0.0174) |
| 政治面貌 | 0.0267** | 0.0133 | 0.00712 | 0.0265** | 0.0132 | 0.00707 |
| | (0.0119) | (0.0149) | (0.00462) | (0.0119) | (0.0149) | (0.00462) |
| 户籍 | -0.00273 | -0.00499 | -0.00304 | -0.00666 | -0.00970 | -0.00453 |
| | (0.0233) | (0.0292) | (0.00905) | (0.0233) | (0.0292) | (0.00905) |
| 信息媒介 | 0.0367*** | 0.0489*** | 0.0169*** | 0.0358*** | 0.0478*** | 0.0165*** |
| | (0.0127) | (0.0159) | (0.00492) | (0.0127) | (0.0159) | (0.00493) |
| $R^2$ | 0.108 | 0.110 | 0.117 | 0.111 | 0.111 | 0.117 |
| 调整后的 $R^2$ | 0.1 | 0.103 | 0.109 | 0.104 | 0.103 | 0.11 |
| 常数项 | 1.445*** | 2.077*** | 0.556*** | 0.649*** | 1.159*** | 0.290*** |
| | (0.279) | (0.350) | (0.108) | (0.145) | (0.182) | (0.0564) |
| 观察值 | 1326 | 1326 | 1326 | 1326 | 1326 | 1326 |

注：括号内为标准差，*** 表示 $P<0.01$，** 表示 $P<0.05$；VIF 值分别为 7.71、2.77。

## 二 政治效能感的调节效应检验

政治效能感的调节效应检验包括内在政治效能感、外在政治效能感和政治效能感的调节效应检验三部分。各部分依目标变量在公众安

◈◈ 公众安全感向政府信任的转化机制分析

全感改善政府对象信任、政府品质信任和政府信任结构中的调节效应检验展开。政治效能感在公众安全感改善政府信任对象、品质和结构中的调节作用由前述分析结果共同确认。

(一) 外在政治效能感的调节作用分析

首先是外在政治效能感在公众安全感增进政府对象信任（含政府组织、公职人员信任）中的调节效应检验。

表 7 - 10 是外在政治效能感在公众安全感增进政府对象信任、政府组织信任、公职人员信任中的乘积交互模型分析结果。据表 7 - 10 可见，在基础回归中，模型一的交互项不显著，模型二、模型三的交互项显著；而在 IRT 回归中，模型四的交互项不显著，模型五、模型六的交互项都显著。综合基础回归和 IRT 回归分析结果可见，乘积交互模型初步确认了外在政治效能感在公众安全感增进政府组织信任、公职人员信任中的调节作用。

表 7 - 10　因变量为政府对象信任的外在政治效能感调节作用

| 变量名称 | 基础回归 |  |  | IRT 回归 |  |  |
|---|---|---|---|---|---|---|
|  | 模型一 | 模型二 | 模型三 | 模型四 | 模型五 | 模型六 |
|  | 政府对象 | 政府组织 | 公职人员 | 政府对象 | 政府组织 | 公职人员 |
| 公众安全感 | 0.430*** | 0.539*** | 0.322*** | 0.310*** | 0.377*** | 0.243*** |
|  | (0.0575) | (0.0766) | (0.0665) | (0.0429) | (0.0571) | (0.0493) |
| 外在政治效能感 | 0.0148 | 0.187** | -0.157** | 0.0838*** | 0.0464*** | 0.121*** |
|  | (0.0662) | (0.0882) | (0.0766) | (0.0128) | (0.0171) | (0.0148) |
| 交互项 | 0.0186 | -0.0375* | 0.0747*** | 0.0116 | -0.0262* | 0.0494*** |
|  | (0.0167) | (0.0223) | (0.0193) | (0.0119) | (0.0159) | (0.0137) |
| 收入 | -0.0446*** | -0.0680*** | -0.0212 | -0.0369*** | -0.0619*** | -0.0119 |
|  | (0.0136) | (0.0181) | (0.0157) | (0.0137) | (0.0183) | (0.0158) |
| 年龄 | 0.0127 | 0.0239 | 0.00155 | 0.00923 | 0.0204 | -0.00197 |
|  | (0.0170) | (0.0227) | (0.0197) | (0.0172) | (0.0229) | (0.0197) |

续表

| 变量名称 | 基础回归 |||  IRT回归 |||
|---|---|---|---|---|---|---|
|  | 模型一 | 模型二 | 模型三 | 模型四 | 模型五 | 模型六 |
|  | 政府对象 | 政府组织 | 公职人员 | 政府对象 | 政府组织 | 公职人员 |
| 性别 | -0.0344 | -0.109*** | 0.0401 | -0.0254 | -0.100** | 0.0496 |
|  | (0.0317) | (0.0422) | (0.0367) | (0.0319) | (0.0425) | (0.0367) |
| 教育水平 | -0.0104 | 0.0530** | -0.0739*** | -0.00162 | 0.0592** | -0.0625*** |
|  | (0.0182) | (0.0242) | (0.0210) | (0.0184) | (0.0245) | (0.0212) |
| 民族 | 0.0377 | 0.0609 | 0.0145 | 0.0357 | 0.0588 | 0.0126 |
|  | (0.0440) | (0.0586) | (0.0509) | (0.0444) | (0.0591) | (0.0510) |
| 政治面貌 | -0.0320*** | -0.0557*** | -0.00834 | -0.0318*** | -0.0557*** | -0.00787 |
|  | (0.0117) | (0.0155) | (0.0135) | (0.0118) | (0.0156) | (0.0135) |
| 户籍 | -0.00220 | 0.0511* | -0.0555** | 0.00781 | 0.0589* | -0.0433 |
|  | (0.0230) | (0.0306) | (0.0266) | (0.0232) | (0.0309) | (0.0267) |
| 信息媒介 | -0.0337*** | -0.0357** | -0.0318** | -0.0310** | -0.0343** | -0.0277* |
|  | (0.0124) | (0.0165) | (0.0144) | (0.0125) | (0.0167) | (0.0144) |
| $R^2$ | 0.354 | 0.182 | 0.382 | 0.343 | 0.170 | 0.380 |
| 调整后的$R^2$ | 0.348 | 0.175 | 0.377 | 0.338 | 0.164 | 0.375 |
| 常数项 | 2.398*** | 2.344*** | 2.451*** | 3.953*** | 4.322*** | 3.584*** |
|  | (0.247) | (0.329) | (0.286) | (0.134) | (0.178) | (0.153) |
| 观察值 | 1326 | 1326 | 1326 | 1326 | 1326 | 1326 |

注：括号内为标准差，\*\*\*表示P<0.01，\*\*表示P<0.05，\*表示P<0.1；VIF值分别为7.8、2.35。

图7-11是公众安全感—外在政治效能感—政府组织信任/公职人员信任的线性交互作用诊断图。其中，因变量政府组织信任为$Y_{0-a}$、公职人员信任为$Y_{0-b}$，自变量公众安全感为D，调节变量外在政治效能感为$X_{1-a}$。外在政治效能感为连续变量。在图7-11中，LOESS和OLS都基本重合，满足线性边际效应，外在政治效能感在各组都有且分布比较均匀，满足共同支持条件。

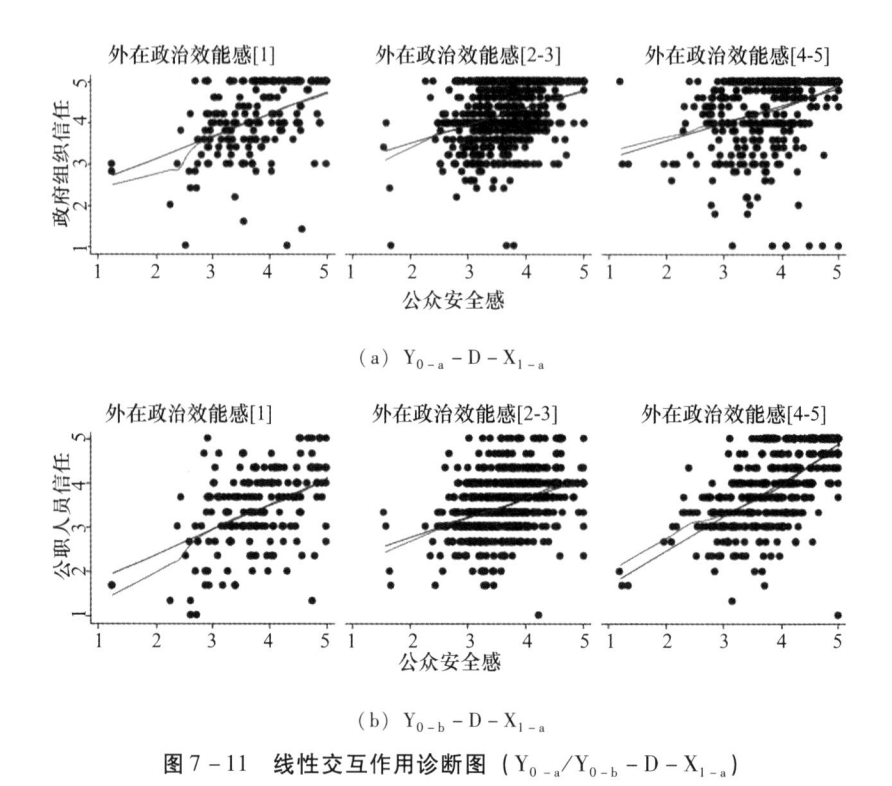

◈◈ 公众安全感向政府信任的转化机制分析

(a) $Y_{0-a} - D - X_{1-a}$

(b) $Y_{0-b} - D - X_{1-a}$

图 7 – 11 线性交互作用诊断图（$Y_{0-a}/Y_{0-b} - D - X_{1-a}$）

在散点图的基础上，图 7 – 12 提供了分箱估计量与核估计量的诊断图。图 7 – 12（a）是公众安全感（D）—外在政治效能感（$X_{1-a}$）—政府组织信任（$Y_{0-a}$）的分箱估计量（左）与核估计量（右）诊断图。分箱估计量诊断图的 L 为 0.540（se = 0.082）、M 为 0.331（se = 0.072）、H 为 0.298（se = 0.055），Wald test 拒绝线性交互作用模型与分箱估计量无偏的原假设（P = 0.0137）。右侧核估计量诊断图并非线性变动。

图 7 – 12（b）是公众安全感（D）—外在政治效能感（$X_{1-a}$）—公职人员信任（$Y_{0-b}$）的分箱估计量与核估计量诊断图。其中，L 为 0.561（se = 0.086）、M 为 0.430（se = 0.055）、H 为 0.542（se = 0.049），Wald test 拒绝线性交互作用模型与分箱估计量无偏的原假设（P = 0.0016）。右侧核估计量诊断图呈 U 形。

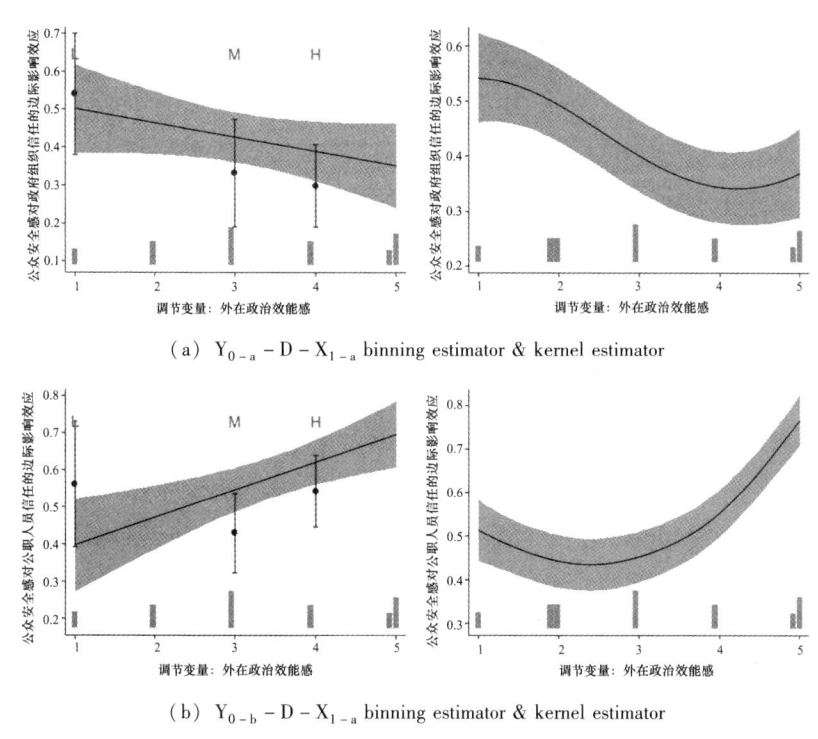

(a) $Y_{0-a} - D - X_{1-a}$ binning estimator & kernel estimator

(b) $Y_{0-b} - D - X_{1-a}$ binning estimator & kernel estimator

**图 7-12　分箱估计量与核估计量诊断图（$Y_{0-a}/Y_{0-b} - D - X_{1-a}$）**

综合前述乘积交互模型分析结果和诊断图检验结果可见，交互项通过显著性检验，LIE 假设却未被支持。因此，不能确认外在政治效能感在公众安全感增进政府组织信任、公职人员信任中的调节作用。

其次是外在政治效能感在公众安全感增进政府品质信任（含政府动机、政府能力信任）中的调节效应检验。

表 7-11 是外在政治效能感在公众安全感增进政府品质信任、政府动机信任、政府能力信任中的乘积交互模型分析结果。据表 7-11 可见，在基础回归中，模型一、模型二、模型三的交互项具有显著性；而在 IRT 回归中，模型四、模型五的交互项通过统计显著性检验，模型六的交互项却不具显著性。根据前述分析结果可得，乘积交互模型分析初步确认了外在政治效能感在公众安全感增进政府动机信任、政府能力信任中的调节作用。

表 7-11　因变量为政府能力信任的外在政治效能感调节作用

| 变量名称 | 基础回归 模型一 政府动机 | 基础回归 模型二 政府能力 | 基础回归 模型三 政府品质 | IRT回归 模型四 政府动机 | IRT回归 模型五 政府能力 | IRT回归 模型六 政府品质 |
|---|---|---|---|---|---|---|
| 公众安全感 | 0.418*** | 0.355*** | 0.480*** | 0.358*** | 0.313*** | 0.404*** |
|  | (0.0776) | (0.0946) | (0.0903) | (0.0577) | (0.0702) | (0.0670) |
| 外在政治效能感 | -0.270*** | -0.351*** | -0.189* | 0.0147 | 0.00463 | 0.0247 |
|  | (0.0893) | (0.109) | (0.104) | (0.0173) | (0.0210) | (0.0201) |
| 交互项 | 0.0756*** | 0.0946*** | 0.0567** | 0.0358** | 0.0490** | 0.0227 |
|  | (0.0225) | (0.0275) | (0.0262) | (0.0160) | (0.0195) | (0.0186) |
| 收入 | 0.0385** | 0.0456** | 0.0314 | 0.0490*** | 0.0561** | 0.0420* |
|  | (0.0184) | (0.0224) | (0.0214) | (0.0185) | (0.0225) | (0.0215) |
| 年龄 | 0.0203 | 0.0431 | -0.00262 | 0.0157 | 0.0389 | -0.00758 |
|  | (0.0230) | (0.0280) | (0.0267) | (0.0231) | (0.0281) | (0.0268) |
| 性别 | -0.00527 | -0.0438 | 0.0333 | 0.00305 | -0.0358 | 0.0419 |
|  | (0.0428) | (0.0521) | (0.0498) | (0.0429) | (0.0523) | (0.0499) |
| 教育水平 | -0.0606** | -0.103*** | -0.0184 | -0.0488** | -0.0910*** | -0.00662 |
|  | (0.0245) | (0.0299) | (0.0285) | (0.0247) | (0.0301) | (0.0287) |
| 民族 | 0.0672 | 0.0976 | 0.0367 | 0.0624 | 0.0937 | 0.0311 |
|  | (0.0594) | (0.0724) | (0.0691) | (0.0596) | (0.0726) | (0.0693) |
| 政治面貌 | -0.0106 | -0.0167 | -0.00451 | -0.0106 | -0.0168 | -0.00445 |
|  | (0.0157) | (0.0192) | (0.0183) | (0.0158) | (0.0192) | (0.0184) |
| 户籍 | -0.0735** | -0.128*** | -0.0193 | -0.0623** | -0.117*** | -0.00791 |
|  | (0.0310) | (0.0378) | (0.0361) | (0.0312) | (0.0380) | (0.0363) |
| 信息媒介 | -0.0292* | -0.0253 | -0.0331* | -0.0251 | -0.0212 | -0.0290 |
|  | (0.0168) | (0.0204) | (0.0195) | (0.0169) | (0.0205) | (0.0196) |
| $R^2$ | 0.319 | 0.273 | 0.231 | 0.314 | 0.269 | 0.227 |
| 调整后的 $R^2$ | 0.313 | 0.267 | 0.225 | 0.308 | 0.263 | 0.221 |
| 常数项 | 2.045*** | 2.639*** | 1.451*** | 3.539*** | 3.898*** | 3.181*** |
|  | (0.334) | (0.407) | (0.388) | (0.179) | (0.219) | (0.209) |
| 观察值 | 1326 | 1326 | 1326 | 1326 | 1326 | 1326 |

注：括号内为标准差，*** 表示 $P<0.01$，** 表示 $P<0.05$，* 表示 $P<0.1$；VIF 值分别为 7.8、2.35。

## 第七章 公众安全感影响政府信任的异质性分析

图7-13是公众安全感—外在政治效能感—政府动机信任/政府能力信任的线性交互作用诊断图。其中，因变量政府动机信任为$Y_{1-a}$，政府能力信任为$Y_{1-b}$，自变量D为公众安全感，调节变量$X_{1-a}$为外在政治效能感。在图7-13中，三组图示的LOESS和OLS基本重合，满足线性边际效应，外在政治效能感在各组都有且分布比较均匀，满足共同支持条件。

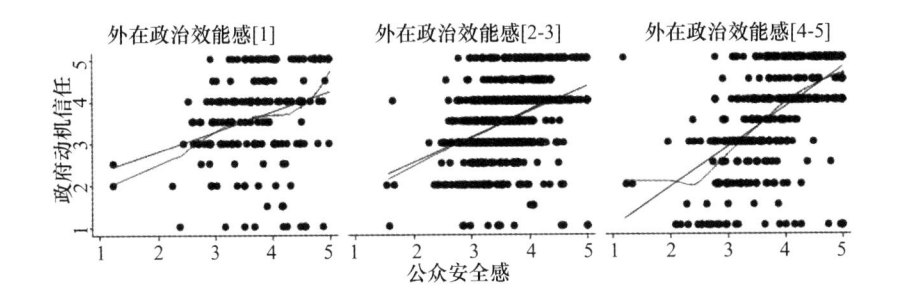

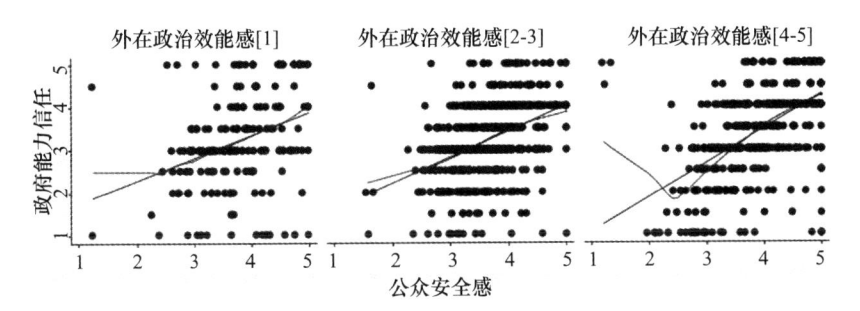

(a) $Y_{1-a}-D-X_{1-a}$

(b) $Y_{1-b}-D-X_{1-a}$

图7-13 线性交互作用诊断图（$Y_{1-a}/Y_{1-b}-D-X_{1-a}$）

在散点图的基础上，图7-14提供了分箱估计量与核估计量的诊断图。图7-14（a）是公众安全感（D）—外在政治效能感（$X_{1-a}$）—政府动机信任（$Y_{1-a}$）的分箱估计量与核估计量诊断图。分箱估计量诊断图中的L为0.483（se=0.101）、M为0.658（se=0.071）、H为

273

0.937（se=0.095），Wald test 不拒绝线性交互作用模型与分箱估计量无偏的原假设（P=0.0868）。核估计量诊断图靠近一条直线。

图 7-14（b）是公众安全感（D）—外在政治效能感（$X_{1-a}$）—政府能力信任（$Y_{1-b}$）的分箱估计量与核估计量诊断图。其中，L 为 0.515（se=0.132）、M 为 0.616（se=0.074）、H 为 0.911（se=0.080），Wald test 不拒绝线性交互作用模型与分箱估计量无偏的原假设（P=0.1962）。核估计量诊断图并非线性变动。

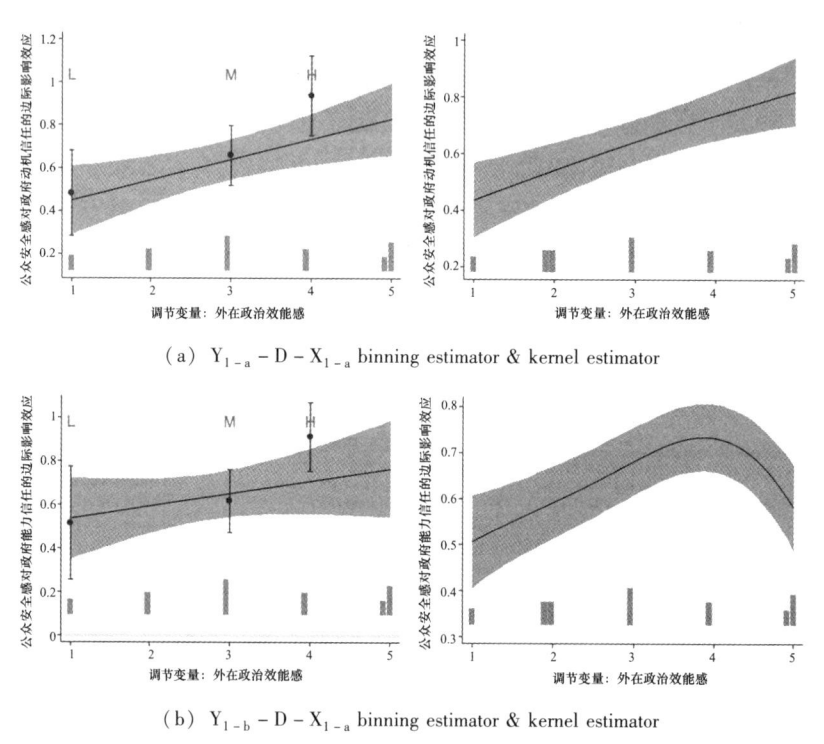

(a) $Y_{1-a} - D - X_{1-a}$ binning estimator & kernel estimator

(b) $Y_{1-b} - D - X_{1-a}$ binning estimator & kernel estimator

**图 7-14　分箱估计量与核估计量诊断图（$Y_1/Y_{1-a}/Y_{1-b} - D - X_{1-a}$）**

综合前述乘积交互模型分析结果和诊断图检验结果可见，因变量为政府动机信任时，交互项通过显著性检验且 LIE 假设成立。因此，外在政治效能感在公众安全感增进政府动机信任中发挥调节作用。此外，根据交互项系数为正、主效应系数为正且诊断图单调递增可得，

第七章 公众安全感影响政府信任的异质性分析

外在政治效能感在公众安全感增进政府动机信任中发挥正向调节作用。具体是指，外在政治效能感可以增强公众安全感对政府动机信任的积极影响；外在政治效能感越高，公众安全感对政府动机信任的增进效应越强烈。

最后是外在政治效能感在公众安全感优化政府信任结构（差序政府信任、政府信任层差、政府信任级差）中的调节效应检验。

表7-12是外在政治效能感在公众安全感改善差序政府信任、政府信任层差、政府信任级差中的乘积交互模型分析结果。据表7-12可见，在基础回归中，模型一的交互项显著，模型二、模型三的交互项不显著；在IRT回归中，模型四的交互项显著，模型五、模型六的交互项不显著。根据前述分析结果可得，乘积交互模型初步确认了外在政治效能感在公众安全感改善差序政府信任中的调节作用。

表7-12 因变量为政府信任结构的外在政治效能感调节作用

| 变量名称 | 基础回归 | | | IRT回归 | | |
|---|---|---|---|---|---|---|
| | 模型一 | 模型二 | 模型三 | 模型四 | 模型五 | 模型六 |
| | 差序政府信任 | 政府信任层差 | 政府信任级差 | 差序政府信任 | 政府信任层差 | 政府信任级差 |
| 公众安全感 | -0.302*** | -0.361*** | -0.113*** | -0.227*** | -0.259*** | -0.0818*** |
| | (0.0591) | (0.0740) | (0.0229) | (0.0437) | (0.0548) | (0.0170) |
| 外在政治效能感 | -0.161** | -0.179** | -0.0524** | -0.0470*** | -0.0575*** | -0.0173*** |
| | (0.0680) | (0.0852) | (0.0264) | (0.0131) | (0.0164) | (0.00508) |
| 交互项 | 0.0301* | 0.0321 | 0.00926 | 0.0222* | 0.0211 | 0.00628 |
| | (0.0172) | (0.0215) | (0.00666) | (0.0122) | (0.0153) | (0.00472) |
| 收入 | -0.00419 | -0.00155 | 0.00177 | -0.00768 | -0.00584 | 0.000391 |
| | (0.0140) | (0.0175) | (0.00542) | (0.0140) | (0.0176) | (0.00543) |
| 年龄 | 0.0223 | 0.0263 | 0.00642 | 0.0250 | 0.0293 | 0.00735 |
| | (0.0175) | (0.0219) | (0.00678) | (0.0175) | (0.0219) | (0.00679) |
| 性别 | -0.110*** | -0.185*** | -0.0556*** | -0.115*** | -0.191*** | -0.0575*** |
| | (0.0326) | (0.0408) | (0.0126) | (0.0325) | (0.0408) | (0.0126) |

续表

| 变量名称 | 基础回归 ||| IRT 回归 |||
|---|---|---|---|---|---|---|
| | 模型一 | 模型二 | 模型三 | 模型四 | 模型五 | 模型六 |
| | 差序政府信任 | 政府信任层差 | 政府信任级差 | 差序政府信任 | 政府信任层差 | 政府信任级差 |
| 教育水平 | 0.00953 | 0.000450 | -0.00188 | 0.00463 | -0.00532 | -0.00370 |
| | (0.0187) | (0.0234) | (0.00724) | (0.0187) | (0.0235) | (0.00727) |
| 民族 | -0.0561 | -0.0580 | -0.0184 | -0.0521 | -0.0545 | -0.0173 |
| | (0.0452) | (0.0566) | (0.0175) | (0.0452) | (0.0567) | (0.0175) |
| 政治面貌 | 0.0272** | 0.0140 | 0.00738 | 0.0265** | 0.0132 | 0.00716 |
| | (0.0120) | (0.0150) | (0.00465) | (0.0120) | (0.0150) | (0.00465) |
| 户籍 | 0.0146 | 0.0164 | 0.00357 | 0.00931 | 0.00972 | 0.00148 |
| | (0.0236) | (0.0296) | (0.00916) | (0.0237) | (0.0297) | (0.00918) |
| 信息媒介 | 0.0387*** | 0.0517*** | 0.0179*** | 0.0371*** | 0.0498*** | 0.0173*** |
| | (0.0128) | (0.0160) | (0.00495) | (0.0128) | (0.0160) | (0.00496) |
| $R^2$ | 0.097 | 0.099 | 0.106 | 0.100 | 0.098 | 0.106 |
| 调整后的 $R^2$ | 0.090 | 0.091 | 0.098 | 0.092 | 0.091 | 0.098 |
| 常数项 | 1.512*** | 2.170*** | 0.608*** | 0.407*** | 0.850*** | 0.195*** |
| | (0.254) | (0.318) | (0.0985) | (0.136) | (0.171) | (0.0528) |
| 观察值 | 1326 | 1326 | 1326 | 1326 | 1326 | 1326 |

注：括号内为标准差，*** 表示 P<0.01，** 表示 P<0.05，* 表示 P<0.1；VIF 值分别为 7.8、2.35。

图 7-15 是公众安全感—外在政治效能感—差序政府信任的线性交互作用诊断图。其中，因变量差序政府信任为 $Y_{2-a}$，自变量 D 为公众安全感，调节变量 $X_{1-a}$ 为外在政治效能感。图 7-15 中的 LOESS 和 OLS 基本重合，满足线性边际效应，外在政治效能感在各组都有且分布比较均匀，满足共同支持条件。

在散点图的基础上，图 7-16 提供了分箱估计量与核估计量的诊断图。图 7-16 是公众安全感（D）—外在政治效能感（$X_{1-a}$）—差序政府信任（$Y_{2-a}$）的分箱估计量（左）与核估计量（右）诊断图。在分箱估计量诊断图中，L 为 -0.313（se=0.081）、M 为 -0.151

(se = 0.049)、H 为 -0.141（se = 0.041），Wald test 不拒绝线性交互作用模型与分箱估计量无偏的原假设（P = 0.1541）。核估计量诊断图基本呈线性变动。

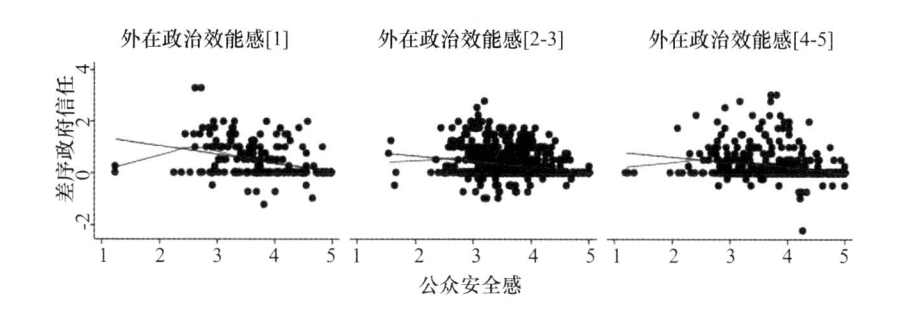

图 7 - 15 线性交互作用诊断图（$Y_{2-a} - D - X_1$）

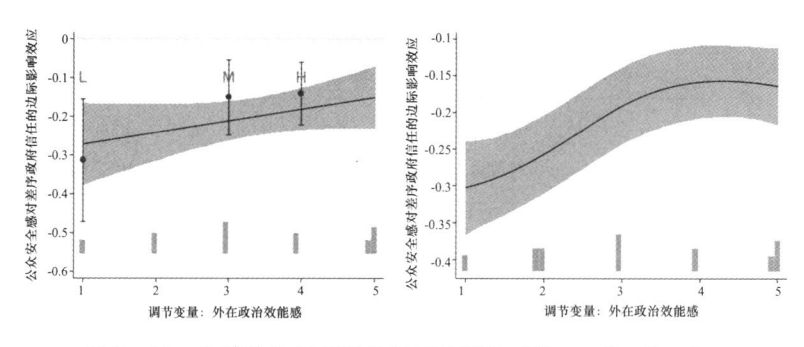

图 7 - 16 分箱估计量与核估计量诊断图（$Y_{2-a} - D - X_{1-a}$）

综合前述乘积交互模型分析结果和诊断图检验结果可见，交互项通过显著性检验，LIE 假设成立。因此，外在政治效能感在公众安全感改善差序政府信任中发挥调节作用。根据交互项系数为正，主效应系数为负，结合诊断图趋势可得，外在政治效能感在公众安全感优化差序政府信任中发挥负向调节作用。公众安全感和外在政治效能感都能够有效抑制差序政府信任，但是，外在政治效能感削弱了公众安全感对差序政府信任的影响。外在政治效能感较低时，公众安全感抑制差序政府信任的作用更为明显,但随着外在政治效能感的提高,公众安全感对差序政府信任的抑制作用逐渐降低。外在政治效能感和公众安全感在抑制差序政府信任中具有明显的替代关系。

### (二) 内在政治效能感的调节作用分析

首先是内在政治效能感在公众安全感增进政府对象信任 (含政府组织、公职人员信任) 中的调节效应检验。

表 7-13 是内在政治效能感在公众安全感增进政府对象信任、政府组织信任、公职人员信任中的乘积交互模型分析结果。据表 7-13 可见,在基础回归中,模型一、模型二的交互项不显著,模型三的交互项显著;而在 IRT 回归中,模型四、模型六的交互项不显著,模型五的交互项显著。综合基础回归和 IRT 回归分析结果可得,内在政治效能感不在公众安全感增进政府组织信任、公职人员信任、政府对象信任中发挥的调节作用。

表 7-13 因变量为政府对象信任的内在政治效能感调节作用

| 变量名称 | 基础回归 | | | IRT 回归 | | |
| --- | --- | --- | --- | --- | --- | --- |
| | 模型一 | 模型二 | 模型三 | 模型四 | 模型五 | 模型六 |
| | 政府对象 | 政府组织 | 公职人员 | 政府对象 | 政府组织 | 公职人员 |
| 公众安全感 | 0.487*** | 0.520*** | 0.453*** | 0.386*** | 0.403*** | 0.370*** |
| | (0.0581) | (0.0764) | (0.0681) | (0.0428) | (0.0562) | (0.0499) |
| 内在政治效能感 | 0.00934 | 0.126 | -0.107 | 0.0354** | 0.0126 | 0.0581*** |
| | (0.0703) | (0.0924) | (0.0823) | (0.0145) | (0.0190) | (0.0169) |
| 交互项 | 0.00779 | -0.0299 | 0.0455** | -0.00747 | -0.0334** | 0.0185 |
| | (0.0178) | (0.0234) | (0.0209) | (0.0125) | (0.0164) | (0.0146) |
| 收入 | -0.0474*** | -0.0688*** | -0.0261 | -0.0395*** | -0.0624*** | -0.0166 |
| | (0.0138) | (0.0182) | (0.0162) | (0.0139) | (0.0183) | (0.0163) |
| 年龄 | 0.00991 | 0.0211 | -0.00130 | 0.00527 | 0.0175 | -0.00693 |
| | (0.0173) | (0.0227) | (0.0203) | (0.0174) | (0.0229) | (0.0203) |

续表

| 变量名称 | 基础回归 ||| IRT 回归 |||
|---|---|---|---|---|---|---|
| | 模型一 | 模型二 | 模型三 | 模型四 | 模型五 | 模型六 |
| | 政府对象 | 政府组织 | 公职人员 | 政府对象 | 政府组织 | 公职人员 |
| 性别 | -0.0253 | -0.101** | 0.0508 | -0.0175 | -0.0943** | 0.0592 |
| | (0.0321) | (0.0422) | (0.0376) | (0.0323) | (0.0424) | (0.0377) |
| 教育水平 | -0.0197 | 0.0475* | -0.0869*** | -0.0127 | 0.0520** | -0.0775*** |
| | (0.0185) | (0.0243) | (0.0217) | (0.0187) | (0.0246) | (0.0218) |
| 民族 | 0.0329 | 0.0586 | 0.00722 | 0.0283 | 0.0555 | 0.00107 |
| | (0.0447) | (0.0588) | (0.0524) | (0.0451) | (0.0592) | (0.0525) |
| 政治面貌 | -0.0349*** | -0.0568*** | -0.0130 | -0.0352*** | -0.0575*** | -0.0129 |
| | (0.0119) | (0.0156) | (0.0139) | (0.0119) | (0.0157) | (0.0139) |
| 户籍 | 0.00591 | 0.0590* | -0.0472* | 0.0150 | 0.0657** | -0.0357 |
| | (0.0232) | (0.0306) | (0.0272) | (0.0235) | (0.0308) | (0.0273) |
| 信息媒介 | -0.0396*** | -0.0395** | -0.0396*** | -0.0378*** | -0.0384** | -0.0371** |
| | (0.0126) | (0.0166) | (0.0148) | (0.0128) | (0.0167) | (0.0149) |
| $R^2$ | 0.333 | 0.177 | 0.346 | 0.323 | 0.168 | 0.343 |
| 调整后的 $R^2$ | 0.328 | 0.171 | 0.340 | 0.317 | 0.161 | 0.337 |
| 常数项 | 2.384*** | 2.531*** | 2.237*** | 4.175*** | 4.457*** | 3.894*** |
| | (0.250) | (0.329) | (0.293) | (0.136) | (0.178) | (0.158) |
| 观察值 | 1326 | 1326 | 1326 | 1326 | 1326 | 1326 |

注：括号内为标准差，*** 表示 $P<0.01$，** 表示 $P<0.05$，* 表示 $P<0.1$；VIF 值分别为 6.67、2.29。

其次是内在政治效能感在公众安全感增进政府品质信任（含政府动机、政府能力信任）中的调节效应检验。

表 7-14 是内在政治效能感在公众安全感增进政府品质信任、政府动机信任、政府能力信任中的乘积交互模型分析结果。据表 7-14 可见，在基础回归中，模型一、模型二、模型三的交互项具有显著性；同时，在 IRT 回归中，模型四、模型五、模型六的交互项通过统计显著性检验。综合前述分析结果可见，乘积交互模型分析初步确认了内在政治效能感在公众安全感增进政府动机信任、政府能力信任、政府品质信任中的调节作用。

表 7-14　因变量为政府品质信任的内在政治效能感调节作用

| 变量名称 | 基础回归 模型一 政府动机 | 基础回归 模型二 政府能力 | 基础回归 模型三 政府品质 | IRT 回归 模型四 政府动机 | IRT 回归 模型五 政府能力 | IRT 回归 模型六 政府品质 |
|---|---|---|---|---|---|---|
| 公众安全感 | 0.201*** (0.0727) | 0.233** (0.0914) | 0.170** (0.0851) | 0.180*** (0.0532) | 0.214*** (0.0669) | 0.146** (0.0622) |
| 内在政治效能感 | -0.798*** (0.0879) | -0.730*** (0.110) | -0.867*** (0.103) | -0.234*** (0.0180) | -0.210*** (0.0227) | -0.258*** (0.0211) |
| 交互项 | 0.153*** (0.0223) | 0.141*** (0.0280) | 0.165*** (0.0260) | 0.0967*** (0.0155) | 0.0845*** (0.0195) | 0.109*** (0.0181) |
| 收入 | 0.0288* (0.0173) | 0.0367* (0.0217) | 0.0210 (0.0202) | 0.0393** (0.0173) | 0.0472** (0.0218) | 0.0315 (0.0202) |
| 年龄 | 0.0182 (0.0216) | 0.0418 (0.0272) | -0.00536 (0.0253) | 0.0124 (0.0217) | 0.0358 (0.0272) | -0.0111 (0.0253) |
| 性别 | 0.00570 (0.0402) | -0.0385 (0.0505) | 0.0499 (0.0470) | 0.0134 (0.0402) | -0.0312 (0.0505) | 0.0580 (0.0469) |
| 教育水平 | -0.0578** (0.0232) | -0.101*** (0.0291) | -0.0143 (0.0271) | -0.0473** (0.0232) | -0.0915*** (0.0292) | -0.00324 (0.0272) |
| 民族 | 0.0410 (0.0559) | 0.0732 (0.0703) | 0.00883 (0.0654) | 0.0359 (0.0560) | 0.0675 (0.0704) | 0.00427 (0.0654) |
| 政治面貌 | -0.00404 (0.0148) | -0.0115 (0.0186) | 0.00342 (0.0174) | -0.00388 (0.0148) | -0.0115 (0.0187) | 0.00376 (0.0173) |
| 户籍 | -0.0456 (0.0291) | -0.107*** (0.0365) | 0.0162 (0.0340) | -0.0325 (0.0291) | -0.0948*** (0.0366) | 0.0299 (0.0341) |
| 信息媒介 | -0.0521*** (0.0158) | -0.0458** (0.0199) | -0.0583*** (0.0185) | -0.0500*** (0.0158) | -0.0438** (0.0199) | -0.0563*** (0.0185) |
| $R^2$ | 0.396 | 0.315 | 0.311 | 0.395 | 0.314 | 0.312 |
| 调整后的 $R^2$ | 0.391 | 0.310 | 0.305 | 0.390 | 0.308 | 0.306 |
| 常数项 | 3.573*** (0.313) | 3.737*** (0.394) | 3.409*** (0.367) | 4.292*** (0.169) | 4.577*** (0.212) | 4.008*** (0.197) |
| 观察值 | 1326 | 1326 | 1326 | 1326 | 1326 | 1326 |

注：括号内为标准差，*** 表示 P<0.01，** 表示 P<0.05，* 表示 P<0.1；VIF 值分别为 6.67、2.29。

第七章 公众安全感影响政府信任的异质性分析

图 7-17 是公众安全感—内在政治效能感—政府品质信任/政府动机信任/政府能力信任的线性交互作用诊断图。其中,因变量 $Y_1$ 为政府品质信任(政府动机信任 $Y_{1-a}$、政府能力信任 $Y_{1-b}$),自变量 D 为公众安全

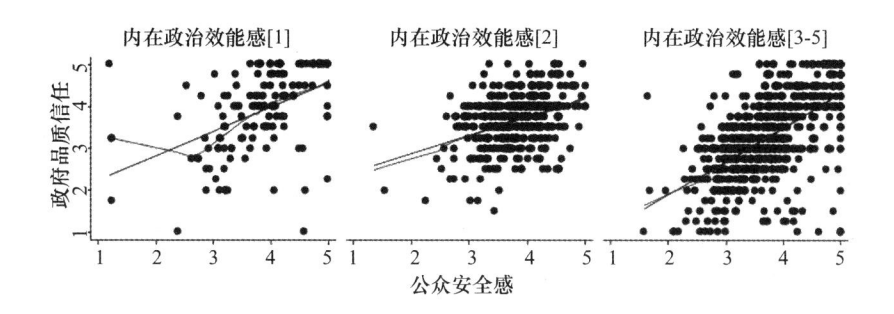

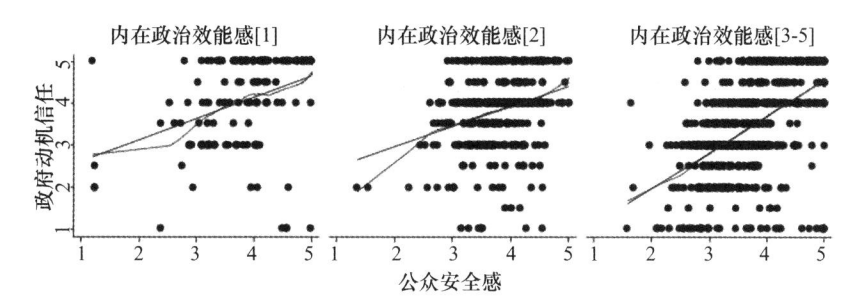

(a) $Y_1 - D - X_{1-b}$

(b) $Y_{1-a} - D - X_{1-b}$

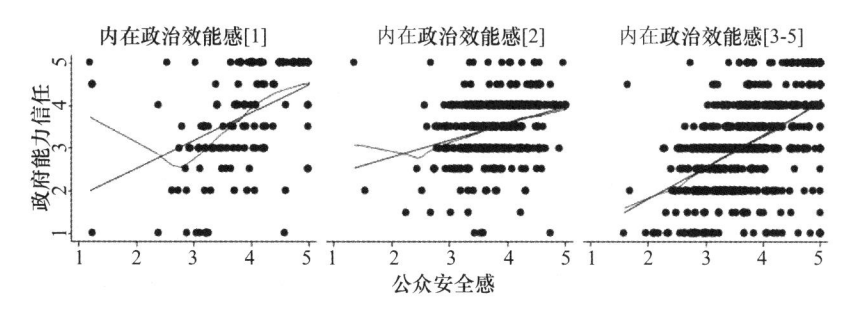

(c) $Y_{1-b} - D - X_{1-b}$

图 7-17 线性交互作用诊断图 ($Y_1/Y_{1-a}/Y_{1-b} - D - X_{1-b}$)

感，调节变量 $X_{1-b}$ 为内在政治效能感。在图 7-17 中，三组图示的 LOESS 和 OLS 基本重合，满足线性边际效应，内在政治效能感在各组都有且分布比较均匀，满足共同支持条件。

在散点图的基础上，图 7-18 提供了分箱估计量与核估计量诊断图。图 7-18（a）是公众安全感（D）—内在政治效能感（$X_{1-b}$）—政府品质信任（$Y_1$）的分箱估计量（左）与核估计量（右）诊断图。在分箱估计量诊断图中，L 为 0.573（se = 0.119）、M 为 0.434（se = 0.059）、L 为 0.496（se = 0.052），Wald test 拒绝性交互作用模型与分箱估计量无偏的原假设（P = 0.0065）。核估计量诊断图并非线性变动。

图 7-18（b）是公众安全感（D）—内在政治效能感（$X_{1-b}$）—政府动机信任（$Y_{1-a}$）的分箱估计量与核估计量诊断图。分箱估计量诊断图中 L 为 0.510（se = 0.122）、M 为 0.471（se = 0.074）、H 为 0.543（se = 0.066），Wald test 不拒绝性交互作用模型与分箱估计量无偏的原假设（P = 0.3100）。核估计量诊断图近似一条直线。

图 7-18（c）是公众安全感（D）—内在政治效能感（$X_{1-b}$）—政府能力信任（$Y_{1-b}$）的分箱估计量与核估计量诊断图。其中，L 为 0.636（se = 0.170）、M 为 0.396（se = 0.083）、H 为 0.449（se = 0.062），Wald test 拒绝性交互作用模型与分箱估计量无偏的原假设（P = 0.0025）。核估计量诊断图并非线性变动。

综合乘积交互模型和诊断图检验结果可见，公众安全感与内在政治效能感的交互项通过显著性检验，LIE 假设成立。因此，可以确认内在政治效能感在公众安全感增进政府动机信任中的调节作用。根据交互项系数为正，主效应系数为正，结合诊断图趋势可得，内在政治效能感在公众安全感增进政府动机信任中发挥正向调节作用。内在政治效能感有益于公众安全感向政府动机信任转化；内在政治效能感越高，公众安全感提升政府动机信任的效力越强。

最后是内在政治效能感在公众安全感优化政府信任结构（差序政府信任、政府信任层差、政府信任级差）中的调节效应检验。

(a) $Y_1 - D - X_{1-b}$ binning estimator & kernel estimator

(b) $Y_{1-a} - D - X_{1-b}$ binning estimator & kernel estimator

(c) $Y_{1-b} - D - X_{1-b}$ binning estimator & kernel estimator

图7-18　分箱估计量与核估计量诊断图（$Y_1/Y_{1-a}/Y_{1-b} - D - X_{1-b}$）

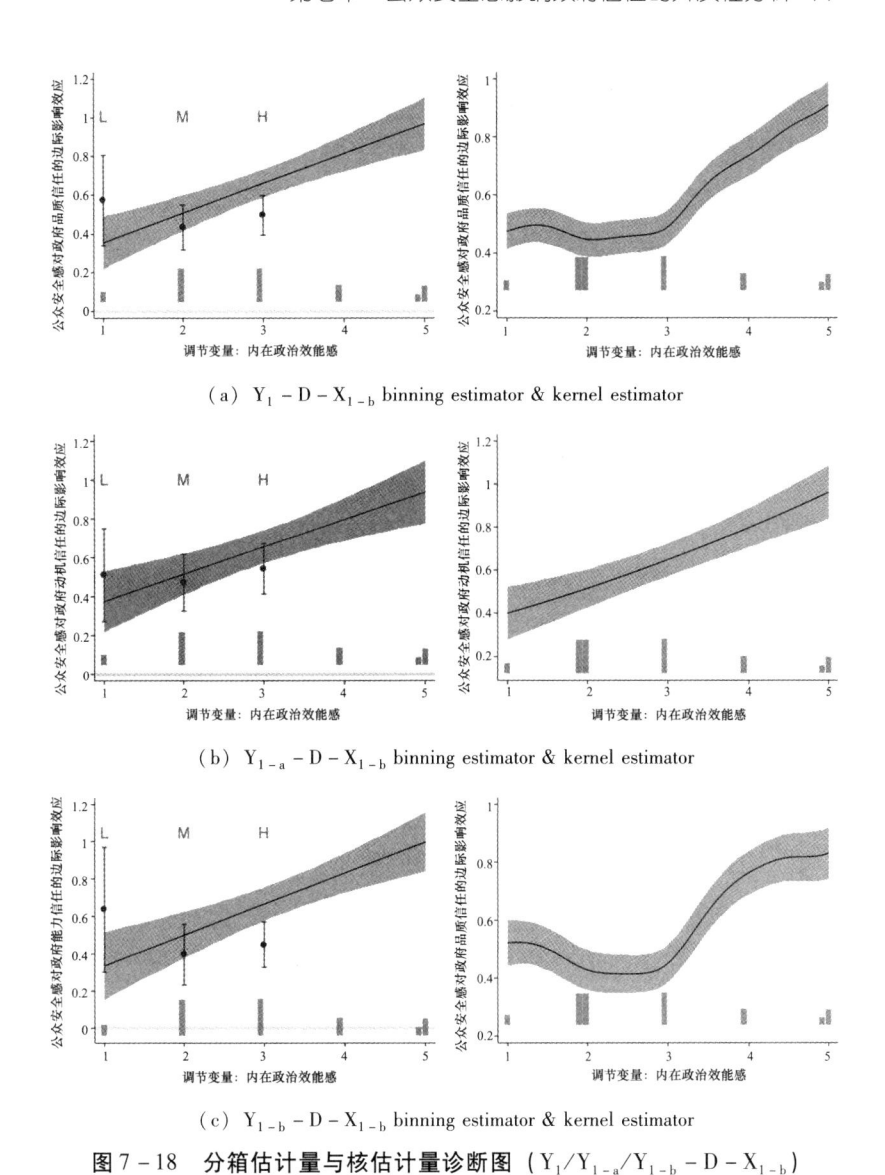

在前述分析的基础上，表7-15提供了内在政治效能感在公众安全感优化政府信任结构（差序政府信任、政府信任层差、政府信任级差）中的乘积交互模型检验结果。从表7-15可见，在基础回归分析中，模型二、模型三的交互项具有显著性，模型一的交互项不具显著

表7-15 因变量为政府信任结构的内在政治效能感调节作用

| 变量名称 | 基础回归 模型一 差序政府信任 | 基础回归 模型二 政府信任层差 | 基础回归 模型三 政府信任级差 | IRT回归 模型四 差序政府信任 | IRT回归 模型五 政府信任层差 | IRT回归 模型六 政府信任级差 |
|---|---|---|---|---|---|---|
| 公众安全感 | -0.148** (0.0591) | -0.138* (0.0739) | -0.0437* (0.0229) | -0.130*** (0.0432) | -0.120** (0.0541) | -0.0374** (0.0167) |
| 内在政治效能感 | 0.0709 (0.0714) | 0.169* (0.0894) | 0.0542* (0.0276) | -0.0148 (0.0146) | 0.000849 (0.0183) | -0.000489 (0.00567) |
| 交互项 | -0.0234 (0.0181) | -0.0456** (0.0226) | -0.0149** (0.00700) | -0.0102 (0.0126) | -0.0256 (0.0158) | -0.00854* (0.00488) |
| 收入 | -0.00333 (0.0140) | 0.000209 (0.0176) | 0.00227 (0.00544) | -0.00703 (0.0141) | -0.00419 (0.0176) | 0.000864 (0.00545) |
| 年龄 | 0.0235 (0.0176) | 0.0277 (0.0220) | 0.00678 (0.00680) | 0.0258 (0.0176) | 0.0303 (0.0220) | 0.00759 (0.00681) |
| 性别 | -0.124*** (0.0326) | -0.204*** (0.0408) | -0.0612*** (0.0126) | -0.127*** (0.0326) | -0.207*** (0.0408) | -0.0623*** (0.0126) |
| 教育水平 | 0.00838 (0.0188) | -0.00205 (0.0235) | -0.00279 (0.00728) | 0.00454 (0.0189) | -0.00619 (0.0236) | -0.00414 (0.00731) |
| 民族 | -0.0573 (0.0454) | -0.0579 (0.0568) | -0.0186 (0.0176) | -0.0543 (0.0454) | -0.0554 (0.0569) | -0.0178 (0.0176) |
| 政治面貌 | 0.0263** (0.0121) | 0.0120 (0.0151) | 0.00676 (0.00466) | 0.0261** (0.0120) | 0.0120 (0.0151) | 0.00676 (0.00467) |
| 户籍 | 0.00186 (0.0236) | -0.00204 (0.0296) | -0.00197 (0.00914) | -0.00264 (0.0236) | -0.00725 (0.0296) | -0.00366 (0.00916) |
| 信息媒介 | 0.0399*** (0.0129) | 0.0546*** (0.0161) | 0.0186*** (0.00497) | 0.0388*** (0.0129) | 0.0537*** (0.0161) | 0.0183*** (0.00498) |
| $R^2$ | 0.090 | 0.092 | 0.101 | 0.091 | 0.092 | 0.100 |
| 调整后的$R^2$ | 0.082 | 0.085 | 0.093 | 0.084 | 0.084 | 0.092 |
| 常数项 | 0.881*** (0.255) | 1.218*** (0.319) | 0.318*** (0.0985) | 0.341** (0.137) | 0.715*** (0.171) | 0.159*** (0.0530) |
| 观察值 | 1326 | 1326 | 1326 | 1326 | 1326 | 1326 |

注：括号内为标准差，*** 表示 $P<0.01$，** 表示 $P<0.05$，* 表示 $P<0.1$；VIF值分别为 6.67、2.29。

性；然而，在IRT回归中，仅模型六的交互项显著，模型四的交互项不显著，模型五的交互项不再显著。根据前述分析结果可得，乘积交互模型初步确认了内在政治效能感在公众安全感改善政府信任级差中的调节作用。

图7-19是公众安全感—内在政治效能感—政府信任级差的线性交互作用诊断图。其中，因变量政府信任级差为$Y_{2-c}$，自变量D为公众安全感，调节变量$X_{1-b}$为内在政治效能感。图7-19中，LOESS和OLS基本重合，满足线性边际效应，内在政治效能感在各组都有且分布比较均匀，满足共同支持条件。

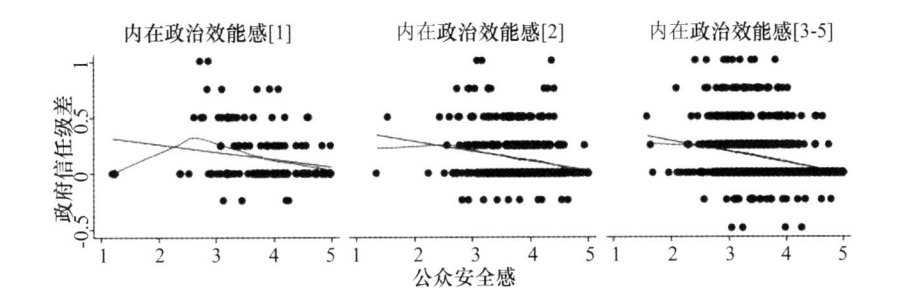

图7-19 线性交互作用诊断图（$Y_{2-c} - D - X_{1-b}$）

在散点图的基础上，图7-20提供了公众安全感（D）—内在政治效能感（$X_{1-b}$）—政府信任级差（$Y_{2-c}$）的分箱估计量与核估计量诊断图。其中，L为-0.053（se=0.027）、M为-0.087（se=0.021）、H为-0.081（se=0.016），Wald test P值为0.8220。核估计量诊断图的变动趋势基本靠近一条直线。

综合乘积交互模型和诊断图检验结果可见，公众安全感与内在政治效能的交互项通过显著性检验，LIE假设成立。因此，可以确认内在政治效能感在公众安全感弥合政府信任级差中的调节作用。根据交互项系数为负，主效应系数为负，结合诊断图趋势可得，内在政治效能感在公众安全感抑制政府信任级差中发挥正向调节作用。内在政治效能感有益于公众安全感优化政府信任的层级结构；内在政治效能感越高，公众安全感增进各级政府信任均衡的效力越强。

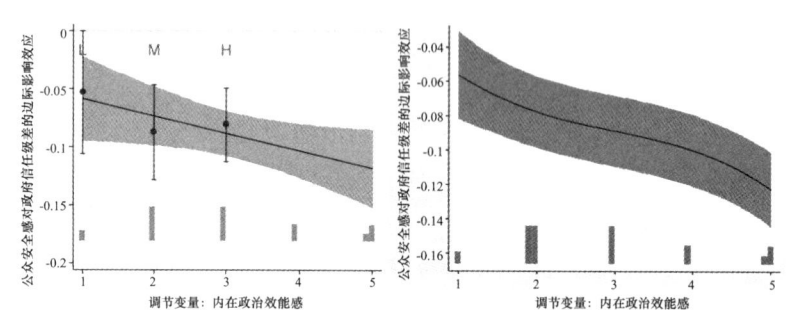

图7-20　分箱估计量与核估计量诊断图（$Y_{2-c} - D - X_{1-b}$）

**（三）政治效能感在公众安全感影响政府信任中的调节作用分析**

首先是政治效能感在公众安全感增进政府对象信任（含政府组织、公职人员信任）中的调节效应检验。

表7-16是政治效能感在公众安全感增进政府对象信任、政府组织信任、公职人员信任中的乘积交互模型分析结果。据表7-16可见，在基础回归中，模型一的交互项不显著，模型二、模型三的交互项显著；而在IRT回归中，模型四的交互项不显著，模型五、模型六的交互项都显著。综合基础回归和IRT回归分析结果可见，乘积交互模型初步确认了政治效能感在公众安全感增进公职人员信任、政府对象信任中的调节作用。

图7-21是公众安全感—政治效能感—政府组织信任/公职人员信任的线性交互作用诊断图。其中，因变量$Y_{0-a}$为政府组织信任，公职人员信任为$Y_{0-b}$，自变量D为公众安全感，调节变量$X_1$为政治效能感。政治效能感为连续变量。在图7-21中，LOESS和OLS都基本重合，满足线性边际效应，政治效能感在各组都有且分布比较均匀，满足共同支持条件。

表7-16　　因变量为政府对象信任的政治效能感调节作用

| 变量名称 | 基础回归 模型一 政府对象 | 基础回归 模型二 政府组织 | 基础回归 模型三 公职人员 | IRT回归 模型四 政府对象 | IRT回归 模型五 政府组织 | IRT回归 模型六 公职人员 |
|---|---|---|---|---|---|---|
| 公众安全感 | 0.466*** | 0.583*** | 0.348*** | 0.368*** | 0.436*** | 0.300*** |
|  | (0.0668) | (0.0887) | (0.0775) | (0.0491) | (0.0650) | (0.0566) |
| 政治效能感 | 0.0578 | 0.245** | -0.129 | 0.0965*** | 0.0520** | 0.141*** |
|  | (0.0823) | (0.109) | (0.0954) | (0.0170) | (0.0225) | (0.0197) |
| 交互项 | 0.0107 | -0.0516* | 0.0729*** | -0.00437 | -0.0444** | 0.0356** |
|  | (0.0205) | (0.0272) | (0.0238) | (0.0144) | (0.0190) | (0.0166) |
| 收入 | -0.0448*** | -0.0678*** | -0.0218 | -0.0372*** | -0.0617*** | -0.0127 |
|  | (0.0137) | (0.0181) | (0.0159) | (0.0138) | (0.0183) | (0.0159) |
| 年龄 | 0.0125 | 0.0228 | 0.00213 | 0.00827 | 0.0191 | -0.00255 |
|  | (0.0171) | (0.0227) | (0.0198) | (0.0173) | (0.0229) | (0.0199) |
| 性别 | -0.0312 | -0.108** | 0.0456 | -0.0237 | -0.100** | 0.0529 |
|  | (0.0318) | (0.0422) | (0.0369) | (0.0321) | (0.0425) | (0.0370) |
| 教育水平 | -0.0132 | 0.0491** | -0.0755*** | -0.00607 | 0.0545** | -0.0666*** |
|  | (0.0183) | (0.0243) | (0.0212) | (0.0185) | (0.0245) | (0.0214) |
| 民族 | 0.0397 | 0.0611 | 0.0183 | 0.0357 | 0.0578 | 0.0136 |
|  | (0.0442) | (0.0587) | (0.0513) | (0.0446) | (0.0591) | (0.0515) |
| 政治面貌 | -0.0338*** | -0.0572*** | -0.0103 | -0.0341*** | -0.0576*** | -0.0106 |
|  | (0.0117) | (0.0156) | (0.0136) | (0.0118) | (0.0157) | (0.0136) |
| 户籍 | -0.00214 | 0.0509* | -0.0552** | 0.00634 | 0.0576* | -0.0449* |
|  | (0.0231) | (0.0307) | (0.0268) | (0.0234) | (0.0309) | (0.0270) |
| 信息媒介 | -0.0325*** | -0.0360** | -0.0291** | -0.0306** | -0.0347** | -0.0265* |
|  | (0.0125) | (0.0166) | (0.0145) | (0.0127) | (0.0168) | (0.0146) |
| $R^2$ | 0.348 | 0.181 | 0.373 | 0.337 | 0.170 | 0.368 |
| 调整后的$R^2$ | 0.343 | 0.174 | 0.368 | 0.331 | 0.163 | 0.363 |
| 常数项 | 2.241*** | 2.184*** | 2.298*** | 3.950*** | 4.338*** | 3.562*** |
|  | (0.280) | (0.371) | (0.324) | (0.138) | (0.183) | (0.160) |
| 观察值 | 1326 | 1326 | 1326 | 1326 | 1326 | 1326 |

注：括号内为标准差，*** 表示 $P<0.01$，** 表示 $P<0.05$，* 表示 $P<0.1$；VIF值分别为 7.67、2.76。

在散点图的基础上,图7-22进一步提供了分箱估计量与核估计量的诊断图。图7-22(a)是公众安全感(D)—政治效能感($X_1$)—政府组织信任($Y_{0-a}$)的分箱估计量与核估计量诊断图。分箱估计量诊断图中 L 为 0.481(se = 0.076)、M 为 0.473(se = 0.083)、H 为 0.369(se = 0.050),Wald test 不拒绝线性交互作用模型与分箱估计量无偏的原假设(P = 0.1764)。核估计量诊断图靠近一条直线。

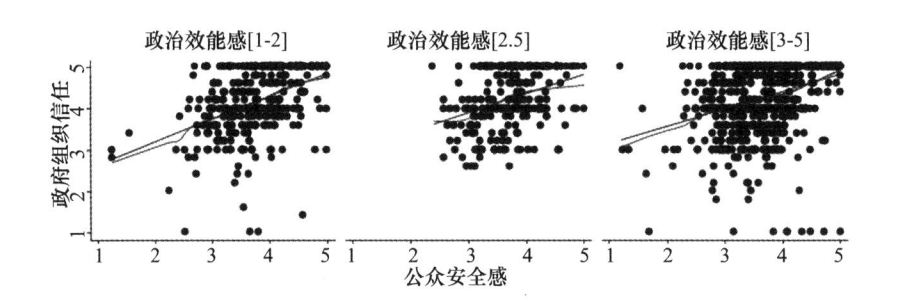

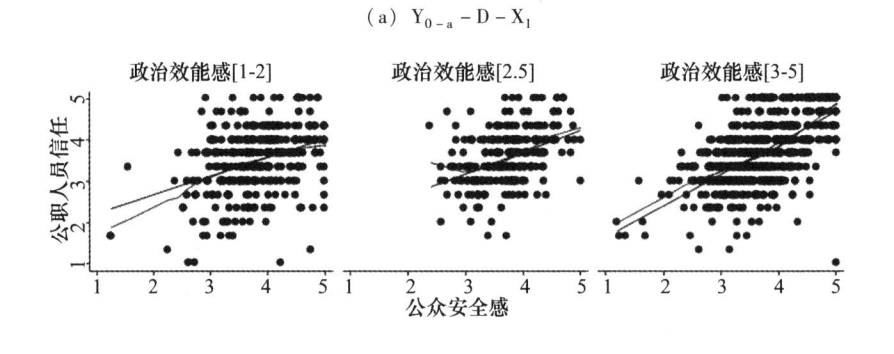

(a) $Y_{0-a} - D - X_1$

(b) $Y_{0-b} - D - X_1$

**图 7-21 线性交互作用诊断图($Y_{0-a}/Y_{0-b} - D - X_1$)**

图7-22(b)是公众安全感(D)—政治效能感($X_1$)—公职人员信任($Y_{0-b}$)的分箱估计量与核估计量诊断图。其中,L 为 0.298(se = 0.084)、M 为 0.488(se = 0.078)、H 为 0.622(se = 0.037),Wald test 不拒绝线性交互作用模型与分箱估计量无偏的原假设(P = 0.1507)。核估计量诊断图呈线性变动。

## 第七章 公众安全感影响政府信任的异质性分析

综合前述乘积交互模型分析结果和诊断图检验结果可见，交互项通过显著性检验且 LIE 假设成立。因此，政治效能感在公众安全感增进政府组织信任、公职人员信任中发挥调节作用。展开来讲，当因变量为政府组织信任时，交互项系数为负，主效应系数为正，诊断图单调递减，政治效能感发挥负向调节作用；当因变量为公职人员信任时，主效应系数和交互项系数都为正，诊断图单调递增，政治效能感发挥正向调节作用。

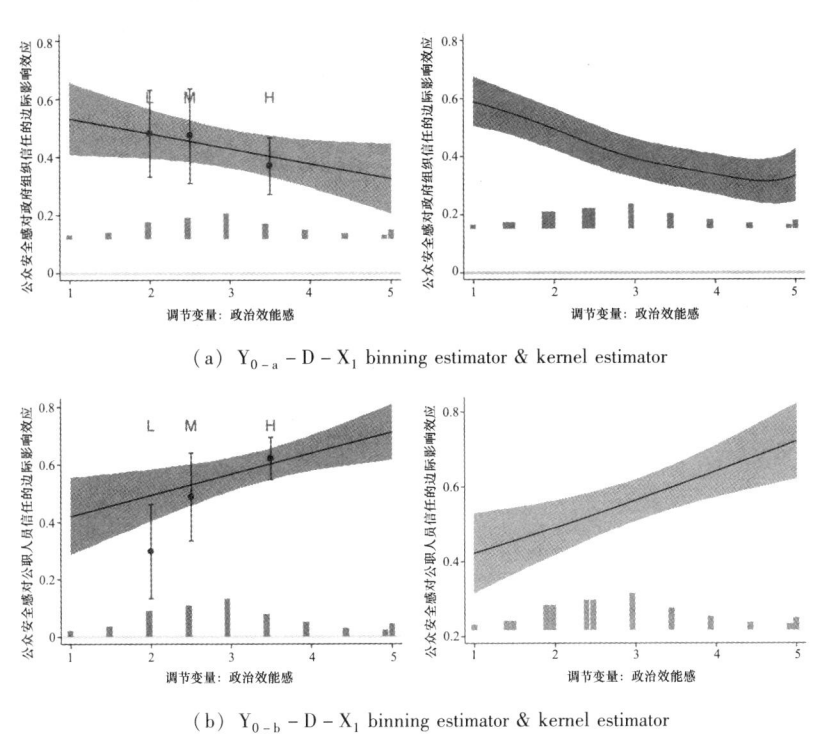

(a) $Y_{0-a} - D - X_1$ binning estimator & kernel estimator

(b) $Y_{0-b} - D - X_1$ binning estimator & kernel estimator

**图 7-22　分箱估计量与核估计量诊断图（$Y_{0-a}/Y_{0-b} - D - X_1$）**

即是说，公众安全感和政治效能感都能够有效地增进政府组织信任，但是，政治效能感削弱了公众安全感对政府组织信任的影响。在政治效能感较低时，公众安全感增进政府组织信任的积极作用更为明显，但随着政治效能感的提高，公众安全感对政府组织信任的积极作

◈ 公众安全感向政府信任的转化机制分析

用逐渐降低；公众安全感和政治效能感在增进政府组织信任中具有明显的替代关系。同时，政治效能感在公众安全感增进公职人员信任中发挥正向作用。政治效能感越高，公众安全感对公职人员信任的积极作用越强烈。

其次是政治效能感在公众安全感增进政府品质信任（含政府动机、政府能力信任）中的调节效应检验。

表 7-17 是政治效能感在公众安全感增进政府品质信任、政府动机信任、政府能力信任的乘积交互模型分析结果。据表可见，在基础回归中，模型一、模型二、模型三的交互项具有显著性；在 IRT 回归中，模型四、模型五、模型六的交互项也通过统计显著性检验。乘积交互模型初步确认了政治效能感在公众安全感增进政府动机信任、政府能力信任、政府品质信任中的调节作用。

表 7-17　因变量为政府品质信任的政治效能感调节作用

| 变量名称 | 基础回归 |  |  | IRT 回归 |  |  |
| --- | --- | --- | --- | --- | --- | --- |
|  | 模型一 | 模型二 | 模型三 | 模型四 | 模型五 | 模型六 |
|  | 政府动机 | 政府能力 | 政府品质 | 政府动机 | 政府能力 | 政府品质 |
| 公众安全感 | 0.143 | 0.122 | 0.163 | 0.173*** | 0.167** | 0.179** |
|  | (0.0878) | (0.108) | (0.103) | (0.0642) | (0.0789) | (0.0749) |
| 政治效能感 | -0.805*** | -0.815*** | -0.794*** | -0.157*** | -0.149*** | -0.165*** |
|  | (0.108) | (0.133) | (0.126) | (0.0223) | (0.0274) | (0.0260) |
| 交互项 | 0.174*** | 0.179*** | 0.169*** | 0.0999*** | 0.101*** | 0.0992*** |
|  | (0.0269) | (0.0331) | (0.0315) | (0.0188) | (0.0231) | (0.0219) |
| 收入 | 0.0323* | 0.0398* | 0.0249 | 0.0431** | 0.0504** | 0.0358* |
|  | (0.0180) | (0.0221) | (0.0210) | (0.0181) | (0.0222) | (0.0211) |
| 年龄 | 0.0166 | 0.0403 | -0.00713 | 0.0117 | 0.0355 | -0.0120 |
|  | (0.0225) | (0.0277) | (0.0263) | (0.0226) | (0.0278) | (0.0264) |
| 性别 | 0.0195 | -0.0230 | 0.0619 | 0.0260 | -0.0172 | 0.0691 |
|  | (0.0418) | (0.0515) | (0.0489) | (0.0420) | (0.0516) | (0.0490) |

续表

| 变量名称 | 基础回归 ||| IRT 回归 |||
| --- | --- | --- | --- | --- | --- | --- |
|  | 模型一 | 模型二 | 模型三 | 模型四 | 模型五 | 模型六 |
|  | 政府动机 | 政府能力 | 政府品质 | 政府动机 | 政府能力 | 政府品质 |
| 教育水平 | -0.0614** | -0.103*** | -0.0197 | -0.0517** | -0.0939*** | -0.00956 |
|  | (0.0241) | (0.0296) | (0.0281) | (0.0243) | (0.0298) | (0.0283) |
| 民族 | 0.0548 | 0.0861 | 0.0235 | 0.0509 | 0.0820 | 0.0197 |
|  | (0.0581) | (0.0715) | (0.0679) | (0.0584) | (0.0718) | (0.0682) |
| 政治面貌 | -0.00728 | -0.0136 | -0.000919 | -0.00808 | -0.0146 | -0.00154 |
|  | (0.0154) | (0.0190) | (0.0180) | (0.0155) | (0.0190) | (0.0181) |
| 户籍 | -0.0418 | -0.101*** | 0.0169 | -0.0305 | -0.0899** | 0.0289 |
|  | (0.0304) | (0.0374) | (0.0355) | (0.0306) | (0.0376) | (0.0357) |
| 信息媒介 | -0.0435*** | -0.0382* | -0.0488** | -0.0409** | -0.0357* | -0.0461** |
|  | (0.0165) | (0.0203) | (0.0193) | (0.0166) | (0.0204) | (0.0193) |
| $R^2$ | 0.348 | 0.291 | 0.258 | 0.341 | 0.286 | 0.253 |
| 调整后的 $R^2$ | 0.342 | 0.286 | 0.252 | 0.336 | 0.28 | 0.247 |
| 常数项 | 3.547*** | 3.936*** | 3.159*** | 4.041*** | 4.357*** | 3.725*** |
|  | (0.368) | (0.452) | (0.430) | (0.181) | (0.222) | (0.211) |
| 观察值 | 1326 | 1326 | 1326 | 1326 | 1326 | 1326 |

注：括号内为标准差，*** 表示 $P<0.01$，** 表示 $P<0.05$，* 表示 $P<0.1$；VIF 值分别为 7.67、2.76。

图 7-23 中的（a）、（b）、（c）三图是公众安全感—政治效能感—政府品质信任/政府动机信任/政府能力信任的线性交互作用诊断图。其中，因变量 $Y_1$ 为政府品质信任（政府动机信任 $Y_{1-a}$、政府能力信任 $Y_{1-b}$），自变量 D 为公众安全感，调节变量 $X_1$ 为政治效能感。在图 7-23 的（a）、（b）、（c）三图中，LOESS 和 OLS 都基本重合，满足线性边际效应，政治效能感在各组都有且分布比较均匀，满足共同支持条件。

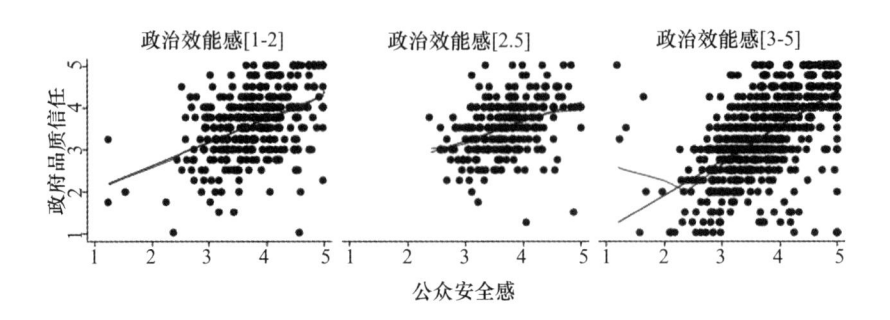

◈ 公众安全感向政府信任的转化机制分析

(a) $Y_1 - D - X_1$

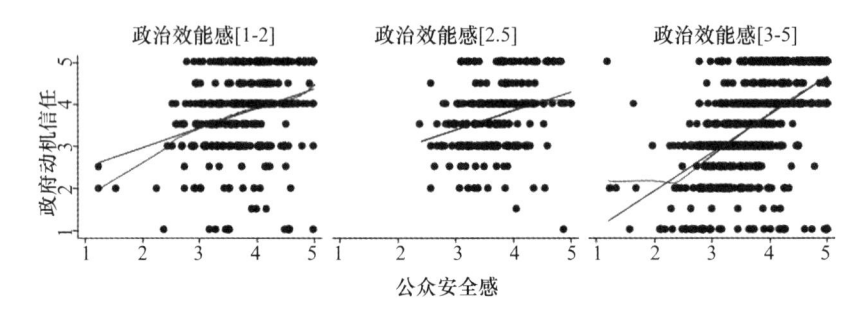

(b) $Y_{1-a} - D - X_1$

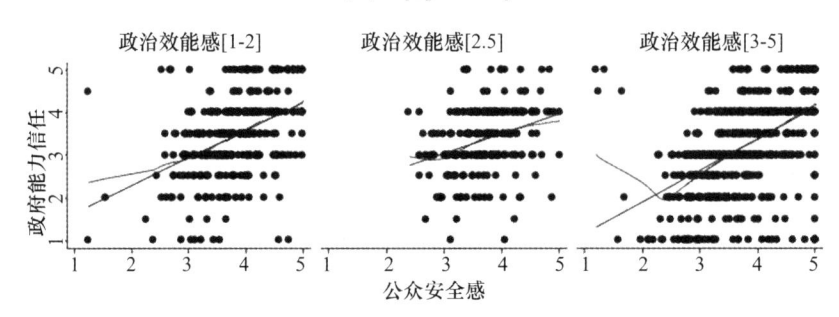

(c) $Y_{1-b} - D - X_1$

图 7-23 线性交互作用诊断图（$Y_1/Y_{1-a}/Y_{1-b} - D - X_1$）

在散点图的基础上，下图 7-24 进一步提供了分箱估计量与核估计量的诊断图。图 7-24（a）是公众安全感（D）—政治效能感（$X_1$）—政府品质信任（$Y_1$）的分箱估计量（左）与核估计量（右）

诊断图。在分箱估计量诊断图中，L 为 0.424（se = 0.081）、M 为 0.436（se = 0.082）、H 为 0.645（se = 0.057），Wald test 拒绝线性交互作用模型与分箱估计量无偏的原假设（P = 0.0000）。核估计量诊断图为 U 形。

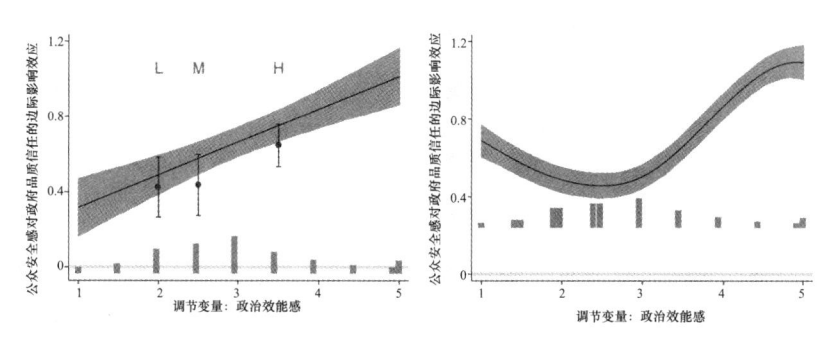

(a) $Y_1 - D - X_1$ binning estimator & kernel estimator

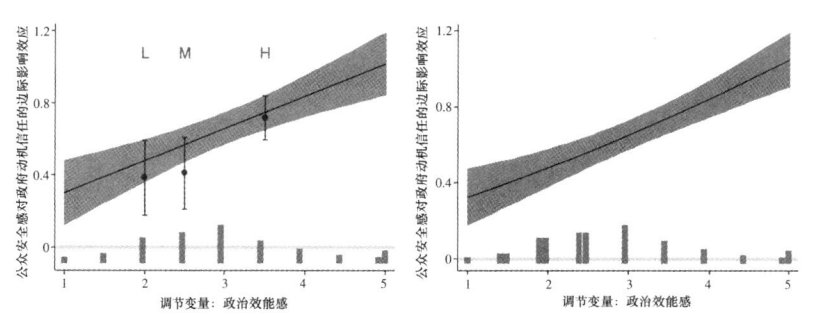

(b) $Y_{1-a} - D - X_1$ binning estimator & kernel estimator

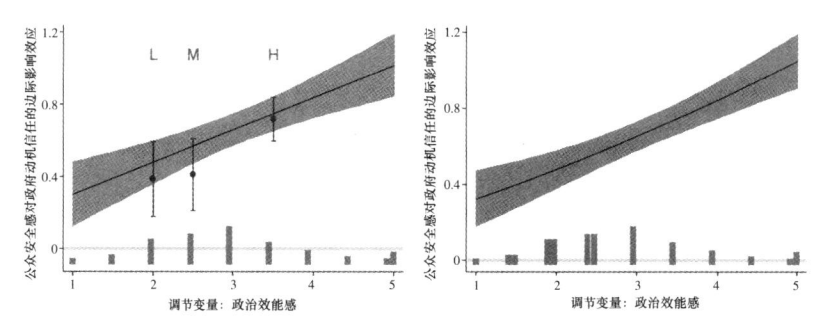

(c) $Y_{1-b} - D - X_1$ binning estimator & kernel estimator

**图 7-24 分箱估计量与核估计量诊断图（$Y_1/Y_{1-a}/Y_{1-b} - D - X_1$）**

◇◇ 公众安全感向政府信任的转化机制分析

图 7-24b 是公众安全感（D）—政治效能感（$X_1$）—政府动机信任（$Y_{1-a}$）的分箱估计量与核估计量诊断图。分箱估计量诊断图中的 L 为 0.385（se=0.106）、M 为 0.410（se=0.102）、H 为 0.718（se=0.062），Wald test 拒绝线性交互作用模型与分箱估计量无偏的原假设（P=0.0062）。

图 7-24c 是公众安全感（D）—政治效能感（$X_1$）—政府能力信任（$Y_{1-b}$）的分箱估计量与核估计量诊断图。其中，L 为 0.464（se=0.094）、M 为 0.461（se=0.094）、H 为 0.573（se=0.071）变动趋势不单调，Wald test 拒绝线性交互作用模型与分箱估计量无偏的原假设（P=0.0000）。

综合前述乘积交互模型分析结果和诊断图检验结果可见，交互项通过显著性检验的同时，LIE 假设却未被支持。因此，不能确认政治效能感在公众安全感增进政府品质信任中的调节作用。

最后是政治效能感在公众安全感优化政府信任结构（差序政府信任、政府信任层差、政府信任级差）中的调节效应检验。

表 7-18 提供了政治效能感在公众安全感优化政府信任结构（差序政府信任、政府信任层差、政府信任级差）中的乘积交互模型检验结果。从表可见，在基础回归分析中，模型一、模型二、模型三的交互项都不具有显著性；并且，在 IRT 回归中，模型四、模型五、模型六的交互项也都不具显著性。根据前述分析结果可得，政治效能感不在公众安全感改善政府信任结构中发挥调节作用。

表 7-18　因变量为政府信任结构的政治效能感调节作用

| 变量名称 | 基础回归 | | | IRT 回归 | | |
| --- | --- | --- | --- | --- | --- | --- |
| | 模型一 | 模型二 | 模型三 | 模型四 | 模型五 | 模型六 |
| | 差序政府信任 | 政府信任层差 | 政府信任级差 | 差序政府信任 | 政府信任层差 | 政府信任级差 |
| 公众安全感 | -0.245*** | -0.259*** | -0.0804*** | -0.198*** | -0.201*** | -0.0626*** |
| | (0.0685) | (0.0859) | (0.0266) | (0.0498) | (0.0625) | (0.0193) |

第七章 公众安全感影响政府信任的异质性分析

续表

| 变量名称 | 基础回归 ||| IRT回归 |||
|---|---|---|---|---|---|---|
| | 模型一 | 模型二 | 模型三 | 模型四 | 模型五 | 模型六 |
| | 差序政府信任 | 政府信任层差 | 政府信任级差 | 差序政府信任 | 政府信任层差 | 政府信任级差 |
| 政治效能感 | -0.0924 | -0.0390 | -0.00854 | -0.0512*** | -0.0484** | -0.0150** |
| | (0.0844) | (0.106) | (0.0327) | (0.0173) | (0.0217) | (0.00671) |
| 交互项 | 0.0108 | -0.00296 | -0.00188 | 0.0128 | 0.00182 | -3.75e-05 |
| | (0.0210) | (0.0263) | (0.00814) | (0.0146) | (0.0183) | (0.00566) |
| 收入 | -0.00464 | -0.00165 | 0.00171 | -0.00822 | -0.00600 | 0.000319 |
| | (0.0140) | (0.0176) | (0.00544) | (0.0140) | (0.0176) | (0.00545) |
| 年龄 | 0.0229 | 0.0272 | 0.00666 | 0.0252 | 0.0298 | 0.00745 |
| | (0.0175) | (0.0220) | (0.00680) | (0.0175) | (0.0220) | (0.00681) |
| 性别 | -0.116*** | -0.195*** | -0.0585*** | -0.120*** | -0.199*** | -0.0600*** |
| | (0.0326) | (0.0409) | (0.0127) | (0.0326) | (0.0409) | (0.0126) |
| 教育水平 | 0.00941 | -3.76e-05 | -0.00215 | 0.00504 | -0.00508 | -0.00375 |
| | (0.0188) | (0.0235) | (0.00728) | (0.0188) | (0.0236) | (0.00731) |
| 民族 | -0.0588 | -0.0605 | -0.0193 | -0.0551 | -0.0576 | -0.0184 |
| | (0.0453) | (0.0568) | (0.0176) | (0.0453) | (0.0569) | (0.0176) |
| 政治面貌 | 0.0273** | 0.0137 | 0.00726 | 0.0270** | 0.0134 | 0.00718 |
| | (0.0120) | (0.0151) | (0.00466) | (0.0120) | (0.0151) | (0.00466) |
| 户籍 | 0.0106 | 0.00850 | 0.00119 | 0.00599 | 0.00274 | -0.000646 |
| | (0.0237) | (0.0297) | (0.00920) | (0.0237) | (0.0298) | (0.00922) |
| 信息媒介 | 0.0376*** | 0.0512*** | 0.0176*** | 0.0360*** | 0.0497*** | 0.0172*** |
| | (0.0129) | (0.0161) | (0.00498) | (0.0129) | (0.0161) | (0.00499) |
| $R^2$ | 0.094 | 0.093 | 0.101 | 0.096 | 0.093 | 0.101 |
| 调整后的$R^2$ | 0.086 | 0.086 | 0.094 | 0.088 | 0.086 | 0.094 |
| 常数项 | 1.330*** | 1.789*** | 0.489*** | 0.433*** | 0.844*** | 0.196*** |
| | (0.287) | (0.360) | (0.111) | (0.140) | (0.176) | (0.0545) |
| 观察值 | 1326 | 1326 | 1326 | 1326 | 1326 | 1326 |

注：括号内为标准差，*** 表示 $P<0.01$，** 表示 $P<0.05$；VIF值分别为7.67、2.76。

## 三 分析与总结

下文是对研究假设和假设检验的总结,具体包括假设检验结果,研究发现和研究结论两部分。其中,假设检验结果是对研究假设是否以及在何种程度上得以确认的总结汇报;研究结论呈现了研究发现的理论价值和现实意义。

### (一) 假设检验结果

先对乘积交互模型中交互项显著的研究项目进行总结。在社会公平感的调节效应分析中,机会公平感与公众安全感的交互项,在因变量为政府组织信任时显著且系数为负(主效应系数为正);在因变量为政府品质信任、政府动机信任、政府能力信任时显著且系数为正(主效应系数为正)。程序公平感与公众安全感的交互项,在因变量为政府动机信任、政府品质信任时显著且系数为正(主效应系数为正)。社会公平感与公众安全感的交互项,在因变量为政府组织信任时显著且系数为负(主效应系数为正),在因变量为政府动机信任、政府能力信任、政府品质信任时显著且系数为正(主效应系数为正)。

在政治效能感的调节效应分析中,外在政治效能感与公众安全感的交互项,在因变量为政府组织信任时显著且系数为负(主效应系数为正),在因变量为公职人员信任时显著且系数为正(主效应系数为正);在因变量为政府动机信任、政府能力信任时显著且系数都为正(主效应系数为正);在因变量为差序政府信任时显著且系数为正(主效应系数为负)。内在政治效能感与公众安全感的交互项,在因变量为政府动机信任、政府能力信任、政府品质信任时显著且系数为正(主效应系数为正);在因变量为政府信任级差时显著且系数为负(主效应系数为负)。政治效能感与公众安全感的交互项,在因变量为政府组织信任时显著且系数为负(主效应系数为正),在因变量为公职人员信任时显著且系数为正(主效应系数为正);在因变量为政府动机信任、政府能力信任、政府品质信任时显著且系数为正(主效应系数为正)。

第七章 公众安全感影响政府信任的异质性分析

在交互效应分析结果基础上，进一步总结满足 LIE 假设的调节效应检验结果。第一，程序公平感在公众安全感增进政府动机信任、政府品质信任中发挥正向调节作用。展开来讲，程序公平感、公众安全感都可以有效提升政府动机信任、政府品质信任，并且，程序公平感可以提升公众安全感增进政府动机信任、政府品质信任的效力。假设 7-2b 得以证实，假设 7-2 得以部分证实。

第二，外在政治效能感在公众安全感增进政府动机信任中发挥正向调节作用，外在政治效能感越高，公众安全感增进政府动机信任的效力越强。假设 7-4b 部分得以证实。同时，外在政治效能感在公众安全感优化差序政府信任中发挥负向调节作用，外在政治效能感和公众安全感在抑制差序政府信任中具有替代关系。假设 7-4C 需要调整表述。

第三，内在政治效能感在公众安全感增进政府动机信任中发挥正向调节作用。内在政治效能感越高，公众安全感增进政府动机信任的效力越强。假设 7-5b 得以部分证实。并且，内在政治效能感在公众安全感弥合政府信任级差中发挥正向调节作用。内在政治效能感越高，公众安全感增进各级政府信任均衡发展的效力越强。假设 7-5C 得以部分证实。

第四，政治效能感在公众安全感增进公职人员信任中发挥正向调节作用；政治效能感、公众安全感都可以有效增进公职人员信任，并且，政治效能感越高，公众安全感对公职人员信任的积极影响就越强烈。然而，政治效能感在公众安全感增进政府组织信任中发挥负向调节作用，假设 7-6a 不成立，应当进一步细化假设内容，注意区别政治效能感在公众安全感增进公职人员信任、政府组织信任中的影响效应。

（二）研究发现和研究结论

综合前述公众安全感改善政府信任的异质性分析研究发现可见，程序公平感、外在政治效能感、内在政治效能感和政治效能感都在公众安全感优化政府信任中发挥调节作用。其中，政治效能感在公众安全感增进政府组织信任中发挥负向调节作用，外在政治效能感在公安全感改善差序政府信任中发挥负向调节作用；程序公平感、外在政治效能感、内在政治效能感在政府动机信任中发挥正向调节作用，内在政治效能感在公众安全感弥合政府信任级差中发挥正向调节作用。政治效能感在公众安全感增进公职人员信任中发挥正向调节作用。

第一，政治效能感在公众安全感增进政府组织信任中的竞争性调节作用意味着，公众安全感和政治效能感在增进政府组织信任中存在明显的替代关系。具体体现为，政治效能感较低时，公众安全感在增进政府组织信任中的积极作用更加明显，随着政治效能感的提高，公众安全感的激励作用逐渐下降。换言之，在政府组织信任的影响要素中，公众对其与政府、政治关系的主体判断和其对社会秩序状况、生活安定水平的主观感受可以互相替代。

第二，政治效能感在公众安全感增进公职人员信任中发挥正向调节作用表明，公众对自身行为影响政治过程所持信心能够显著地强化公众安全感对公职人员信任的积极作用；政治效能感越高，公众安全感提升公职人员信任的效力越强，政治效能感、公众安全感及其交互作用都能够显著地提升公职人员信任。也就是说，公众对生活安定和社会秩序的评价越高、对自身能够影响政治过程的肯定评价越高，其对公职人员不信任的发展空间就越低。

第三，程序公平感、外在政治效能感、内在政治效能感在公众安全感增进政府动机信任中发挥正向调节作用表明，公众对程序公平正义、政府重视和回应自身意见建议、自身可以有效影响政治过程的肯定评价越高，安全感增进政府动机信任的效力也越高。换言之，公众对政府行为规范性水平的感知、对其在政治生活中重要性的评价，能够显著地强化公众安全信心与政府动机信任的一致性程度。

第四，内在政治效能感在公众安全感优化政府信任级差中发挥正向调节作用表明，公众对自身在社会政治生活影响力的信心是政府信任结构的重要影响因素；这一信心与安全感交互叠加，是增进各级政府信任均衡发展的有益要素。这一心理机制表明，公众对其在政治生活中功能效用的肯定性评价是政府信任级别差异的重要因素，也是增

## 第七章 公众安全感影响政府信任的异质性分析

强政府信任结构均衡的有效途径。

最后,外在政治效能感在公众安全感抑制差序政府信任中发挥负向调节作用表明,政府重视回应公众意见和提高公众安全感在增加央—地政府信任均衡性中可以互为替代。即是说,公众对政府回应性和代表性的肯定性评价越高,安全评价越高,央—地政府信任加剧分化的空间越小。

前述研究结果表明,公众安全感改善政府信任是一个多因素综合影响的系统过程,是多重政治心理交互作用的共同结果,这些要素及要素间的组合方式各以其方式塑造并影响政府信任。而我们对前述各要素及其组合方式作用于政府信任各维度过程的探索性分析同时具有一定的实践启迪。

具体是指,应当更加重视程序公平的重要性及其功能价值。作为人民群众对公平正义新期盼的重要构成,司法公平和制度公平能够增进社会政治秩序稳定主要要素间的良性互动关系,是保障和促进社会公平正义的主要着力点和关键切入点。同时,要更加关注政治效能感、内在政治效能感和外在政治效能感在政治社会秩序和政治生活中的重要影响。政治效能感作为一种政治心理动机,不仅可以直接影响公众的政治行为,也可以在增进社会政治稳定性中发挥重要功能。

总结前述主要政治心理互动过程及其政治影响可得,在客观治理绩效之外,公众的主观感知评价可以显著地影响政府信任,在政治社会秩序建设和改善中具有重要功能。因此,要增进社会政治秩序的稳定性、构建更为理想的政府—公众关系,就要提高对公众政治心理和主观评价的重视和认识水平,增进主观感知评价和客观治理绩效协同一致发展。

# 第八章 公众安全感向政府信任的转化机制分析

一个公民的政治自由是一种心境的平安状态,这种心境的平安是人人都认为他本身是安全的这个看法产生的。要享有这种自由,就必须建立一种政府,在它的统治下一个公民不惧怕另一个公民。(XI.6)[①]

数理实证分析在经验意义上确认了公众安全感与政府信任的因果关系及其条件效应。具体是指,公众安全感与政府信任不仅存在结构性相关关系,且这一相关关系被证实为因果关系,是政府信任的直接来源和重要影响因素。同时,公众安全感可以提升生活幸福感和公共服务满意度间接优化政府信任,在增进公众的政府满意和政府信任中具有基础地位。此外,公众安全感对政府信任的影响受到程序公平感、政治效能感(含内在政治效能感和外在政治效能感)的调节,其向政府信任的转化是一个综合性过程。

前述研究发现为深刻把握公众安全感与政府信任的因果关系提供了具有说服力的经验证据支持,但是,这对于理解公众安全感向政府信任的转化机制而言仍然不够充分。一般来讲,作为一种可被证实的客观存在,因果效应的主要功能在于预测;欲进一步揭示公众安全感

---

[①] [法]孟德斯鸠:《论法的精神》(上册),张雁深译,商务印书馆1961年版,第187页。

与政府信任间的因果关系，还应展开聚焦因果效应发展理路的过程分析，因果效应和因果机制是因果转化机制分析的两个阶段。

本章立足既有理论基础和逻辑推演的理性归纳，结合公众安全感向政府信任转化实证分析所显示的变量间因果效应关系，呈现公众安全感向政府信任及其各面向的转化机制。具体包括：公众安全感向政府信任及其各面向的直接转化机制、间接转化机制和系统转化机制三个层次。

## 第一节 公众安全感向政府信任的直接转化机制

前述分析表明，公众安全感是政府对象信任和政府品质信任的直接来源，是增进政府信任结构均衡性的关键要素，公众安全感与政府信任存在结构性因果转化关系。在此基础上，我们关注的公众安全感向政府信任直接转化机制是指，公众安全感无需中间条件即可导向政府信任。

公众安全感向政府信任直接转化机制分析的重点，在于回答为什么公众安全感能够直接有效地导向政府信任。即在公众与政府互动关系框架下，立足安全感与信任感的关联关系，阐释公众安全感导向政府信任的发展过程，具体回答公众安全感为何能够直接导向政府对象信任，公众安全感如何直接助益政府品质信任和公众安全感何以能够优化政府信任结构三个子问题。

### 一 公众安全感向政府对象信任的直接转化机制

政府对象信任是指公众对政府组织、公职人员及前述两要素的综合信任水平。公众安全感向政府对象信任直接转化是指，公众对社会秩序和生活安定性水平的主体评价可以直接影响其对政府机构和人员的态度。政府、公众和市场共同构成现代社会运转的主导性力量；各社会主体间关系在政府与社会互动关系中发挥重要影响。因此，探究公众安全感何以能够直接导向政府对象信任，可在现代政府和社会的结构性互动关系框架下,揭示两者互动关系的变动规律。具体地,可从政府与社会互动关系的三重结构展开。

一是现代风险社会中风险系统性与政府安全治理职责的关系。现代化特别不断发展的全球化史无前例地将人和资源聚集在一起,作为其附加后果,风险也作为社会系统的构成部分广泛深入地渗透在社会系统中,政府责无旁贷地成为应对系统性社会风险的主要责任主体。由于个体具有免受伤害的心理需求和规避风险的主体偏好,信任主体对信任客体的信任水平受到后者所能提供的安全感的显著影响。公众安全感的改善意味着平均水平下个体安全感的提升,这直接有助于增进公众对其他社会主体的信任水平。因此,尽管政府组织信任、公职人员信任及政府对象信任间既相互区别又相互联系,但公众安全感的提高仍然能够同时增进公众对三者的信任程度。换言之,社会环境的结构性变化,增强了公众的安全感知评价与政府对象信任的联动效应,这奠定了公众安全感直接转化为政府对象信任的社会心理基础。

二是现代社会中公众安全需要与政府有效回应和满足的关系。根据需求层次理论,人的基本社会生活需要得到初步满足后,确保这一满足机制的持续性和稳定性即安全需要成为占据主导地位的发展诉求。维护和塑造安全是政府治理职责的重要构成,公众安全需求的满足程度是判定政府履职绩效的重要参考标准。政府组织和公职人员是政府履行治理职责、推进公共治理实践的关键要素和行动主体。公众安全感的改善巩固了公众与政府组织、公职人员之间的委托代理关系,夯实了公众与政府互动关系的政治心理基础,从而直接地有益于改进公众对政府组织、公职人员及政府对象的信任水平。

三是社会安全要素满足程度与其他主要要素发展水平的联动协同关系。社会交换是现代社会运转和发展的基本动力支持,这就使得,社会各要素实际处于广泛且紧密的联系之中,社会均衡状态的实现和维系实际是要素间关系的综合结果。其中,安全要素是社会均衡稳定状态的支撑性力量,与信任要素的发展变动具有较强一致性。因此,作为对社会安全要素整体发展水平集中表达和直观呈现的公众安全感，实际也是政府对象信任（含政府组织信任和公职人员信任）增长的有益因素。

## 二 公众安全感向政府品质信任的直接转化机制

我们从政府动机和政府能力两方面共同定义政府品质信任。其中，政府动机即政府公共服务的主观意愿，政府动机信任是指公众对政府能够坚持做正确的事的信心；政府能力直观地体现为政府公共治理的水平，政府能力信任则是指公众对政府能够正确且有效地做事的信心。公众安全感向政府品质信任的直接转化是指，公众安全感直接地增进了公众对政府能够坚持正确且有效地做正确的事的信心。公众安全感向政府品质信任直接转化机制分析的重点，即是要回答公众安全感何以能够直接地增进政府品质信任。

公众安全感是客观安全要素和主观安全感知的综合，其直接增进政府品质信任的发生和发展机理可从以下两方面展开。首先，从客观要素的关联关系来看，安全的物质要素是提升发展效率、实现高质量发展的基础，也是政府通过及时规范、严格监管和有效约束改善公共安全治理水平的主要抓手。物质安全要素既是效率更高、成本更低、质量更优的发展格局的基础要件，也是其具体构成和直观表征。在这一意义上，物质安全要素作为联结公众安全感与政府品质信任的桥梁枢纽，是理解公众安全感直接增进政府品质信任的重要切入点。

其次，从主观要素的联动关系来看，安全信心和安全满意为化解公众负面情绪、增强面对困境和化解难题的信念提供了坚实的心理基础。在个体层面，作为信任产生的基础要素，安全感受到环境与个体特质的综合影响。尽管合理的质疑能够激励政府提高治理的规范化水平，但是，与不安全感相伴而生的危机意识通常会连带性地加重个体的不信任倾向。基于公众安全感与体安全感的交互作用关系，公众安全感水平变动对个体安全感具有重要影响；公众的安全满意和安全感知可以有效降低对政府非理性怀疑和无实质意义质疑的发生概率，一定程度上规避由此造成的资源浪费、效率损失和政府形象受损，避免蝴蝶效应引发的对政府品质的非必要不信任。

而在群体层面，公众安全感有益于稳定社会心态，提高公众对政府政策落实和政策创新过程中由不可控因素导致的风险和损失的接受度，为政府沉着应对社会发展困境和化解社会发展难题提供良好的社会氛围。更高的公众安全感有助于公众冷静客观地评判突发事件和客观因素导致的政府公共治理实践受挫，有效避免一时挫折和失败导致的政府动机、能力和品质信任的剧烈波动，为政府从容审慎地检视既有治理机制的问题和局限提供良好氛围，为巩固政府品质信任提供宽松的环境。

### 三　公众安全感向政府信任结构的直接转化机制

政府信任呈结构状态，实际是公众对不同层级政府对象和品质的信任水平存在显著区别这一社会现实的客观反映。具体是指，公众对不同层级政府组织、公职人员，政府公共服务动机和公共治理能力的信任水平和发展信心持有不同看法。当前，中国政府信任结构内在地包括差序政府信任、政府信任层差和政府信任级差三重维度，分别指向中央—地方政府信任、高—低层政府信任和政府信任纵向序列的分殊。

基于数理实证的经验分析呈现了公众安全感改善政府信任结构的实践路径，即公众安全感可以同时增进中央—地方政府信任、高层—低层政府信任，但其对地方政府、低层级政府的影响效应显著高于中央政府、高层级政府。同时，公众安全感可以有效改善政府信任级差，从而在整体意义上增进政府信任纵向结构的均衡性水平。公众安全感向政府信任结构直接转化机制分析的重点，是要回答公众安全感何以能够优化政府信任结构（差序政府信任、政府信任层差、政府信任级差）。

围绕如何理解中国政府信任的结构性分化问题，既有研究聚焦央地差序政府信任的成因，从政治制度安排、央地政府职权与职能区别、政治文化传统等视角提供了解释方案。在此基础上，我们从公众

## 第八章 公众安全感向政府信任的转化机制分析

安全感与政府信任结构分化要素的关联关系切入,强调公众安全感优化政府信任结构的实现,是制度与价值、环境与心理、主观与客观糅合的综合结果。并尝试在决策结构、主观预期和绩效归属判定的框架下,呈现公众安全感优化政府信任结构的发展机理。

首先,基于制度安排的政府职能分工是公众安全感改善政府信任结构的前因要素。由于安全治理的公共性、联动性,上自中央政府、下至县乡基层政府,均承担公共安全治理职责和公共安全服务供给任务;但从政府组织体系的职责分工来看,中央政府主要负责制定宏观发展规划和远景发展目标,地方政府主要负责政策落实并推进治理实践;高层级政府的核心职能在于确保决策科学,低层级政府特别是基层政府的核心职能则在于保障政策落实。这一决策体系使得公共安全的发展前景与中央政府、高层级政府紧密相关;而公众安全感的实际改善则与低层级政府特别是基层政府直接相关。

其次,基于公众主观预期的心理作用机制是公众安全感增进政府信任结构均衡性水平的过程要素。事实上,公众并不总是无差别地看待各级政府在公共安全治理中的治理职责。公共安全保障和公共安全服务供给同时有赖于科学决策和高效落实,尽管公众对中央政府和高层级政府的决策科学性水平持有更高信心,但仍然能够客观地认识到公共安全水平的改善有赖于各级政府特别是地方政府、基层政府履职尽责。也就是说,在制度结构的客观限定和公众价值认知的条件作用下,公众安全期待的满足与其对政府特别是地方政府、基层政府的履职信心关系密切。

最后,基于绩效归属判定的认知偏好影响是公众安全感改善政府信任结构的结果要素。如前所述,受决策结构的影响,层级越低的政府部门在政策实践中承担的职责越重,对政策落实结果的影响性越强;同时,公众客观上认可并接受安全感的改善实际上源于地方政府特别是基层政府的治理实践。因而,作为决策结构和主观预期的共同结果,公众在对安全治理绩效的实现进行归属判定时,地方政府和基层政府更具比较优势。

## 第二节 公众安全感向政府信任的间接转化机制

公众安全感向政府信任的间接转化机制是指，公众安全感通过特定的中间条件导向政府信任。在前述基于经验数据的数理实证分析确认了中介变量及其中介效应的基础上，公众安全感向政府信任间接转化机制分析，需要在分析公众安全感与中间条件关联关系的基础上阐释其共同影响政府信任的具体过程。即是要回答公众安全感为何能够通过中间条件导向政府对象信任，公众安全感如何通过中间条件助益政府品质信任和公众安全感何以通过中间条件优化政府信任结构三个子问题。

### 一 公众安全感向政府对象信任的间接转化机制

公众安全感向政府对象信任的间接转化机制是指，公众安全感通过提升主观幸福感和公共服务满意度增进政府对象信任（含政府组织信任和公职人员信任）的发展过程和演进机理。公众安全感向政府对象信任转化机制分析的重点，在于回答公众安全感通过中间变量导向政府对象信任（含政府组织信任和公职人员信任）何以可能的问题。下文在微观、中观和宏观的分层视角下，就公众安全感与中间条件的心理效应、群体效应和社会效应具体展开。

基于微观视角的心理效应是指，安全感在个体心理需求中占据基础地位，安全感是维系和增进幸福感、巩固和提升满意度的重要支持要素；更高的安全感意味着更高的幸福感和满意度；三者共同增进了个体面对其他社会主体的乐观心态和积极态度。也就是说，在公众安全感的个体表达意义上，其通过塑造稳定且持续的积极心态增加了特定公民对政府组织、公职人员的信任倾向，从而有助于提高政府对象信任（含政府组织信任和公职人员信任）。

基于中观视角的群体效应是指，公众安全感、主观幸福感、公共服务满意度本质上是一种群体性心理状态，反映了现实状况满足社会

第八章 公众安全感向政府信任的转化机制分析

心理预期的程度。公众安全感、主观幸福感、公共服务满意度是对物质要素发展状况的综合感知,也可以共同塑造更具包容性的社会心态。结合政府组织和公职人员在社会发展中的功能作用可见,在客观绩效满意的转化之外,公众的安全感、主观幸福感、公共服务满意度与其对政府组织、公职人员的依赖和信心具有对应关系。这是公众安全感通过中间条件增进政府对象信任的社会心理过程。

基于宏观视角的社会效应是指,包括公众安全感、主观幸福感、公共服务满意度在内的心理感知,是社会生活秩序主要面向的直观反映,也是实现和稳定社会秩序的支持力量。三者共同增进了各群体稳定健康交互关系得以实现和维持的可能性,有助于塑造良好和谐的社会氛围。这一总体性社会氛围,可以有效抑制不利于政府组织信任、公职人员信任的要素,优化了政府对象信任的发展环境。

## 二 公众安全感向政府品质信任的间接转化机制

公众安全感向政府品质信任的间接转化机制是指,公众安全感通过主观幸福感、公共服务满意度增进政府品质信任(含政府动机信任和政府能力信任)的发生和发展机理。公众安全感向政府品质信任间接转化机制分析的关键是要回答"公众安全感如何通过中间条件助益政府品质信任"的问题。下文从公众安全感、主观幸福感、公共服务满意度与政府品质信任发展主客观环境的关联关系具体展开。

就公众安全感、主观幸福感、公共服务满意度与政府品质信任各自代表和反映的社会条件和事实来讲,公共安全水平、国民福利质量和公共服务状况都与政府品质直接相关。一方面,前述公共产品或准公共产品的供给有赖于政府为公共利益服务的意愿和实现其目标的能力。另一方面,这些公共产品或准公共产品也是公众评价政府品质的重要依据和参照。因此,作为前述客观要素的主体性映射,公众安全感、主观幸福感和公共服务满意度不仅可以而且应当能够增进政府品质信任(含政府动机信任和政府能力信任)。

在主观层面,公众安全感、主观幸福感、公共服务满意度强化了有益于政府品质信任的心理和情感倾向，在一定意义上削弱了不利于政府品质信任的认知和价值要素。现代社会的不确定性明显增强、不确定因素明显增多，是对公众心态和政府能力的双重考验。其中，作为主体性判断和心理感知的安全感、幸福感和满意度也构成社会发展的支持性力量，在增进社会信心和维持乐观预期中发挥重要作用。三者不仅本就是政府品质信任的重要来源，而且有利于形成审慎乐观看待政府行为的社会氛围，在一定程度上规避了对政府动机和能力的非必要不信任。

从主客观因素的综合作用来看，公众安全感、主观幸福感、公共服务满意度在客观上夯实了政府品质信任的社会基础，在主观上为政府品质信任的发展提供了宽松良好的氛围，在事实上拓展了政府品质信任的增长空间。安全感、幸福感和满意度是开放条件下社会政治秩序各要素良性互动的支持要素，不仅可以直接增进政府动机和能力信任，而且为政府应对传统社会领域中的新情况、新问题和新兴社会领域的潜在风险、发展危机提供了更为宽松的社会氛围。这就在一定程度上化解了政府治理目标与客观绩效间张力可能导致的不信任，为政府更好统筹发展效率和质量提供了支持。

### 三　公众安全感向政府信任结构的间接转化机制

公众安全感向政府信任结构（含差序政府信任、政府信任层差和政府信任级差）的间接转化是指，公众安全感可以通过提高公共服务满意度增进政府信任结构的均衡性。公众安全感向政府信任结构的间接转化机制分析则是要揭示前述作用路径的发生和发展机理。下文基于公众安全感与公共服务满意度的内在关联，具体阐释公众安全感优化政府信任结构的作用过程。

首先，公众安全感、公共服务满意度都可以直接改善政府信任结构，并且，公众安全感可以通过公共服务满意度增进政府信任结构的均衡性。这表明，公众安全需求和其他公共服务需要是政府信任结构性分化的影响要素，缩小前述需求预期与现实的张力是增进政府信任结构均衡程度的关键。展开来讲，尽管各级政府都肩负确保公共安全和提供公共服务的职责，但是在政府垂直分工和公众对各级政府履职预期、绩效归因的共同作用下，安全感和公共服务满意度在同时增进各级政府信任的同时，更有利于地方政府（与中央政府相比）、低层级政府（与高层级政府相比），并且能够整体上增进各级政府信任的均衡性。这是公众安全感通过公共服务满意度优化政府信任结构的主导路径。

其次，公众安全感、公共服务满意度共同塑造了有助于改善政府信任结构的条件要素的发展环境，同时有效地抑制了导致或加剧政府信任结构不均衡要素的增长与扩张。公众安全感、公共服务满意度是社会生活满意水平的重要影响因素；生活满意度集中反映了公众生活期待与满足程度的现实张力。在政治生活实践中，相比于中央政府、高层级政府，地方政府、低层级政府与居民互动机会更多、交往频率更高，对日常生活的影响更为直接，因而更容易并更多地受到这一紧张关系的影响。与此同时，生活满意水平的改善表明政府更好且更多地满足了公众需要和期待，从而可以在整体上系统地优化政府信任结构。这是公众安全感间接优化政府信任结构的关键路径。

最后，公众安全感、公共服务满意度对政府信任结构积极影响因素的增强和对政府信任结构负面影响要素的抑制，在削弱政府信任结构非均衡性扩张空间和可能的同时，提升了政府信任结构优化发展的能力。除已被认识到的不安全、不满意因素外，社会发展进程中未被直接感知和未被经验认知的潜在因素，也可能加剧政府信任的结构性分化。譬如，某一公共现象或行为潜在的风险，以及公众对该风险的恐慌心理都可能加剧其对地方政府、低层级政府的不信任。公众安全感提升和中间条件改善叠加在事实上巩固了政府信任结构优化发展的能力。增强了其应对和规避潜在要素消极影响的能力。这是公众安全感间接优化政府信任结构的补充路径。

## 第三节　公众安全感向政府信任的系统转化机制

公众安全感向政府信任的系统转化机制分析旨在揭示公众安全感导向政府信任的整体过程，并分析这一过程的变动规律与发展机理，以更加深刻地理解公众安全感与政府信任的因果关系。这既包括对公众安全感直接和间接导向政府信任的总和机制的分析，也包括公众安全感向政府信任转化的异质性分析。其中，直接和间接转化机制共同构成公众安全感向政府信任的总和转化机制，指向公众安全感向政府信任的转化效力；异质性分析旨在回答哪些因素能够影响公众安全感向政府信任转化，指向公众安全感向政府信任的转化效率；转化效力与转化效率共同确定了公众安全感向政府信任的转化效果。

### 一　公众安全感向政府对象信任的系统转化机制

公众安全感向政府对象信任的系统转化机制分析，旨在揭示公众安全感系统导向政府对象信任的具体过程。根据实证分析结果，公众安全感既可以直接转化为政府对象信任，也可以通过改善主观幸福感和公共服务满意度间接提升政府对象信任；同时，异质性分析表明，政治效能感在公众安全感增进政府组织信任中发挥竞争性调节作用，在公众安全感增进公职人员信任中发挥正向调节作用。以前述研究发现为基础，下文着力揭示公众安全感增进政府组织信任、公职人员信任、政府对象信任的发生机制和发展机理。

首先，政府组织信任是公众对政府机构设置基本原则和整体安排的认可程度，是公众对政府职能安排与落实的综合评价。公众安全感直接、间接增进政府组织信任的发生和发展机理主要在于两方面，一是维护、塑造和实现公共安全是政府职能的重要构成，安全感是度量政府安全职能落实程度的重要标尺，因此，公众安全感是政府组织信任的直接来源。二是作为一种基础性环境要素，安全是政府职能落实的前提和保障，为政府各项职能奠定了现实基础并提供了支持条件。

第八章 公众安全感向政府信任的转化机制分析

同时,异质性分析表明,公众对社会秩序、生活状况安定性的评价和其对自身影响政治体系和政府决策所持有的信心在政府组织信任中可以相互替代。

其次,公职人员信任是公众对公职人员业务素养和职业操守的认可程度,是公众对政府素质评价的直观表达。公众安全感直接、间接增进公职人员信任的发生和发展机理主要在于三方面,一是作为个体面对内外部风险挑战时的综合性情感体验,安全感是信任的必要不充分条件,公众的安全感是影响和塑造公职人员信任的关键要素;二是公职人员的业务素养和职业操守是公众安全感的重要影响因素,安全感在一定程度上源自公众对公职人员的认可;三是作为一种系统性、整体性和社会面的安全评价,公众安全感是社会稳定的基础要素和坚实保障,有利于公职人员信任各支持要素的发展。此外,异质性分析表明,公众对自身政治影响力的肯定心态和乐观心理显著地提升了安全感对公职人员信任的增强效应。

最后,政府对象信任是公众对政府运转质量及其履职成效的综合判断,是公众对政府权威认同程度的集中呈现。公众安全感直接、间接增进政府对象信任的发生和发展机理主要在于两方面,一是权力与权利的组织方式、权威与服从关系的建构方式是安全感的重要影响要素,安全感反映了公众对前述安排的认可程度,也是在这一意义上,安全感可以直接影响政府权威认同;二是良好的社会秩序和生活状况是政府权威认同的环境基础和必要条件,在政府权威认同巩固和发展所必需的要素构成中占据基础地位。此外,综合前述异质性分析结果可见,政治心理因素在公众安全感与政府权威认同各维度中的功能存在显著分野,凸显了政府权威建构和发展的复杂性。

## 二 公众安全感向政府品质信任的系统转化机制

公众安全感向政府品质信任的系统转化机制分析,意在阐明公众安全感系统导向政府品质信任的发展进路。数理实证分析结果显示,公众安全感既可以直接转化为政府品质信任,也可通过主观幸福感和

◆◆ 公众安全感向政府信任的转化机制分析

公共服务满意度间接转化为政府品质信任，并且，程序公平感、外在政治效能感、内在政治效能感都在公众安全感向政府品质信任、政府动机信任的转化中发挥正向调节作用。下文就公众安全感向政府动机信任、政府能力信任、政府品质信任的系统转化具体展开。

政府动机信任即公众对政府有意愿做正确的事的信心，是对政府坚持和倡导的公共价值的肯定水平。公众安全感向政府动机信任系统转化机制分析的重点，是要厘清公众安全感增进政府动机信任的发生和发展机理。展开来讲，公众安全感直接、间接地增进政府动机信任的实现过程包括三个层面，一是安全是政府公共价值的重要构成，二是安全在政府公共价值中占据基础地位，三是安全对其他政府公共价值的积极效应。在此之外，异质性分析结果进一步揭示了公众安全感增进政府动机信任的主要环境要素，一是反映制度公平正义的程序公平感，二是代表政府回应性的外在政治效能感，三是代表政治生活自信的内在政治效能感，就是说，这些在个体或公共层面的肯定心态显著地强化了安全感对公众政府公共价值认同的影响效应。

政府能力信任即公众对政府有能力正确地做正确的事的信心，是对政府正确履职的满意程度。公众安全感是安全物质要素发展现实及对其主观认知的统一，公众安全感直接、间接地增进政府能力信任的实现过程可从下述四点展开，一是维护和塑造安全是政府履职能力的重要构成，二是安全是政府公共治理的条件要素，三是安全对其他公共治理任务的保障功能，四是安全是政府治理能力的直观表征。根据异质性分析结果，有助于公众安全感增进政府动机信任的环境要素在公众安全感增进政府能力信任中并不适用。比较公众安全感增进政府动机、能力信任的异质性分析结果可见，相比于政府能力信任，政府动机信任更易受到心理和情感要素的影响。

政府品质信任即公众对政府有意愿且有能力正确地做正确的事的信心，是对政府治理质量的主体评价。公众安全感直接、间接增进政府品质信任是其直接、间接增进政府动机信任、政府能力信任的综合。具体可从下述三方面展开：一是安全作为价值与工具的统一，是政府品质信任的重要来源和支持要素；二是安全作为主观与客观的统一，是政府品质信任的观测口径和测评面向；三是安全作为预期与信心的统一，是政府品质信任的基础保障和关键动力。进一步结合异质性分析结果可见，前述个体或公共层面的积极心态有效地增强了公众安全感对政府品质信任的增进效应。就此而言，政府品质信任受到物质要素和非物质要素的综合影响。

总起来讲，作为一种基于客观要素发展水平的主体性评价和判断，公众安全感及与之密切相关的生活幸福感、公共服务满意度在客观上夯实并改善了政府动机信任、政府能力信任和政府品质信任的发展基础，在主观上增进了公众对政府动机、能力和品质的认可、满意和信任。同时，在个体和公共层面感受到的制度正义、政府回应和政治信心可以显著地增强公众安全感对政府动机、政府品质信任的积极效应。这是公众安全感向政府品质信任系统转化的具体过程。在此基础上，公众安全感向政府品质信任系统转化的发展机理可概括为，公众安全感所蕴含的社会生活稳定因素一定程度上化解了公众需求多元化与政府公共服务供给能力有限性间的紧张关系。同时，公众安全感使得公众持有稳定的发展信心且更具包容性，这就在事实上夯实了政府品质信任发展的社会心理基础。

### 三 公众安全感向政府信任结构的系统转化机制

公众安全感向政府信任结构的系统转化机制分析旨在阐明公众安全感影响政府信任结构的演进历程。根据实证分析检验结果，公众安全感可以直接或通过公共服务满意度改善差序政府信任、政府信任层差和政府信任级差；此外，外在政治效能感在公众安全感改善差序政府信任中的负向调节作用，内在政治效能感在公众安全感优化政府信任级差中的正向调节作用。在此基础上，下文进一步揭示公众安全感系统改善政府信任结构的发生和发展机理。

政府信任结构包含层次和级别两个面向，其中，差序政府信任和政府信任层差指向政府信任的层次分化，政府信任级差则指向政府信任的级别分化。公众安全感直接、间接增进政府信任层次和级别均衡性的实现过程可从三方面展开。第一，权力结构是资源分配的重要影响因素，安全资源及与之关系密切的其他资源，是安全感的物质基础，安全感也在一定程度上反映了权力分配结构的合理和有效水平。也就是说，安全感是公众肯定并认可公共权力结构安排的有效衡量指标。政府组织结构是公共权力安排的直观表征，政府信任结构是公共权力结构认可的直观体现，因而，公众安全感是优化政府信任结构的重要因素。

第二，政府信任的层次和级别分化是政治秩序设计预期目标与实践结果间现存张力的结果，公众安全感增进政府信任结构均衡性本质是对这一张力关系的缓和。事实上，公共安全治理和公共服务供给具有交叉关系，包括公共安全在内的公共服务绩效改进及公众的主观绩效认可反映了政府公共服务供给水平和治理承诺的兑现水准。公共服务实际供给水平与公众对公共服务供给现实需求的距离，公众对政府治理承诺的主观期待和治理承诺兑现程度的隔阂是导致政府信任分层、分级发展的主导因素；而公众安全感、公共服务满意度则是化解前述两重张力的重要因素。

第三，政府信任的层次和级别分化是政府公共关系发展质量不均衡的直接结果和具体体现，表明政府与社会互动的协调性和稳定性有待提升。因此，公众安全感助益政府信任结构均衡性的实现，可从其对政社关系的积极影响继续深入。公众安全感是社会系统协调性和稳定性的主体性表达，是社会生活秩序的直观反映，社会生活秩序是社会发展的基础和保障要素。因此，公众安全感提供了社会发展必需的条件和环境要素，是改善社会发展能力、实现更高更快发展的必要条件。社会发展能力和水平的改善是实现、维护、推动政府与社会良性互动关系的关键动力源。正是在这一意义上，公众安全感能够在整体上增进政府信任结构的均衡性。特别地，政府质量、政府形象以及公众情感认同在政府信任结构中的功能效用表明了政府公共关系建设的多向性与复合性。因此，在政府信任结构优化中应更加重视多点发力，整体推进。

# 第九章 结论与讨论

全面把握公众安全与政府治理的辩证关系,是政治学研究的经典议题。在既有研究的基础上,为进一步具体清晰地呈现公众安全感与政府信任的逻辑关联关系,我们以公众安全感向政府信任的转化机制为主题,在公众安全感与政府信任结构性相关关系的分析框架下,主要围绕公众安全感对政府信任的作用路径,公众安全感影响政府信任的异质性分析展开。基于对中国公众抽样调查数据的数理实证分析,研究结果揭示了公众安全感及其主要构成维度与政府信任及其核心面向的结构性相关关系;确认了公众安全感是改善政府信任对象、品质和结构的重要原因;厘定了公众安全感优化政府信任的联结要素和在这一过程中发挥有效影响的关键要素;呈现了公众安全感系统优化政府信任的具体路径及其发展机理;基本形成了公众安全感向政府信任转化的中层理论。

同时,公众安全感向政府信任的转化机制分析也具有深刻的现实意义。第一,人民群众获得感、幸福感、安全感更加充实、更有保障、更可持续,是中国国家治理和社会建设的重要目标;维护平安祥和、稳定和谐的社会政治秩序,符合公众对美好生活的追求与期待,符合国家的根本利益。公众安全感向政府信任的转化机制分析,拓展了理解中国政府—公民关系发展规律的分析视角和认知框架,集中呈现了新时代政治生活主体间关系的发展机理,为增进社会政治秩序稳定性、巩固和改善政府信任、优化政府—公民关系提供了智力支持。第二,"统筹发展和安全,建设更高水平的平安中国",是全面建设社会主义现代化国家新阶段的奋斗目标。公众安全感向政府信任的转化机制，在政府与社会互动关系框架下呈现了新时代中国特色社会主义发展的内在动力支持。

因此，下文首先梳理主要研究发现，进而概括提炼主要研究结论，最后总结主要理论贡献和现实意义。

## 第一节 研究结论

研究结论主要包括研究发现、主要结论和理论贡献三部分。其中，研究发现是对实证分析所确认的研究假设的回顾和梳理，在经验意义上揭示公众安全感向政府信任转化的过程。主要结论是在研究发现基础上形成的理性认知，集中呈现了公众安全感对政府信任的作用机理。理论贡献是指这一研究的边际贡献，是研究发现和研究结论学理价值的呈现。

### 一 研究发现

第一，线性回归、分位数回归共同确认了公众安全感与政府信任对象、品质和结构的相关关系，公众安全感主要构成维度与政府信任各面向的结构性相关关系。具体是指，公众安全感与政府信任对象显著正向相关，且与构成政府信任对象的政府组织信任和公职人员信任显著正相关；公众安全感与政府信任品质正向相关，且与构成政府信任品质的政府动机信任和政府能力信任显著正向相关；公众安全感与政府信任的结构显著负向相关，公众安全感与差序政府信任、政府信任层差和政府信任级差显著负向相关。

同时，治安安全感、食品安全感、医疗安全感、环境安全感、财产安全感和安全建设安全感都与政府对象信任显著正向相关；前述公众安全感六维度与公职人员信任显著正向相关；治安安全感、卫生安全感和环境安全感三维度与政府组织信任显著正向相关。治安安全感、财产安全感、安全建设安全感与政府品质信任显著正向相关；治安安全感、食品安全感、财产安全感三维度与政府动机信任显著正向相关；治安安全感、环境安全感、财产安全感和安全建设安全感四维度与政府能力信任显著正向相关。卫生安全感、环境安全感、财产安全感与差序政府信任、政府信任层差和政府信任级差显著负向相关；安全建设安全感与差序政府信任、政府信任级差显著负向相关，食品安全感与差序政府信任、政府信任层差、政府信任级差显著正相关。

第二，广义倾向值匹配分析确认了公众安全感与政府信任的因果关系；证实了公众安全感是影响政府信任对象、品质和结构的重要原因。展开来讲，在公众安全感的主要区间内（[0.25，0.9]），公众安全感增强，政府对象信任水平也得到了相应的单调增长；政府对象信任的边际变化经历了缓慢上升、快速上升、上升趋缓、快速上升的变动过程。在公众安全感变动的限定区间内（[0.4，0.9]），公众安全感增进政府组织信任的边际效应持续增长，增速先快后慢。而在公众安全感变动的全部范围内（[0.1，0.9]），公众安全感能够显著且稳固地增进公职人员信任，公众安全感增进公职人员信任的边际效应整体上呈上升态势，增速先短暂下降后持续增长。

在公众安全感的主体区间内（[0.35，0.85]），公众安全感增强，政府品质信任也随之增长，政府品质信任的边际变化呈倒U形，即公众安全感增进政府品质信任的效率先上升后下降。同时，公众安全感（[0.35，0.9]）增进政府动机信任的边际变化也呈倒U形，即随着公众安全感的增长，政府动机信任的边际变化先上升后下降。而当公众安全感处于[0.4，0.85]区间时，政府能力信任随着公众安全感的增强而增长；其边际变化也呈倒U形。

在公众安全感的限定区间内（[0.4，0.9]），差序政府信任、政府信任层差、政府信任级差随公众安全感的增强而降低，差序政府信任、政府信任层差、政府信任级差的边际变化呈U形；即随着公众安全感的增长，差序政府信任、政府信任层差、政府信任级差的边际变化先扩张后收缩。其中，差序政府信任、政府信任层差的边际变化拐点都在0.6附近，而政府信任级差边际变化的拐点则更偏右，在0.8附近。

第三，中介效应检验证实了生活幸福感和公共服务满意度在公众安全感增进政府对象信任、政府品质信任中的联结作用，确认了公共服务满意度在公众安全感改善差序政府信任、政府信任层差和政府信任级差中的中介作用。前述分析结果验证了公众安全感在人民美好生活需要中的基础地位，确认了公众安全感优化政府信任的非线性作用路径。

第四，异质性分析结果显示，程序公平感在公众安全感增进政府动机信任、政府品质信任中发挥正向调节作用；外在政治效能感和内在政治效能感在公众安全感增进政府动机信任中发挥正向调节作用；外在政治效能感在公众安全感优化差序政府信任中发挥负向调节作用。政治效能感在公众安全感增进公职人员信任中发挥正向调节作用，在公众安全感增进政府组织信任中发挥负向调节作用，即政治效能感、公众安全感在政府组织信任中具有替代关系。

## 二 主要结论

第一，公众安全感与政府信任存在结构性因果关系，公众安全感是政府—公众关系的重要影响要素。在公众安全与政府治理辩证关系框架下，既有研究粗略地指出，公众安全感有助于增进政府信任。本研究以数理实证分析确认了公众安全感是政府信任对象、品质和结构变动的重要影响因素，为公共安全治理绩效可以显著增进政府信任提供了经验证据支持，深化了对公众安全感与政府信任关联关系的理性认识。

第二，公众安全感既可以直接改善政府信任，也可以通过改善公众的社会生活满意间接优化政府信任。公众安全感优化政府信任的路径分析表明，安全感在人民美好生活需要中占据基础地位，是公众生活满意度的基础条件和保障要素，重视、保障和改善人民群众的安全感，是增进民生福祉的重要构成，也是政府—公共关系发展的重要支持因素。

第三，良好的政府形象有助于增进公众安全感对政府动机信任的正向影响。公众对制度公平正义、政府回应性水平的感受和社会生活安定性水平都是政府动机信任的重要影响因素,综合提升政府和社会治理质量有助于增强公众对政府价值主张和政策目标的认同。同时,公众对自身参与政治生活的信心在公众安全感增进政府组织、公职人员信任中具有重要影响,是公众评价政府素质和政府质量的重要影响要素。

第四,公众安全感向政府信任的转化,是一个受到主客观因素共同影响的系统性过程。准确把握这一转化机制,要充分重视社会发展物质要素、非物质要素及其关联关系的变动,通过综合施策有效促进政治社会秩序建设与政府公民关系发展。

### 三 理论贡献

第一,初步建构了把握公众安全感与政府信任关联关系的中层理论框架,并综合基于逻辑演绎的规范分析和基于数理统计的实证分析确认了这一分析框架的准确性和可靠性。在公众安全感与政府信任的结构性因果关系、公众安全感改善政府信任的作用路径、公众安全感优化政府信任的异质性分析基础上,初步呈现了公众安全感向政府信任的系统转化机制。在研究方法上,通过规范分析和经验实证的双重校检确保分析结论可信可靠,弥补了既有研究偏重规范、实证不足的缺陷,提供了继续深化对该问题理性认识的稳健分析方案。

第二,拓展了理解和把握政府信任的研究视角,深化了对中国政府信任高位稳定运转生成机制的理解。公众安全感向政府信任的系统转化,从公众文化价值偏好和社会生活需要的角度提供了理解政府信任的新思路;与此同时,这一研究发现也提供了理解中国经济社会稳定与政治秩序良好发展格局的新路径,为理解"中国之谜"提供了启发。

第三,为政治社会秩序稳定与政府权威认同的内在一致性提供了学理支撑,为改善政府—公民关系提供了智力支持。公众安全感是对社会客观安全能力的主观感知,是社会政治秩序和生活安定水平的集中表达,其向政府信任的系统转化表明,政治社会秩序稳定与政府权威认同关系密切。此外,公众安全感向政府信任的系统转化意味着,进一步巩固和改善政府信任,应更加重视公共安全建设和公众安全需要满足。

## 第二节 实践建议

公众安全感向政府信任的转化机制分析具有深刻的现实意义。这一研究通过直观呈现公众安全评价结构分布特征和整体发展水平,为进一步满足公众安全需求和美好生活需要提供了方向;同时,为系统改善中国政府信任、优化政府—公众关系提供了新思路和新视角。考虑到后发现代化国家社会急剧变革与政治不稳定因素增长的经验一致性[1],结合中国公众安全需求日益增长并成为排名靠前的公共服务期许之一的发展现实[2],前述研究的实践启迪可概括为下述四方面。

### 一 统筹物质和非物质安全力量,巩固并提高公众安全感

就其本质而言,总体安全能力是物质安全力量、主体安全感知及两者关系的功能函数。因此,公共安全治理和安全建设不仅要重视物质安全力量的巩固和改善,也要重视人的因素的重要功能和影响,着意促进物质安全力量与主体安全感知均衡发展、良性互动。在这其中,公众安全感是总体安全能力的直观反映和集中表达。在社会政治生活实践中,中国公众有较强的安全需要和安全偏好,提高人民群众的安全感是中国政府增进民生福祉的重要目标构成。在此基础上,基于前述公众安全感描述性统计和数理实证分析结果,巩固和改善公众安全感还需关注以下五个要点。

---

[1] [美]塞缪尔·亨廷顿:《变革社会中的政治秩序》,李盛平等译,华夏出版社1988年版,第41页。
[2] 姜晓萍:《国家治理现代化进程中的社会治理体制创新》,《中国行政管理》2014年第2期。

第一，应更加重视并不断完善公众安全感调查测评方案，及时准确把握公众安全感的发展现状和变动趋势。调查评估是准确把握、直观呈现公众安全感结构、特征与现状的重要途径，是宏观规划设计和调整的现实依据和参考资料。当前，公众安全感调查的系统性仍有提升空间，因此，各级政府可通过制度建设，推动与科研院所、高等院校等的战略合作，完善社会调查的层级和类型，推动建成系统完善、层次分明、规范准确的公众安全感测评方案。对于数据所反映的社会安全问题，应进一步结合社会调查完整呈现其发生环境，并在此基础上形成应对措施和实践方案。

第二，要坚持整体改善与重点优化相结合，在全面改善社会各阶层、各群体、各领域安全感的基础上，重点关注社会弱势群体、高安全需要群体、安全资源和安全能力不足领域、高安全需要领域的安全感提升。就发展现状和分布结构来看，中国公众的安全评价处于中位区间，公众安全感仍然存在一定的发展潜力和提升空间；各主要领域及其主要构成项目的安全感评价存在显著差异。同时，基于木桶原理，安全感评价较低的薄弱环节对整体安全水平有重要影响，是提升公众安全感的关键所在。因此，对于那些因个体特质、客观需要有着更多安全需求和安全感低于社会平均水平的群体和领域，应当在深入分析其生成机制的基础上，通过制度建设和资源供给巩固并改善其安全感知与评价。

第三，要扩大公共安全资源供给水平、改善公共安全资源供给质量，夯实公众安全感的物质基础和环境基础。安全是发展的前提，发展是安全的保障。中国当前仍然处于社会主义初级阶段，着力推动高质量发展是全面建设社会主义现代化国家的首要任务。同时，高质量发展是夯实国家安全和社会稳定物质基础的条件要素和重要保障，是有效改善安全资源供给水平和安全物质条件的重要途径。增强安全建设的可支配资源是提升安全水平和安全能力的坚实基础，是改善公众安全感的条件要素。以发展促安全，在发展中改善人民群众的安全感是统筹发展和安全的题中之义。

◇❖ 公众安全感向政府信任的转化机制分析

第四,要提升公共安全治理能力,进一步增强在包括但不限于食品安全、医疗安全、环境安全、治安安全、财产安全、安全建设方面的监管力度和治理效能。现代化进程中,社会竞争烈度和社会分化水平空前加剧,生产、分配、交换、消费各环节的独立程度和专业化水平持续增长;社会发展趋于复杂化和社会风险系统化使得,实现和维护社会安全更加依赖系统性风险监管和全局性安全建设。因此,政府或主要社会管理者面对潜在风险及破坏时,应当及时出台管制对策直至有显著证据证明该管制不再必要。[①] 在社会主义市场经济体制下,市场在资源配置中发挥基础性作用,国家监管和宏观调控可在相当程度上弥补市场调节的盲目性和滞后性,有效矫正市场经济唯经济效益的片面逻辑。进一步提高国家在安全生产和安全监管方面的治理能力和治理水平,既是提升政府治理能力的核心构成,也是增进政府安全治理能力,切实有效改善公众安全感的有益之举。

第五,要通过完善制度和改善技术加强防范化解、妥善应对包括但不限于食品、医疗、环境、经济等方面潜在风险、突发事件和重大危机的能力。历史经验表明,前述各领域都存在发生重大公共危机事件的可能,这些事件是对政府安全治理能力的重大挑战和严峻考验,也是公众安全感知的重要影响因素。查尔斯·佩罗指出,风险社会中化解危机、逆转困局的关键,在于社会组织的结构化形式以及用以管理敏感技术的规则与制度。[②] 全面加强应对各领域特别是对人民生活、社会发展、国家建设有重要影响的关键领域的风险防范和危机应对能力,尽可能实现对潜在风险的有效控制,最大限度降低突发事件造成的社会损失和负面影响,是改善政府安全治理能力的内在要求,也是增进公众安全感的有效路径。

---

① Cameron J. Abouchar J., "The Precautionary Principle: A Fundamental Principle of Law and Policy for the Protection of the Global Environment", *Boston College International and Comparative Law Review*, 1991, 14 (1), pp. 1 - 27.

② Charles Perrow, *Normal Accidents: Living with High-Risk Technologies*, Princeton University Press, 1984.

## 二 加强政府质量建设，塑造良好的政府形象

政府是国家治理的关键要素，是公共治理的决策和执行主体；政府组织及其政策的功能和目标在于增加国民福利。然而，既有围绕政府组织的研究指出，作为国家机构的重要组成，尽管政府在弥补市场缺陷、应对市场失灵中发挥重要作用，但也存在组织失灵（政府失灵）进而侵蚀社会福利的情况。在此基础上，作为反映政府组织运转状况的综合性指标，政府质量为直观呈现政府履职能力和治理绩效提供了依据和参照，也是提高政府权威、增强公众认同、助益社会政治秩序稳定的有效举措。

当前，就如何定义政府质量，理论界尚未达成共识。既有研究各自立足其研究目标定义并使用政府质量。譬如，La Porta 等综合行政效率、公共服务、政府对社会事务的介入程度、政治规模和政治自由共同判断政府质量。[1] Agnafors 认为，政府质量指政治过程中公共权力合法公正行使的状态，公正性、回应性、代表性和廉洁性是其核心价值。[2] Rothstein 和 Teorell 认为，公正性特别代表政府权威的机构的公正性是政府质量的核心。立足于此，我们认为塑造良好的政府形象、加强政府质量建设可从下述四方面具体展开。

第一，稳步有序提升各级政府特别是基层政府的公正性、回应性、代表性和廉洁性。在新时代，保障和促进社会公平正义，加强廉政建设、建立廉洁政府是满足人民美好生活需要，维护并实现人民群众根本利益的必要举措。与此同时，随着公民政治参与、利益表达需要和能力的不断发展，应当强化政府主动信息公开意识和回应能力，完善政府回应机制建设和实施保障，持续改善各级政府特别是基层政府满足公众需求、回应公众监督的能力，确保政府与群众现有信息沟

---

[1] La Porta R., Lopez-de-Silanes F., Shleifer A., et al., "The Quality of Government", *Journal of Law, Economics, and Organization*, 1999, 15 (1): 222-279.

[2] Agnafors, M., "Quality of Government: Toward a More Complex Definition", *American Political Science Review*, 2013 (3).

通机制发挥实效。就其本质而言，政府运转是政府组织及其结构关系塑造的制度结构和公职人员履职行为共同驱动的总和结果；也就是说，政府运行状态是政府体制、机构代表性，公职人员业务素养和职业操守及其互动关系的综合反映。改善政府质量，就是要切实提高政府治理过程规范性、治理结果有效性、治理结构均衡性，并使之直接体现于公众对政府能够正确且有效地做正确的事的直观感知和主体评价中。

第二，扎实推进基本公共服务均等化，稳步提升公共服务供给能力和供给水平，协同增进公共服务质量和公众绩效感知及其一致性。政府公共治理的核心目标在于增进社会的共同福祉；提高基本公共服务均等化水平是保障和改善民生、满足人民群众美好生活需要的关键举措。实际上，城乡、区域、群体间基本公共服务水平和能力不平衡是民生保障发展不充分、不平衡的主要和直接表现。[1] 因此，要着力缩小城乡、区域、群体间基本公共服务水平的差距，实现更高水平的基本公共服务均等化。同时，基本公共服务是具有普惠性、兜底性、基础性的民生建设，确保公民个人可获得、可接近、可接受，提高基本公共服务可及性是保障供给绩效的基础条件。此外，基于公众公共服务需要多元化、碎片化的发展现实，还应从顶层设计和执行实践着手，努力提升基本公共服务的标准化和精细化水平，有效改善服务供给与需求满足的匹配度，切实提升公众获得感。

第三，深入推进政府治理体系现代化，优化政府权力结构，坚持放管结合，提高行政效能，建设人民满意的服务型政府。政府治理改革与创新，是政府在复杂的社会制度环境中，为适应经济和社会转型而进行的自我革新，是提高国家治理能力的必然要求，也是提高国家治理水平的关键路径。转变政府职能要以促进社会公平正义、增进人

---

[1] 李实、杨一心：《面向共同富裕的基本公共服务均等化：行动逻辑与路径选择》，《中国工业经济》2022年第2期。

民福祉为出发点和落脚点，要促进权力公平、机会公平、规则公平，让全体人民共享改革发展成果。改善政府治理能力和水平，关键在于体制建设和机制优化。以体制机制为抓手，通过完善制度，有效解决政府部门职责边界不清晰、职能重叠交叉问题，充分调动政府工作人员的积极性、创造力，提高政府能力和管理效能。改革政府的核心目标在于实现和维护政府与社会稳定且灵活的互动关系，促进经济社会稳定健康发展。最后，人民群众在评价改革成效中最具发言权，要让改革给人民群众带来实实在在的获得感。

第四，推动政府质量评估理论和实践创新发展，提高评估过程的科学性、规范性，完善政府质量评估的法律和制度保障，建立科学完善的政府质量评估体系。政府质量评估是根据一定的评估标准和指标，遵循特定的程序，对评估对象在特定时期内工作素质和能力作出客观、公正的综合判断的过程。是发现政府质量现存问题、形成改善既有不足和提升政府质量实践方案的重要依据和参照。建立科学完善的政府质量评估体系受到理论界和实务界的共同关注。为此，应当持续深化对政府质量评估一般和特殊规律的理性认识，切实推动政府质量理论研究的发展。在此基础上，推动政府质量评估模式创新，建构科学合理的政府质量评估方案与考核体系，完善落实政府质量评估方案的技术进路，尽可能客观、准确地反映被评估政府部门的质量。与此同时，应当加强政府质量评估的制度和法律保障，发挥制度与法律的激励功能，为扎实稳步提升政府质量评估奠定坚实基础。

## 三　改善社会生活满意水平，塑造和谐的社会氛围

明代王廷相在其《慎言·御民篇》中讲，"天下顺治在民富，天下合静在民乐，天下兴行在民趋于正"。这一朴素的中国古代政治思想初步揭示了人民社会生活满意与政治秩序稳定的关联关系。1958年，亚伯拉罕·林肯在与道格拉斯的辩论中说道，"跟着公众情绪走，没有什么事情会失败，离开了它，没有什么事情能够做成

功。因此，引导公众情绪比宣布决议更值得去花精力"。林肯不仅对公众情绪的政治重要性有深刻且充分的认识，而且强调引导公众情绪在政治实践中的功能价值。公众安全感向政府信任的系统转化机制分析，在为前述论断的准确性提供经验证据支持之外，也凸显了社会生活满意水平在政治生活中的重要性。进一步改善人民群众的社会生活满意水平，塑造和谐良好的社会氛围，可从以下三方面着手。

第一，完善社会利益表达机制、健全社会利益协调机制，着力解决人民群众最关心最直接最现实的利益问题，维护人民群众的根本利益。利益分化和利益冲突加剧是社会转型中制度转轨和利益重组的直接结果和现实表征，妥善解决人民群众合理合法的利益诉求，是增进人民幸福感、获得感、安全感的必然要求，也是实现政治社会稳定的重要路径。为此，应统筹改善社会刚性、柔性治理水平，促进社会刚性治理与社会柔性治理的良性互动。其中，社会刚性治理是依据法律、制度、规定等具有统一性、强制性和普遍适用性的治理技术作为社会秩序的规约；社会柔性治理是指以情感、调解、约定等治理策略作为社会规范的补充；刚柔并济是缓和政策统一性与治理灵活性现实张力、增进社会治理系统性和灵活性的重要路径。同时，在公共政策和治理对策落实的过程中，应充分尊重政策落实客体的现实需求和各地发展的现实水平，做到顺应时势、回应民意和因地制宜。

第二，重视心理健康和精神卫生，加强心理疏导工作，推进社会心理服务体系建设。理性行为理论认为，态度塑造行为，心理和认知作为意识流能够直接影响行为和结果。政治行为是公众心理状态、认知水平与整体环境、具体事态交互影响的综合结果；心理因素是理解政治行为和政治现象的关键要素。社会转型中，流动性和竞争性加剧，人们面对和承受的压力骤增，对人们的心理素质提出了更高要求。良好的心理素质是保障生活品质的必要条件。因此，应当进一步推进心理健康宣传工作，增加公众对自身心理健康状态的关注，树立科学对待心理诉求和精神需求的态度。同时，应加大力度普及社会心理健康教育，进一步开发心理疏导的潜在市场，为满足个体多元化的心理调整机制提供实践路径，推动公共卫生服务向兼顾身体健康与心理健康的方向发展，对人的心理健康给予更多观照。在公共政策层面，可以通过试点实验的方式逐步探索减压解压的社会化发展路径，及时疏解不良情绪、避免消极情绪过度积聚。

第三，建立高效的社会矛盾疏解机制，引导并塑造积极的社会心态与和谐的社会氛围。小约瑟夫·奈在分析社会心理和公众心态对政府的影响时指出，"当一个社会总体上变得更加充满愤世心态时，它会在一定程度上迁怒于政府"[1]。由此可见，避免群体性心态剧烈波动，塑造并维护良好的社会心态，对于实现政治社会秩序稳定具有重要影响。围绕前述目标要求，应建立高效的社会矛盾疏解机制，对社会冲突进行有效控制和整合，尽可能控制并弱化诱发公众不满的社会因素。进一步完善政府的纠纷处理机制和仲裁协调功能，增强其在化解系统性社会矛盾与冲突中的服务效力与治理效能，使之成为助力社会各主体与各系统协同发展的中坚力量。同时，应及时了解并把握社会心态的整体变动趋势，采取有力措施避免社会心态极端化，维持社会心态基本稳定、整体向好，推动社会心态朝向更加平和、更为积极、更具包容性的方向发展，对社会转型中的困难和问题保持更为理智、镇定、审慎的态度。

## 四　推动经济社会高质量发展，巩固并增进社会政治秩序稳定

改革开放至今，中国经济社会实现高速发展的同时也面临着发展不平衡不充分的问题，持续化解现代化进程中社会经济不平等不平衡与政治社会秩序的内在张力，是维系和增进社会政治秩序稳定的必然要求。发展的问题只能靠发展解决、在发展中解决，只有提高发展能

---

[1] ［美］小约瑟夫·S. 奈、菲利普·D. 泽利科、戴维·C. 金编：《人们为什么不信任政府》，朱芳芳译，商务印书馆2017年版，第147页。

力才能实现国家发展和人民幸福。基于新时代中国社会主要矛盾,应推动经济社会高质量发展,统筹实现质的有效提升和量的合理增长,为优化政府与社会的互动关系、实现社会生活秩序稳定与政府权威认同协调发展奠定坚实的物质基础。围绕前述目标,可从以下两方面改进。

第一,正确处理中国治理的统一性、同一性与多样性、多元性的关系。要找到最大公约数、画出同心圆,实现对社会的有效整合,同时激发市场和社会活力;达成经济社会发展与政治秩序稳定的相互强化、均衡发展。发挥各级政府尤其是基层政府在制度建设和治理创新中的主体功能,为政府、市场和志愿服务团体等多元主体合作关系的建构与发展提供更为宽松的政策和社会环境。统筹协调以制度建设为基础的层级治理、以效率和效益为核心的市场机制、以个人利益为目标的微观诉求,改善社会资源整合能力、增强社会发展的内在凝聚力。同时,增强全社会的创新意识、调动创新热情、激发创新活力,重视技术创新并完善科技成果转化机制,以科技创新和技术进步服务并推动创新型社会建设,充分发掘社会潜力并使之服务于社会发展。

第二,把握发展与安全的辩证关系,统筹发展和安全,构建更具包容性、灵活性和韧性的社会治理体系,增强社会自我发展、自我完善、自我更新的能力,促成经济社会发展与政治秩序稳定良性互动的发展格局。安全和发展互为条件、彼此支撑,是国家治理的两件大事。发展是解决中国一切问题的基础和关键,推动经济社会高质量发展是我国经济社会发展的新目标和新要求。为此,在促进发展机会更加均等、进一步释放发展潜力、持续提升发展能力的基础上,要高度重视经济社会发展与政治秩序稳定的关系,持续化解发展不平等不平衡与社会政治稳定之间的张力,实现政府、市场、社会的良性互动与互促共进。而全面提升应对风险和挑战能力的关键在于健全完善社会治理体系。为此,应进一步提高社会的开放性和包容性,激发社会活力;具体是指,破除影响社会结构优化的体制机制障碍和壁垒,改善社会管理体系滞后于经济社会发展的现实,实现社会结构开放化、现代化，使社会财富、公共资源和公共服务在开放中进一步均衡流动。同时，要提高社会对非常规和非传统现象及事务的接受、应对和处置能力，降低社会系统的脆弱性。

## 第三节　小结

新时代安全感是公众安全价值偏好和现实需要的政治表达，其向政府信任的结构性系统转化过程，为理解中国政府信任稳定高位运行的生成机制和中国政府公众关系的发展机理提供了新视角。在解决温饱问题、满足人民群众基本物质生活需要和全面建成小康社会后，非物质需求特别是精神和心理健康成为国民福利供给的主要面向。使人民群众的获得感、幸福感、安全感更加充实、更有保障、更可持续是保障和改善民生的重要目标。其中，安全感在人民美好生活需要的层次结构中占据基础地位。增进社会生活各领域的发展质量是巩固和改善人民安全感的基础，井然有序、稳定和谐、安定繁荣的社会是增进公众生活满意的前提，公众安全感和社会生活满意共同助力塑造积极的社会心态，推动社会朝向更加平和、包容的方向发展，构筑起政治社会稳定的心理基石。

顺应人民群众对美好生活的向往，不断满足人民日益增长的美好生活需要是中国国家治理的目标宗旨和根本遵循，是国家长治久安、人民幸福安康的必然要求和内在动力。而公众权益和利益持续得以改善和满足则是政府公众关系良性运转的支持，两者的有机互动和协同发展是中国政治社会稳定性的重要支撑。进一步推进中国特色社会主义建设，就是要继续推动坚持发展、稳定民心、治理有效的良性互动，在发展中增进人民福祉、保障人民权益。

# 参考文献

## 一 中文译著

［德］乌尔里希·贝克:《风险社会》,何博文译,译林出版社2004年版。

［美］埃莉诺·奥斯特罗姆:《公共事物的治理之道》,余逊达、陈旭东译,上海三联书店2000年版。

［美］戴维·伊斯顿:《政治生活的系统分析》,王浦劬主译,人民出版社2012年版。

［美］弗兰西斯·福山:《信任:社会美德与创造经济繁荣》,彭志华译,海南出版社2001年版。

［美］帕森斯:《社会行动的结构》,张明德等译,译林出版社2003年版。

［美］塞缪尔·亨廷顿:《变革社会中的政治秩序》,李盛平等译,华夏出版社2008年版。

［美］斯络维克编著:《风险的感知》,赵延东、林垚、冯欣等译,北京出版社2007年版。

［美］珍妮特·M.博克斯-史蒂芬斯迈埃尔、亨利·E.布雷迪、大卫·科利尔编:《牛津政治学研究方法手册》,臧雷振、傅琼译,臧雷振校,人民出版社2020年版。

［英］安东尼·吉登斯:《失控的世界》,周红云译,江西人民出版社2001年版。

［英］昂诺娜·奥妮尔:《信任的力量》,闫欣译,重庆出版社2017年版。

## 二 中文著作

董华等编著：《城市公共安全：应急与管理》，化学工业出版社2006年版。

公安部公共安全研究所：《你感觉安全吗？》，群众出版社1991年版。

孟昭兰主编：《情绪心理学》，北京大学出版社2005年版。

唐承沛：《中小城市突发公共事件应急管理体系与方法》，同济大学出版社2007年版。

杨雪冬等：《风险社会与秩序重建》，社会科学文献出版社2006年版。

战俊红：《中国公共安全管理概论》，当代中国出版社2007年版。

张沛：《现代城市公共安全应急管理概论》，清华大学出版社2007年版。

周新城等：《苏联演变的原因与教训——一颗灿烂红星的陨落》，社会科学文献出版社2008年版。

左学金：《城市公共安全与应急管理研究》，上海社会科学院出版社2009年版。

## 三 期刊论文

贝克、邓正来、沈国麟：《风险社会与中国——与德国社会学家乌尔里希．贝客的对话》，《社会学研究》2010年第5期。

陈云松、边燕杰：《饮食社交对政治信任的侵蚀及差异分析：关系资本的"副作用"》，《社会》2016年第1期。

丛日云、王路遥：《价值观念的代际革命——英格尔哈特的后物质主义评述》，《文化纵横》2013年第5期。

丛玉飞：《价值维度：社会质量研究的重要取向——兼论社会质量视野下的社会信心》，《学习与探索》2014年第11期。

单菁菁：《从社区归属感看中国城市社区建设》，《中国社会科学院研究生院学报》2006年第11期。

杜海峰、刘茜、任锋：《公平感对农民工流入地政府信任的影响研究——基于公民权意识的调节效应分析》,《西安交通大学学报》(社会科学版) 2015 年第 4 期。

方圣杰、闵昌运、祝阳君、张林:《环境暴力暴露、暴力态度对社会民众心理安全感的影响》,《人类工效学》2014 年第 4 期。

付立华:《社会生态系统理论视角下的社区矫正与和谐社区建设》,《中国人口·资源与环境》2019 年第 4 期。

高锋、朱于国:《迈向安全福利:上海市民的社区安全感研究》,《社会福利》2005 年第 6 期。

葛天任、孟天广:《社会公平性产品更能增进政府信任吗?——基于北京、首尔和东京的实证分析》,《社会发展研究》2016 年第 2 期。

郭长洪:《市民对社会治安怎么看——对上海市公众安全感问卷调查的定量分析》,《社会》1991 年第 12 期。

郭秀云:《风险社会理论与城市公共安全——基于人口流动与社会融合视角的分析》,《城市问题》2008 年第 11 期。

韩国明、何春奇、王慈刚:《西方公共安全管理历程及理论对我国的启示——以美国为例》,《河南社会科学》2009 年第 5 期。

何雨:《城市居民的社区安全感及其多元影响因子——基于南京市玄武区的调查数据》,《上海城市管理职业技术学院学报》2009 年第 5 期。

金太军:《政府公共危机管理失灵:内在机理与消解路径——基于风险社会视域》,《学术月刊》2011 年第 9 期。

雷小欣等、公安部公安发展战略研究所城市警务研究中心东北分中心课题组:《基于居民安全感改善的城市警务改革研究》,《中国人民公安大学学报》(社会科学版) 2020 年第 4 期。

李春雷、姚巍:《城市化进程中我国城市住区犯罪空间防控探索——基于 CPTED 理论视角下对我国城市住区的个案思考》,《中国人民公安大学学报》(社会科学版) 2011 年第 4 期。

李贺楼:《基层官员的背锅风险由何而来——聚焦于基层特种设备安全监管的研究》,《公共管理学报》2020 年第 8 期。

李怀录：《当前我国的贫富差距与党的执政安全》，《学习论坛》2006年第11期。

李艳霞：《"后物质主义价值观"的现实观照与理论旨趣》，《人民论坛》2020年第4期。

李增元、尹延君：《现代化进程中的农村社区风险及其治理》，《南京农业大学学报》（社会科学版）2020年第3期。

李兆友、胡晓利：《重建政府信任：属性、类型及其关系》，《河南师范大学学报》（哲学社会科学版）2017年第2期。

刘程：《城市青年的社会信心现状及其影响因素》，《青年研究》2016年第2期。

麻宝斌、马永强：《分配公平对纳税意愿的影响——政府信任的中介作用分析》，《华南理工大学学报》（社会科学版）2019年第5期。

麻宝斌、马永强：《新时代政府信任的来源——社会公平和经济绩效及其影响力比较》，《理论探讨》2019年第3期。

倪星、李珠：《政府清廉感知：差序格局及其解释——基于2015年度全国清廉调查的数据分析》，《公共行政评论》2016年第3期。

彭勃、邵春霞：《服务型公共政策中的合作机制：以城市安全政策为例》，《上海交通大学学报》（哲学社会科学版）2007年第1期。

彭未名、王乐夫：《新公共服务理论对构建和谐社会的启示》，《中国行政管理》2007年第3期。

盛智明：《社会流动与政治信任：基于CGSS2006数据的实证研究》，《社会》2013年第4期。

宋宝安、王一：《利益均衡机制与社会安全——基于吉林省城乡居民社会安全感的研究》，《学习与探索》2010年第3期。

宋镜明、周术国：《风险社会理论视角下和谐社会的构建》，《深圳大学学报》（人文社会科学版）2006年第1期。

王大为、张潘仕、王俊：《中国居民社会安全感调查》，《统计研究》2002年第9期。

王连伟：《国外政府信任研究：理论述评及其启示》，《国外社会科学》2015 年第 4 期。

王阳、曹锦清：《基层代理人与规模治理：基层政府的社会组织化逻辑——基于上海市的治理经验》，《上海行政学院学报》2017 年第 5 期。

文军：《新型冠状病毒肺炎疫情的爆发及共同体防控——基于风险社会学视角的考察》，《武汉大学学报》（哲学社会科学版）2020 年第 5 期。

［德］乌尔里希·贝克：《从工业社会到风险社会》，王武龙译，《马克思主义与现实》2003 年第 3 期。

吴克昌、王珂：《城市公众安全感的影响因素研究——以海口市 M 区为例》，《广州大学学报》（社会科学版）2016 年第 8 期。

伍先江：《城市社区安全评估模型的构建——以北京市为例》，《中国人民公安大学学报》2009 年第 6 期。

夏春、涂薇：《中国居民生活安全感量表的编制》，《中国健康心理学杂志》2011 年第 9 期。

徐建斌：《政府信任与居民的再分配偏好——来自中国数据的经验分析》，《经济社会体制比较》2016 年第 1 期。

徐晓林、朱国伟：《国家安全治理体系：人民本位、综合安全与总体治理》，《华中科技大学学报》（社会科学版）2014 年第 3 期。

徐延辉、兰林火：《社区能力、社区效能感与城市居民的幸福感——社区社会工作介入的可能路径研究》，《吉林大学社会科学学报》2014 年第 11 期。

薛澜、周玲、朱琴：《风险治理：完善与提升国家公共安全管理的基石》，《江苏社会科学》2008 年第 6 期。

颜烨：《公共安全治理的理论范式评述与实践整合》，《北京社会科学》2020 年第 1 期。

杨方方：《中国转型期社会保障中的政府责任》，《中国软科学》2004 年第 8 期。

杨菁、杨梦婷：《重大突发事件中公众安全感的影响因素及治理对策研究——基于4.20雅安地震公众安全感的实证分析》,《探索》2016年第1期。

余潇枫、王江丽:《非传统安全维护的"边界"、"语境"与"范式"》,《世界经济与政治》2006年第11期。

虞崇胜、舒刚:《从传统安全到人本安全:政治安全研究范式的转换》,《江汉论坛》2013年第1期。

曾凡木:《三种机制分析的比较研究》,《云南行政学院学报》2016年第2期。

张成福、边晓慧:《论政府信任的结构和功能》,《教学与研究》2013年第10期。

张洪忠、何苑、马思源:《官方与个人社交媒体账号信任度对社会信心影响的中介效应比较研究》,《新闻大学》2018年第4期。

张军涛、郑远长:《国际减灾十年活动论坛的基本结论》,《中国减灾》1999年第11期。

张延吉、秦波、唐杰:《城市建成环境对居住安全感的影响——基于全国278个城市社区的实证分析》,《地理科学》2017年第9期。

张彦、魏钦恭、李汉林:《发展过程中的社会景气与社会信心——概念、量表与指数构建》,《中国社会科学》2015年第4期。

张颖春:《城市社区安全满意度评价》,《中国统计》2007年第5期。

赵东霞、卢小君:《城市社区居民满意度评价研究——以高档商品房社区和旧居住社区为例》,《大连理工大学学报》(社会科学版)2012年第6期。

郑建君:《政治知识、社会公平感与选举参与的关系——基于媒体使用的高阶调节效应分析》,《政治学研究》2019年第2期。

朱春奎、毛万磊:《政府信任的概念测量、影响因素与提升策略》,《厦门大学学报》(哲学社会科学版)2017年第3期。

[美]罗伯特·B. 丹哈特、珍妮特·V. 丹哈特:《新公共服务:服务而非掌舵》,刘俊生译,张庆东校,《中国行政管理》2002年第10期。

## 四 学位论文

陈聪:《长沙市社区公共安全管理研究》,湖南大学,硕士学位论文,2010年。

戴业强:《西方政治信任普遍式微的成因研究》,中共中央党校,博士学位论文,2018年。

黎宝平:《北京市城乡结合部社区安全研究》,北京化工大学,硕士学位论文,2011年。

高翔:《城市化与社区归属感研究》,云南大学,硕士学位论文,2012年。

郭晓琴:《基于社区公共安全网络的协同治理机制研究》,上海师范大学,硕士学位论文,2013年。

李洋:《城市社区公共安全管理问题及对策研究》,长安大学,硕士学位论文,2012年。

李勇:《城市社区公共安全管理现状与对策探究——以重庆市C社区为个案》,重庆大学,硕士学位论文,2008年。

刘含赟:《社区脆弱性评估与应对研究——基于非传统安全的视角》,浙江大学,硕士学位论文,2013年。

聂婷:《我国城市社区公共安全评价体系研究》,大连理工大学,硕士学位论文,2006年。

司磊:《青岛市安全社区建设研究》,中国海洋大学,硕士学位论文,2009年。

万蓓蕾:《基于AHP-模糊综合评价模型的上海城市社区风险评估研究》,复旦大学,硕士学位论文,2011年。

汪海彬:《城市居民安全感问卷的编制及应用》,安徽师范大学,硕士学位论文,2010年。

王清:《国际安全社区建设效果评估体系研究——以上海市国际安全社区建设评价为例》,复旦大学,硕士学位论文,2010年。

薛文同:《社会资本转换与社区建设的互动:中国的经验》,复旦大学,博士学位论文,2009年。

尹建军：《社会风险及其治理研究》，中共中央党校，博士学位论文，2008年。

张婷：《公共安全服务供给模式的创新：中外社区警务发展评价》，厦门大学，硕士学位论文，2007年。

张薇：《社会转型时期城市社区治安综合治理研究》，汕头大学，硕士学位论文，2006年。

### 五　英文文献

E. Baker, *Reflection on Government*, Oxford: Oxford University Press, 1942.

John Foster, *Planning in the Face of Power*, Berkeley: University of California Press, 1988.

Amy Guttman, Dennis F. Thompson, *Democracy and disagreement*, Cambridge, MA: Harvard University Press, 1996.

Peters Evans, *State-Society Synergy: Government and Social Capital in Development*, California: University of California, 1997.

Joel S. Migdal, *State in Society, Studying How States and Societies Transform and Constitute One Another*, Cambridge: Cambridge University Press, 2001.

Diana Mutz, *Hearing the other side: Deliberative versus participatory democracy*, Cambridge, UK: Cambridge University Press, 2006.

Xavier de Souza Briggs, *Democracy as problem solving: Civic capacity in communities across the globe*, Cambridge, MA: MIT Press, 2008.

Graham Smith, *Democratic innovations: Designing institutions for citizen participation*, Cambridge UK: Cambridge University Press, 2009.

Tomba, Luigi. Ithaca, *The Government Next Door: Neighborhood Politics in Urban China*, New York: Cornel University Press, 2014.

Ned Crosby, Janet M. Kelly, Paul Schaefer, "Citizen Panels: A New Approach to Citizen Participation", *Public Administration Review*, Vol. 46, No. 2, Mar-Apr1986.

Stephen M. Walt, "The Renaissance of Security Studies", *International Studies Quarterly*, Vol. 35, No. 2, Jun 1991.

Peter Deleon, "The Democratization of the Policy Sciences", *Public Administration Review*, Vol. 52, No. 2, Mar-Apr 1992.

Frank Fischer, "Citizen Participation and the Democratization of Policy Expertise: From Theoretical Inquiry to Practical Cases", *Policies Sciences*, Vol. 26, No. 3, Sep 1993.

Robert D. Putnam, "The prosperous community- Social Capital and Public Life", *The American Prospect*, Vol. 4, No. 13, March 1993.

Cheryl Simrell King, Feltey Kathryn, Bridget O'Neill Susel, "The Question of Participation: Toward Authentic Public Participation in Public Administration", *Public Administration Review*, Vol. 58, No. 4. July 1998.

Vincenzo Perrone, Aks Zaheer, Bill McEvily, "Free to be Trusted? Organizational Constraints on Trust in Boundary Spanners", *Organization Science*, Vol. 14, No. 4, Aug 2003.

Claudia Landwehr, "Discourse and coordination: Modes of Interaction and their roles in political decision-making", *The Journal of Political Philosophy*, Vol. 18, Issue. 1, Jan 2010.

Christian Bjornskov, Gert Tinggaard Svendsen, "Does Social Trust Determine the Size of the welfare State? Evidence Using Historical Identification", *Public Choice*, Vol. 157, No. 1/2, Oct 2013.

Per Gustafson, Nils Hertting, "Understanding Participatory Governance: An Analysis of Participants' Motives for Participation", *American Review of Public Administration*, Vol. 47, No. 5, Jan 2016.

Benoit Granier, Hiroko Kudo, "How are citizens involved in smart cities? Analysing citizen participation in Japanese 'Smart Communities'", *Information Polity*, Vol. 21, No. 2, Feb 2016.

# 附录　居民调查问卷

A1. 您的性别：1. 女性　2. 男性

A2. 您的年龄_____岁

A3. 您的民族是：1. 汉族　2. 其他民族

A4. 您的文化水平是：

1. 小学及小学以下　2. 初中　3. 高中/中专　4. 大学　5. 研究生

A5. 您的职业是（如已退休，请选择退休前从事的最后一份工作）：

1. 办事人员（办公室职员、业务人员）　2. 服务人员（营业员、保安等）

3. 做小生意（果蔬、餐馆）　4. 流动小贩

5. 体力工人（勤杂工、搬运工）　6. 企业员工/技术工人/手艺工人

7. 企业领导/公司老板　8. 企业中层管理人员

9. 教师、文化、艺术、体育从业人员　10. 农民/养殖户

11. 科研/技术/工程人员　12. 医生

13. 律师　14. 无业/失业/下岗　15. 其他____

A6. 请问您当前的户籍状态是：

1. 本地户口　2. 外地户口

A7. 您平时获取信息的最主要来源是（限选一项，在选项上打钩）：

1. 电视节目　2. 报纸、广播　3. 微博、QQ、微信群和朋友圈

4. 手机新闻客户端（如今日头条、网易新闻、新浪新闻等 APP）

5. 与其他人聊天

A9. 去年，您个人全年的总收入是多少_____元（包括所有的工资、奖金、临时工作收入、各种投资收入等）？

A10. 您所在的社区类型：

1. 商品住宅小区　2. 单位制社区（或单位家属院）　3. 城中村社区　4. 公租房社区　5. 老旧小区　6. 其他

A12. 您是否已婚？

1. 已婚　2. 未婚

A13. 您的政治面貌是：

1. 共产党员　2. 民主党派成员、无党派人士

3. 共青团员　4. 群众

B2 总的来说，您对当前的公共服务供给评价属于下列哪一选项？

1. 非常满意　2. 比较满意　3. 一般　4. 不太满意　5. 很不满意

B3. 总的来说，和五年前相比，您的生活幸福感有什么变化，下表中数字 5 表示没有变化，数字 0—4 表示比以前低，越接近 0 表示越低，数字 6—10 表示比以前高，越接近 10 表示越高。请在下面的量表上选择一个数字表示您的幸福感变化程度（限选一项，请在选项上打钩）

| 非常低 | | 较低 | | | 没变化 | | 较高 | | | 非常高 |
|---|---|---|---|---|---|---|---|---|---|---|
| 0 | 1 | 2 | 3 | 4 | 5 | 6 | 7 | 8 | 9 | 10 |

B6. 请根据与自己实际情况的相符程度进行选择（限选一项，在选项上打钩）

| | 1. 差很多 | 2. 差一些 | 3. 没什么差别 | 4. 好一些 | 5. 好很多 |
|---|---|---|---|---|---|
| c. 我当前的工资收入水平与我期望的收入相比 | | | | | |
| d. 未来，我的事业和财富状况会比现在 | | | | | |

B11. 您目前的身体状况怎么样？

1. 非常健康  2. 比较健康  3. 一般  4. 比较不健康  5. 非常不健康

C1. 根据您的观察，您所在居住区的环境和五年前相比，符合下列哪一选项？

|  | 1. 差很多 | 2. 差一些 | 3. 没什么差别 | 4. 好一些 | 5. 好很多 |
|---|---|---|---|---|---|
| a. 空气质量 |  |  |  |  |  |
| b. 绿化水平 |  |  |  |  |  |
| c. 道路整洁平整 |  |  |  |  |  |
| d. 噪声污染状况 |  |  |  |  |  |

C2. 根据您的观察，您认为您所在地区的这些方面和五年前相比如何？（限选一项，在选项上打钩）

|  | 1. 差很多 | 2. 差一些 | 3. 没什么差别 | 4. 好一些 | 5. 好很多 |
|---|---|---|---|---|---|
| d. 自来水供应 |  |  |  |  |  |
| e. 医疗卫生水平（医疗点覆盖、医生道德等） |  |  |  |  |  |
| h. 食品质量安全 |  |  |  |  |  |

C4. 根据您的观察，您身边下列现象和五年前相比如何？（限选一项，在选项上打钩）

|  | 1. 差很多 | 2. 差一些 | 3. 没什么差别 | 4. 好一些 | 5. 好很多 |
|---|---|---|---|---|---|
| a. 不遵守交通规则和闯红灯行为 |  |  |  |  |  |
| b. 需要排队时自发有序排队 |  |  |  |  |  |
| c. 非法宗教活动 |  |  |  |  |  |
| d. 聚众斗殴、打群架现象 |  |  |  |  |  |
| l. 盗窃、小偷小摸情况 |  |  |  |  |  |

C5. 根据您的观察，您身边下列现象和五年前相比如何？（限选一项，在选项上打钩）

|  | 1. 差很多 | 2. 差一些 | 3. 没什么差别 | 4. 好一些 | 5. 好很多 |
|---|---|---|---|---|---|
| a. 进行违法违章普法教育 |  |  |  |  |  |
| b. 所在地政府重视安全文化宣讲 |  |  |  |  |  |
| c. 文体娱乐设施维护良好 |  |  |  |  |  |
| d. 积极参与政府组织的各项活动（包括安全演练等） |  |  |  |  |  |

D1. 下列各种说法，您觉得是否与实际情况相符合？（限选一项，请在选项上打钩）

|  | 1. 完全符合 | 2. 比较符合 | 3. 一般 | 4. 不太符合 | 5. 完全不符合 |
|---|---|---|---|---|---|
| e. 中央政府制定的政策是好的，符合大多数人的利益 |  |  |  |  |  |
| f. 地方政府制定的政策是好的，符合大多数人的利益 |  |  |  |  |  |

D2. 下列各种说法，您觉得是否与实际情况相符合？（限选一项，请在选项上打钩）

|  | 1. 完全符合 | 2. 比较符合 | 3. 一般 | 4. 不太符合 | 5. 完全不符合 |
|---|---|---|---|---|---|
| e. 政府官员才能出众，能够胜任工作 |  |  |  |  |  |
| f. 各级政府有能力为老百姓主持公道 |  |  |  |  |  |
| i. 对我而言，现在可靠的投资赚钱渠道变少了 |  |  |  |  |  |

D6. 您认为您的意见对政府决策和工作重要吗？（限选一项，请在选项上打钩）

1. 非常重要　2. 比较重要　3. 一般　4. 不重要　5. 根本不重要

D8. 您觉得政府和干部能够很好地听取您的意见建议和诉求吗？（限选一项，请在选项上打钩）

1. 完全可以　2. 多数情况下可以　3. 一般　4. 较少听取　5. 从不听取

E5. 您在多大程度上同意下列说法？（限选一项，请在选项上打钩）

|  | 1. 完全符合 | 2. 比较符合 | 3. 一般 | 4. 不太符合 | 5. 完全不符合 |
|---|---|---|---|---|---|
| c. 在我们这个社会，农民的孩子与其他人的孩子一样，将来都能成为有钱有地位的人 |  |  |  |  |  |
| b. 法院的判决结果是公平公正的 |  |  |  |  |  |

E5. 请问您对以下机构的信任度如何？（限选一项，请在选项上打钩）

|  | 1. 一贯相信 | 2. 多数时候相信 | 3. 有时相信 | 4. 较少相信 | 5. 从不相信 |
|---|---|---|---|---|---|
| b. 中央政府 |  |  |  |  |  |
| c. 省政府 |  |  |  |  |  |
| d. 市政府 |  |  |  |  |  |
| e. 县（区）政府 |  |  |  |  |  |
| f. 乡（镇）政府 |  |  |  |  |  |

E7. 请问在日常生活中，您信任下列人员吗？（限选一项，请在选项上打钩）

|  | 1. 完全不信任 | 2. 不太信任 | 3. 中立 | 4. 比较信任 | 5. 非常信任 |
|---|---|---|---|---|---|
| e. 警察 |  |  |  |  |  |
| f. 法官 |  |  |  |  |  |
| g. 党政机关干部 |  |  |  |  |  |

# 后　　记

公众安全感和政府信任是政府与公民关系中的重要变量，准确把握公众安全感与政府信任的关联关系，是深刻理解政治稳定与政府治理辩证关系的枢纽，也是厚植党的执政基础、提高政府公信力和提升政府治理效能的关键环节。基于理论推演和逻辑推导的既有研究多将公众安全感与政府信任近似为线性关系，进而概括地指出公众安全感越高，政府信任越巩固。为着深刻理解公众安全感对政府信任的影响效应及其作用机制，建立系统分析两者关联关系的结构性框架极为必要。

本书围绕公众安全感与政府信任的关联机制展开，旨在直观呈现理解新时代公众安全感与政府信任关联关系的系统分析框架和具体演进理路。围绕本书写作的核心议题和主要目标，必须予以清晰阐释的基础性问题有三：一是新时代公众安全感应当涵盖哪些维度；二是中国公众政府信任具有哪些基本面向；三是基于中国传统文化价值偏好和现实民情需要，在公众安全与政府治理辩证关系的框架下，应当以怎样的理论框架和经验证据去检验和揭示两者之间的关联关系和关联机制？正是在对前述系列问题进行深入理性思考的基础上，本研究致力于进一步揭示公众安全感影响政府信任的过程机制和结果表征。

我们在研究中既关注基于既有理论的逻辑演绎，也重视源自经验事实的统计发现。恰如约翰·H. 奥德里奇（John H. Aldrich）等共同指出的事实：政治学早已在理论和经验主义的方向上双轨运行。理论和方法是研究者的重要工具依托，是一项研究科学性、可靠性的重要支撑。实证方法能够为焦点政治现象提供更多逻辑一致且在经验上可靠的解释路径，基于计量模型的分析在进一步发掘和提炼形成中国特色政治理论和知识样本中有其特殊优势。

就研究结果而言，本书在厘定公众安全感影响政府信任逻辑框架的基础上，确认了公众安全感对政府信任的影响效应，增进了对两者关联关系的理性认识；对公众安全感向政府信任转化机制的深描，为进一步提升政府信任、优化政府公众关系提供了具有参考价值的实践启迪。希望本书提出的公众安全和政府信任的结构性分析框架能够为后续研究者及其研究提供有价值的参考与借鉴。进一步讲，政治学者的研究目标在于将复杂的世界结构化，以结构化的视角去认识和分析复杂世界的运行机制。同时，由于不能用恒久不变的观点来解释变化，也期待有更多新的研究成果继续深化对这一问题的认识。

# 致　　谢

本书是在我的博士学位论文基础上修改完成的。回头来看，研究的起点应是2018年春天在天津市滨海新区社区调研时对社区居民安全感的关注，2021年4月完成初稿，其后又多次调整修改，2022年下半年对书稿进行全面修改。在此期间，虽几易其稿，但及至最终定稿也仍有可以继续完善的空间，只好留待后续研究进一步实现。

在写作本书的过程中，我得到了很多人的支持和帮助。导师王浦劬教授的指导、鼓励和支持至关重要。老师循循善诱、谆谆教导，在调查研究和学术写作的各个环节都给予了最为中肯的意见和非常细致的建议，使研究工作扎实有序地推进。老师治学严谨、要求严格，在我松懈时及时给予严厉的批评，教导我务必勤恳踏实、谦逊务实。幸得老师言传身教，师恩难忘。同时，导师夫妇给予的关心与呵护，是忙碌生活中的慰藉，温暖并鞭策着我继续进步。在此记录下对老师和方老师最诚挚的感谢，以弥补平日不曾言说的缺憾。

北京大学政府管理学院燕继荣教授、高鹏程教授、段德敏副教授、张长东副教授在我的学习和写作过程中给予了宝贵的批评和建议。诸位老师的教诲和帮助是我在专业学习中取得进步的重要原因。诸位老师就本书写作和完善提出的建议增加了论证逻辑的流畅度和严谨性。清华大学社会科学学院任剑涛教授、中央党校（国家行政学院）肖立辉教授对书稿的修改提出了诸多建设性意见，使得分析结构和行文安排更为恰当。

北京大学政府管理学院季程远博士、孙响博士、汤彬博士、王开洁博士、姚清晨博士、李天龙博士、钱维胜博士是专业且值得信任的研究伙伴。同时，非常感谢中央党校（国家行政学院）张迪博士、北京大学法学院任天婵博士、清华大学公共管理学院任天佩博士、北京大学光华管理学院王敏儿硕士、北京大学化学与材料学院周雪涵博士在学习和生活上给予我的支持。

本书得以出版，要感谢的人有很多。北京大学国家治理研究院许艳女士、王京京女士在出版沟通、联络工作中提供了非常多的帮助和关心，为各项事务性工作的顺利推进提供了保障，使我可以专注于修改工作。中国社会科学出版社编辑许琳女士是我的责任编辑，她以高度负责的专业精神，耐心地解答我的各种问题，并给予我充分的时间完成写作安排。感谢她们的慷慨、热情以及对我的无私帮助。

最后，非常感谢无论何时都始终坚定站在我身边的家人。不论身处何地面临何种境遇，家人始终是我最坚定的支持者和最耐心的听众。秋去春来、年岁渐增，我已然充分地了解到父母亲的焦灼、担忧、不安、沉默的爱和坚定的守护，正是父母亲的理解、让步、牺牲和成全才让我能够专心学习。很抱歉由于性格使然，没有能够常常表达对父母亲的爱意和感激，更没能常常陪伴左右缓解父母亲的辛苦和孤独。非常感谢我的至亲在困境中给予的宽慰和陪伴。

学术研究的过程充满不确定性，又实在辛苦，但是求知热情和顿悟的喜悦着实磨砺品性、滋养灵魂。学术路上，虽然总是忙碌，却常常遭遇失败。但是在这期间，我已然能够客观看待自己的不足与局限，并且开始掌握解决问题的要领，我想这是我最大的收获。书山有路勤为径，在今后的研究和工作中，我将铭记导师和老师们的教诲，精进业务，积极进步。

郑姗姗<br>
2021 年 4 月 10 日初稿<br>
2023 年 8 月 20 日定稿